J. Hillis Miller

An Innocent Abroad:
Lectures in China

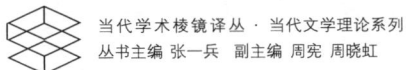

当代学术棱镜译丛·当代文学理论系列
丛书主编 张一兵　副主编 周宪 周晓虹

萌在他乡：
米勒中国演讲集

［美］J·希利斯·米勒 著　国荣 译

南京大学出版社

《当代学术棱镜译丛》总序

自晚清曾文正创制造局,开译介西学著作风气以来,西学翻译蔚为大观。百多年前,梁启超奋力呼吁:"国家欲自强,以多译西书为本;学子欲自立,以多读西书为功。"时至今日,此种激进吁求已不再迫切,但他所言西学著述"今之所译,直九牛之一毛耳",却仍是事实。世纪之交,面对现代化的宏业,有选择地译介国外学术著作,更是学界和出版界不可推诿的任务。基于这一认识,我们隆重推出《当代学术棱镜译丛》,在林林总总的国外学术书中遴选有价值篇什翻译出版。

王国维直言:"中西二学,盛则俱盛,衰则俱衰,风气既开,互相推助。"所言极是!今日之中国已迥异于一个世纪以前,文化间交往日趋频繁,"风气既开"无须赘言,中外学术"互相推助"更是不争的事实。当今世界,知识更新愈加迅猛,文化交往愈加深广。全球化和本土化两极互动,构成了这个时代的文化动脉。一方面,经济的全球化加速了文化上的交往互动;另一方面,文化的民族自觉日益高涨。于是,学术的本土化迫在眉睫。虽说"学问之事,本无中西"(王国维语),但"我们"与"他者"的身份及其知识政治却不容回避。但学术的本土化绝非闭关自守,不但知己,亦要知彼。这套丛书的立意正在这里。

"棱镜"本是物理学上的术语,意指复合光透过"棱镜"便分解成光谱。丛书所以取名《当代学术棱镜译丛》,意在透过所选篇什,折射出国外知识界的历史面貌和当代进展,并反映出选编者的理解和匠心,进而实现"他山之石,可以攻玉"的目标。

本丛书所选书目大抵有两个中心:其一,选目集中在国外学术界新近的发展,尽力揭橥域外学术20世纪90年代以来的最新趋向和热点问题;其二,不忘拾遗补阙,将一些重要的尚未译成中文的国外学术著述囊括其内。

众人拾柴火焰高。译介学术是一项崇高而又艰苦的事业,我们真诚地希望更多有识之士参与这项事业,使之为中国的现代化和学术本土化作出贡献。

丛书编委会
2000年秋于南京大学

目　　录

1 / 致　谢
1 / 编者的话　理查德·特迪曼
1 / 英文版序　弗雷德里克·詹姆逊
1 / 米勒的中国之旅(中文版序)　王　宁

1 / 引　言
10 / 第一篇　理论在美国文学研究和发展中的作用
34 / 第二篇　因特网星系中的黑洞:美国文学研究的新动向——兼纪念威廉·李汀斯
55 / 第三篇　全球化对文学研究的影响
76 / 第四篇　全球化时代文学研究还会继续存在吗?
93 / 第五篇　承诺、承诺:马克思与德·曼的言语行为、文学和政治经济理论
113/ 第六篇　论文学的权威性
140/ 第七篇　比较文学的(语言)危机
162/ 第八篇　土著与数码冲浪者
201/ 第九篇　"物质利益":英国现代文学对全球资本主义之批判
228/ 第十篇　谁害怕全球化
242/ 第十一篇　中美文学研究之比较
257/ 第十二篇　全球化与世界文学
281/ 第十三篇　冰冷的苍穹与悲凉的心境——当下我们是否应该进行文学阅读与教学

302/ 第十四篇　媒介从来都不曾分开过：无所不在的互联网,抑或说,文学研究的数字化变革

322/ 第十五篇　文学之前世今生

338/ 附录一　J·希利斯·米勒在中国(1988—2012)(郭艳娟　整理)

344/ 附录二　中国学者张江与希利斯·米勒教授的通信

致　　谢

首先，我要诚挚地感谢 Richard Terdiman，我在加州大学的同事，正是他最早建议我为西北大学出版社的 FlashPoints 系列写一本书。他耐心地等了很多年，等我慢慢地把这本书攒起来，眼看着我"在中国的演讲"越积越多，才不时地礼貌地问一下。没有他的善意和支持，这本书就不可能问世。能在他的书系中出版，我感到尤为荣幸。

在这里，我也诚挚地感谢我在中国的那些朋友，不仅仅是因为他们的善良、好客和友谊。多年以来，他们为我做了大量的工作，不仅为我安排了那么多访问的机会，而且每次都照顾得那么周到。首先，我要感谢王逢振，早在我去中国访问之前，我们就认识了。那时候，他在加州大学厄湾分校做访问学者。多年以来，他给予了我很多方面的照顾。现在，他已经从中国社会科学院外国文学研究所退休了，但是，我们的学术交流和合作还在继续。我要感谢的第二个人就是申丹。她是北京大学英语系的教授、长江学者。1988 年，我第一次去中国访问的时候遇到她，现在，她已经是国际知名的叙述学方面的学者了。王逢振和申丹是我结识最早的中国朋友。接下来我要感谢的是王宁，他是清华大学外语系的教授、长江学者，也是享有国际盛誉的杰出的理论家。他为我安排了很多讲学机会，不仅仅是在清华大学，还有很多其他地方的国际会议。再接下来就是国荣了，现在我们也是多年的老朋友了。据权威消息，她在众多翻译我的文章的人中，做得最好。还有郭艳娟，郭艳娟的博士论文就是围绕我的著作而写的。在我编辑这部书的过程中，她给了我很大的帮助（例如，本书英文版的"附录"就是她准备的，其中，包括很多细节，连我自己都记不清了）。这次，国荣和郭艳娟通力合作，促成了南京大学出版社出版这本书的中文版，我真是觉得非常荣幸，也非常感激她们两个人所做的努力。

接下来,我还要感谢一些人,这个名单肯定是不完全的,他们的名字顺序也是随机的。这些名字只是冰山一角,如我前面说的,很多细节连我自己都记不清了。这些学者对我都非常好,他们或者邀请我做讲座,或者采访我,或者为我提供客座教授的机会,或者翻译我的文章,或者撰写跟我有关的论文,或者在我的资助下,到厄湾做访问学者。他们是:金惠敏、夏艳华、秦旭(Daniel)、陶家俊、陈爱敏、宁一中、生安峰、盛宁、陆小红、李元、李作霖、陈永国、张一凡、黄德先、宫璇(Xuan Gong)、丁夏林、顾明栋、谢少波、王月和易晓明。看着这些学者在学术上的成长,我感到由衷的高兴。我与他们之间的联系,是我1988年之后学术生涯的重要组成部分。

我也感谢之前各个出版机构对本书中许多章节的出版。很多演讲的原稿早就遗失了,收入书中的许多章节是我从这些后来的出版物中一一找出来的。为了这本书的出版,我把这些稿件又逐一做了修订,加进去了很多现在的反思。这本书中出现的演讲,有些是原稿(如果我还有那些原稿的话),有些则是出版后的版本,这些版本一般会比演讲时用的稿子长一些。附录列出了这些演讲在成书之前发表的时间和地点。

第1篇是1988年5月我第一次访华的时候,在中国社会科学院的全院大会上所做的演讲。三年后,该演讲发表在 David Easton 和 Corinne S. Schelling 编辑的 *Divided Knowledge: Across Disciplines, Across Cultures*(Newbury Park, CA: Sage, 1991),第118—138页。本书选用的版本已经在原稿基础上做了修改。

第2篇是1994年我在中国社会科学院外国文学研究所做的报告,中文版发在外文所主办的刊物《外国文学评论》1995年第2期,第108—117页。这次演讲也是为了纪念加拿大蒙特利尔大学比较文学专业的副教授 William (Bill) Readings。Readings 毕业于牛津大学,是一位年轻而又才华横溢的文学评论家,不幸于1994年10月31日在飞机失事中丧生。借此机会,我也希望,中国的同行们能够重视和关注这位英年早逝的理论家的思想。我的演讲中有很多地方借用了他的观点,特别是他生前几近完成的手稿,这部手稿于 1996 年由哈佛大学出版社出版,书名是 *The University in Ruins*。现在看来,Readings 的这本书依然很出色,因为他对现在西方研究型大学的论述依然是最为公允的,而且,在众多关于西方大学之转型的书中,他的书依然是最好的。这篇演讲最早由 Tung-jung Chen 翻译,发表在《中外文学》月刊第 24 卷第 1 期(1995),第 72—89 页。本书收录的版本改编于我和 Manuel Asensi 共同编著的 *Black Holes/J. Hillis Miller; or, Boustrophedonic Reading*(斯坦福:斯坦福大学出版社,1999)。有趣的是,这本书一面是我的 *Black Holes*,一面是 Manuel Asensi 的 *J. Hillis Miller; or, Boustrophedonic Reading*。

第 3 篇本来是香港中文大学的伟伦讲座系列,由香港大学出版社发表。1997 年 4 月 9 日在北京大学演讲时,内容略有改变,两天之后,同一个题目又在中国社科院讲了。1998 年 11 月,在哥本哈根大学和阿尔胡斯大学也就这个题目,做了演讲。哥本哈根大学文学研究所和阿尔胡斯大学比较文学系同时发表了这篇文章的"初稿",题目是"Effects of Globalization on Literary Study",在丹麦的演讲构成了本书第 3 篇的大部分内容,也有些段落源于我和 Manuel Asensi 共同编著的 *Black Holes/J. Hillis Miller; or, Boustrophedonic Reading*。

第 4 篇是 2000 年 7 月我在北京语言大学参加"文学理论的未来:中国与世界"国际研讨会时的主旨发言,后来,以"Will Comparative Literature Survive the Globalization of the University and the New Regime of Telecommunications?"之名,发表在《淡江评论》第 31 卷第 1 期(2000),第 1—21 页;另一个版本发表在 Lisa Block de Behar 编辑的 *Comparative Literature Worldwide: Issues and Methods* 第 2 卷(Montevideo: Fundación Fontaina Minelli, 2000),第 245—266 页;同一个题目,后来又发表于 Q. S. Tong、王守仁和 Douglas Kerr 编辑的

Critical Zone 1：A Forum of Chinese and Western Knowledge（香港/南京：香港大学出版社/南京大学出版社，2004），第 153—164 页。

第 5 篇是 2000 年 7 月 23—26 日我在桂林参加"马克思主义美学的现状与未来"国际学术研讨会时的主题发言。其中文版发表于《马克思主义美学研究》第 4 辑（桂林：广西师范大学出版社，2001），第 24—34 页。英文版发表于 *New Literary History* 第 33 卷第 1 期（2002），第 1—20 页。

第 6 篇是 2001 年 4 月 17 日首先在 Baylor 大学发表的，后来以小册子的形式，出现在该大学文学系，用于内部交流。几个月后，我又在清华大学举办的第三届"中美比较文学双边讨论会"上发表了这篇演讲，同期，在北京语言大学访问的时候，我也讲了这篇文章。其后，英文版发表在 *Lectures by Famous Teachers*（天津：天津人民出版社，2003），第 28—62 页；中文版发表在《文化研究》第 4 辑（北京：中央编译出版社，2003），第 65—83 页。

第 7 篇是 2003 年 9 月 4 日首先在清华大学讲的，后来，又在苏州大学讲过。中文版有几个版本，其中有一个版本出现在了易晓明主编的《土著与数码冲浪者：米勒中国演讲集》（长春：吉林人民出版社，2004），第 3—27 页。英文版似乎从来没有发表过。

第 8 篇最早是 2003 年 9 月 9 日在清华大学外语系讲的，2004 年在郑州大学又讲过，只不过篇幅没有这么长。其后，发表于王逢振和谢少波主编的 *ARIEL* 特刊 *Globalization and Indigenous Cultures*，第 34 卷第 1 期（2003），第 31—52 页。后来，这篇演讲经过扩展和修改，发表在 W. J. T. Mitchell 和 Arnold I. Davidson 编辑的 *Critical Inquiry* 特辑 *The Late Derrida*，题目是"Derrida Enisled"，后来，又收录在我自己的两本著作中，*For Derrida*（纽约：Fordham 大学出版社，2009）和 *The Conflagration of Community*（芝加哥：芝加哥大学出版社，2011）。

第 9 篇是 2004 年 6 月 5—9 日我在郑州大学参加"全球化与本土文化"国际研讨会时的主旨发言，后来，又在清华大学 2004 年 6 月

12—15日举办的"批评探索"国际研讨会上讲过。部分内容由郭英剑和张一凡译成中文,发表在《郑州大学学报》2004年第5期,第127—130页。英文版在修改之后,成了我自己的书 Communities in Fiction(纽约:Fordham大学出版社,2015)中的一个章节。

第10篇是2006年6月16—22日在武汉大学参加"文化研究与现代性国际高层学术论坛"时的主旨发言,英文版是首次发表。现在,大家对全球化已经没有那么热衷了,但是,在当时,对我来说,能与中国同行分享我的全球化思想,还是一件很高兴的事情。我在前面的讲演中,也涉及过全球化的话题,但是,这次会议的主题就是全球化,所以,我可以在不同的时空、不同的语境下,展开来讲我对全球化的看法。

第11篇是2008年11月4日我在南京邮电大学的演讲。英文版是第一次发表,不过,最后一部分改自我的文章"Reading (about) Modern Chinese Literature in a Time of Globalization",这篇文章发表在王宁编辑的 Modern Language Quarterly 特刊 China in the Twentieth Century,第69卷第1期(2008),第187—194页。

第12篇是2010年8月11—15日我在上海交通大学参加"第五届中美比较文学双边讨论会"时的主旨发言。特别要感谢王宁、陈静、生安峰在我逗留上海期间对我的照顾。在那次论坛之前,我就已经表达了我对所谓的世界文学的担忧(详见本书第7篇)。这一篇的内容是在我原稿的基础上扩展出来的;后面加上去的主要是对Thomas Beebee教授之发言的回应。会议发言以"Challenges to World Literature"之名,发表在上海外国语大学主办的《中国比较文学》杂志,2010年第4期,第1—9页。之后,这篇演讲的修改稿又发表在王宁主编的 Neohelicon 特辑,即第38卷第2期(2011),Comparative Literature Toward a (Re)construction of World Literature,第251—265页(这本特辑刊登的主要是2010年上海这次会议的会议论文)。

第13篇是2010年9月在广东外语外贸大学举办的"文学阅读与研究"国际研讨会上的发言。在这篇演讲中,我以叶芝的诗"The Cold

Heaven"为例,探讨了我们现在所面临的是否应该阅读和教授文学的两难处境。这首诗也揭示了向学生讲解一首诗的困难,不管是在美国,还是在其他国家。这首诗选自叶芝 1916 年的诗集,*Responsibilities*。该演讲的英文版发表于 Paul Socken 编辑的 *The Edge of the Precipice：Why Read Literature in the Digital Age?*（蒙特利尔/金斯顿:麦吉尔-皇后大学出版社,2013）,第 140—155 页,以及 Jakob Lothe 和 Jeremy Hawthorn 编辑的 *Narrative Ethics*（阿姆斯特丹:Rodopi,2013）,第 13—24 页。

第 14 篇是 2012 年 9 月我在北京语言大学的演讲,英文版是第一次发表。

第 15 篇的原标题是"National Literatures in the Context of World Literature Today",这是我 2012 年 9 月 10—12 日在北京访问期间,分别在清华大学和北京大学所做的演讲。在修改和扩展之后,以"Literature Matters Today"为题,发表在拉耶恩·部施（Ranjan Ghosh）编辑的 *SubStance* 特辑 *Does Literature Matter*？即第 42 卷第 2 期（2013）,第 12—32 页;我非常感激部施教授允许我对这篇文章进行修改,收入这本书中,并且,允许我把这篇文章翻译成中文发表。这篇演讲的第一部分由丁夏林翻译,发表在北京大学的《国外文学》2013 年第 2 期,第 3—8 页。

编者的话

理查德·特迪曼

事情总有转折点，也确实会变。*An Innocent Abroad* 就是对这一连串变化回应的结果——有些变化局限在当地，有些则是普遍的，具有时代特色，但是，所有这些变化都是具有挑战性的，相互关联，而且，互为因果。在这里结集出版的 J·希利斯·米勒在中国的演讲，就记录了一个拥有国际盛名的美国文学批评家、理论家和学者对中国和美国之间的文化交流的反思和尝试，以及他立足于全球多样性和不同性的视角，对文学研究这个学科的思索。与此同时，这本书的出版也见证了一种别样的、尚在实践中的知识流通模式。我们收集出版米勒在中国的系列演讲，不仅是为了让世界各地的读者有机会一睹他的文采，也是为了促使人们在变换的时代思考书中所涉及的问题。

希利斯·米勒第一次到中国访问是在 1988 年，中美关系正常化之后第十个年头。20 世纪 80 年代标志着学术交流的开端，尤其是在 1985 年邓小平采取支持国际教育交流的政策之后。这一政策的执行，大大提高了中国学生到美国留学的数量，以及中国邀请美国学术界进行交流的次数。

希利斯·米勒是第一批受邀访问中国的美国学者之一，也是最有影响力的学者之一。为本书撰写了精彩"序言"的弗雷德里克·詹姆逊教授，第一次到中国讲学，是在 1985 年。三年之后，米勒在中国社会科学院的全院大会上，发表了他的第一次演讲。由此，开始了他长达二十几年的中国之旅，本书收录的最后一次演讲是在 2012 年。

在某种程度上，这些演讲也从一个侧面记录了米勒二十多年来的学术轨迹。随着他对中国的理解不断加深，尤其是他对中国文化和学术界的了解,他的演讲内容也逐步深化,他对历史、地域和比较文学这个学科的理解也呈现出一种螺旋上升的态势。

米勒的听众包括大学老师、学生、学者和艺术家。他向中国听众介绍美国文学研究发展历史的时候,正是美国学术界比较动荡的时期,各种理论思潮和方法不断涌现,尽管很多时候也是众说纷纭,莫衷一是。所以,他的演讲也反映了他对文学研究领域这些变革所涉及的政治和文化议题的思考。米勒对这些问题的理解非常独到,而且,影响深远,尤其是在解构领域——所有这一切都见证了米勒一贯的高雅、博学、细腻和诠释的热情。

在西方,人们对"理论革命"的态度,有的拍手称庆,有的则嗤之以鼻,但是,不管怎么说,这些都是文学研究这个学科所必须走过的历程。对中国的文学研究者来说,这些来自远方的创新,甚至可以更加惊心动魄,因为中国学术界在文学史上盛产实证性的研究,意识形态往往决定了文本的解读。西方学术界带到中国的这些新观点显然已经产生了很重要的影响。

就像那个时段出现在中国的其他西方学者一样,米勒也必须在自己的演讲中,小心翼翼地调试着他所要讲的内容与中国听众所熟悉的学术观点之间的距离。不过,这里收集的所有演讲绝对没有"降低标准"(level down);相反,他把这种学术距离变成了自己反思的焦点,并把自己的学术观点深入浅出地剖析给未必认同他的中国听众。这就迫使米勒去做大量的阐释工作,他的阐释不仅清晰,而且,充满了洞见和原创性。这种持续的阐释工作也使他形成了一种潜质,那就是,他不仅能够有条不紊地把西方的文学研究展示给中国听众,也展示给西方的读者。人们甚至会忍不住疑惑,如果米勒没有跑那么大老远去演讲,他的那些独到的见解是否还会形成呢?

从这个意义上说,是全球化改变了人们对世界的诠释,这本书可以更好地帮助我们去理解这一点。然而,这本书也代表了另一种值得反思的转变,也就是图书出版的技术和实践。出版过程的物质性,以及学者们交流和读者阅读的方式,都有着重要的影响。这些结构一直在变化,而且,在今天,变化得更快了。正像全球化对学术界的改变一样,在现阶段,知识传播的改变,也影响了学术的本质。大家不妨考虑一下,米勒这本中国演讲集是怎样成书的,又是以什么形式到达你手中的。

An Innocent Abroad(直译为《傻子在国外》或者《无知的人在国外》),显然是从马克·吐温那里借来的,米勒这种狡黠的、略带解嘲似的题目说明,我们每个人都已经在这个新世界里被异化了(denaturalized)。书籍也是如此。在人文领域,书籍是我们活动的中心内容;学术交流占了绝大部分。但是,这种生产正在被改变,它不仅体现在高级学术思考领域,而且,也体现在出版业赤裸裸的经济考虑。学术交流再也不是过去那种想当然的样子了。

这些发展的历史绝对不始自文学研究;它是伴随着自然科学领域的学报的成本上升而出现的。这些演讲所跨越的年代正是自然科学学报的订阅成本每隔几年就要加倍的年代。这些成本的上升是因为商业出版社购买了这些学报的版权,并把它们变成了以营利为核心。图书馆需要这些学报,因为科学家们需要它们。出版商则根据市场的承受程度,不断地提高他们的营利标准。

但是,在过去几十年,大学图书馆的预算却没有弹性增长。随着用来支付 Elsevier(Cell 杂志的出版商)以及 Taylor & Francis(Molecular Physics 的出版商)的份额的增长,留下来购买人文类书籍的钱自然就减少了。

相应的,学术型图书馆购买人文类图书的册数越来越少。学术型出版社能够卖出去的图书册数也越来越少,时间长了,在经济上也无法维持,以至于能够出版的图书越来越少,尤其是年轻学者的第一本书。许多学术型出版社干脆就不再出版人文类图书(一个典型的例子就是希利斯·米勒工作了 20 多年的加州大学。2002 年,加州大学出版社完全停止了文学研究类图书的出版,就连历史和哲学类图书也一并停止了)。

人文学科的学术阵地也在萎缩。但是,如果学者们的著作不能流通的话,他们怎么能发挥应有的作用呢?为了研究这个问题,诞生了高层委员会,由他们来推荐。但是,问题的核心是:他们不能大幅度地提高图书馆或者出版社的预算。为了省钱,他们提倡在非自然科学领域采取网络出版的方式。他们的第二个创新就是,建立非营利性的自然科学学报,如 Public Library of Science (缩写为 PLoS,可译为"公共的自然科学图书馆"),如此一来,图书馆支付的费用就大大降低了;以这种方式,购置预算也减轻了一点压力。第三,也是最相关的,就是,学者与出版社共同探索人文类图书出版的新路子。

文学研究中的 FlashPoints 系列,也就是米勒的书所在的书系,属于最早的、也是最勇敢的探索者。这一书系从 2007 年开始,它综合了三个方面的考虑。第一,找到它想出版的图书。FlashPoints 书系以大学文学研究圈子里的教授为依托。第二,因为"文学生产"越来越受到"文学"圈外的势力影响,尽管很少被感知到,所以,这个书系强调国际性和跨学科性(旨在扩大书系的读者群)。第三,FlashPoints 书系的纸质版图书和世界范围内免费的网络版同时面世。这也是这个书系的创新之处。不管是选题还是发行,FlashPoints 书系都是面向全世界读者的。

FlashPoints 书系选中希利斯·米勒这本演讲系列,就是看重了它的国际性和跨学科性。它们代表着文化的交集,探索了特别时刻的文化问题。书系编辑都认为,如果在出版这本书的同时,能够让全世界拥有互联网的人都能读到这本书,那该多好啊。而且,我们相信,这种开放性的图书出版会催生出更多像希利斯·米勒这样伟大的学者。事实也的确如此,所以,我们很欣慰。这也是这本书出现在你手上——或者你的电脑屏幕上,不管你在世界哪个角落——的原因。这种交流一定会持续下去。

英文版序

弗雷德里克·詹姆逊

从1988到2012年,在将近四分之一个世纪的时间里,希利斯·米勒多次到中国访问和讲学,有时候,我甚至就坐在他的旁边。现在把这些演讲结集出版,不仅对他,对中国乃至美国的读者而言,都是一件幸事。这些演讲系列不仅构成了一道极为连贯的文学风景线,而且,也开启了一种崭新的、悦人耳目而又不同寻常的文学辩护模式。我们很难用传统的 Ingarden 或者 Käthe Hamburger 的美学体系来给它归类。当然,这些美学体系在当前的文学和哲学语境中,也早就不合时宜了;而且,我们也不必——事实上也同样不可能——概括米勒丰富的、异彩纷呈而又难以归类的学术生涯,那种所谓的从现象学到解构主义之类的泛泛而谈,对他来说,有失公允。至于说那些谴责理论和文化研究的国家学者协会(National Association of Scholars,现在已经名存实亡),乃至于恶意中伤的"左派"及其利益集团,我们就更没必要理会了,他们反对任何正当的美学诉求,千方百计地把我们从永恒的真理和伟大的书籍中吸引开去。

正是文学及其批评理论在今日的危机为米勒提供了一个契机,使他得以从一个广阔的视角来论述文学批评及其理论,也使得他对文学的"辩护"成为可能。当然,这些演讲的视角和策略也跟它们发表的语境息息相关,因为在国外发表演讲总是伴随着误读和危险;但是,在中国发表演讲又有些不一样,因为中国这些年的变化实在是太大了,以至于找不见北的教授们也许会讲出不合时宜的(如果没有居高临下的话)、已经过时的智慧结晶。对我们美国人来说,这些理论本来是欧洲的舶来品,但是,对中国人来说,这些"理论"就是美国人的,或者,至少在比较新的时候,是;而我们再也没必要扮演传教士了。米勒的策略,即他缓慢而卓有成效的修辞性阅读,使他准确地抓住了中西方学者在崭新的因特网和全球化时代所面临的共同的困境和难题,因特网和全球化的联合,导致了阅读的变异,因为智能手机最终成了各种文本最后的"发表"归宿。实际上,后者在某种意义上成了语言被现在普遍盛行的视觉文化所消融的标志:媒介与感官之间的新的矛盾(如果传统的语言文学也能这样冲击我们的感官该多好啊),关于这一点,米勒在他的 *Illustration* 这本书中,已经巧妙地、令人难以忘怀地揭示过了,我把这本书当作他自己"文化研究"的宣言。

可以说,这些演讲展示了米勒所观察到的文学在一个更广阔的语境下所面临的困境,它把视觉消费和语言理解之间不可调和的紧张关系清晰地摆在了人们面前,而视觉消费与语言理解之间的张力只不过是一个更大的、更重要的、由来已久的矛盾中的一个相对来说比较特殊的、无关紧要的(生物学和神经认知)问题而已。从这个意义上,我们也许可以把这些内涵极为丰富的演讲当作一种巨大的能量的源泉。这些演讲从米勒自身的教学实践出发,充分体现了他在诗学方面的独创性(例如,从德里达的情书入手的那篇),全方位地探索了文学所面临的各种危机,其中点缀的一系列文学分析貌似不经意的,信手拈来,却每每都摄人心魄,令人欲罢不能(从托马斯·怀亚特到亨利·詹姆斯,再从马克思和普鲁斯特到康拉德的《诺斯特罗莫》,华莱士·史蒂文斯和美国的地域性特色就更不用说了)。除了这些独到的文学分析,我们还应该注意到他对哲学和政治这些既有共性又不乏个性的问题的透彻的理解,而这些都是最新的理论著述所关注和热议的重头话题。

尽管如此,问题的核心依然存在,而且,迫在眉睫:不是说文学是什么,而是它在全球化时代能否以一种大家都认可的方式存在下去,这个话题不仅跟文学有关,而且,也跟全球化密切相关。不过,米勒的智慧和丰富的教学经验已经把这个问题准确地写了出来:不是说人们将来是否会读书(哪怕是在他们的智能手机上也好),而是,文学研究中的哪些东西会以传统的、现代的,甚至是未来的形式存活下来。这个问题已经超越了学术机构自身的问题(当然也不能把它们置之脑后),也不仅仅是被忽略的、"学者们"所担心的未来社会普遍的文化无知(cultural illiteracy)。"人文科学的危机"——这一非常专业的政治性焦虑——在这里,被一连串清醒的质疑表达了出来,例如,在英语之霸权下,"世界文学"所面临的重重危机,现有的众多语言(及其文学)不能以一种可行的、有效的方式被大家掌握。颇具讽刺意味的是,关于这些话题的书的数量越来越多,然而,文学研究自身却开始越来越被边缘化了(无疑,文学研究只是起到了强化这个问题的作用)。

米勒的演讲也为我们提供了大量的各方面的有用信息,比如关于文学专业的设置和文学理论自身的历史、关于"文化研究"的争议、关于远程通讯工具对阅读和教学的影响,以及关于比较自身(例如,如何以西方各种批评理论和方法来衡量中国的文学研究等)。

也许,我们应该感谢米勒,他没有为这些困境提供解决的办法:那些解困之法最后往往被证明是某个人的一家之言,如果不是纯粹偏见的话。相反,米勒在这本非常睿智而又极具阅读性的书中,制造了问题(就像阿尔都塞们喜欢说的那样);正是从这个问题出发,从探索其方法和后果出发,才产生了新的、富有创造性的思想。至于说,这个集子给我们带来了什么安慰,那就是,文学及其文学研究总是处于危机之中,而这在我看来,反倒使其充满活力,而不是把它引向灭亡。文学及其文学研究总是处于危机之中,这个看似新鲜或者新奇的论点,却为它重新开启了与历史对抗的新篇章。

米勒的中国之旅

(中文版序)

王　宁

　　希利斯·米勒(J. Hillis Miller)这个名字在中国学界并不算陌生，至少在中国的文学理论和比较文学界可算是"如雷贯耳"。他曾担任过美国现代语言学会(MLA)主席，并且很早就当选为美国艺术与科学院(AAAS)院士。此外，还有三个原因使得他在中国学界如此名声大振：其一，他本人确实在美国属于主流人文学者，单从他的一系列经历我们就不难发现他在美国学术界所处于的领军地位。他早年在哈佛大学攻读博士学位，之后长期在约翰斯·霍普金斯大学和耶鲁大学任教，前者使他一度介入现象学批评日内瓦学派的著述活动，后者又使他与德里达及其他三位耶鲁同事结盟并一度形成所谓的"四人帮"。其实这四位批评家的学术生涯有着不小的差异，而他们之所以被人们称为"四人帮"或"耶鲁学派"，其原因不外乎这样三点：第一，他们四人都著述甚丰，而且在上世纪 70、80 年代的美国批评界有着举足轻重的影响，其对美国文学批评的冲击力如同"黑手党"一般；第二，是因为他们都或多或少地受到解构主义的鼻祖德里达的影响，在其批评实践中都有着不同程度的解构倾向；第三，他们四人都曾在耶鲁大学英文系和比较文学系任教，属于学者型的理论批评家。因此把他们放在一起统称为"耶鲁学派"是一个十分便当的办法，甚至有人把曾在耶鲁大学客座的德里达也归为"耶鲁学派"的一个编外成员。实际上，仔细阅读这四位学者的著作后，我们便不难发现，所谓"耶鲁学派"并不是一个有着相同批评原则或倾向的批评流派，而是一个松散的、各自为政但却有着大体一致的解构倾向的批评群体。由于他们都曾经或仍在耶鲁大学任教，并且时常彼此之间进行批评性讨论和切磋甚至争论,此外,他们的组合在很大程度上也与德里达的进入美国批评界有着直接的关系,所以在这个意义上,把他们统称为"耶鲁学派"也就不足为奇了。

米勒在中国学界的名气之所以如此大的第二个原因在于,他从一开始就被当作德里达的解构主义在美国的最重要的代表和实践者介绍给中国学界,他的一些著作早在80、90年代就开始被陆续译成中文,在中国文学批评界和比较文学界产生了较大的影响。近两年在国内文学理论界讨论得很热火的那本《小说与重复》虽然迟至2008年才有完整的中译本,但在此之前关于这本书的评介性文章就已经不少了。由于中国当代文学批评界也确实需要像米勒这样的既有理论又擅长细读的批评大家,同时对中国学界来说,我们也确实需要像米勒这样的主流人文学者为中国人文学术的国际化推波助澜,因而米勒的批评著述便引起中国学界的特别关注。这一关注在本世纪甚至发展到了几所名牌大学的多位博士生以他的学术思想和批评理论为题撰写博士论文,而这即使在他的祖国美国也不多见。难怪他不无调侃地说,"我在中国的知名度大大超过了我在美国的知名度"。

其三则是米勒与一些非常神秘的西方理论大家均不同,他为人十分和善和亲民。无论是蜚声学界的大教授还是初出茅庐的博士生,只要给他写信请教学术问题,他总会在第一时间亲自回复。要知道,对于这位只用一只手写作的八十多岁的老人,亲自操作电脑是多么的不易。不少年纪小于他的中国学者也许早就不上电脑了,所有的信件均由家人或学生代为回复,或根本不予回复。而米勒则亲自回复来自各方面的来信,这样便使他在中国学界有着广泛的人缘和很好的口碑。接踵而来的就是不少大学邀请他前往演讲,不少国际会议邀请他作主题发言,而他一般没有其他允诺大多会满足中国学者的要求。因此我们就有了这本《萌在他乡:米勒中国演讲集》(*An Innocent Abroad*:*Lectures in China*,2015),这是他在过去的二十多年里在中国的十多所大学和科研机构所做的三十场演讲的精选文萃。作为学者型批评家的米勒从不满足为了演讲而撰写的稿子，他总是反复地在吸取听众所提问题的基础上修改扩充原稿，使之成为能够在学术刊物上发表的单篇论文。现在年逾古稀的米勒应美国西北大学出版社邀请，又按照这些演讲的内容选出十五篇编成本书，从而使其有着内在的整体性，读来不禁令人颇为亲切，同时又不无启发。

我和米勒早在上世纪 90 年代中期就已相识，当时他第二次应邀来北京大学演讲，而我作为一位青年教授并没有机会与他进行深度交流。我和他真正开始比较频繁的交往则始于上世纪末和本世纪初。我在北京语言大学创立了比较文学研究所，其后又在清华大学创立了比较文学与文化研究中心，米勒被我们聘为客座教授。我们每隔一两年都要举行一次国际学术会议，米勒便当之无愧地作为我们首先邀请的美国学者，而且他每次几乎都有求必应。于是我们就成了很好的学术同行和朋友，并保持较为频繁的邮件往来。几年前，当我从米勒的来信中得知美国的一家大学出版社将出版他在中国的演讲集时，我立即感到这本书应该同时在中国出版，便鼓励我的两位学生尽力促成此事：我先前在北京语言大学指导的硕士研究生国荣承担了本书的大部分翻译和校订工作，在我的指导下以米勒的文学思想为题撰写博士论文的郭艳娟正好担任南京大学出版社的编辑，她也表现出对这本书的极大兴趣，并得到出版社领导的大力支持。在这两位中青年学者的共同努力下，本书马上就要在中文世界出版了。我想这不仅是因为书中的不少篇章最初是米勒教授在我安排的学术讲座或国际会议上的演讲，而且还因为这一篇篇闪烁着批评睿智和思想火花的论文正是中国当代十分需要的，尤其是在当今这个全球化的时代，面对各种高科技数码技术的发展，人文学科被放逐到了边缘，更不用说印刷在书本中的文学了。"文学和文学研究将向何处发展"成了每一个致力于文学批评和文学研究的学者不得不关心的问题。作为一位毕生致力于文学教学和研究的学者，米勒对此尤为关注，并不断地在各种场合为文学的幸存而做"最后的一搏"。但他同时也提请人们注意：既不要对文学的衰落感到沮丧，也不必与文化全球化的大潮逆流而动,正确的选择是在全球化高科技的大潮面前表现出冷静的态度,安心地从事文学的批评和研究。这应该是对我们每一个从事文学研究的学者的一种告慰:文学是不会消亡的,但它再也不会像以往那样处于"黄金时代"了。由此看来,这本书的字里行间流露出一位毕生从事文学批评和研究的老学者为了捍卫文学的合法地位而做的最后一搏,饱含着深刻的人文情怀。所以,当米勒再三嘱托我为该书中文版撰写一篇序言时,我不禁倍感荣幸,但同时又不免诚惶诚恐,因为为这本书英文原版作序的正是我们共同的老朋友弗雷德里克·詹姆逊,他和米勒早年在耶鲁就是同事,之后几十年里一直和我们有着往来。

也许读者们要问,在这样一个文学不景气的全球化的数码科技时代,出版米勒的这本纸质的演讲集能起到什么作用呢?我想除了上面提到的一些启示外,本书对中国的文学批评界的另一个重要意义还在于其两篇附录,因为如果前面的十五篇演讲是米勒的独白的话,那么作为附录的一部分,本书还收录了中国学者张江近年来和米勒进行的两轮对话。我认为,这应该是中国当代文学理论批评界近年来在国际化进程中所取得的最重要的进展之一。我们过去总是不惜代价地将西方文学理论大家请来中国演讲,却很少推出我们自己的理论大家,即使偶尔推荐出去了,也很少引起西方学界的重视。这样看来,米勒率先与小他一辈的中国学者张江平等对话便有着明显的表率作用。尤其令我感到自豪和宽慰的是,在我的编辑和推动下,张江和米勒往来的四封信将发表在国际比较文学协会和美国比较文学学会共同主办的权威刊物《比较文学研究》(*Comparative Literature Studies*)第 52 卷(2016)第 2 期和第 3 期上,这也是该刊自创立以来首次连续发表一位中国文论家与西方文论家的通信式对话。这一事件将在国际文学理论界和比较文学界产生广泛的影响。鉴于国内学界对此尚未有足够的认识,我这里不妨多说几句。

人们也许会问,张江与米勒的对话之意义具体体现在何处呢?我想在此先略述一二。首先，这分别是两位中国和美国乃至整个西方的著名文学理论家之间的两轮通信，这些通信将告诉我们的西方以及国际同行和广大读者，中国的文学研究者即使在理论衰落之后的"后理论时代"仍然对西方文论抱有极大的兴趣，并仍在认真地研读其代表性著作，但是这种兴趣不仅体现于虔诚的学习，更在于对之的讨论和质疑；其次，这两封信也表明，中国的文论家并非那种大而化之地仅通过译著来阅读西方文论家的著作，而是仔细对照原文认真研读，而且并没有远离文学文本。他们在仔细研读西方文论著作时，不时地就一些疑惑和不解之处提出一些相关的甚或具有挑战性的问题，通过与原作者的直接讨论和对话达到某种程度上的共识；再者，两位批评大家在仔细阅读了对方的通信后，深深地感到中西方学者和理论家就一些相关的理论问题还存在着较大的误解和分歧，因此迫切地需要进一步沟通和对话，只有通过这样的对话才能取得相对的共识，并且推进国际文学理论批评朝着健康的方向发展。

确实，正如我在其他场合已经提及的，在过去的几十年里，随着中国改革开放的进一步深化，大量的西方学术理论著作，尤其是文学理论著作被译介到了中国，对中国的文学理论批评家的批评思想和研究方法产生了极大的影响。在今天的中国文学理论批评界，雅克·德里达、雅克·拉康、诺斯洛普·弗莱、罗兰·巴尔特、埃莱娜·西苏、米歇尔·福柯、爱德华·赛义德、弗雷德里克·詹姆逊、哈罗德·布鲁姆、特里·伊格尔顿、佳亚特里·斯皮瓦克、霍米·巴巴、斯蒂芬·格林布拉特、乔纳森·卡勒、朱迪斯·巴特勒以及米勒本人，高视阔步，频繁地出没于中国文论家和研究者的著述中。假如有哪位文学研究者或批评家不知道上述西方文论大家的名字，便会感到羞耻和被人认为是不学无术。甚至那些从事中国古典文学和文论研究的学者，也至少对上述文论大家的名字有所耳闻。中国学者不仅对他们的著作十分熟悉，而且还认真地将其运用于中文语境中的文学作品阅读和文学现象的解释。一些对西方现当代文论情有独钟的青年学者还以上述文论大家作为自己博士论文的研究对象。当然,所有这些对于我们了解西方乃至国际文学理论批评的历史成就及当下的前沿热点话题都有着重要的意义和价值。但是这只是实现中国文论国际化进程所走过的第一步,我们切不可仅仅满足于对西方文论的译介和"封闭式"讨论。就这一点而言,张江的尝试可以说跨出了新的扎实的一步,而米勒的回应则体现出一位西方学者对来自中国的声音的重视和认真态度。这应该是促成这两位文论大家进行对话的一个基础。

尽管两人对话的焦点是米勒写于80年代的经典著作《小说与重复》,但张江出于对阐释学和接受美学教义的不满,向米勒提出这样一个问题,"一个确定的文本究竟有没有一个相对确定的主旨,这个主旨能够为多数人所基本认同?"(第345页)令他不解的是,如果没有这样一个主旨的话,为什么米勒总是试图在阅读一些英国小说的过程中寻找一种具有普适意义的模式?针对这一问题,米勒的回答是,"我原本认为,确定一个主题只是一个对于特定文本深思熟虑的教学、阅读以及相关创作的开端。"(第351页)然后他通过说明乔治·艾略特的《米德尔马契》作为一部有着多重主题的作品,为之作了辩护。当然,他也认识到中西方学者在阅读策略上的差异,因此在他看来,"我们倾向于认为,只有具有原创性的解读才值得出版,而中国学者可能认为,通过在新的文章与书籍中进行重复来保持那些被普遍接受的解读是很重要的。"(第352页)虽然米勒并不想花费很多时间为别人的阅读寻找一种模式,但是他的这种"重复"对中国读者阅读和理解文学作品来说,却已经作为一种"模式"在发挥作用了,或者说他实际上已经确立了这样一种模式。

其次,张江在信中表达了他本人以及许多中国文学研究者对解构主义的阅读和批评方法的兴趣,他想知道米勒本人究竟是否可以算作一位解构主义者,以及解构主义是否仅仅要摧毁文本还是同时也有着积极的建构性的一面。正如我们所知道的,解构是80年代以来西方各种批评理论中影响最大的一种理论,甚至在它衰落之后仍然在中国有着巨大的影响,而米勒本人在中国的知名度则体现在他被认为是其影响力仅次于德里达的最杰出的解构主义批评家。这也正是为什么张江对德里达的理论教义与米勒的批评实践之间的不一致性感到如此困惑的原因所在。而米勒则作了这样的回答,"如果说我是,或曾经是一个'解构主义者'……的话,我可从来不拒绝理性,也不怀疑真理……我认为,我也不否定所有先前的批评……我希望以开放的心态进行我自己的文本阅读"(第352页)。这就说明,米勒本人虽然曾一度沉溺于解构主义批评,但与他的其他耶鲁同行所不同的是,他的批评生涯是与时俱进的,即他不断地在自己的批评实践中吸纳新的理论思想,即使对他的朋友德里达的理论也绝不盲从,因而他在长期的批评道路上逐渐形成了自己独特的批评风格,或者说建构了一套自己的理论批评话语。这一点也与张江相同:两人都不是大而化之地谈论理论,而是从阅读一部具体的文学作品入手讨论其中的理论问题。因而米勒在批评实践中显露出与解构的理论原则相抵牾的现象。可以说,米勒是一位有着开放心态并带有积极的建构意识的解构主义批评家。

有鉴于此,对于米勒在阅读过程中转变注意力这一点,张江感到难以理解他的这种立场,或者说,他的这种转变立场是否说明了解构在理论与实践之间也有着不可调和的冲突。米勒回答道,确实,德里达基于海德格尔的"破坏"(*Destruktion*)这一术语而发明了"解构"(deconstruction)这个术语,但是这个术语经过德里达的改造后同时也含有积极和消极两方面的含义:即破坏和建构的成分并重(第354页)。这样,米勒的回答便解决了困扰许多中国文学批评家和研究者的困惑,他们过去确实对解构主义批评多有误解。按照解构本身的含义,它在破坏了既定的结构主义教义的同时,也建构了一些新的东西,而这一点恰恰为大多数中国学者和批评家所忽视。在信中,米勒也进一步介绍了自己的批评立场,他想说明的一点是,"我近来更愿意将自己所做的事情称为'修辞性阅读',而不是'解构性阅读'(因为对'deconstruction'这一词汇的解读通常是你们的教科书或者美国大众媒体所假设的那个含义)"(同上)。我想这对于我们更为全面地理解米勒自本世纪以来在理论批评上的新进展是十分有益的。

他们在第二轮通信中,还涉及了其他一些理论问题,例如当代文学批评论著是否可以成为经典,如果可以的话,那么随着时间的推移,一部文学批评著作如何才能成为经典,等等。张江试图论证道,米勒的《小说与重复》的影响显然超过了他写出的其他著作,因此在他看来,"任何可以称为经典的著作,不会因为时间的流逝而被忘记"(第358页),米勒的这部著作就是如此,所以它在中国文学理论界的影响要大于他之后出版的其他著作。这也许正是米勒的这本书之于中国当代文学批评的意义,同时也正是为什么张江要花那么多时间一遍又一遍地阅读这本书的原因所在,他的目的在于发现一些能够对他理解文学作品有所启迪的东西。更有意义的是,张江在信中还将米勒偏离解构的阅读方向与巴尔扎克对自己本阶级的背叛作了比较。因此他在进一步总结后问道,从历史的观点来看,而不是关涉阶级或政治倾向性的话,米勒的偏离解构的方向是否与巴尔扎克背离自己的贵族倾向相类似?米勒的回答是,文学理论总是试图将自己表述为具有普遍的适用性,解构当然也不例外,"每部作品都是独一无二的作品。在相当程度上说,文学作品超越理论的主要原因是,诗歌或小说并不是一个可以解决的数学公式,也不是可以判断正确与否的哲学论证"(第369页)。即在一定的程度上,每一部作品都会超出理论的预设,解读一首诗或一部小说显然不同于解答一道数学方程式或证明一个哲学论点正确与否。这样,他们的对话便从阅读一部作品开始,经过一番理论的阐述后,又回到了对文学作品的理解和阐释上。这显然是对当前风行的所谓"没有文学的文学理论批评"现象的一种反拨。

写到这里,我们不禁要问,在这样一个全球化的时代,当文学和文学理论再也不那么吸引人时,张江与米勒的对话的意义何在?为什么一部出版于上世纪80年英语世界的旧著今天还能吸引一位中国文论家,并促使他通过反复阅读进而提出一些理论问题?我认为,它的意义体现在这两个方面:其一,一部原本在一种文化语境中有着重要影响的著作通过翻译的中介,会在另一文化语境中具有"持续的生命"或"来世生命",可以说,米勒的旧著在中国批评界的持续影响就说明了翻译的巨大能动作用;其二,当文学和理论在西方处于衰落状态时,并不意味着它们在其他地方也处于衰落的状态,比如说,在中国,文学理论仍然有着一定的读者和研究者以及广大的市场,尽管它们不像十年前那样曾有过那么多的读者和那样大的市场。当文学研究受到文化研究的挑战时,一些中国学者依然对阅读文学作品情有独钟,并且从中探讨一些有意义的理论问题,还有些学者试图在文学研究与文化研究之间寻找某种平衡关系和可赖以对话的基点。在这方面,米勒作为一位文学研究者,却在中国的演讲中大谈文化研究,但又总是离不开对文学现象的分析。因此就这一点而言,我们完全可以预言,这本演讲集也如同《小说与重复》那样,将为一代又一代的读者和文学爱好者所阅读,因为人们通过阅读这些演讲,仿佛看到一位年逾古稀的老人为了文学的幸存而进行"最后的一搏"。不知广大读者以为然否?

2016 年于北京

引　言

　　从 1988 年到 2012 年,我在中国很多大学做了不下 30 场演讲,本书收集的是其中的 15 场。我把该书命名为 *An Innocent Abroad*(中译为《萌在他乡》),部分源于马克·吐温曾经出版的一本书——*The Innocents Abroad*(中译为《傻子出国记》),部分原因是我在把玩"abroad"这个词语的双关含义。"abroad"这个词既可以指"在外国",又可以理解为"没有命中靶心、误入歧途、错误的"(见 *American Heritage Dictionary*《美国传统辞典》)。令我羞愧的是,即使是现在,我也不懂汉语,更说不上是中国通,因此,我在中国使用的常常是第二种含义。不管怎么说吧,这么些年过去了,在经过这么多次来来往往之后,我总算对中国有了一些感觉,至少是对中国大学里的学术和人文社科研究这一块。这篇引言旨在介绍我在中国的经历以及我把这些演讲结集出版的原因。

　　首先,我要感谢这些年来在中国曾经无微不至地照顾过我的人,他们对我毕恭毕敬,我对他们所有的人都心怀感激。这些人不仅包括多次邀请我去中国的年长的教授、博士生导师,也包括那些青年学者和研究生,他们的任务就是陪着我从这个地方到那个地方,以保证我不会真的"走失"。在中国,不论在哪方面,我都被视为贵宾,不仅享受着各种以我的名义举办的盛宴(我吃过鱼眼、淡水龟,以及其他各样奇奇怪怪的食物),而且,还被很多学校授予客座教授或者名誉教授的称号(我数了数,从1994年北京大学授予我名誉教授以来,至少有十多个)。我还无数次地接受那些知名报刊的采访,比如《文艺报》,常常需要回答一些很犀利而且在当前学术界有重大影响的问题。尽管本书没有收录这些采访,但是,这些采访都很精彩,是学者之间深入而有见地的对话。

在前面的"致谢"中,我已经列举了很多对我关怀备至的东道主和"保镖"(minders),但还不是全部。其中,三位学者是我从初次访问就认识的,他们都成了我最好的朋友兼同事:王逢振,原中国社科院研究员,现在已经退休;申丹,北京大学教授;王宁,清华大学教授。不过,我和其他很多人,也保持着联系,主要是通过电子邮件。

我一直都非常欣赏中国学者和学生的知识和睿智,以及他们开放的心胸和对学术的热情。我还不至于天真到不知道,中国的教室和会议室里常常设有监控装置,而且,在中国,对互联网的使用也有很多限制,但是,我必须指出,相对于演讲之后他们所提问题的犀利程度,这些都是微不足道的。至少从尖锐性和富有挑战性方面,这些问题和我在美国遇到的问题,难分伯仲。

我在"附录一"中列举了我在中国大学或者研究院所做过的演讲,包括时间和题目。这个名单是郭艳娟帮我整理的,其中,也标明了哪些演讲已经被翻译成中文了。至于说那些曾经被发表过的英文演讲的出处,请参考"致谢"。郭艳娟对我的帮助很大,这也是我在中国享受到的厚遇之一。她的博士论文就是关于我的著作,是用中文写的。最近几年,以我的理论和著作为论文题目的,已经有好几个了,最近一个,我所知道的,是一个叫作王月的学生写的。

我很抱歉,我没有认真记录我在中国所做的这些演讲的时间和地点,主要是因为我没有想到十五年之后,我需要知道这些细节。根据郭艳娟提供的名单,我1988年第一次访问中国所做的演讲是在中国社科院、北京大学和上海社科院,不过,我好像也和社科院外文所的人见了面,如果我没记错的话;而且,还在山东大学做了一场演讲,关于托马斯·哈代的一首诗,《面对如画的风景》(In Front of the Landscape)或者《威塞克斯高地》(Wessex Heights)。但是,其他细节,肯定还有很多遗漏。

但是,比这些细节更重要的则是1988年以来,中国、美国乃至于世界范围内的文学研究,以及我自己的写作和思考,都发生了翻天覆地的变化,我在中国演讲中的角色变化,就更不用说了。在我这些年的演讲中,有一个特别关注的话题,那就是印刷文化到数码文化的变迁以及这些变迁对人文教学和研究——尤其是文学研究——的影响。很多变化都是眼下正在发生的,因此,不可能在一场演讲中把它们的来龙去脉及其当下的效果讲清楚。在重温这些演讲的时候,我常常忍不住感叹,从第一次演讲到现在,数码科技发生了多么大的变化啊!我在第二场演讲(时间是1994年)中所提到的数码科技现在看来显然已经是老古董、过时了,甚至还有点怪怪的感觉。在那个时候,还没有iPhones, iPads, Kindles,[1]甚至连iPods都没有!所以,那时候,我讲晶体管收音机在改变着世界,也是合乎时代发展的。

尽管如此,我在中国的演讲还会时不时地回到同一个话题,只不过看问题的视角发生了变化。这一点也无可厚非,因为随着时间的推移,我对这些话题的观点会改变,中国的听众也在改变。即便如此,我还是会试图找出那些观点雷同,甚至连措辞都变化不大的段落,然后果断地把它们删掉。如果一个话题在前面的演讲中有所涉及,那么,再次提到时,我会试图加上一个索引,提请读者去参阅前面的论述。如果读者按照前后顺序逐篇阅读这些演讲,他们会发现,我的观点受到了三方面的影响:真实的外在环境的变化(比如,人文学科在美国高等教育中的角色);聆听这些演讲的中国听众的变化;以及我自己对这些关键问题的理解的变化。例如,源于这三方面的变化的影响,我对美国各种批评理论的历史已经逐渐失去了兴趣;相应的,我对全球气候变化的关注却与日俱增,因为我觉得全球气候变化是今天摆在全人类面前的迫切命题,它甚至比我们今天重返伊拉克、阿富汗和叙利亚战场更加迫切,重新卷入这些战争本身就近乎疯狂,无异于自我毁灭;其他类似于军事占领的行为——比如全副武装的警察集结在五角大楼前,跟全球气候变化这个议题相比,也不能相提并论。正是在当前这种语境下,在 2015 年,我再一次问自己:文学研究——我终身所从事的职业——是否依然重要,如果重要,又体现在什么地方呢?

首先,1988 年之后中国所发生的变化。众所周知,中国在 1988 年之后发生了巨大的变化。我第一次来的时候,在北京街头,因为做饭和取暖而产生的燃煤味还是非常呛鼻的,满大街跑的都是自行车,偶尔看见一辆汽车,也是倏忽而逝。宾馆里的热水都是现烧的,窄街陋巷随处可见,道路两边则排列着副食店、自行车铺之类的小门脸。每次回来,间隔不过一年或者两年,我都会忍不住感慨,整个城市似乎在一夜之间变了模样,高层建筑鳞次栉比,现代化的大酒店和美国没什么两样,汽车越来越多,煤烟味没有了,但是,汽车尾气和工业废气却接踵而至,跟洛杉矶倒有一拼。中国现在的高铁系统,令全世界刮目相看。高速公路四通八达,在北京和上海这样的大城市,城市快速路也随处可见。中国甚至开始积极关注全球变暖的问题,当然,对她来说,这个挑战比较大。在这十五年的时间内,中国大学的格局也彻底改变了,不仅数量增加了一倍(从一千多增加到两千多),而且,专业设置也发生了很大改变,不仅在理科、工科、工程和数学(所谓的 STEM,STEM 是这些学科的英文首字母缩写,意为"主干")方面,而且在英语和比较文学这样的人文学科,也都增加了很多新专业。我记得,前不久,在一个刚刚落成的大学校园里演讲,虽然堆积在角落里的建筑垃圾还随处可见,但是,那些现代化的教学楼非常漂亮,外立面全部是玻璃、不锈钢或者铝合金的。我问,"多少学生?""哦,已经 5 万多了",他们告诉我。真是令人惊异啊!

相比之下,美国在过去十五年的变化却不那么令人欣喜,这一点大部分人都知道。我们卷入了两场灾难性的战争,那就是在伊朗和阿富汗的战争。这些战争的花费尽管不为大众所知,但一定是高得令人咂舌。相对而言,我们的基础设施(桥梁、道路、供水等,诸如此类)却没什么进展,高速铁路的建设也只是刚刚起步。对银行和金融系统的贪婪和赤裸裸的欺骗几乎不采取任何监管措施。占总人口1%的富人和其他人群的差距正在变得越来越大,因为美国正在迅速演变成一个富豪当政的后民主国家(a postdemocracy, a plutocracy)。亿万富翁和财团的海量捐赠,再加上众议院选区的不公正划分(gerrymandered),[2]使得富人控制和操纵政府成为可能,其结果就是,富人越来越富,穷人越来越穷。且不说最近曝光的国家安全局(NSA, National Security Agency)通过无条件收集电话、电子邮件、网络和信用卡的使用情况等"元数据"(metadata)来监控所有美国公民,乃至世界其他地区的人群。失业率仍然是一如既往的居高不下,也给社会带来诸多不稳定因素。在应对气候变化方面,我们的政府更是不作为。也许,在不久的将来,我们这些滨海市县会因为海平面的上升而导致淹没[3]。全球变暖已经导致越来越多的暴风雨天气,无论冬夏,还有一次次破纪录的高温和酷寒。我们的医疗体系也贵得吓人,我们所付的医疗保险在国民生产总值中的比例是其他发达国家的两倍(占美国GDP的19%,眼看就要上升至25%了),而其他第一世界国家都有政府买单的完善的医疗保险体系。平价医疗法案(Affordable Care Act,意为可支付的医保法案)将会给那些没有医疗保险的美国人提供健康保险,而这些人群的数量大约在三千万到四千万之间。然而,共和党的"茶党"分子(Republican "Tea Party")却在极尽能事地呼吁撤销所谓的"奥巴马法案"(Obamacare),至少要极力确保在他们能控制的那些州不执行这些法案。在我写这篇文章的时候(2013年10月13日),众议院的茶党少数派分子通过提出改变预算的请求(包括削减奥巴马医疗法案所需款项),已经成功地关闭了联邦政府(包括疾病控制中心、环境保护局、国家健康研究院、国家公园等等,当然,国会议员和众议院议员的薪水是不能减的)。如果不能达成提高赤字上限的协议的话,这个周四将会出现联邦贷款的违约事件。而这样的结果将会使美国,乃至全世界,重新陷入萧条的困境之中。简而言之,我们的联邦政府现在是完完全全地丧失功能了,而这种灾难性的后果显然正是茶党分子们想要看到的。

在这十五年中,美国的综合大学和大专院校也在衰落。经济萧条自然是高校削减经费的罪魁祸首;而学费的大幅上涨不仅使很多潜在的学生丧失读大学的机会,而且,很多顺利毕业的学生也深陷债务之渊,因为他们必须要借更多的钱来支付学费。大学毕业证书已经不再是好工作的通行证。我们的大学越来越朝着职业培训的方向转变,而数码科技和大众媒体所带来的直接冲击就是人文学科的急遽下滑,很多外语院系不得不关闭,英语专业的份额也在大幅下降。现在美国大学70%多的课程是由"临时教师"(adjuncts)担任的,这些兼职教师不仅薪水很低,而且,工作也没有保证,他们大多数人享受不到或者很少能享受到像健康保险、养老金这样的"福利"待遇。德克萨斯州的共和党人甚至企图禁止"批判性思维"的教育,更不要说是把进化论当作一个被证实了的科学事实来讲了,这是他们的一个核心准则。

一言以蔽之,在过去十五年中,中国和美国是朝着两个截然不同的方向发展,中国在崛起,而美国在衰落。那么,中国为什么有那么多大学请我去大会上演讲,或者在个别的场合请我去讲学呢?我觉得,这绝对不是因为我拥有漂亮的蓝眼睛,也不是因为他们都想成为解构主义者。在我看来,他们是把我当作从美国来的,在语言、文学和"理论"研究方面具有一定权威的人物。也就是说,在他们看来,我可以帮助中国学界建立起新兴的人文学科,例如,我可以帮助他们建设比较文学、文化研究,或者世界文学,甚至是马克思主义美学这样的学科。他们想知道我们在做什么,然后,显然是用中国的方式,把它做得更好。比如,2000年7月,我被邀请到美丽的桂林,在"马克思主义美学的现状与未来"国际学术研讨会上宣读我的论文。我曾经问一个到会的中国学者,他们为什么会邀请西方学者(例如弗雷德里克·詹姆逊,更不要说像我这样的马克思主义门外汉了)来讨论马克思主义美学。他回答说,"因为我们从来没有"。我估计,马克思主义美学这个话题,在"文革"之后这些年，因为某种原因，可能被看作禁区或者是不必要的。我在桂林的讲稿也会收入这本书中（参阅本书第五篇）。

不仅如此，我还发现，自从1988年以来，在这十五年中，我的角色也发生了很大的变化。一开始，我的角色是告诉中国学者一些他们知之甚少的东西。比如，我第一次访问中国，是作为美国国家艺术科学院的成员之一（大家来自不同的研究领域，有历史、哲学、社会学，也有文学研究），代表美国文学研究界，参加中国社科院在北京举行的全体会议，来讨论美国文学研究领域的最新思潮。本书第一篇讲稿——《理论在美国文学研究和发展中的作用》，就是我当年在对中国全然无知的情况下（in all innocence），所做的发言，这里仅做了一些小的修改。我说我自己全然无知，是因为我对听众的了解很少。那时候，他们中间大多数人的年龄都很大了，当然也不完全是，而且，大都受到了苏联对中国的影响。如果说他们懂一门外语的话，那肯定是俄语。当然，现在，中国社科院已经完全不一样了，很多年轻学者都曾经在西方读书或者访学。

随着时间的推移，我作为"本土信息员"的角色越来越淡化，而变成促进中国文学理论研究、比较文学或者世界文学发展的一个同事。这一点从我后来参加的研讨会的名字中可以一见端倪。这里，我可以列举三个例子："文学理论的未来：中国与世界国际研讨会"（2000年7月28—30日在北京语言大学）、"第三届中美比较文学双边讨论会"（2001年8月11—14日在清华大学）、"翻译全球文化：走向跨学科的理论建构"（2006年8月12—14日在清华大学）。中国想成为这一领域的领头羊，就像他们在其他领域的做法一样。在为这些会议增色的同时，我也越来越多地在向这些中国同事学习。

本书选入的演讲稿大致可以分为几类。我的编选是基于以下几个标准：1) 在我在中国的演讲中具有代表性；2) 曾经在多所大学讲过；3) 可以展示出我这些年的思想变化以及中国这个语境的变化轨迹，因为这些年中国在这方面发生了很大的变化。大部分演讲是我针对被邀请参加的会议议题所做的回应,但是,也有一小部分是我自己根据演讲的课堂或者非会议听众所做的选择。大部分讲稿是专为中国的会议提交的论文,也有一些是针对西方受众撰写的论文或者演讲稿,我想听听中国学者对它们的反应。在编撰本书的过程中,我对大部分稿子都做了修改,以使它们更清晰、更准确,而且,我还在很多地方以括号的形式加了批注,以便读者注意到,在我演讲之后,已经发生了多么大的变化。

随着岁月的流逝,我越来越关注一个问题,那就是:在这个从印刷图书向数码媒体转变的大时代,为什么文学之学习和研究依然是一个很重要的事情?尽管我曾经花了很多时间向中国听众介绍西方的文学理论,因为他们需要,但是,我还是试图尽我所能,在我的演讲中融入真正的文学作品的解读。例如,在这些演讲中,我就选读了丁尼生和叶芝的诗,以及康拉德的小说——《诺斯特罗莫》(*Nostromo*)。读真正的文学作品是我最喜欢做的事情。我相信理论是用来辅助文学作品之解读的。我曾经在北京大学英语系做过一次演讲,讨论亨利·詹姆斯的《贵夫人的画像》之结尾部分的亲吻。那篇讲稿没有收入这本书,但是,我确实在一篇被收入本书的演讲稿中讨论过我的焦虑,在中国讨论亲吻问题是否会被认为不得体,因为我在中国的公开场合从来没见过任何人有接吻的举动,在乔治·欧文主编的大部头的《中国文学选读》(截止到 1919 年)中也没有见过一个亲吻的字眼,尽管他的很多选文都带有色情的味道。[4] 这是另一个,也是最后一个,佐证我之"萌/懵"在他乡的例子。为什么中国人从来不在公共场合接吻呢?

我非常喜欢我的这些"中国关系",也受益良多。在中国演讲是我过去二十五年个人生活和知识分子生涯中很重要的一部分。我最近的很多思考和写作都源于我在中国的体验。希望本书读者喜欢这些演讲,正如我当初喜欢撰写和发表这些演讲一样。

J·希利斯·米勒
于缅因州鹿岛
2013 年 10 月 13 日

注释

[1] iPhones,iPads 和 iPods 这些电子产品都已经是人们耳熟能详的,翻译成汉语反倒比较啰嗦,所以,索性不译了;Kindles 是由亚马逊(Amazon)设计和销售的电子书阅读器(以及软件平台)。第一代 Kindle 于 2007 年 11 月 19 日发布,用户可以通过无线网络使用 Amazon Kindle 购买、下载和阅读电子书、报纸、杂志、博客及其他电子媒体。——中译者注

[2] gerrymander,指选举中为了获得优势,而对选区的大小和边界所做的不公正的划分或者改划。——中译者注

[3] 参见《纽约时报》2014 年 1 月 14 日上 Justin Gillis 的文章,《下次洪水发生的时候》(The Flood Next Time),http://www.nytimes.com/2014/01/14/science/earth/grappling-with-sea-level-rise-sooner-not-later.html?nl=todaysheadlines&emc=edit_th_20140114&_r=0,登录时间是 2014 年 1 月 14 日。

[4] 乔治·欧文(Stephen Owen)主编,《中国文学选读》(*An Anthology of Chinese Literature*)(纽约:诺顿,1966)。

第一篇　理论在美国文学研究和发展中的作用[①]

这篇演讲是 1988 年 5 月我作为美国学术代表团的一员,在北京中国社会科学院的全院大会上做的发言。之后,这篇演讲被收入《被割裂的知识:跨学科与跨文化》一书。[1]值得一提的是,我在演讲末尾所涉及的有关意识形态的观点受到了中国同行的挑战。我后来才认识到,"意识形态"一词在中国具有正面含义,至少在过去是这样的;而对我们这些西方人来说,这个词一般是富有贬义色彩的,例如,马克思主义学者路易·阿尔都塞,就是这样认为的。

这篇演讲简要论述了美国自 1875 年英文系和现代语言系创立之后,美国文学研究的产生及其后来的发展状况。我在此主要讨论的是理论在文学研究和发展中的变化的作用,以及在文学研究实践中直接或者间接涉及的理论问题。在开始之前,我要先做三点说明:

1. 由于美国是个幅员辽阔的民主国家,对教育的行政集权和指令性干预又相对较少,而且,也由于我们最宝贵的自由之一就是教师在课堂上的自由,所以,任何企图对美国文学研究和发展的脉络做一个有条

[①] 这篇演讲的主要内容最初由中国社会科学院的王逢振翻译,发表于《当代美国社会科学》,单天伦主编(北京:社会科学文献出版社,1993 年 10 月第 1 版),第 85—107 页。收入本书时,由国荣做了补充和修订。——中译者注

理的叙述,就像我现在正在做的这样,都必然会忽略掉许多地域性的差异,甚至是美国文学教学或文学著述中许多卓越的、行之有效的,但又以这种或那种方式具有独特风格的实例。美国的文学研究及其学科建制、课程设置及其毕业要求等等,在很大程度上都是各自为政,因此,每个学院或大学与另一个都各不相同。例如,约翰斯·霍普金斯大学在20世纪40年代和50年代的文学研究,就深受勒夫乔伊和乔治·勃厄斯(A. O. Lovejoy and George Boas)这两位哲学家所发起的"思想史"的影响。而同一时期,在芝加哥大学的所谓芝加哥亚里士多德学派,则以克雷恩(R. S. Crane)为首,相当活跃。这种文学研究的方式在年轻学者和教师中仍然可以时时看到。虽然这两种文学研究方式都产生了杰出的成果,但相对来说,它们仍然属于区域性现象,与我将要探讨的发展范式不太契合。那些研究范式从总体来看是对的,但是,若仔细考察其肌质或纹理,则会发现许多在这里无法充分描绘和说明的不规则的和不正常的情况。

2. 正如我前面说过的,在这里,我将特别强调理论在美国文学研究中的作用。一切文学研究都是理论性的,至少部分是这样的。文学研究在美国发展之初,就出现了大量的关于教学和学术活动的实践以及它们的性质和目的的理论反思。而另一方面,美国文学研究又一直存在着一种强烈的反理论的偏见。出现这种偏见的原因,部分是因为人们企图说服读者和学生,不论做什么都理所当然,无需明显的理论证明,部分则是因为务实的美国人对抽象之理论的怀疑。我们美国人倾向于认为,理论阻碍了读者对文学的直接体验。因此,讲述美国文学研究的一个方便之门,就是讲述几十年来过于理论化的实践及其方法论的反思。

3. 文学研究在美国的历史根源可以说有三个层面,而这三个层面在很大程度上又是自相矛盾的。第一,文学研究是对年轻学生进行写作、演说和庭审辩论之修辞训练的衍生品,其目的是为了教会他们在职业和公共场合中说得好,写得好。第二,这种研究是发端于《圣经》和希腊拉丁文学"经典"之研究的科学的语文研究传统,在通俗文学研究领域的一种调适。第三,文学研究是人文主义——尤其是跟19世纪英国诗人兼批评家马修·阿诺德(Matthew Arnold,1822—1888)相联系的人文主义——进一步发展的结果。这种人文主义认为文学研究是有意义的,它具有一种教育的力量,可以帮助人们更好地融入一种文化,使阿诺德所宣称的"世界上被思考过并且被表达出来的最好的"知识得以传播。[2]传授这种知识的目的,就是使学生成为更好的人和更好的公民。

这三种关于文学研究之性质和目的的预设,很难完全协调起来。因此,在美国,文学研究的历史发展总是带有这些预设之断裂或冲突的痕迹,因为有时候这种预设占上风,有时候又换作那一种,有时候甚至是三种预设同时处于支配地位,这一点我在后面会进一步说明。尽管杰拉尔德·格拉夫(Gerald Graff)说过,承认这些分歧不仅是一种很重要的历史洞见,而且对教学也将有很大的启发价值,[3]然而,人们却很少公开承认这些分歧。我在这里要强调的论点就是:所有这三种为文学研究进行辩护的理论论证,在今天,都仍然非常活跃,仍然在发生作用。它们仍然像过去一样相互排斥,无法调和,而且,尽管它们各有各的道理,尽管有那么多善意的有智有识的人坚持它们当中的这种或那种,或者坚持它们的某种组合,但是,它们并不完全适合美国当前的情况。

作为对这三种理论依据的替代,我在结论中将会提出另一种论证,重新界定文学研究对美国今天的社会、文化和个人的作用。我将论证,某种类型的文学研究是意识形态批评的一种有力的、不可或缺的方式。换一种说法,文学研究就是用我们的思想保护我们免受思想的侵害,保护我们免受现实世界中由于混淆语言与自然的现实而导致的邪恶后果。20世纪美国伟大的诗人华莱士·史蒂文斯(Wallace Stevens)对此是这样描述的:"如果说思想是世界上最可怕的力量,那么,它也是唯一可以保护我们抵御恐怖的力量。或者,之所以说思想是世界上最可怕的力量,主要是因为,它是唯一能保护我们防御思想本身的一种力量。"

史蒂文斯接着说,"诗人代表着帮助我们抵御思想自身的思想"[4]。如果这种关于诗的说法是成立的,那么,对诗的研究也同样是这样一种自我防御。它可以延伸,并且配合诗人的作品,发挥作用。不过,在讨论20世纪的发展和当前的形势之前,我还要就美国文学研究的三个历史源头或根源再多谈一些。

19世纪后期,美国开始发展研究生教育,同时出现的还有英语系及其他欧洲语言文学系。但是,在那之前,美国大学里的文学课主要是年轻人——尤其是白人中的富家子弟——职业教育的一部分,旨在帮助他们在今后的职业生涯和公共生活中说得好,写得好。这种教育也包括基督教教义的灌输,它的外在表现形式就是,学生们不仅要在高年级的时候修一门道德哲学课,还要参加日常的教堂崇拜。

另外,直到19世纪后期,美国大学里人文课程的主要特色就是希腊和拉丁语言的训练,而不是通俗文学。自然,语言培训也会涉及用那些语言创作的文学作品的阅读。但是,那时候,在课堂上对文学作品的阐释,如果有的话,在今天的人看来,也一定是过于简单了。那时候的教学大多数是机械训练,重点是确保翻译、语法和句法是正确的,偶尔停下来,也只是揭示一下故事的道德示范作用。实际上,这种机会是少之又少的,可能因为大家都觉得故事所蕴含的道德含义是不言自明、理所应当的,而显然,这正是我们现在所提出的所有关于意义问题的症结所在。

多年以来,人们对希腊和拉丁语言的训练主要体现在语法和句法这些细枝末节的地方,其背后隐含的逻辑,是所有那些记忆单词和语法规范的艰苦努力都是难得的道德磨炼,而且,从某种意义上说,希腊和罗马文化的精神内涵就蕴含在这些语言的语法、句法和词源上。由此,在对语言细节进行机械训练的同时,也必然会吸收它的古典精神。这种逻辑显然是荒谬的,以至于有人忍不住会问,为什么这种逻辑竟然可以大行其道呢?当然,我们现在说它是荒谬的,没有问题,但是,这些理念不是仍然潜伏在某些人的心目中吗?他们依然坚持语言学习是"良好的心智训练",甚至是某种意义上的道德提升。格拉夫援引了查尔斯·弗朗西斯·亚当斯(Charles Francis Adams)1883年在哈佛大学联谊会(Harvard Phi Beta Kappa address)上对此理念进行的绝妙反讽,亚当斯把这些理念称之为古典文学研究中"伟大的—不可理喻的—本质—和—宝贵的—残渣理论"(the great-impalpable-essence-and-precious-residuum theory),并把它界定为这样一种假设,"希腊语言的语法知识,以及对《希腊远征波斯记》和《伊利亚特》这三本书的阅读,把难以触摸的希腊文学之精神融入男孩子的本性中,这种精神将会体现在他以后的工作成果中,就像撒在地里的肥料终究会表现在从这块地里长出来的庄稼身上"[5]。所有学习希腊和拉丁语言的机械训练都建立在这样一种教育理论上,即美国上层社会的男性青年在进入职场和公众生活之前,需要进行这样一种心智和性格方面的教育。

最近,有学者已经开始论证(例如1986年,弗兰津和维尼格尼),在英语系建立之初,人们对盎格鲁-撒克逊或者古英语的学习寄予厚望,在很大程度上,也是基于这种理论的变体,即,对古英语之语法的学习将会帮助学生汲取日耳曼或者亚利安或者印欧语系的思维方式,包括那些构成美国民主之基础的政治原则。[6]

美国文学研究之三个历史根源中的第二个,是19世纪末期美国研究型大学的建立。这些研究型大学以德国大学为模式,并吸收它以追求普遍科学或者科学的、实证性知识为目标的建学理念。由丹尼尔·考伊特·吉尔曼(Daniel Coit Gilman)建立于1876年的约翰斯·霍普金斯大学作为一个先驱者,正式开启了美国历史上研究生教育的先河。正如雅克·德里达所论述的,[7]建立于19世纪初期的柏林大学,以及后来以之为模板逐渐建立起来的西方所有的大学,都是大学按照莱布尼茨的理性原则(Leibnizian terms),对一切事物进行普遍解释的使命之有意的、制度化的体现。德里达的论述无疑是有说服力的,它等于是说,万事万物都有其存在的理由,或者,借用莱布尼茨的原话,"对任何真实的命题,都可以赋予理性的阐释:所有真相都包含理性(*Omnis veritatis reddi ratio potest*)"。

所有事物都可以由大学做出解释，而且，也应该获得解释。这种解释一切的使命感和大学的民族主义抱负似乎被绑在了一起。每一所伟大的研究型大学都认为自己是在为一个具体的民族国家的扩张服务，而作为民族主义的一部分，对本国文学的研究开始被赋予越来越重要的地位。现代研究型大学正是从事这种清理、考察和解释这一宏大事业的发源地。在自然科学方面，这种情况体现得更加明显。或者，换一种说法，西方所有的大学，包括美国大学在内，在19世纪逐渐转型为我们今天所熟悉的那种伟大的、现代化的、以研究为宗旨的，为社会、政府和工业提供科技支持的学术机构，正是理性原则制度化的结果。也是对解释一切、给万物一个理由、解释一切事物的因由之使命的回应。如果莱布尼茨活着的话，他一定会奇怪，甚至可能会惊愕，他的理性原则竟然会走过这样的历史轨迹。

这种新兴研究型大学的大量的集体研究工作的一部分就是解释所有国家及其不同时期的语言和文学。人们把人文领域这种普遍的诠释工作命名为"学术"（scholarship）、"研究"，或者更具体一些，"语文学研究"（philology）。19世纪晚期，伴随着英语系和欧洲语言文学系的成立，语文学研究也被引入到了美国的大学，与此同时，一种全新的、完全不同于过去之绅士培养的文学研究理念和实践开始了。这种应普遍解释之原则而兴起的研究投入，作为新兴研究型大学的一部分，使大量集体性的研究工作都具有了新的意义，例如，编辑、注解、勘校和确立文本、传记、文献目录和渊源研究、字典和索引的编撰、词源学研究、对史实和语言现象的挖掘和考证，以及文学史和思想史的撰写，等等。所有这些英语、日耳曼语和拉丁语的语文学研究（主要形式）的发展模式都是建立在《圣经》研究和古典语文学研究的基础之上。《圣经》研究和古典语文学研究在19世纪已经发展得很完备了，尤其是在德国和英格兰，在美国则是后来才出现的。这些语文学研究尽管也可以用我前面提到的教育理论——或者说道德形成说——来为自己辩护，但是，"不考虑价值"(value-free)的研究观也许更适合它,当然,人文理论也可以拿来装点一下门面,不过,这一点我还没有完全展开。简而言之,大学就应该,或者有责任,把一切可能发生或出现的事物的信息资料整合成可供人们了解和提取的形式。大学必须这样做的原因只是因为它可以被人们了解,因为它可以被编纂、记录,然后储存在档案室,以备后人不时之需。但是,从另一方面来说,这种价值又难以用同样的方式被研究和编撰;因此,档案室中没有它们的位置。而根据上面的推理,对事实的整合与储存恰恰是大学教授潜在拥有的最高价值,是他们存在的理由(raison d'être)。

支持这项庞大工程的理念,就是厘清事实真相,并对之做出合理解释,其本身是件好事。但是,这个问题我们需要辩证地去看。来自约翰斯·霍普金斯大学的詹姆斯·威尔逊·布莱特(James Wilson Bright)教授是一位杰出的语文学家,1902年他担任美国现代语言学会的主席,在其就职典礼上,他声称,"一个国家的语文研究力量和健康发展是衡量该国思想和精神活力的重要指标",语文学家必须参与到"指导国家命运的工作中去",但是,正如杰拉尔德·格拉夫所批评的那样,他根本不可能合理地解释语文学家——作为语文学家——该如何去指导美国的命运。[8]这一点也正是多少年来人文学者对语文学提出的一次又一次的批判;实证式的文学研究,或者说,科学的文学研究理想本身没办法决定社会或者个人对其研究成果的使用,尽管我们前面说过,厘清事实真相从道理上讲是好的。由此看来,语文学研究的文化应用这种理想,并不像其所声称的那样令人信服,就如同我们前面提到过的那种理念——对希腊语、拉丁语、古英语或者中古高地的德语之语法和句法的学习本身就很好,对年轻人来说也是很好的道德培养——一样,几乎没什么说服力(那个时候,在大学或者学院就读的几乎都是年轻男性,只有几所大学是男女合校或者女子学院)。社会或者个人对文学研究之运用比较有说服力的证据只能来源于其他渠道,例如,在今天,人们研究"少数群体"之作品或者至今依然被排除在经典之外的作品,往往出于这样的理由——它们是理解我们的文化历史的不可或缺的工具，或者说是抵制我们在按照传统的——尤其是男性的——视角选编国别文学经典时所持有的意识形态偏见的有力武器。

文学研究在美国的第三个源流，也就是源于马修·阿诺德的人文主义那一支，影响最为深远。阿诺德所阐述的文学研究的社会作用，在19世纪广为传播，在我们所处的20世纪也经历了一段复杂的历史。而且，这些思想在美国的发展，除了阿诺德之外还有许多其他来源，例如，与阿诺德同时代的英国学者卡莱尔(Carlyle)和拉斯金(Ruskin)，以及美国自己的拉尔夫·沃尔多·爱默生(Ralph Waldo Emerson)。早在阿诺德之前，人文主义就已经经历了一个复杂的发展过程，它的历史通过歌德、席勒以及德国其他浪漫主义作家(他们都对阿诺德有强烈的影响)的教育概念，通过文艺复兴时期的人文主义，可以一直追溯到希腊的教育思想，这是一个很清晰的发展脉络。不管怎么样，阿诺德独特的表达方式——文学研究在公民的文化形成方面发挥着根本作用——对美国的文学研究有着巨大的影响。在1883—1884年和1886年，阿诺德两次前往美国访问讲学。他创作了一系列令人瞩目的关于文化和文学研究功用的文章和著作，这些文章和著作奠定了文学研究中的这些人文主义设想。而这些设想又在一大批优秀的人文主义教授的教学和写作中制度化了，格拉夫把这些人称作"通才"(generalists)，[9]他们就是20世纪早期在美国大学任教的那些人：耶鲁的威廉·莱昂·菲尔普斯(William Lyon Phelps)，先后在威廉姆斯、普林斯顿和哈佛的布里斯·佩利(Bliss Perry)，芝加哥大学的罗伯特·摩斯·勒维特(Robert Morss Lovett)，哈佛的欧文·巴比特(Irving Babbitt)，伊利诺伊大学的斯图亚特·P·谢尔曼(Stuart P. Sherman)，哥伦比亚大学的莱昂奈尔·特里林(Lionel Trilling)，还有其他许多人。特里林是这些坚持人文主义理想的教员中最年轻的一位。他写的关于马修·阿诺德的著作[10]非常好，可以视作对阿诺德文学文化理念的一种总结，这些理念在20世纪上半叶，以这样或那样的方式体现在美国成百个大学的文学教学中。这些观念还为大学校长、毕业典礼讲演人和系主任提供了为文学研究之社会效用辩护的说辞。

在他的文章《诗歌研究》和《批评在当前的作用》,以及他颇有影响的文化批评著作《文化与无政府状态》一书中,阿诺德表达了这样的看法:从希腊古典文学开始,再到歌德和华兹华斯这种一脉相承的西方文学,是"世界上所有被思考过,并被表达出来的最好的"宝库。阿诺德认为,他和他的读者们生活在一个糟糕的时代,在这个时代,传统宗教的影响正在衰退,消费主义、无法无天的个人主义、工业化以及庸俗的中产阶级的兴起正在削弱文化,使真正的教育变得寸步难行。只有学习我们传统的古希腊和古罗马经典才能挽救我们的文化。我们的文学老师、管理人员以及关心教育的政客,不是也常常表达类似的对我们所处的这个20世纪的美国文化的担忧吗?对希腊以降的伟大的文学作品的研究不是也常常被推崇为对治文化衰落的良方吗?他们认为,在现在这个糟糕的时代,唯有文学研究才可以保持我们的文化,或者,如莱昂奈尔·特里林所说,"伟大的艺术和思想作品,在塑造一个国家的社会生活中具有决定性的作用"。[11]

阿诺德的这些思想已经深深植入了人文领域的教学和研究中,以至于很少有人意识到这些堂而皇之的思想也只是一种设想,我们应该辩证地去思考它。从1890年到20世纪40年代,美国的文学教授建立了不同的系别,设计了课程和培养方案,研究和教授本土的现当代文学,而且,直到今天,这些课程都还完好无损地保留着,尤其是在英语系(千真万确,今天依然是这样!——希利斯·米勒2014年1月1日)。阿诺德的人文思想在美国英语系的制度化意味着以下几点内容:它承认英语文学"囊括了"从贝奥武夫至少到哈代或吉卜林,甚至到最近的当下的文学,美国文学自然也会包括在内;研究重点主要集中在一系列经典化的作品,这些作品几乎全部都是男性作家创作的(乔叟、斯宾塞、莎士比亚、多恩、弥尔顿、蒲伯、约翰逊、华兹华斯、济慈、雪莱、丁尼生、布朗宁、狄更斯,以及维多利亚时期的散文作家:阿诺德、赫胥黎、纽曼、拉斯金等);阅读的重点主要是在主题方面,而不是文体方面,更不会从历史的角度对这些作家进行相对性的解读。相对来说,这种经典还是一个比较新的东西。英语系一建立,这种经典化就开始了。教授这些经典的重点应该放在这些作家所表达的永恒的、普遍的价值观,以及美德和理想,即世界上所有被思考过,并被表达出来的最好的东西。

20世纪40年代,当所谓的"新批评"进入美国文学研究的时候,上面描述的这三种设想依然处于支配地位,尽管它们之间并不和谐。新批评迅速占领了美国几乎所有大学英语系的课程设置和教学过程,尽管来势汹汹,完全掩盖了原来的"学术"理想,但它并没有完全取代原来的那些观念。在接下来的20年里,新批评在美国文学研究中独领风骚,它取代或者说重新界定了曾经支配美国文学研究50年的那三种关于文学研究的设想。关于新批评的历程,包括它的设想、实践以及主要代表人物,已经有很多人讲过了,其中,讲得最权威、最充分的是莫里·克里格,[12]而最新的则是文森特·雷奇书中论新批评的一章。[13]这里,我将只列举几个主要的批评家,谈论一部具有里程碑意义的著作,并找出新批评派的主要论点,以期说明新批评派为什么能够如此成功地改变美国的文学研究。

美国新批评派最直接的先驱者是英国的I·A·理查兹、威廉·燕卜逊和T·S·艾略特(I. A. Richards, William Empson and T. S. Eliot),和美国伟大的批评家、超越一切学派或运动的学者肯尼斯·伯克(Kenneth Burke)。参与新批评在美国大学的发展和制度化的主要批评家有约翰·克罗·兰瑟姆、艾伦·泰特、R·P·布莱克默、科林斯·布鲁克斯、罗伯特·潘·沃伦、雷内·韦勒克,以及W·K·韦姆萨特(John Crowe Ransom, Allen Tate, R. P. Blackmur, Cleanth Brooks, Robert Penn Warren, René Wellek, and W. K. Wimsatt)。而使新批评成功制度化的最重要的作品则是布鲁克斯和沃伦合编的介绍性教科书《理解诗歌》。[14]它把新批评在各种不同的著作中——例如,科林斯·布鲁克斯的《精致的瓮》[15]——所体现出来的关于阅读文学的基本理念,以教学的形式,展示在了读者面前。大部分阅读《精致的瓮》的学生都会把《理解诗歌》作为基本的教科书。我们家至今还保留着我妻子 1944 年或者 1945 年在奥伯林学院上课时使用过的教材,当然,现在已经破旧不堪了。

　　新批评主要集中在抒情诗,尤其是现代诗和玄学诗。多恩或者艾略特(Donne or Eliot)的诗被视为总体文学的典范。对诗的"细读"被认为是文学研究的主要工作,而对诗的解读又或多或少脱离了它的历史和社会语境。它的理念是:在字典——尤其是《牛津英文字典》——之外,没有任何特殊的知识是读诗所必需的。正如雷奇所说,一首好诗应该是"一个自给自足的、与历史无关的、悬浮在空中的客体"[16]。而且,一首好诗应该是一个"有机的统一体",它将迥然不同的素材聚在一起,组成一个复杂而又具有反讽意义的统一体,其中,不同事物之间又由于对立而形成一种张力。隐喻(Metaphor)被认为是诗歌创作的基本手法,因此,它也是文学创作的基本手法。使用这种手法,可以把看似不相干的事物扭结在一起。读诗本身被认为是好事情,读诗本身就是它的意义;与此同时,读诗也被认为是对个人和社会有用的行为,尽管这一点说得比较含蓄,比较笼统,因为诗歌为我们提供了一个相互冲突的需要、欲望和价值观和谐共处的典范,而这种和谐共处又是成功生活在美国 20 世纪的现实世界所必需的。或者,就像格拉夫所说的,读诗为我们提供了一种知识,这种知识蕴含了跨越历史变迁的普遍的价值观,而又无法用概念去言说。

　　新批评获得如此成功,部分原因是它使诗歌教学在美国年轻一代的大学生中成为可能,这些学生中有很多是第二次世界大战的退伍兵,他们在美国属于中产阶级,或者工人阶级,没有广泛的历史或者文化知识。很多学生是从大学一、二年级才开始第一次上文学课,他们不了解《圣经》,不了解希腊和罗马神话,以及所有其他的人们公认为读诗所必备的各类知识。《理解诗歌》使文学教学在这个大力普及高等教育的民主国家成为可能,而这种要为几乎每一个人提供大学教育的承诺,在以前任何一个伟大的国家都不曾实行过。

同时,《理解诗歌》这本书在诗歌选择和评论方面,也悄悄吸收了一些来自 T·S·艾略特和许多源于美国南方传统的新批评派学者的理念。这些理念在政治上、宗教上和文化上都比较保守。例如,在诗歌选择上,《理解诗歌》主要是基于 20 世纪前期那几十年所确立的经典标准来选择的。就连它对英国浪漫主义的贬抑,尽管是直接引自艾略特,都可以在马修·阿诺德对雪莱的保留意见中找到影子。玄学派诗人被表扬了,至少是含蓄的,因为他们对人类生活表达了一种传统的、源于基督教的看法。

文学研究在美国发展的下一个阶段,也是迄今为止最后一个阶段(请别忘记,这篇演讲写于 1988 年——希利斯·米勒 2013 年 12 月),是始于 50 年代的对欧洲大陆文学理论研究的逐渐引进和吸收。与此同时,加拿大学者诺斯罗普·弗莱的神话批评也在美国产生了强烈影响。弗莱在《批评的剖析》一书中所提出的无所不包的、系统的文学类型研究吸引了很多人的注意力,这一点表明文学教师和学生开始意识到,他们需要一种外在的文学理论(explicit theory of literature),而这种需要新批评无法满足。[17]

到了 60 年代中期,越南战争、学生运动、妇女解放、人权运动进行得如火如荼,这一系列的政治事件给文学研究带来的冲击就是,感觉传统的文学研究似乎越来越脱离现实。那些公开指责新理论方法之节节胜利的人应该记得,这些新理论乃是对人们普遍感到的文学研究与社会和个人现实脱节的一种回应。从欧洲引进的理论著作回应了那种对"相关性(relevance)"的需要。首先是存在主义和现象学,它们作为新的文学批评的基础被吸收了进来;之后,就是 60 年代的结构主义、拉康的心理分析、新马克思主义批评,以及所谓的"解构主义"。第二波浪潮更加激进一些,它主要源于法国,开始的时间也比较容易确定,因为它源于 1966 年,由福特基金会资助,在约翰斯·霍普金斯大学召开的一次结构主义研讨会。会议论文被结集出版,命名为《批评的语言和人的科学》。[18]虽说现在有关文学研究的国际大会在世界各地已经遍地开花,但是,这次会议却是最早的,也是最有影响力的。霍普金斯大学的这次讨论会第一次把雅克·拉康和雅克·德里达带到美国,宣讲他们的论文(德里达在1950年代曾在哈佛学习过一年),同时到会的还有一些可以算作老一代的学者,例如,现象学批评家乔治·布雷(Georges Poulet)、马克思主义批评家露西恩·高德曼(Lucien Goldmann)以及古典文学研究者让-保罗·维侬(Jean-Paul Vernant)。由此,美国文学研究开始逐渐被这些引进的理论所控制,他们认为文学研究必须建立在外在的理论思考(explicit theoretical reflection)之上。

"理论"入侵文学研究是传统的学科界限被强行突破的一个经典例子,而这正是《被割裂的知识》这本书的主题之一(这篇演讲最早就是出现在这本书中——米勒2013)。在美国,在今天,文学研究已经不可能再单纯地停留在文学文本及其评论上了。美国的文学师生们,如果想站在教学和学术研究的前沿,可能会觉得他们需要获取哲学、社会理论、心理分析、人类学、语言学或历史学的专门知识。正如我在其他地方论述过的,[19]美国文学研究的现状可以说是伴随着理论的全面胜利(现在已经不能这么说了——米勒2014年1月2日)。尽管保罗·德·曼所说的"对理论的抵制"[20]依然活跃,但是,这种特点却是显而易见的。因此,我提议,在当前(事实上任何时候),对理论进行抵制的最有效的方式乃是某种形式的理论的胜利,这一点听起来似乎有悖常理。

但是,首先,我所谓的"理论的胜利"是什么意思呢?我的意思是,它在各个方面都很突出,不仅出现了大量旗帜鲜明的、富有对抗色彩的理论话语——阐释学、现象学、拉康式的、女权主义、读者反应论、马克思主义、福柯式的、结构主义、符号学、解构主义、新历史主义、文化批评,等等,每种话语似乎都带着一股不可一世的蛮劲;而且,还伴随着急剧增加的课程、教程、著作、手册、学位论文、论文、演讲、新的刊物、专题研讨会、学术团体、研究中心和研究所,所有这些都公开宣称他们关注理论或者所谓的"文化研究"。所有这些凝聚在一起,形成了一个跨越系别、学科和学校界限的"隐形的大学(hidden university)"。今天,文学研究中大量的前沿工作正是在这里完成的。在这里,我不可能逐一说明我前面所列举的各种理论的特征。文森特·雷奇在他的书中,写了400多页,才约略勾勒出它们的主要模式及其批评设想。[21]

但是,这里,我们需要强调的是,这些对抗性理论的庞大数量及其它们之间的不可调和。这些理论不可能被整合成一种宏大的、无所不包的文学理论体系。理论的胜利已经完全改变了文学研究的现状,与我40年前踏入这个领域时不可同日而语。如我在前面提到的,在那些快乐的日子里,我们一般是在大的文学史的背景下,研究文学文本,在教学中有些过于关注所谓的新批评的基本理念:隐喻的至高无上、有机统一之原则的普遍性,等等。现在,我们必须熟知大量的互不相容的理论,这些理论大都基于文学之外,却又公然要求我们去效忠。

毫无疑问,理论在今天的胜利是由多种因素决定的。它有很多毫不相干的"原因",或者,为了避免"原因"一词可能引起的疑问,我们最好说"伴生因素(concomitant factors)"。各种不同的理论预设之间的冲突本身就是因素之一,因为它们明显的不一致必然会引起理论上的反思。如果每个人都支持同一个理论预设,那么,它们自然就可以立住脚了。当然,外在理论也就没必要出现了。在众多因素中,还有一个因素是美国的人口变迁,美国人口结构的变化正在把美国逐渐演变成一个多语种并存的国家。如此一来,过去完全立足于英语文学经典作品的文学研究就显得越来越没有道理。另外一个降低英国文学重要性的因素是,美国正在上升为一个主要的世界强国,而与此同时,英国的重要性却在下降。还有一个变化因素则是妇女解放运动,它已经对美国文化产生了重大的影响,而且,这种影响仍在继续。科技的发展,如喷气式飞机(它可以把全世界的学者和批评家聚集在一起开会)、计算机、录音机和复印机等,都大大加速了新作品在美国内地的传播,以及从欧洲和其他各洲向美国的传播,和从美国向外部世界的传播。

与文学研究的理论转向有关的一个重要因素就是,人们对研究传统的男性占主导地位的英语经典文学以及英语翻译过来的荷马、维吉尔、但丁、塞万提斯等人的作品的确定无疑的价值,普遍失去了信心,由此产生了一种对理论研究的需要。同样,研究经典的传统理由——即研究经典可以把我们文化中的基本价值观,也就是阿诺德所谓的"世界上被思考过并被表达出来的最好"的精华部分,一代一代传下去——也受到了质疑。这并不意味着说,研究传统经典的这个理由现在不再说了,远非如此,而是说,这样的辩护理由未免使他们的意识形态动机显得太清楚了。所以,这样的辩护已经不再是理所当然的事情了。在很大程度上是因为理论作品,我们的意识才得以提高。例如,我们可能会觉得,为教学大纲所选的任何作品,或者阅读那些作品的任何方式,都不可能完全避免政治上的考量。这样的选择再也不可能轻易找到一种大家都认同的,任何时间、地点、学校和班级都适用的标准来为自己辩护。

同时,我们还应该记住,在大多数美国大学里,传统的文学经典仍然是英文系教学的主要部分,这是美国现代语言协会最近所做的经验研究的一个发现。[22]对传统经典的研究,绝不像那些倡导在大学里削减文学教学的批评家所宣称的那样,已经大大削弱了。然而,为经典辩护的讨论确实正在进行。不过,在涉及具体课程和教学方法上,其结果往往是把新作品和新的研究经典的方法纳入到传统的课程教学中,而不是从根本上彻底废除这些公认的经典作品。同样,尽管整个注意力都放在了文学理论的新形式上面,但情况仍然像现代语言协会的研究所发现的那样,大量的课程,或者说,大多数课程,仍然是按照新批评的方法和理念进行教学。

理论的胜利,在很大程度上,可以说是对新的社会、人口和技术发展的一种回应,或者说是人们企图走出困境的一种尝试。教师想为他们的所作所为找出合理的解释。诉诸理论是寻求合理解释的一种方法。换句话说,文学理论的主要作用之一就是对意识形态进行批评,也就是,对混淆语言现实和物质现实的做法进行批判。这里所说的意识形态,包括我们文学教学的程序和文学研究整个的制度化所暗含的(根据定义,意识形态本来就是暗含的)理念。这种诉诸理论的结果就是,文学理论在美国越来越成为一个为自身而存在的研究对象。这种情况在一些普遍开设的课程中表现尤为明显,这些课程专门研究理论文本,而不是把理论当作研究文学文本的辅助手段。这种情况还表现在,一些非公开的"理论"课程,也开始阅读理论著作。从目前来看,这些课程的状况都还不错,因为它们认识到了阅读和使用理论著作的重要性。如大家常说的,两类课程都使理论研究"在学术上获得了尊重",它们使理论教学在正常教学中制度化了,但与此同时,理论研究也被边缘化为众多研究领域中的一个。

另一方面,人们也很容易看出,理论在这些课程中很难有效地发挥它固有的作用。这可能是抵制理论的一种微妙的方式。即使是由那些对理论深感兴趣,而且不想对它造成任何伤害的学者来教这些课程(事实也通常如此),这种情况也可能依然如此。文学理论或者说批评理论,本身就是,或者说应该是,一种批评实践(praxis),这种说法可能有点有悖常理。但是,至少在这种情况下,理论是实践,思考是行动,而不是臆想中的对立面。换句话说,在这种情况下,理论和实践的分野降解成了某种以这种方式或另一种方式自然分裂的东西(something that is self-divided)。例如,在理论与阅读,或者,教学理论和教学结果,这些绝对不对称的互助关系中,它就会自然而然地割裂开。这就是说,文学理论除非被"运用",否则,它的作用就很小,或者几乎没有。理论必须是积极的、多产的,而且是易于付诸实践的(Theory must be active, productive, performative)。

理论的能动性或者说理论所产出的是,或者说应该是,新的最广泛意义上的阅读。这些阅读反过来又是富有能动性的,而不仅仅是被动的或者认知性的。它们可以促成某种事情的发生。这里所说的阅读当然也包括对理论文本的重新解读。它们应该是最深入的"阅读",是积极的、批判性的、修辞性的、"干预性的"阅读("interventionist" readings),而不是对所读文本的主题语境的简单概括,文本主题本来就一目了然。除非是从这个意义上阅读理论,否则,理论毫无价值。也只有这样阅读理论,它才会促进其他文本的解读,这种解读——如雅克·德里达所说的——完全是开创性的,因为它们直接或者间接地提出了一种与大学、社会或大学所服务的国家的新"契约关系"。"例如,"德里达说,"当我在研讨课上从一个既定文本中读到一个句子时(比如,苏格拉底的一个回应,《资本论》或《为芬尼根守灵》中的一个片段,或者《院系之争》中的一个段落),我不是在履行一个先前已经存在的契约:我还可以起草,并与这个研究所签署一个新的契约,一个在这个研究所和社会的支配力量之间的契约。而且,这种行为,正如其他一切谈判(契约签署之前,也就是,不断改变原来的约定),正是施展任何想象得到的诡计和战略战术的时刻"。[23]

对文学的理论反思多得令人瞠目,而这无疑也是美国今天的文学研究最有可能"被借鉴的(transferable)"地方。我前面已经提到过一些科技进步,特别是电讯技术的巨大发展和旅行的方便,使西方的文学理论可以传播到世界上其他国家。我发现,我的中国同行对西方理论非常了解,而且也非常希望把西方的文学理论翻译到中国。在我访问过的其他许多国家,情况也是这样。

比起美国当地的文学研究机构,文学理论更容易被输出国外。但是,如果西方文学理论不能帮助那些翻译、论述并在教学和写作中运用它们的国家——比如中国——解决一些当地的社会和文化需要,那么,世界各国就不会对西方文学理论产生如此大的兴趣了。我认为,大家对文学理论的兴趣也是世界范围内文化急遽变化的一部分,这种变化部分是由于技术的进步,比如,个人电脑和传真机,但是,也有其他原因,比如,跨国公司的迅速增加。在今天这个国家界限已经被打破了的多语种共存的新世界,文学研究逐渐成为一种新形式的比较文学,而不再是单打独斗的国别文学研究。比较研究必须有清晰的理论反思,所以,"理论的胜利"并非偶然,它是对那些正在改变我们这个世界的深度的文化、社会和技术创新的一种回应。这种不同国家和文化之间的沟通与保留当地的语言和风俗特色并不矛盾。随着西方理论在全世界的翻译和同化,它也将会发生一些人们预料不到的变化。它会被改造,以适应新的语言和当地的需要。这一点正在中国发生,我们都拭目以待,想看看西方文学理论移植到中国之后,将会发生什么样的变化。

美国文学研究的最新发展,也是当前正在发生的、大家都比较关注的重大变化,是语言研究向历史研究的转向。这一点在所谓的"新历史主义"著作中最为明显,例如,斯蒂芬·格林布兰特与他在加州大学伯克利分校的同事,还有散布在其他许多大学的他们的同盟军。值得注意的是,这些学者虽然有时候被冠以新历史主义者的名头,但是,他们的理论预设却并不一样,在某种程度上甚至是矛盾的,这一点在任何一个富于强烈创新精神并产生了极大影响力的运动中都会发生。另外,对文学之历史语境的重新关注也体现在其他批评派别中,比如,马克思主义批评家、福柯理论研究者,以及对文学的历史背景感兴趣的更传统一些的学者。毋庸讳言,它也一直是所谓的解构主义学派研究的一部分。这种新一轮的对文学之历史或文化语境的兴趣,正在迅速形成一个新的充满活力的研究领域,被称作"文化批评"或"文化研究"。这个新门类有时候被放在传统的英语系、法语系或者德语系,有时候又放在全国各地正在争相建立的文化研究中心或研究所里。

这种对历史的再度关注,如果不回到那种文学是由历史决定的或者文学只是历史的反映的天真的预设,倒也没什么不好。换句话说,这种重新转向历史的动力部分源于结构主义和"解构主义"的洞见,他们认为,文本的修辞或者比喻意义是非常复杂的,既包含通常的"字面"意义,也包含"字面之外"作为历史文本的意义/它们既是通常意义上的"文学"文本,从某种意义上说,也是超出"文学之外"的历史文献。既定的文学文本(如莎士比亚的一个剧本)与它的历史语境(比如16世纪关于雌雄同体的专题论文[24])之间的真实关系问题,本身就一定是一个复杂的理论反思的话题。简单地把剧本置于它的历史语境中，然后断言其语境解释或说明了文本，显然是不够的。

辨别文学与历史相关联的真实方式是今日理论和批评实践的一个主要的前沿阵地。[25]做到这一点，有三种阅读（而且是深度阅读）是必不可少的：历史文献的阅读；文学作品的阅读，是在"领悟"文献之后；以及二者之间关系的阅读。后者涉及一个非常困难而且富有争议的理论话题：文本与文本之间的关系。这三种阅读行为中，没有一种是理所当然的。以语言为出发点的理论，尤其是以雅克·德里达、保罗·德·曼以及大量的青年文学研究者为代表的所谓的"解构主义"的理论洞见，是任何真正介入文学与历史之关系研究都不可或缺的。解构主义最重要的理论洞见是，文学作品的阅读和教学行为是会产生效果的，是能动的。阅读会导致某种事情的发生。借用 J·L·奥斯汀的话来说，它是用语言做事的一种方式，[26]而不仅仅是对想象的或真实发生的某种事态的反映或再现。文学作品（以及文学的批评与阅读）在历史创造中扮演了一种践行性的角色。重新介入文学的历史关系就是认识到了文学在社会上的角色这个层面，这个问题至关重要。正是在文学研究的这个方面，才使得关注我所说的"阅读的伦理"具有价值。[27]"阅读的伦理"主要是涉及阅读或者教授一部文学作品而引发的使命或者责任，这种使命主要是针对我们所读的文本、我们所教的学生，以及那些可能会读到我们发表的关于文学作品的文章的人。阅读和讲授文学作品的伦理和政治效果未必是一致的，但是，二者我们都需要去认识，并把它们纳入新的有关文学与历史的理论工作的一部分，文学是践行性的，它会促成事情的发生。

因此，新历史主义和修辞性阅读（或者说"解构主义"）在我开篇就提到的"意识形态批评"中可以通力合作。尽管这种说法对我要讲的文学研究的社会功用是极其必要的，但是，因为它容易引起争议，所以，我需要先解释一下我所说的"意识形态"是什么意思。1988年，我在中国社会科学院的全院大会上讲这篇论文时，我的中国同行讨论的焦点主要集中在我下面这个论点:文学研究可以是,而且应当是,一种意识形态的批评。中国社科院文学研究所的学者们似乎习惯于把文学的社会功能看作是对有意传播的意识形态的强化,而不是批评。我们在美国一般不会从正面意义上去使用"意识形态"这个词,来命名我们文化中的首要的价值观。对我们来讲,"意识形态"这个词一般都有负面含意。它或者指无意识的、带有偏见的假定,或者指某团体的有意的纲领。不过,"意识形态"在西方也是一个容易引起争论的焦点。它具有好几种相互矛盾的含意,不管是在马克思主义体系之内,还是马克思主义之外。我所说的"意识形态",并不是法国马克思主义思想家路易·阿尔都塞所谓的"国家机器"[28]有意宣传并强化的有意识的价值和观念,而是阿尔都塞在同一篇文章的其他地方所界定的:意识形态,在很大程度上,是无意识的、甚至是想当然的,也因而更加强大的价值和判断体系。阿尔都塞认为,意识形态是对真实存在的特定社会的物质现状的想象性复写,而这个社会的男人和女人们就在它的指导下过自己的生活。阿尔都塞说,"意识形态是一个再现(形象、神话、观念或概念,视具体情况而定)系统(有其缜密的逻辑),并在一个特定的社会中被赋予了历史存在和历史角色"。[29]或者,我还可以引用另外一种定义,也就是保罗·德·曼所说的"意识形态"。他说,"我们所谓的意识形态,确切地说,就是语言与自然现实,或者所指与现象的混淆"。[30]

不管在别的国家是什么状况,在美国现阶段以及未来几十年,文学研究的首要任务就是好的阅读教学(teaching of good reading),这也是我所谓的"意识形态批评"的另一种含义。有人可能会问,这种好的阅读在社会和伦理方面有什么意义呢? 我的回答是:在一个民主社会中,修辞性阅读的教学是必要的,它可以教给公民一些必要的技能,使他们能够解读包围在他们四周的一切标记,并帮助他们避免被那些杜撰出来的有关他们的物质、社会、性别和阶级存在的一套表述所压制,或者压迫。按照我的界定,意识形态的表述往往都是不真实、虚幻的。它们会迷惑我们。尽管我们说,没有一个社会不玩意识形态的把戏,这一点没错,但是,错误地把语言现实当作自然现实而制造出来的错误却永远潜藏着危险。这种错误会给社会和个人带来不必要的痛苦。了解真相,才是最好的。尼采认为,有些真相,人们知道了,反倒受不了(there were some truths mankind could not stand knowing)。我不这样看,我认为,真相会使你自由(the truth will make you free)。文学的教学和研究,可以被看作是好的阅读训练,也因而属于意识形态批评的范畴,它对你的解脱一定会提供不可或缺的帮助。

注释

[1] 该书英文原名是 *Divided Knowledge*:*Across Disciplines*,*Across Cultures*,大卫·伊斯顿和考林·S·谢林(David Easton and Corinne S. Schelling)编辑(Newbury Park:Sage,1991),第118—138页。收入该书的是我在北京演讲三年之后稍作修改的版本。

[2] 马修·阿诺德,《〈文化与无政府主义〉之前言》(preface to *Culture and Anarchy*)(1869),见《散文全集》(*The Complete Prose Works*),R·H·苏泊尔(R. H. Super)编辑,第 5 卷(安娜堡:密歇根大学出版社,1965),第233页。

[3] 杰拉尔德·格拉夫的杰作,《以文学为生:学科化历史》(*Professing Literature*:*An Institutional History*)(芝加哥:芝加哥大学出版社,1987),是对文学在美国的教学和发展研究最新的也是最好的论述。但是,今天,在美国,越来越多的学者开始反思文学研究在美国的发展历史和学院化的过程。格拉夫的著作只是众多论文和论著中的一种。比较著名的有 A·奥勒森和 J·沃思(A. Oleson and J. Voss)编辑的《知识在现代美国的组织:1860—1920》(*The Organization of Knowledge in Modern America*:*1860—1920*)(巴尔的摩:约翰斯·霍普金斯大学出版社,1979);G·韦伯斯特(G. Webster),《书信共和国》(*The Republic of Letters*)(巴尔的摩:约翰斯·霍普金斯大学出版社,1979);萨缪尔·韦伯尔(Samuel Weber),《职业主义的局限》(The Limits of Professionalism),见《牛津文学评论》(*Oxford Literary Review*),5(1982):第59—74页;乔纳森·卡勒(Jonathan Culler),《批评与制

度：美国大学》(Criticism and Institutions: The American University)，见《后结构主义与历史问题》(Post-Structuralism and the Question of History)（剑桥：剑桥大学出版社，1987）；文森特·B·雷奇(Vincent B. Leitch)，《从三十年代到八十年代的美国文学批评》(American Literary Criticism from the Thirties to the Eighties)（纽约：哥伦比亚大学出版社，1988）。格拉夫非常友好，他不仅读了这篇文章的初稿，而且，还提了不少意见和建议，大部分建议我都采纳了，在这里，我特别向他致以谢意。

[4] 华莱士·史蒂文斯，《遗作》(Opus Posthumous)（纽约：Knopf，1957），第174页。

[5] 格拉夫，《以文学为生》，第30页。

[6] 弗兰津和维尼格尼(A. J. Frantzen and C. L. Venegoni)，《渴望源头：盎克鲁-撒克逊研究的考古学分析》(The Desire for Origins: An Archaeological Analysis of Anglo-Saxon Studies)，见《风格》(Style)，20(1986)，第142—156页。

[7] 雅克·德里达，《理性的原则：学生眼中的大学》(The Principle of Reason: The University in the Eyes of Its Pupils)，见《变音符》(Diacritics)，13(1983)，第3—20页；同前，"Mochlos ou le conflit des facultés," Du droit à la philosophie（巴黎：Galilée，1990），第397—438页；同前，《莫史劳斯，或者院系之争》(Mochlos, or the Conflict of the Faculties)，见《直面哲学》第二卷，《大学之眼》(Eyes of the University)，简·普拉格(Jan Plug)等翻译（加州斯坦福：斯坦福大学出版社，2004），第83—112页。

[8] 格拉夫，《以文学为生》，第114页。

[9] 格拉夫，《以文学为生》，第81—97页。

[10] 莱昂奈尔·特里林，《马修·阿诺德》(Matthew Arnold)（纽约：哥伦比亚大学出版社，1949）。

[11] 引自格拉夫的《以文学为生》，第85页。

[12] 莫里·克里格(Murray Krieger)，《新的诗歌辩护者》(The New Apologists for Poetry)（明尼阿波利斯：明尼苏达大学出版社，1956）。

[13] 雷奇，《美国文学批评》。

[14] 科林斯·布鲁克斯和罗伯特·潘·沃伦，《理解诗歌》(Understanding

Poetry)(纽约:Holt, Rinehart and Winston, 1938;第 2 版,1950)。

[15] 科林斯·布鲁克斯,《精致的瓮:诗歌结构之研究》(*The Well Wrought Urn: Studies in the Structure of Poetry*)(纽约:Harcourt, Brace and World, 1947)。

[16] 雷奇,《美国文学批评》,第 35 页。

[17] 诺斯罗普·弗莱(Northrop Frye),《批评的剖析》(*Anatomy of Criticism*)(新泽西之普林斯顿:普林斯顿大学出版社,1957)。

[18] 理查德·马克塞和尤金尼欧·道纳特(Richard Macksey and Eugenio Donato),《批评的语言和人的科学》(*The Languages of Criticism and the Sciences of Man*)(巴尔的摩:约翰斯·霍普金斯大学出版社,1970)。

[19] J·希利斯·米勒,《理论的胜利,抵制阅读与物质基础的问题》(*The Triumph of Theory, the Resistance to Reading, and the Question of the Material Base*),见《美国现代语言协会会刊》(*Publications of the Modern Language Association of America*),102(1987),第 281—291 页。

[20] 保罗·德·曼,《抵制理论》(明尼阿波利斯:明尼苏达出版社,1986)。

[21] 雷奇,《美国文学批评》。

[22] 菲利斯·富兰克林(Phyllis Franklin),《文学研究:新题目与旧经典》(*Literary Scholarship: New Titles, Old Canon*),见《美国现代语言学会通讯》(*MLA Newsletter*)(1988 年 2 月 13 日)。

[23] 德里达,Mochlos, or the Conflict of the Faculties,第 101 页。

[24] 斯蒂芬·格林布兰特(Steven Greenblatt),《重读莎士比亚:英国文艺复兴时期社会能量的流通》(*Shakespearean Negotiations: The Circulation of Social Energy in Renaissance England*)(伯克利:加州大学出版社,1988)。

[25] J·希利斯·米勒,《文学与历史:以霍桑的〈牧师的黑面纱〉为例》(*Literature and History: The Example of Hawthorne's "The Minister's Black Veil"*),见《美国艺术科学院简报》(*Bulletin of the American Academy of Arts and Sciences*),41(1988),第 15—31 页。

[26] 奥斯汀,《怎样用语言做事》(*How To Do Things with Words*),第 2 版(麻省剑桥:哈佛大学出版社,1975;第 1 版,1962)。

[27] J·希利斯·米勒,《阅读的伦理》(*The Ethics of Reading*)(纽约:哥伦比亚

大学出版社,1987)。我在前面讲的"理论的胜利",最后从三段话扩展成了一篇论文,发表在我的《皮格马里翁的版本》(*Versions of Pygmalion*)(麻省剑桥:哈佛大学出版社,1990)中。

[28] 路易·阿尔都塞(Louis Althusser),《意识形态与意识形态之国家机器》(Ideology and Ideological State Apparatuses),见《列宁与哲学》(*Lenin and Philosophy, and Other Essays*),本·布鲁斯特尔(Ben Brewster)翻译(伦敦:New Left Books,1971),第127—186页;引言出自127页。

[29] 路易·阿尔都塞,《马克思主义与人文主义》(Marxism and Humanism),见《致马克思》(*For Marx*),本·布鲁斯特尔译(伦敦:New Left Books,1977),第219—248页;引言出自231页。

[30] 德·曼,《抵制理论》,第11页。

第二篇 因特网星系中的黑洞：
美国文学研究的新动向
——兼纪念威廉·李汀斯①

我知道，外国文学研究与本国文化建设的关系问题是外文所最近正在讨论的一个重要话题，我希望，我这篇文章能为这一讨论贡献一点微薄的力量。尽管它不是针对中国的情况（对此，我知之甚少），而是针对美国的情况，但两者之间毕竟还有某种类比性。正如我在文中将要详细论述的，美国的文学研究是建立在对一种外国文学的研究基础之上，这种外国文学指的就是用美国主流语言——英语——写成的英国文学，至少在大学层面是这样的，这种状况直到最近才有所改观。中国

---

① 威廉·（比尔）·李汀斯[William (Bill) Readings]，毕业于牛津大学，是一位年轻而又才华横溢的理论家和文学评论家，生前是蒙特利尔大学比较文学系的副教授。1994年10月31日，因飞机失事在美国印第安纳州遇难。这篇文章在很大程度上得益于他的思想，尤其是他生前几近完成的一本书，这本书将由哈佛大学出版社出版，书名暂定为《超越文化的大学：杰出的概念》(The University Beyond Culture: The Idea of Excellence)。书中讨论了西方研究型大学发展到现在所经历的不同阶段，它是目前出版的最好的讨论西方大学之变革的著作。我也希望，我这篇文章能够引起大家对他的关注，中国学者应该关注他的思想。[这本书出版之后的书名为《废墟中的大学》(The University in Ruins)（麻省剑桥：哈佛大学出版社，1996），现在看来，李汀斯这本书依然很出色，很适时——米勒 2013 年 10 月 18 日]——作者原注

这篇演讲发表于 1994 年。演讲的主要内容最初由中国社会科学院的盛宁翻译，发表于《外国文学评论》，1995 年第 2 期，第 108—117 页。收入本书时，由国荣做了补充和修订。——中译者注

的情况当然不是这样，但就我所知，外国文学研究及其批评的理论和方法，在中国可能被认为是很重要的，这一点可以说是中国与美国的共通之处。

现代研究型大学在西方的建立可以追溯到创建于19世纪初的柏林大学，而柏林大学则是根据魏尔海姆·冯·洪堡（Wilhelm von Humboldt）的构想建立起来的。这些大学的最基本的使命就是服务于国家，而国家则被认为是一个有机的文化统一体，它拥有一套完整的理想和价值观念，这些理想和价值观念又集中体现为一个统一的哲学传统和民族文学（或在同化古希腊和拉丁语言文学的基础之上形成的文学）。大学服务于国家的方式有两种：1）作为进行批判性思考和研究的场所，根据莱布尼茨"凡事皆有其理，有果也必有因"的理性原则，揭示一切事物的本真面目，也对一切事物给予理性的说明；2）作为教学、培养或者教育（Bildung）的场所，使男性公民（当时的大学生全都是男性）在这里接受一个统一的民族文化的基本价值观。大学的任务就是为国家培养"subjects"，这里的"subject"有两个含义，它既是思维主体（subjectivities），又是公民，既对国家政权负有责任，又能使之发扬光大。对于追随康德的洪堡及其同仁而言，教育的根本在于哲学的研究。这就是为什么，直到今天，我们这些教授依然被统称为"哲学博士"，而不管我们的学位是从哪个领域获得的。如果细想一下，就会觉得，这件事情几近荒唐，因为真正的哲学在今天的大学已经越来越边缘化，许多哲学教授埋头于神秘兮兮的逻辑问题，而许多其他领域的哲学博士又对哲学知之甚少，甚至是一窍不通。

19世纪中叶，得益于席勒的《审美教育书简》，盎格鲁—撒克逊国家先是英国，然后是美国，以文学取代了哲学，作为文化教育的中心地位，从而在很大程度上偏离了原先那种范式。当然，发生这种变革的基础，早就已经存在了，德国的许多理论家，像施莱格尔兄弟、谢林和黑格尔等，都提出过这种观点，即文化教育应该以文学为中心。而且，在英国和美国，这一转变的发生，也在很大程度上归功于马修·阿诺德，归功于他对文化与无政府状况、诗歌研究和批评的功能等一系列问题的阐述。现代美国的研究型大学继承了洪堡大学的双重使命,最明显的体现就是1876年创立于巴尔的摩的约翰斯·霍普金斯大学。虽然在霍普金斯大学建校典礼上讲话的是托马斯·亨利·赫胥黎(Thomas Henry Huxley)这位新科学型英国大学的代言人,但这所大学明显而且自觉仿效的却是德国大学的模式,而不是英国模式。令人欣慰的是,之后不久,抑或与此同时,美国公立和私立的研究型大学就很快普及开来了。

搜集科学知识(包括历史、文化史和文学史的知识,以及"人文学科"其他形式的知识),或者更广义的科学研究(Wissenschaft),与传授一个国家统一的价值观,似乎可以并行不悖,但是,对从事国别文学教学和研究的系科来说,这两大目标之间始终存在着一个矛盾。一方面是,通过文学教学,把一个民族文化中的中心思想和价值观念教给学生,而这些思想和价值观则被认为是熔铸在了这个民族恒定不变的文化经典之中。对英国文学来说,也就是熔铸在《贝奥武甫》,乔叟、莎士比亚等人的作品中。而另一方面,科学研究又应该是批判性的、客观的(disinterested)(马修·阿诺德语),完全没有主观偏见的对真理的追求。这种研究是没有价值取向的(value-free, Wertfrei)。它是按照一种普遍通行的研究方法来组织的,既适用于物理科学和生命科学,也适用于人文科学。

有很长一段时间,人们坚信,他们可以同时兼顾这两个任务,以至于文学系的人都认为,他们不仅是在完成两大使命,而且是在调和大学所赋予他们的两项充满矛盾的任务。一名英语教授既可以对某个作家的生平细节进行最琐碎的实证性研究,又可以对那些单调乏味的书目整理和编辑工作乐此不疲,与此同时,他还能给本科生上课,弘扬弥尔顿、约翰逊、勃朗宁、艾略特等人著作中所包含的伦理美德。前一项活动使他(他们几乎都是男性)感到,他为大学追求真理的使命,做出了有益的贡献,为现存的知识宝库添砖加瓦,而后一项活动则令他感到,他在为教育尽责。

然而,美国能把一个外国的文学当作自己本民族文化的根基这一点,却是洪堡式的研究型大学在美国体制化过程中所表现出的一种根本性变异。威廉·李汀斯在其书中不无正确地指出,在美国,统一的民族文化概念向来都是一种对于未来的承诺或希望,一种有待共和国的自由公民协商一致去创造的,而不是从本民族的历史中继承下来的不可忽视的传统。英国文学被美国的中小学和大学公选为创造民族文化的基本工具,而这种民族文化则永远处于形成之中。毋庸置疑,英国人解读莎士比亚的方式与一个美国人的解读方式有着天壤之别。这一点,只需看看两国人对莎士比亚之《亨利五世》中的爱国主义宏论的不同反应,就一清二楚了。

莎士比亚对英伦三岛之统一的有力肯定、对英军在阿金库尔(Agincourt)大胜法军的极力赞美,在美国这样一个通过革命战争打败英国人从而获得独立的国家里,则很难获得同样的反响。"莱克星顿"、"邦克山"(Bunker Hill)、"约克镇"和"福吉谷"(Valley Forge),这些昔日独立战争中的战场,对我们来说,要比阿金库尔有意义得多。或许,我们也可以这么说,在过去的五十多年里,我们这些美国公民已经逐渐认识到,我们有自己土生土长的民族文学,它可以把我们团结起来,使我们成为地地道道的美国人。不管怎么说,美国文学和美国研究作为独立的学科在美国大学中的崛起,恰好证明了我的这一观点。从马瑟逊、费德尔森、刘易斯和帕里·米勒(Mattheissen, Feidelson, Lewis and Perry Miller)到稍近一点的皮尔斯、伯克维奇、菲舍尔和哈罗德·布鲁姆(Pearce, Bercovitch, Fisher, and Harold Bloom),都出版了有关美国文学的重要著述,与其说他们在描述,不如说他们旨在建构我们实际上尚未形成的统一的民族文化。他们往往会沿用一套复杂而又具有践行作用的学术规范(performative scholarly ritual),使它们看起来好像是客观的学术研究,而且,他们也往往会忍不住使用一些带有普遍性的概念,譬如,西部地带(《往西去,年轻人!》)、美国的文化勃兴

(American Renaissance)、美国的亚当、象征主义的某种用法、传奇的某种形式、清教徒的理想,以及从爱默生、惠特曼,经史蒂文斯,直到阿蒙斯和阿什伯里(Ammons and Ashbery)的这一诗歌传统经典的内在联系等等,不一而足,莫衷一是。还是李汀斯说得好,近年来美国学界出现的对文学经典以及经典建构的兴趣,恰恰说明我们没有一个可以继承的传统经典,我们必须根据经典创造经典。这也是美国文化所特有的面向未来(future-anterior)所表现出来的另一种形式的言语行为。如果我们已经拥有一套确定无疑的经典体系,在很大程度上,就像英国那样,我们根本就不用担心,也不用把它理论化了。

在美国,洪堡式的大学概念以及文学系科在整个大学中的地位,一直持续到最近,至少在理念上;但是,现在,它正在迅速消失。我们正在进入——或者已经进入了——一个新的时期,新的大学范式还在确立之中。现在,大学内外同时都在发生着变化。作为一个圈内人,我忍不住会问自己,我们的英文系是怎么从一个以研究各个时期的英国文学为主,外加一些美国文学课程,课程设置和研究都相对一致易懂的状态,演变成一个莫名其妙而且无法自圆其说的大杂烩呢?变化始自20世纪40年代的第二次世界大战,而且,经历了几个鲜明的阶段,从五六十年代新批评的全面胜利,到七八十年代理论的一统天下,再到八十年代末、九十年代初,文化批评的异军突起。每一个阶段都是对以往那种将人文学科看成是传授统一的文化价值观的思想的进一步拆解。

所以,有人说,在第二次世界大战之前,文学经典的位置还很稳固,文学研究尚处于原始起步阶段。人们研究传记、语文学、文学史、思想史、形象分析和评价,没有任何对理论的自觉需要,或者说,他们对所做事情的理论假设没有什么了解。那是一种朴素的外在批评,也是美国的洪堡式教育,或者阿诺德所谓的"对世上被思考过并被表达出来的最好"的思想的一种研究。我记得,1944年,我刚进奥伯林学院时,正值第二次世界大战即将结束,新批评派被引入美国前夕,所有新生的英文必修课都是写作,所用的课本就是19世纪的英国作家论人文教育的理想的文选：纽曼、阿诺德、赫胥黎等。这些作家的文章不仅仅是作为散文范本（哪怕只是试图像阿诺德和纽曼一样写作！几乎是不可能的），这种阅读本身就是一种教育，基本的文化思想的教育，至少在当时仍然认为，美国高等教育的首要任务就是对基本文化思想的灌输。我不知道，今天，在美国，还有多少这样的课程被当作本科生的必修课。

接下来，1945年之后，至少在美国，出现了新批评的时代。当时大批的退伍军人因为美国颁布的"退伍军人安置法案"得以进入大学，这些人对所谓的西方传统几乎一无所知，而新批评，在一定意义上，等于回应了对他们进行文化和文学教育的需要。它没有像人们期待的那样，设置一套灌输这一传统的填鸭式课程，恰恰相反，新批评派认为，读懂一首诗，不需要什么特别的文学史或思想史知识，没学过那些历史，也能成为一个好读者、好公民。布鲁克斯和沃伦编写的《理解诗歌》，长期以来，一直是大学传授新批评方法的基本教材，它所选的诗歌几乎完全脱离了它们的相关语境。书中只给出了诗歌的作者和写作年代，仅此而已。想读懂这些诗歌，一本好词典就够了。这种做法似在表明，每一首诗都是偶然的发现，仿佛写在随风刮来的一张纸片上，没有任何上下文。《理解诗歌》本身等于是赋予了这些诗歌一个强有力的语境。所以，我们都认为，新批评派是一种极端的、内在的、反理论化的批评形式。它表面上声称，我们可以完全依赖常识，而不需要任何理论预设，而实际上，却把一整套的理论观念，悄悄地塞进了学生的头脑中，诸如，抒情诗至上、文学作品是自足自律的、好作品是一个有机的统一体、隐喻是最重要的修辞手段、英国17世纪的抒情诗要好过浪漫主义诗歌，等等。雪莱就是《理解诗歌》这本书树立起来的一个特殊的靶子，用以说明哪些做法是要不得的。

正如其批评者所指出的，新批评派的形式主义批评方式，貌似客观，而暗地里却贩卖了许多反动保守的政治观和道德观。新批评就是近年来被称为"审美意识形态"（aesthetic ideology）的一种模式。审美意识形态，即席勒在《审美教育书简》中所说的，要强调文学在支撑国家体制方面的作用。就新批评而言,这也意味着,它强调文学在很大程度上是自足自律的。而好的文学作品是一个"有机的统一体"这一点,正好成为他们把文学与作者和历史背景割裂开来,把文学当作一种自我封闭的、自给自足的独立体进行"分析"和单独鉴赏的依据。这样的作品本身就是它们的目的,它就应该这样被欣赏,超脱所有庸俗的功利性的目的。新批评派的始创人之一约翰·克罗·兰瑟姆本身就是一个康德式的人物,这一点绝非偶然。新批评派关于文学的这些认识,也恰恰说明了为什么新批评派会把抒情小诗当作文学作品的典范。如果说小说是没有语境可言的、自给自足的统一体,其中每个细节都服务于这个有机的整体,显然有点勉为其难。

不过,把注意力放在意义是如何由语言产生的,比起单纯地讨论主题意义的提取,已远非一般的理论进步了,它具有深远的意义;[1]如果忘记这一点,而把新批评理解为一种反动的形式主义,那就是一种歪曲。这一进步,颠覆了许多新批评创始者们的保守想法。我们当然不能以新批评创始者们的政治主张,来评判新批评的政治影响。不管那些创始者们的初衷如何,新批评对"细读"的关注,本身就具有潜在的颠覆性,也正因为如此,新批评已经到达了瓦解传统意义上的大学作为一个永恒文化价值的传承者和保护者的阶段。取而代之,新批评提出,要培养"细读"的技巧,这些技巧本身就独立于任何特定的文化价值观,而且,在任何时候,都可以适用于任何文本。新批评派承认某些带有普遍性的文化价值观,然而,他们同时又在鼓吹一种与上述文化价值观格格不入的超历史的、完全技术化的阅读形式。

在20世纪60年代、70年代和80年代初期,新批评又被理论的鼎盛时期所取代——结构主义、符号学、现象学、读者反应、马克思主义、拉康及福柯的学说,特别是当时占据主导地位的解构主义理论。解构是应急而生的、逻辑严谨的理论样板。也有人说(但是这一次,说法不实),解构就像新批评一样,也是一种内在的批评,只不过这一次是经过了复杂而入微的理论反思。这种不实之词接着说,解构是反政治、反历史的,将一切问题都归结为语言问题,诸如此类,这些话被重复了一遍又一遍,直到把所有的人都从解构主义理论中赶跑。凡受过高等教育的人,多半都在报刊上,或者学术话语中,看过或听过这种说法,不管是左派的,还是右派的。

这种广为流传的关于解构的说法完全是错误的,是对解构的歪曲,它强调的往往是真实情况的反面。雅克·德里达不仅在著述中立场鲜明,而且,在多次记者访谈中,也耐心地一一指出上述这些说法的谬误。在《莫史劳斯,或者院系之争》一文中,他写到,"在其自身所做的工作中(dans le travail même),考虑到构成并主宰我们的实践、我们的能力以及我们的表现的政治—体制结构,解构,至少,也是一种立场的选择(position-taking, une prise de position)"[2]。这里的关键词是"工作"和"立场选择"。解构是工作。它是有作用的。它通过选择立场,通过积极介入体制以及体制所赖以存在的政治领域而发挥作用。在1984年发表的理查德·凯尔尼的访谈录中,德里达对所谓的解构将语言看作纯粹的自我指涉的观点做出了激烈的回应,"说解构没有所指(a suspension of reference),这是完全错误的。解构向来关注语言的'另一面'(the 'other' of language)。我的批评者认为,我在著作中宣称语言之外再无他物,而我们则被禁闭在语言的牢笼中,对于这些话,我总是惊叹不已;他们所说的,实际上,正好是反着的"[3]。保罗·德·曼在其《抵制理论》一书中,收入了他最近与斯蒂法诺·罗梭(Stephano Rosso)的一篇访谈(1983)。他对罗梭就其近作中"经常出现的'意识形态'和'政治'等字眼"做了回应,他说,"我从来不认为,我什么时候偏离过这些问题,它们在我心里永远都是最重要的"[4]。这一点确实如此,我们很容易证明。德·曼的著作向来关注意识形态、政治和历史,例如,他关注文学研究中已经固化了的意识形态错误所造成的社会影响,并希望找到另外一种积极介入历史的方式,等等。但是,这些积极介入的方式,与新批评一样,并不能圆满地完成传承民族文化价值观的任务。理论的崛起则成了继新批评之后,承担起瓦解文学系作为培养国民的民族文化精神的传统角色的生力军。那些认为理论不利于人文学科发挥自己的传统作用——即培养民众具有统一的民族价值观——的人是对的,但是,我们还需要指出,在美国,乃至整个西方世界,随着理论逐渐取得主宰地位,这一教育模式,其实已经名存实亡了。理论的崛起,与其说是原因,毋宁说是它的征兆之一。理论只是对这种状态的积极回应,而不是人们一向错以为的原因。不仅如此,理论的崛起也是它在清醒地回应大学的另一半使命:理性地认识一切事物。理论在本质上是跨民族的,所以,也难怪欧洲的理论不仅在美国,甚至在全世界的大学中被传播,被改造,就如同西方的技术和资本主义的经济组织在世界范围内普及一样。

60年代、70年代和80年代的理论依然在被认真地研读和吸收,并以各种不同的方式被创新。而且,它们还在不断地被扩展到新的理论领域。尽管文化研究有时会诋毁理论,但是,不管是在什么领域,但凡是文化研究在获取新知识或者推动体制和政治变革取得成效的地方,它们都是通过活用或者创新理论来达到自己的目的,不管是有意识的,还是无意识的。为什么这样说呢?我在后面还会解释。

不管怎么说,把解构当作"理论"的罪魁祸首而加以口诛笔伐,对某些人来说,似乎是必要的,只有这样才可以为文化研究开辟出一方天地。尤其是那些反理论的、回归外在批评(antitheoretical return to extrinsic criticism)的文化研究,就更是如此了。所以,有人说,文化研究是在解构的形式主义批评走上预料中的死胡同之后出现的一种反拨,还说,大约在1980年,或者更早一点,文学研究又转回到了外在批评,旨在使文学研究政治化和重新历史化,使它对社会更加有用,使它成为妇女、少数族裔和前殖民地人民在后殖民主义和后理论时期,争取解放和参政议政的工具。"文化"、"历史"、"语境"和"媒体"、"性别"、"阶级"和"种族"、"自我"、"道德主体"(moral agency)、"多元文化主义"和"全球化"等等,以不同的组合方式,已经成为新历史主义、新实用主义、文化研究、电影和传媒研究、妇女研究、性别研究、各种"弱势群体的话语"研究以及"后殖民主义"研究的代表性口号。这张清单绝对不是同质的。

单是看看1995年版的《文学研究之批评术语》[5]上新增的条目,就会明白这些术语和亚学科是多么多产了:"帝国主义/民族主义"、"欲望"、"伦理"、"多样性"、"大众文化"和"阶级"。而在1990年这个尚不遥远的过去,连"文学研究之批评术语"这个概念还没有呢,现在竟然重要到书都编出来了。这种借用一系列的口号或者"行话"(buzzwords)来指导大家思想的倾向,也是这些文化研究的特色之一。还有一个例子,是安东尼·伊斯特霍普(Antony Easthope)在《从文学研究到文化研究》[6]中列出的"新范式术语":"制度(institution)、符号体系、意识形态、性别、主体位置(subject position)、他者。"伊斯特霍普接着说,"如果需要的话,还可以很轻易地加上去"。它们并没有形成一个封闭的体系,而是文化研究恰好对这些概念感兴趣。伊斯特霍普就像其他文化研究者一样,不仅不愿意把这扇门关上,而且还急于加上更多的话题。"文化研究"中的"文化"这个词成了一个术语,它的意义不断地被掏空,又不断地被加入新东西,成为包罗人生万象的大载体。还有一个很好的例子,是加州大学戴维斯分校的艺术系教授康拉德·阿特金森(Conrad Atkinson)在1994年8月5日写给《纽约时报》的一封信的最后一段。有提议,要在距离美国内战重要遗址马纳萨斯(Manassas)五英里的地方修建迪斯尼主题公园,阿特金森觉得这一提议很好,他的理由是,反对这个提议就像攻击摇滚音乐和埃尔维斯·普雷斯利[7]一样,都属于清高和势利;他认为,视觉体验可以像语言带给人的感觉一样复杂和微妙(这一点我同意)。阿特金森写道,"切记:你永远不知道文化将从哪里来;你也永远不知道文化将会是什么样子;你永远不知道在什么时候,什么地方,你将需要文化;你也永远无从知道,文化将会做什么;而且,你永远也无从知道,文化到底是为了什么"[8]。在这段非凡美妙的论述中,文化成了一个神奇的、无形的灵丹妙药,包治百病的万能药,或者,换一种说法,从其无所不在、难觅其形而又富有力量的角度看，和意识形态倒很相像。文化无处不在，而从定义看，又没办法了解。因而，文化研究一定是对一个不能研究的客体的研究，因为太阳之下，万事万物都可以是文化，而你永远不知道它是什么，它做什么，它的目的又何在。或者，也许，阿特金森的意思是，你永远不可能提前知道什么东西将变成文化，所以，你应该相信任何事物都可能是文化（suspect everything of being culture），从而研究它。按照文化研究的说法，世界上万事万物都可能是文化，也因而值得研究。

我们今天所谓的"文化研究"是一种异质的，而且，从某种意义上，可以说是无定形的，它包含了各种不同的机构和实践的研究领域，很难说它们有什么共同的方法、目标和学术体制。各种学术派别之间常常争得不可开交，这一点恰恰说明，某种很重要的东西面临危机。不过，尽管它们多有不同，但是，所有这些新课题都对文化制品的历史和社会语境感兴趣。这些研究者们倾向于认为，语境是阐释性的，或者是决定性的。于是，作者又回来了。他或者她的死亡被宣布得太早了。主体、主体性和自我，连同个人行为能力（personal agency）、认同政治、责任、对话、主体互涉性，等等，也都回来了。而且，人们对传记和自传、通俗文学、电影、电视、广告、与语言文化相对的视觉文化，以及霸权话语中的"少数族裔话语"的性质和作用，都产生了新一轮的兴趣，或者说重新燃起了原有的兴趣。

尽管"理论"在文化研究中依然起着辅助的作用，就像在"电影理论"或者"酷儿理论"中一样，但是，它却常常被"回归"的浪潮所取代，这种"回归"指的是回到前批评的、前理论的状态，强调文学及其他艺术形式对它们的历史和社会语境的摹仿、指涉和再现的方式。对某些学者来说，这种对立足于语言的理论的拒斥，也是他们转向新形式的外在批评的一个重要部分，尽管这种拒斥是建立在对解构的错误理解上，这一点我在前面已经简单介绍过了。为什么会是这种情形呢？为什么某些人，正像汤姆·科恩[9]（Tom Cohen）所说的那样，为了给新发展腾出空地，而去编一套瞎话，把理论"抹黑"呢？这些对理论的误解又会给文化研究带来哪些弊端呢？解构从来没有否认过语言的指涉性（referentiality of language）。恰恰相反,它把语言这个无可逃避的指涉载体（inescapable referential vector of language）看作是需要盘诘的问题,而不是想当然的谜底。到目前为止,文化研究依然建立在传统的文化观念上,即文化是国家或者它的替代物——族裔团体或者性别团体,像非裔美国人、奇卡诺/奇卡那人（Chicanos/Chicanas,即墨西哥裔美国人）、男同性恋或者女同性恋团体——之意识形态灌输在个体的主体或者主体性方面的产物,所以,他们有必要抵制解构对这些跟文化研究相关的关键词的质疑,例如,身份、行为主体、一个特定文化——不管是霸权话语还是少数族裔话语——的统一性、他或她所属的国家或者社群对个人的界定。文化研究及其相关新学科要想继续进行下去,往往需要绕过对于这些概念的理论质询。理论对这些概念的质疑常常需要放在一边,以便文化研究及其相关新学科的研究课题能够继续进行下去。这些关键概念,例如,作为整体的文化与置身其中的任何一个主体身份之间的那种镜像反应关系,被一种重新整合过的指涉关系粘在了一起,而这种指涉关系再也经不起质疑,尽管它依然是一个问题。这就是为什么有些文化研究者——至少是一些人——会"诋毁"理论的根本原因。

"文化研究"这一术语本身就决定了,这门新学科已经在多大程度上,按照自己的界定,接受它将予以改造的大学的传统使命。你应该还记得,那项使命是双重的:1) 积聚和储存重要的知识,这种知识既包括有形的、物质性的知识,也包括文化知识,例如,作为一种重要文化形式的文学史知识;2) 通过灌输民族文化来造就国家的公民,德国人称之为教育（Bildung）,我们美国人通常叫作"人文教育"。文化研究摒弃了第二项使命,因为它如果要完成这项使命就会落入保守派的窠臼,而保守派只允许在学校里教一种文学经典,传授一种单一的文化价值观。但是,文化研究,顾名思义,把文化纳入了自己研究、理解和储存的对象,所以,从某种程度上说,它也等于是在完成第一项使命。

经过国家教育机构漫长的教育过程,文化并没有成为决定他或她是谁的主体,而是像天体物理和人类基因一样,成了人们研究的对象,尽管文化本身具有无比丰富的多样性。文化研究之所以能够迅速在美国大学中站稳脚跟,似乎并非因为急于为少数族裔文化在大学中找到代表,而是因为意识到了文化研究容易被接受,并帮助研究型大学完成它的传统使命。但是,把少数族裔文化变成大学研究的对象,就像基本粒子和染色体那样,反倒可能会破坏了这些文化,而不是保持它应有的活力。如果大家早点知道,这些形形色色的文化全都要灌输给学生,而不仅仅是研究,那么,反对文化研究的呼声可能会更高。当这种情况真的发生的时候,校方又会诉诸警方,以暴力相对,就像1960年代末那样。眼下,世界性的消费经济正在改变着我们这个越来越像跨国企业的大学,也许,只有按照消费经济的模式,对文化来一个彻底的重新界定,才是合适的选择。如此,文化也就成了类似于潮流和时装这样肤浅的东西,而这无疑正是新兴的全球资本主义所希望看到的——全世界的人都穿着改良过的民族服装,下面一律是蓝色牛仔裤,一边还听着半导体收音机(如果是现在,肯定得说,"用着智能手机"。"半导体收音机"现在感觉像古董,尽管我的论文是1994写的,离现在并不太遥远——米勒2013年10月17日)。问题是,如何生活在多元的文化语境中,而又不与浅薄为伍呢?

所有这些新学科——文化研究、女性研究、各种少数族裔的话语研究等等——的发展目标都是值得赞许的。谁会反对让那些迄今为止从来没有发声机会的弱势群体,譬如妇女、少数族裔、男同性恋者、女同性恋者和经济困难的人群,发出自己的声音呢?谁会反对在大学里为所有不同的族裔文化谋得一席之地呢?族裔多样性不仅是我们这个社会(我是在此时此地——1994年——从我的"主体位置"谈论美国)的特点,而且,也是一天天向我们走来的新的环球社会的特色。谁会反对利用这种研究去创造一个民主的未来呢?这可是我们全部的思想和政治努力所期望实现的目标!今天,通俗文化和各种媒体——电视、录像、电影——对我们的思想和行为的影响已经远远超过了书籍,谁又会反对对它们的认真研究呢?文化研究的一项基本工作就是描述和进行资料归档。不同媒体、不同文化的成果以及妇女和少数族裔的作品,都需要鉴别、归类、编辑、再版,使它们能够重见天日,在大学里能够找到,社会大众可以看到,以便它们发挥有效的作用。

然而,把这些被大众遗忘的作品带入课堂、课程设置、著作、文章、会议和研究团体,还只是一个开始。仅仅局限于知识的范畴是不够的。如我前面所说的,单纯地把这些多元的文化归档,会破坏它们的本来面目,使之丧失改变现存文化的能力。大学具有一种可怕的力量,它能把所有活生生的材料还原为中性的,使之丧失原有的锋芒和活力。

可是,为什么会在1980年前后,发生声势浩大的从基于语言的理论向文化研究的转变呢?这种转变当然有其客观的必然性。这里有很多因素。其中,一个至关重要的因素就是日益增长的新型通讯技术的影响。当然,这些变化贯穿了整个的二十世纪,只是在我们进入电子时代以后,这些变化加速了。大批的、自觉倒向文化研究的大学教师和批评家,大都是伴随着电视和商业化的通俗音乐成长起来的第一代年轻人。他们中的许多人,从小看电视、听音乐的时间比花在读书方面的时间多多了。我不是说这些活动一定是不好的,只是说他们不一样。读书也能使人堕落,福楼拜笔下的爱玛·包法利和康拉德笔下的吉姆爷就是例子。这一代批评家,在很大程度上,是在视听文化日益快速取代书籍文化的环境下成长起来的。所以,尽管他们也受到了书籍文化的影响,但是,他们更愿意研究那些在很大程度上使他们成为今天的自己的文化,这也没什么奇怪的。

与此同时,新兴的通讯技术也正在快速改变着人文学科的教学和科研方式。伴随着这些变化,或者说,在很大程度上正是由于这些变化,才使得为单一国家服务的洪堡式大学正在被新技术化的、跨国的、为全球经济服务的大学所取代。因为我们现在尚处于变化之中,所以,很难看得分明。至于电脑对人文科学的革命性影响,有些显然是被夸大了，而有些则完全是错误的。许多人都说过，一台电脑即使通过调制解调器或者局域网，与世界计算机信息库联网，从某种特定的角度看，它也不过是一台被美化了的打字机（glorified typewriter）。当然，人们也不应该低估这种美化带来的实际变化，例如，修改方便，增删自如，还可以随意挪动电子文档的位置，这些都是打字机所不具备的优点。但是，从另一方面看，所有这些便利又会使电脑写作的老手渐渐觉得，他写下的东西好像永远都不可能是最后的完稿形式，不管什么时候，打印出的文稿只是永无止境的修改、增删和重新安置过程中的一个阶段而已。即使如此，也没有任何东西可以阻挡电脑用于很保守、很传统的人文学科的研究和教学工作。实际上，有些软件，如"超文本"[10]和多媒体，能在声光组合中，重现旧时人们对于作品与作者或者与其历史文化背景的关系的看法。布朗大学的 IRIS（Institute for Research in Information and Scholarship，即信息与学术研究所）推出的维多利亚文学项目就是一个很好的例子。他们觉得，像丁尼生的《夏洛特的贵妇》（Tennyson's "The Lady of Shalott"）这样的维多利亚文学作品，应该放回到该诗原来的社会经济背景以及作者的生平中去理解，例如，他们会给出当时英格兰修建运河的情景。[11]从表面上看，学生可以在各种不同的"链接"中自由"浏览"，但实际上，这些链接都是制作者有意安排的，它们可能会强化历史背景与这些作品之间的因果关系等意识形态观念。这一切都既取决于制作者设定了哪些"链接"，也取决于使用者都打开了哪些链接。超文本链接把肯尼思·伯克所谓的"不和谐观"[12]发挥到了极致。不管怎么说吧，任何形式的超文本都可以有力地证明，意义不仅仅存在于传统印刷书籍的线性连续性。一方面，电脑之作为打字机、莱诺铸排机或者任何其他技术设施，它的意义是由它的用途决定的。另一方面，不管是电脑，还是打字机，或者莱诺铸排机，都不仅仅是技术装置的一种。它们都属于人在符号的产生、发送、接收和交流过程中，为了弥补手臂、发声、听力和视力的不足而特制的一种装置。虽然同为这样的装置，电脑与打字机又很不一样。它在符号的产生、接收和交流方面，采取了一种全新的模式。如果低估它给人文学者的教学和研究方式及其交流空间所带来的变化，是错误的，因为电脑正在日益迅速地成为知识分子的必备工具。

也许，超文本只不过是（尽管也是很多的）通过一种新的技术装置，把文本资料镶嵌在另一个文本中，使之更容易被看到，这种被链接的文本可能是语言学意义上的人和物的集合，也可能是与之密切相关的"生活"。在普鲁斯特的《追忆逝水年华》将近结束的时候，有这么一段，马塞尔在思考他将要创作的伟大作品要采取什么样的形式，他发现，与人相遇的任何方式，都可能会涉及其他任何事情，甚至会导致这些事情的发生。因此，马塞尔说，他认识到了，他需要一种新的叙述技巧，一种与今天的超文本非常相似的三维技法（three-dimensional technique）：

> 我已经说过，要描述我们与任何一个人的关系，哪怕只是点头之交，都会忍不住回忆起我们人生中一幕又一幕千差万别的瞬间。因此，每个个体——我自己也是这些个体中的一个——对我来说，就是一个时间的量度单位，他们像天体一样，既自转又公转，关键是看他完成自转和公转所用的时间，实际上，首先是看他在与我形成交叉的时候，所占据的先后位置。今天，在这个晚会上，在这最后一个小时，我再一次体会到，时间似乎在对我人生中的不同因素进行处置和安排，它使我反思，在这本试图讲述人生故事的书中，我不应该使用我们通常使用的二维心理，而是应该使用与此截然不同的三维心理（d'une sorte de psychologie dans l'espace）。当然了，意识到所有这些不同的层面为我在书房独自冥想时被记忆复活了的过去增加了新的亮色，因为记忆自身在把过去原封不动地引介到现在——而那个过去在过去那一刻也同样是现在——的时候，撇开了时间这个维度，而时间正是我们的生命所赖以存在的强有力的维度之一（cette grande dimension du Temps

suivant laquelle la vie se réalise）。[13]

或许，我们可以把《追忆逝水年华》看作是一个庞大的记忆的数据库。马塞尔对待他的记忆的方式，就如同他拥有一个超文本程序，使他得以在记忆的宝库中驰骋。无论你从哪里开始，最终都会通过一系列的链接，到达这个数据库的任何一个地方，不过，这个路径不是提前设置好的。我们读者也必须这样做。作为普鲁斯特的读者，我们只能根据叙述者提供的错综复杂的相互参照系统（system of cross-reference），不断调整，以求跟他步调一致。这与超文本链接没什么两样，只不过需要读者自己先把整个的庞大的文本储存在记忆中，然后，才能像超文本程序一样，制作自己的超文本。安东尼·特罗洛普的《艾亚拉的天使》（Anthony Trollope's *Ayala's Angel*，1881）的写法虽然比《追忆逝水年华》要传统一些，但是，也存在类似的超文本。高明的读者也可以不借助任何工具，而只凭书页上的文字和自己的记忆系统，把正在读的不管是哪个段落与前面读过的类似的段落联系起来，建立一个虚拟的（virtual，抑或真正意义上的——中译者注）超文本文件。

尽管现在，印刷书籍作为储存和提取信息的主要媒介的时代正在走向终结，我们依然可能倾向于按照双维空间的模式，把《艾亚拉的天使》甚至是《追忆逝水年华》这样的著作当作一个稳定的、不会移动的有机的统一体。如果从头至尾读下去，这种固化的文本会在读者心目中产生一个完整的意义，当然，普鲁斯特的《追忆》得在读到 3000 页之后。接受这一模式的读者可能会把阅读行为当作是纯粹的认知行为。作为读者，在我积极地与文本"交流互动"之前，是不会产生原本不存在的意义的。意义原本就在那里，等待我通过一种基本上是被动的接受活动，去把它提取出来。相反，超文本则是有意组织成这样的，它在每一个转折关头，都会向读者提供通过文本的路径，或者让他或她自己去碰运气。也就是说，在这里，没有什么"正确的"选择，没有什么客观合理的、先行存在的意义。超文本需要我们为自己的选择负责。这便是超文本的对错原则（ethics of hypertext）！超文本把阅读行为中意义产生的方式公开了,它是言语行为,而不是被动的认知性的接受过程。这种以文字做事的方式,并不完全是由文本授予或者认可的。文本要求我们去阅读。我们的阅读行为是对这一要求的回应,是对阅读一切书籍——甚至也包括现在的互联网上的所有文本——的使命感的回应。至于说,我们是否在特定情形下,履行了这一义务,则无从知晓。最后,读者是唯一对文本解读负有全责的人。

电脑超文本则把这种不确定的情景公开化了,它教我们用另一种方式看待早期的文学作品,它们就如同已经做好的超文本一样,诱导我们或者允许我们循着不同的路径来阅读,因为所有的解读,即使是最普通的线性解读,也需要读者在文本的记忆内外,不断地前后对照,这也是普鲁斯特所描述的人类时间的基本结构。对这种移动的、无根的、无法掌控的回环往复而言,像"互联网"这样固定的、视觉的、空间图像就不够了。它们既不能很好地处理印刷时代出版的像《艾亚拉的天使》和《追忆逝水年华》这样的小说,也不能很好地处理像 $Myst$ [14]这样,存储在 CD-ROM 上可以与人互动的多媒体制作,因为它们都拥有一套语言和符号或者说符号体系结构,尽管它们所拥有的方式并不相同。文学作品是互联网这个大星系中的黑洞。[15]文学及其与文学相关的东西在互联网上的出现,使人们不再把它当作一条透明的电子高速公路系统,"信息"在其中自由地、没有任何阻碍地穿来穿去,不再把它看作是一个公开的秘密。至于说,信息转换被存在于文本或者任何符号系统——哪怕是最最透明的"科学"文本——中的所谓的"文学"或者"修辞的"因素所阻碍的话题,还可以有很多话要说,但是我必须推到下一次了。

在这篇论文中,我主要是谈了美国的文学研究在第二次世界大战以后所发生的变化,而且,也试图把某些新近发生的变化与日益主宰美国文化的新型通讯技术——如电影、广播、电视、录像、传真、电子邮件、电脑等——结合起来。这些新兴的通讯技术不仅极大地改变了文化产物普及到人的方式(不再像过去那样通过印刷物,而是越来越多地采取电影和电视这种影像形式),而且,也极大地改变了它们被研究的方式(越来越多地通过电脑,电脑的功能也变得越来越强大,可以更有效地把图片、电影、声音与文本结合起来)。毫无疑问,这些发展在中国的节奏肯定是不一样的,但是,可以肯定,这些新的通讯技术也一定会对中国的文化形式和文化被研究的方式产生决定性的影响。这篇论文作为一篇报告,或许能帮助人们了解在美国已经发生的和正在发生的变化的方式。

注释

[1] 参阅保罗・德・曼,《回归语文学》(The Return to Philology),见《抵制理论》(明尼阿波利斯:明尼苏达大学出版社,1986),第 21—26 页。20 世纪 50 年代,本雅明・布拉沃尔(Benjamin Brower)在哈佛开设的《人文 6》(Humanities 6)这门课中,曾经讨论过这个议题。

[2] 雅克・德里达,"Mochlos ou le conflit des facultés", *Du droit à la philosophie* (巴黎:Galilée,1990),第 424 页,英文是我自己翻译的。

[3] 理查德・凯尔尼(Richard Kearney),《对话当代欧洲的思想家》(*Dialogues with Contemporary Continental Thinkers*)(曼彻斯特:曼彻斯特大学出版社,1984),第 123 页。

[4] 德・曼,《抵制理论》,第 121 页。

[5] 该书英文原名是 *Critical Terms for Literary Study*,编者是弗兰克・莱恩特里西亚和托马斯・麦克劳林(Frank Lentriccia and Thomas McLaughlin)(芝加哥:芝加哥大学出版社,1990 年第一版,1995 年第二版)。

[6] 安东尼・伊斯特霍普(Antony Easthope),《从文学研究到文化研究》(*Literary into Cultural Studies*)(伦敦和纽约:Routledge,1991),第 129—130 页。

[7] Elvis Presley(1935—1977),美国摇滚歌手,俗称猫王。——中译者注

[8] 康拉德・阿特金森(Conrad Atkinson),《致编辑的信,迪斯尼救弗吉尼亚人于无序:埃尔维斯的教训》(Disney Saves Virginians from More Sprawl; The Lesson of Elvis),见《纽约时报》(1994 年 8 月 16 日,周二),A14 版。

[9] 汤姆·科恩有很多著作，其中之一是《希区柯克的密码》(Hitchcock's Cryptonymies，明尼阿波利斯：明尼苏达大学出版社，2005）。

[10] "超文本"是一个非线性的电脑文件，因为它里面包含了通向其他文本、图像和声音的"链接"（点击指定的关键词即可打开）。以超文本版的梭罗的《瓦尔登湖》为例，当梭罗提及新英格兰的一种鸟时，你只要点击这种鸟的名字，屏幕上就会出现它的图像、有关这种鸟的一些情况，以及它的鸣叫声。由此可见，超文本只能在电脑上阅读。（真是令人称奇，我在1994年的时候，竟然觉得有必要解释超文本链接！——米勒2013年10月18日）

[11] 参见《插图》(Illustration)（伦敦：Reaktion 出版社；以及剑桥：哈佛大学出版社，1992），第37—43页。我在这本书中，已经讨论过这些话题。乔治·兰登（George P. Landow）的《超文本：当代批评理论与技术的交汇》(Hypertext: The Convergence of Contemporary Critical Theory and Technology)是截至目前已经出版的最好的关于超文本及其人文研究的著作。这本书的超文本版本——《〈超文本〉的超文本》('Hypertext' in Hypertext)在约翰斯·霍普金斯大学出版社可以找到，储存在3.5寸软盘上，适用于微软的 Windows 界面和苹果电脑。（现在大部分计算机已经没有使用3.5寸软盘的插槽了，而且"超文本"这个词也多多少少有些过时了——米勒2013年10月18日）

[12] "不和谐观"(perspective by incongruity)，是1962年肯尼思·伯克（Kenneth Burke）在德鲁大学（Drew University）演讲时，提出的观点，指的是因为不和谐并置而产生的新观点。——中译者注

[13] 马塞尔·普鲁斯特（Marcel Proust），《追忆逝水年华》(Remembrance of Things Past)，3卷，C. K. Scott Moncrieff 和 Terence Kilmartin 翻译（纽约：Vintage Books, 1982—1984），3：1087；À la recherche du temps perdu，Jean-Yves Tadié 编，4卷（巴黎：Gallimard, 1987—1989），4：608。

[14] Myst，大陆译为《神秘岛》，港台译作《迷雾之岛》，是 Cyan 公司于1993年推出的一款可以在电脑光驱中播放的多媒体作品，在美国非常流行。它是集电脑游戏和互动型侦探故事于一身，充分开发了电脑图像的各种可能性组合。"游戏者"面对电脑屏幕，点击各种图像，来进行自己的探索之旅。游戏的目的是为了重构隐匿在图像背后的故事，尽管实际上有好几个不同的故

事，至少是有好几个不同的结局。(跟当前的电脑游戏比，*Myst* 肯定会显得落伍了——米勒 2013 年 10 月 18 日)

［15］"Galaxy"这个词指代的是前些年在苹果机上使用很广泛的网络浏览器——MacWeb。它隐含的意义是，网站在互联网上的空间分布就像一个星系中的无数的星星一样。"MacWeb"、"Internet"和"World Wide Web"这些词当然也是一种空间意象。["World Wide Web"(万维网/全球资讯网)(起先)是在瑞士的日内瓦 CERN 公司，通过线性加速器上网的超文本程序的名字]但是，互联网不是一个空间通道，而是一个无法想象的、全世界范围内的、通过电脑屏幕被上传到网络系统的成千上万个网址和无以数计的文档的共存或者叠加(现在谁还记得 MacWeb 啊？——米勒 2013 年 10 月 18 日)。

第三篇 全球化对文学研究的影响①

今天,人们到处都在谈论全球化及其影响,而我关注的重点则是全球化对文学研究的影响。正如三好将夫(Masao Miyoshi)及其他人所指出的,全球化的进程并不是均衡的。世界上还有成千上万的人并没有受到我所说的全球化的影响,例如,很多人还没有接触过电脑。即使如此,也很难有人能够完全摆脱全球化的影响。哪怕是在遥远的太平洋岛屿上,收音机和录像机也几乎是随处可见。居住在加拿大北部的印第安人现在也开始使用舷外发动机和机动雪橇,原来的手划船桨和狗拉雪橇已经销声匿迹了。大部分人都有收音机,而且,即使在最偏远的加拿大北部地区,飞机也已经是常来常往。

这种日益加速的全球化过程可以概括为三个特征。第一个特征,

---

① 这篇演讲最初是作为伟伦讲座,在香港中文大学发表的。1997年4月9—11日,我来中国访问时,又分别在北京大学英语系和中国社会科学院外国文学研究所讲了这个题目。收入本书时,有些地方做了改动。1998年11月12日,我访问丹麦时,在哥本哈根大学和阿尔胡斯大学也就这个题目,分别做了演讲。这篇演讲最早发表在香港中文大学,经他们允许之后,收入本书。——作者原注

这篇演讲的部分内容曾经被中国社会科学院外国文学研究所的王逢振和当时尚在南京大学外国语学院就读博士学位的郭英剑分别翻译了。王逢振的翻译发表在《文学评论》1997年第4期,第72—78页;郭英剑的翻译发表在《当代外国文学》,1998年第1期,第154—161页。本书收录的主要是郭英剑的翻译,由国荣做了补充和修订。——中译者注

相对来说,"技术含量不高"(low-tech)。对此,我们都已经习以为常,以至于把它当作我们正常生活的一部分了。然而,它却是至关重要的,对文学研究也是如此。我指的是新型的快速旅行与运输手段。如果不是因为乘飞机几个小时就可以到中国,而是必须坐船,在海上漂流几个星期,我就不可能来到这里。许多学者,甚至也包括人文领域的学者,已经习惯于在世界范围内飞来飞去,从事研究、讲学,或者参加学术会议。这就意味着,很多学者已经不仅仅隶属于他们所在的某地或者某国的学术团体,而在很大程度上,属于拥有共同兴趣的跨国的学者群,一如他们隶属于自己大学内的某个系或者某个研究团体一样。包括人文学科在内,各个领域的学者和研究者这种前所未有的互动,就是我们目前的状况。这也是所谓的全球化的一个范例。

第二个特征是经济的全球化。研究型大学日益为之服务并接受其资助(这有别于以前大学由国家资助并为其服务的传统)的公司和集团越来越倾向于跨国经营。一家跨国公司可以在许多国家拥有分公司,隶属于来自世界各地的投资者,在世界各地——尤其是劳动力廉价的地区——生产商品,然后在世界范围内销售。这种公司首先效忠的不是某一个国家或政府。我目前工作的地方——加利福尼亚州的橙县——就有许多这样的公司,它们对位于橙县的加州大学厄湾分校正在产生越来越重要的影响。跨国公司的激增意味着当代研究型大学在性质与角色方面的一个重大变革。大学研究不再仅仅效忠于国家的资助机构,如美国的国家科学基金会、国家健康研究院或者国家人文学科基金(the National Science Foundation, the National Institutes of Health, or the National Endowment for the Humanities)等,大学里的研究人员现在常常受雇于一些跨国医药公司、电脑公司,或者其他的高新技术产业。这种变化甚至也发生在人文学科里。我们大学最近就出现了一个"韩国研究"的教授职位,是由三星公司出资设置的。这种由政府机构资助转为跨国公司资助的变化给美国大学带来的变化,再怎么夸张都不为过。

跨国公司的激增也是国家控制力衰落的一个主要特征,关于这一点,我们已经听了很多了。微软公司的总裁比尔·盖茨在全球范围内的实际决策权比比尔·克林顿大多了,尽管后者是美利坚合众国的总统。(前总统现在服务于比尔·希拉里·切尔西·克林顿基金会。比尔·盖茨现在则是微软的技术顾问,兼比尔·美琳达·盖茨基金会的主席。——米勒)伴随着跨国经济全球化的发展,新兴的跨国贸易组织,如北美自由贸易协定、欧洲共同体,或者亚太经济合作组织等,也应运而生。对这种形式的全球化的强烈抵制,在美国,表现为贸易制裁和适得其反的新的移民限制,甚至还有不合乎宪法精神的"通讯文明法案",[1]所有这些都反映了国家界限被打破所带来的焦虑。不管怎么说,边界的日渐消失也是我们当前不可抵制的一个特征。

20世纪90年代初期,冷战结束,国防工业的大幅度削减给加州经济带来了严重的影响。州政府对加州大学九所分校的财政支持也急遽下滑:从二十多亿美元减少到了十六亿美元,下降幅度是百分之二十。官方的说法是,州政府的税收减少了。但是,真正的原因或许是随着冷战结束,美国社会已经不再需要大学承担原有的那些责任了,比如,军事研究,在一切领域——当然也包括人文学科——都要超过苏联。我们的国家人文学科基金设立的初衷就是要在人文领域超越苏联,而现在,它的预算也已经大大削减了。90年代初的时候,各方面的消息都在说,州政府对加州大学的支持再也不可能恢复到80年代那种慷慨的水平了。随之而来的就是,教职工和教学项目的大幅度减少,大约两千名教授在丰厚的"金色握别"[2]的诱惑下,提前退休了。

现在,仅仅过去了五六年,州政府的资助就已经恢复到了先前的水平。那些管理者们只用了五年的时间就为大学设计出了新的使命。这一变化在加州州长皮特·威尔逊(Pete Wilson)和加州大学校长理查德·阿特金森(Richard C. Atkinson)最近的讲话中,表述得极为清楚。威尔逊在提交加州1996—1997的年度预算时说,"加州的大学院校一直被尊为世界一流的。就像那些把加州变成梦想家乐园的先驱者、企业家与创新者一样,我们的高等教育通过培养学生,使其在全球就业市场中具有竞争力和胜出能力,也是在延续那个传统"。阿特金森的讲话则几乎是在逐字逐句地回应威尔逊,他说,"我非常赞赏,州长能认识到高等教育对培养一个人在全球就业市场上的竞争力的重要作用,以及加州大学对健康发展加州经济的重要影响"[3]。

接下来,人们可能会问:在这种新兴的技术型与工具型的大学里,文学研究的作用又何在呢?这种新兴的以经济为导向的研究型大学与传统的以柏林大学为模式建立起来的洪堡式的研究型大学是截然不同的。后者出现在19世纪早期,主要致力于教育——即国家价值观的培养——和研究,也就是对各个领域的知识的纯粹的积累,试图发现万事万物的真相。[4]

就其革新效果来说,全球化的第三种形式,也许是意义最为深远的。我指的是新型通讯技术的迅猛发展。这些通讯技术通过拉近人们与远方的距离,正在改变着我们日常生活的方方面面,它是自19世纪发明电报与电话以来最大的变化。新的技术又以几何级数的速度加速了这些变化。大家都知道我指的是什么:先是电影,继而是收音机,再接下来是电视,接着是唱片、磁带、录像机、影碟机、电脑、传真机,现在则是电子邮件、互联网以及全球信息网。变化之大,无论如何形容都不过分。正如许多分析家所论证的,这些变化给整个地球上的人类生活带来一种主要的范式转变,从书籍时代一跃而入电子时代。[5]这些全新的技术设备可以使拥有它们的任何人几乎是随时随地地与世界各地的人们联系与交流,也因此大大加速了全方位的全球化进程。

在这些技术革新中,全球信息网应该算是最彻底、最具颠覆性的创新了。它使每个入网的人都可以拥有一个庞大而又杂乱的多媒体数据库。音乐、广告,各种各样的"聊天室"使人们可以在网上交流看法和观点,还有气象信息、股市行情、电脑游戏,以及哈勃太空望远镜发回来的最新照片等等,不一而足,加上日渐增多的网上书籍以及数字化了的艺术品,各种可能想到的话题都一个个挤在互联网上。所有这些来自全世界的信息都出现在我的电脑屏幕上，离我同样得近（也同样得远）。例如，一个关于维米尔(Vermeer)的网站，几乎刊登了维米尔所有的画作，如果我愿意的话，我可以下载他的任何一幅作品，用作我的电脑桌面。还有一个网站，是丹麦语的，上面收集了一系列中世纪丹麦教堂的壁画作品，令人叹为观止。有一天，我还发现了一个关于亨利·詹姆斯(Henry James)的网站，他们把詹姆斯的作品一部部搬到了网上，包括《大使们》(*The Ambassadors*)和《金碗》(*The Golden Bowl*)。还出现了一系列的程序和搜索引擎，帮助人们在与日俱增、庞杂无序的网络中快速找到相关信息，如雅虎、莱克斯(Lycos)和网虫(WebCrawler)等，有些程序的名字很奇怪，比如，"Worms"（蠕虫）和"Spiders"（蜘蛛）等等。创造与使用全球信息网的这些人都绝顶聪明，甚至有些玩世不恭，至少大部分人是这样的。他们对民主与自由有一种新的理解。他们极其富有创造力，而且，是以一种真正的前所未有的方式。他们非常善于在网络空间中创出新型的、不断变化的信息呈现方式。〔这篇演讲发表于1997年，1997年之后网络发展的巨大变化，大家有目共睹，我实在没必要再强调什么了。令我称奇的倒是那些搜索引擎，例如，谷歌，还有维基(*Wikipedia*)这样的数字百科全书，也同样令我惊羡不已——米勒2013年11月23日。〕

全球化带来的影响无疑是巨大的、多方面的，在这里，我想着重强调其中的三个方面。一是全球化带来的国家权力和完整性的衰落，而国家政权是十八世纪以来政治和社会组织的首要形式。我想强调的第二个方面是，全球化催生出了许多新型的、建设性的而且具有潜在影响力的社会组织以及社会团体，比如，像研究团体和大学这样的新的社群类型。那些致力于研究德里达这样的理论家，或者像莎士比亚、亨利·詹姆斯和普鲁斯特这样的经典作家，抑或热衷于女性主义或者少数族裔研究的人，形成了很多联系紧密的团体，他们在网络上或者聊天室里互动得非常热烈，尽管很多时候也争来争去。

在网络上兴起的新形式的跨国组织正在形成新形式的政治团体。

我们知道,在美国,《连线》杂志是关注这种变化的最重要的杂志之一。最近,乔恩·卡茨在《连线》上发表了一篇文章,描述并赞扬这些至少在美国正在发生的事情,说它们不仅仅意味着"当前政治体系的缓慢消解",而且也意味着"后政治时代(postpolitics)的崛起和数码民族(Digital Nation)的诞生"。卡茨宣称,他在最近的总统竞选期间搜索网页,他"看到了一个新的民族——数码民族——的原始的萌动以及后政治哲学的形成。这种尚处于萌芽状态的意识形态比较模糊,不好界定,它似乎是从那些古老的教条中拯救出来的某些最好的价值观的混合——自由主义中的人文主义(humanism of liberalism)、保守主义中的经济机会,还有一种强烈的个人责任感以及追求自由的激情"。至于说,这种新型的后政治群体究竟会发展成什么样子,我们只能拭目以待。不过,我认为卡茨说的是对的,新形式的动态变化,抑或令人不安的流动性就是网络互动的特征。卡茨说,"网络上的观念似乎永远都不可能是静止的。它们就像诞生在网络世界里的孩子,它们所经历的每一个不同的环境都会对它们进行改变,所以,它们永远不可能以同样的离开家的方式再回到家里"。卡茨希望,这些后政治的社群可以把我们带入一个更加美好的世界,当然,这一切都有赖于那些属于这些社群的人如何正确地运用他们手中的权力。他说,"如果他们愿意的话,这些正处于上升阶段的数码国家的年轻人可以建立一个更加平民化的社会,一种新的建诸理性基础上的政治和社群组织,大家信息共享,共同追求真理"[6]。我们会看到这种结果的。不过,也可能会出现另外的情况。这一切取决于很多不可预知的因素。当然,美国现在已经采取了各种不同的措施,来控制和审查网络,并促使其商业化,效果还是很明显的。

我要讨论的全球化的第三个影响甚至更容易引起争议,但是,它更有助于我们理解文学研究以及普遍意义上的人文学科正在发生的巨大变化,至少在美国是正在发生。很早以前,瓦尔特·本雅明就曾经说过,新的技术、新的生产和消费方式以及19世纪的工业化所带来的一切变化,已经使人类产生了一种完全不同于过去的、全新的感受能力,随之而来的就是一种全新的在世界上的生活方式。"在漫长的历史时期里,随着整个存在方式对人类集体的改变,他们的感知模式也被改变了(die Art und Weise ihrer Sinneswahrnehmung)。"[7]本雅明认为,工业化所带来的一切变化,如大城市的崛起,以及摄影和电影这些新型通讯技术的发展,产生了一种新的存在方式,即波德莱尔笔下那种有点神经质的、卓尔不群的人。这种人一方面渴望现时的体验(immediate experience),而同时又念念不忘远方那种难以企及的地平线,这种难以割舍的沉迷自然会破坏他们的每一个当下体验的瞬间。关于这个话题,本雅明最常被引用的文章就是《机械复制时代的艺术品》。[8]对这种感知体验变异的说法,人们完全有理由质疑。按照本雅明的说法,这种感知体验的变异是与新的集体性体验的兴起相关的。我们跟我们的祖先一样,仍然是有五种感觉,而人类进化的变异则需要几千年甚至上万年的时间,不是区区两个世纪。尽管如此,人类的感知、情感与认知器官,与其他不同的生命形式相比,也是非常不一样的。今天,坐在电脑屏幕前,或者在录像机上看电影,或是在看电视的男人或女人,与18世纪居住在乡村的村民的感受肯定是截然不同的。阅读昔日的文学作品是了解过去、发现过去的方法之一。这也是支持文学阅读的一种强有力的辩辞。但是,我得说,这种辩辞的证据是富有歧义的。莎士比亚时代的人们,甚或乔叟时代的人们,似乎在很多方面与我们更为相似,而不是截然不同,尽管他们没有电视。当然,差别也是至关重要的,我们应该仔细研究这些差别,以便更准确地对其加以论述。[9]

雅克·德里达在最近一次研讨课上讲了一段话,非常令人回味。他说,在用电脑上网的人身上体现了那种既独处又与他人在一起的奇特组合。同时,他也强调,新的通讯技术打破了一个人内在与外在的传统界限。我们不再是一个人穴居在家里,与人隔绝。在德里达看来,我们的生存空间已经受到了威胁,而从书籍时代到超文本时代的划时代的文化变迁,无疑加速了这一入侵的步伐。由电视、电影、电话、录像、传真、电子邮件、超文本以及国际互联网构成的这个新的电子空间,已经彻底改变了我们自己的、家庭的、工作场所和大学的经济结构,甚至是国家的政治结构。这里原本存在着一个内在/外在所固有的二元对立的界线,无论这些界线是个人家庭与外在世界间的墙壁,抑或国家与国家之间的边界线。新的科技发展侵袭了家庭,混淆了所有这些内在与外在之间的界线。一方面,当一个人在看电视、打电话,或者坐在电脑前阅读电子邮件,搜索互联网上的数据时,他并不是一个人;而从另一方面看,人类的私人空间已经被同时存在于网络空间的言语、听觉和视觉图像所侵袭与渗透了,这些庞大的图像信息构成了对现实的拟像,它们跨越了国家与种族的界线。它们来自世界各地,那种流转于指缝之间的直观感与即时性,使它们貌似近在眼前,而实际上又远在天边。地球村不在他处,就在这里,或者可以说,内在与外面之间的清晰的分野已经消失了。新技术把令人不安的"他者"(*unheimlich*,"other")带入了家庭内部的私密空间,它们对传统的、统一的自我观念构成了一种威胁,因为自我原本植根于一个特定的文化土壤,执着于单一的民族文化,并坚定地维护自我免受异己文化的侵袭。"他者"对我们固有的政治观念也是一种威胁,我们原以为政治行为是基于一个单一的地理位置、一个拥有固定边界线和统一的种族与文化基础的特定的民族国家的行为。

总而言之,民族国家的衰落、新的电子通讯和网络社群的发展,以及导致人类感知变异乃至于铸就网络新人类的人类新感知的产生,是全球化的三个影响。那么,这些变化正在给文学研究带来什么样的影响呢?我们今天是否还能一如既往地研究文学呢?我们应该,还是我们必须研究文学?为什么?在全球化的新世界里,文学研究的意义又何在呢?围绕这些问题,我将着重谈四点,以期给这些问题提供一个大致的答案。

我首先要说的是一个令人悲哀的事实,尽管我们可能会希望事实并非如此。那就是，在世界范围内，在全球化的新文化中，传统意义上的文学所扮演的角色越来越不重要。这样的事实令我非常不安，因为我自己已经花了五十年的时间研究文学，而且还准备继续研究下去。毕生从事的事业正在日益丧失其重要性，这种痛苦自不待言。然而，我们必须面对它。当一个人在看电视，在录像机上看电影，或者在互联网上逡巡，他或她是不可能同时阅读莎士比亚或者艾米莉·狄金森的，尽管有些中小学生，甚至是一些大学生，声称他们可以一心二用。所有的统计数据都表明，越来越多的人花费越来越多的时间看电视或者看电影。现在，又有越来越多的人把更多的时间花在了电脑屏幕上。比如，在19世纪的英国，曾经由小说扮演的文化功能，正在日渐被电影、通俗音乐以及电子游戏所取代。这本身或许并没有什么错，除非有人像我这样，对过去的印刷文化投入了大量的心血。虽然许多文学作品都被搬到了网上，任何人都可以随时下载到自己的私人电脑上，但是，我相信，相对来说，很少有人利用这种令人赞叹的新资源。我们可以确信，乔恩·卡茨所描述的新一代的"数字化了的年轻人"，除了极少数之外，很少有人会使用互联网去进入莎士比亚的世界。

关于新兴数码世界的公民或者说"网民"（netizens），卡茨提出的一个强有力的观点就是，他们对流行文化的投入，以及他们对那些依然生活在数码世界之外并企图教育他们大众音乐与电影之浅薄的人们的鄙夷与不屑。卡茨说，"数字化了的年轻一代……对大众文化情有独钟，也许，大众文化可能就是他们共同拥有的价值观，而这也正是政客和媒体工作者们所不解，甚至口诛笔伐的。周一早上，当他们步态悠闲地进入工作场所时，他们谈论得较多的可能是周末看的电影，而不是华盛顿上周发生的事情（或许，我还可以加上一句，他们肯定也不会谈论，弥尔顿的《失乐园》是多么美妙的诗歌作品——米勒）。音乐、电影、杂志、某些电视节目，还有一些书，对他们来说，是非常重要的——这些不仅仅是娱乐的形式，而是标榜他们身份的方式"。在过去，诗歌与小说曾经是标榜身份的方式，而现在，取而代之的则是最新的说唱音乐组合（the latest rap group)。卡茨接着说,"正如在许多其他事情方面,众多年长一代的新闻记者与政治家对大众文化的本能的蔑视使这个群体感到他们被疏离了,以至于他们的成员把世界简单地分为两个最基本的范畴:融入者与排斥者。这些年轻人生活的大部分都被贴上了愚昧的标签,而他们的文化自然也被认为是邪恶的。那些恶意中伤他们的政治领袖及其权威们(人们还可以加上:教育者们——米勒)还没有意识到,这种持续不断的攻击会带来多么大的破坏性,也没有意识到他们已经造成了多么大的代沟"[10]。《连线》杂志的扉页上不仅打着"Zines of Choice"(Zines 是 magazines 的省略语,即"杂志之首选")的口号,还印有"Music that helped get this magazine out"(助杂志畅销的音乐)的字样。1997 年 4 月那期杂志上就列着马修·斯维特的《100％好玩》、阿沃·帕尔特的《深情的呼求——诗篇 130》、麦尔文的《星际间的过度驱使》、斯蒂文·杰斯·伯恩斯坦的《监狱》;《迈阿密风云》、马里·波音的《辐射的温暖》,等等。[11]它们与全球化的关系已经昭然若揭。这些大众文化以电影、磁带、光盘、无线广播等形式在全球范围内传播,随着互联网这一多媒体运作的逐渐流行,它们也开始在互联网上传播。这种传媒文化的力量无穷,足以淹没正在日渐消退的书籍文化的沉静的声音,当然也可以遮盖世界各地土著文化的特色,就如同现在,不管什么地方的人,大家都穿蓝色牛仔裤,都提着半导体收音机或者袖珍录音机或者 CD 播放器。(如果是现在的话,一定是人手一部智能手机——米勒 2013 年 11 月 23 日)

全球化对文学研究的第二个影响是由新的电子设备带来的正在形成的变革。虽然新的"数字化民族"成员很少有人为了文学研究的缘故而使用电脑与全球信息网,但是,新的设备却正实实在在地改变着那些继续耕耘在文学研究领域的人们的工作。在电脑上写作与手写或在打字机上写作完全不同。因为修改太容易了,所以,一篇文学研究的论文似乎永远都难以完成,或者无法完成。你可以轻轻松松地扩充、重新排列、裁减,或者加上更详细的脚注,等等。而且,现在已经能够制作文学研究论著的超文本的版本了,文章中可以镶嵌带有图片、电影剪辑、声频片段,只要点击一下链接,读者就会被转到另外一个文本、图表、录像和声频文本上去。这些文章的特色在于它们只能在电脑上阅读。电子期刊的激增正在改变着文学研究的出版与传播现状。我前面已经说过,便捷的交通可以使一个学者不仅仅是他或她所在的当地大学的教授,而且,还可以是跨国研究集团的成员。而新的通讯媒体的出现使这些群落的活动更加活跃了。另外,网上的研究资料也越来越多,这一点实在令人惊叹,比如,成几何级数增加的数字化的文学文本,还有弗吉尼亚大学建立的罗塞蒂(Dante Gabriel Rossetti)网络档案馆。任何一个能够上网的人,都可以悉数尽览罗塞蒂的油画、素描以及各种版本的著作,还有一大批辅助性的研究资料。另外一个例子是 ARTFL 法文数据库,可以通过芝加哥大学的网址登录:http://humanities.uchicago.edu/ARTFL/ARTFL.html。[12]这个数据库可以为读者提取大量的法国主要的哲学和文学作品,从蒙田到笛卡尔,再到普鲁斯特,应有尽有。例如,狄德罗在作品中使用某些特定词汇的所有段落,都可以在一分钟之内出现在研究者的电脑屏幕上。如何使用这些数据完全是你自己的事情,尽管这些网络资源都是临时、即兴拼凑起来的,但是它们带给研究者的冲击力却远远大于书架上那一排排了无生气的书籍。

　　我在其他地方曾经提到过,所有这些变化彻底改变了过去的文学作品存在的方式,无论是对学生来说,还是对批评家来说。[13]例如,我前面提到的那个例子,安东尼·特罗洛普的《艾亚拉的天使》,就是从 Oxford Text Archive[14]下载的没有任何装饰的 ASCII 码[15]的电子文本,但是,这种电子文本却完全剥离了印刷书籍所具有的与生俱来的历史语境。现在,《艾亚拉的天使》不仅可以在网络空间中自由地流动,而且,还同全球信息网上所有那些不相干的、复杂得无法想象的东西并置在一起。这种对我们的文学历史感的改变也是新型的通讯技术对文学研究的最为重要的影响之一。

全球化对文学研究的第三个影响是我在前面提到过的伴随着民族国家的衰落而出现的国家和民族观念的淡化。在过去,文学研究主要是按照独立的国别文学来进行的。以我为例,the study of English 主要是指英国文学研究,附之以一小部分美国文学研究。现在,这种研究模式被视为帝国主义的一个特征。像美国一样,每个国家都是多元文化的,多语种构成的,因此,只研究一个民族的文学无异于掩盖了这个事实。当那种文学又是外国文学的时候,情况就更为糟糕了,英国文学在美国作为主要的人文学科的建制过程就恰好如此,而且,英国还是200多年前我们在独立战争中打败了的国家。

过去独立的国别文学研究正在逐渐被跨语言的比较文学或者世界范围内的英语文学研究(global literature in English)所取代。后者将加拿大、澳大利亚、新西兰、非洲、爱尔兰、美国和亚洲等地用英语创作的文学与英国文学等同起来,一并研究。同样,世界范围内的法语文学也在经历同样的变化。莎士比亚还会被研究,而且应该被研究,只不过研究的语境和历史视角将会是全新的,全然不同的。尽管如此,英国文学应该依然是,而且永远都是这种变化的全球英语文学研究领域的核心所在,因为英国文学对其他地区的英语文学产生了决定性的影响,即使是那些想要和它的霸权地位相抗衡的作家。当然,美国文学也不例外。如果不理解前者,就很难理解后者。同样,在英语占主导地位的国家,如果你不能理解用其他语言创作的文学,那么,你肯定也理解不了与之相伴而生的用英语创作的文学。

全球化对文学研究的第四个影响就是所谓的文化研究的迅速兴起,至少在美国是这样的。对文化研究来说,文学已经不再像从前一样,是特许的文化的同义语,至少马修·阿诺德和以前的美国大学是这样认为的。现在,文学和其他许多事物一样,只是文化的一种征象或者一个产品,它不仅跟电影、录像、电视、广告、杂志等一起,而且,还与人种学家所研究的非西方社会和我们自己的社会文化中的大量的日常生活习惯一道,成为文化研究的研究对象。正如阿兰·刘所观察到的,

"文学作为一个范畴,在文化'话语'、'文本性'、'信息'、'言辞领域'(phrase regimes)和'总体文学'(general literature)这个没有边界的版图上,已经逐渐失去了它的独特性"。阿兰·刘指出,文化研究"把文学变成了诸多可以称为文化的文化或者多元文化中的一员——光辉不再,与我们日常的穿衣、走路、烹调,甚至缝补,没什么两样"[16]。

尽管从事文化研究的学者们总是忍不住辩解文化研究与社会科学之间的关系,但是,有一点似乎很明显,那就是,随着文化研究逐渐占据人文领域的主导地位,人文研究也会越来越向社会科学领域靠拢,尤其是人类学和社会学。正如人类学的研究者们曾经从人文科学研究者的身上学到了很多东西,同样,在研究生阶段接受人类学和社会学的研究方法的训练也一定会使那些将要从事文化研究的人受益。比如,统计分析方面的训练,涉及数据和概括之间的关系,在研究主体是人的情况下,大学有哪些规定,还有如何想尽办法学习完成工作所需要的语言,等等。传统的、带有欧洲中心主义色彩的文学教育,在这些文化研究项目上,就帮不上什么忙了。

着眼于语言的文学理论(language-based theory)被文化研究取而代之,这一点在西方大学的人文系科已经随处可见。最能说明这一点的无疑是美国比较文学学会发表的"伯恩海默报告"——《世纪转交之际的比较文学》。[17]这份报告指出,新模式的比较文学应该取代1)过时的、以欧洲为中心的、1975年以前的比较文学模式,该模式从欧洲和美国文学中选出经典作品,并加以"比较";2)20世纪70年代与80年代的比较文学模式,该模式建立在理论和细读的基础之上。这些都将被某种形式的文化研究所取代,文化研究会把许多不同种类的文化制品和行为方式——语言的、视觉的、听觉的作品,以及穿衣打扮、走路习惯等等,并置在一起,并加以研究。现在,比较文学在研究传统意义上被视为"文学"的文本的同时,研究电影、通俗文学、流行音乐、广告,等等。"伯恩海默报告"对文化研究的接受是如此彻底,以至于它都可以被看成文化研究之规划的权威性描述了,只不过,稍稍强调了一点比较方面的内容而已。但是,比较一直都是文化研究的一部分,即使在比较文学的范畴之外也是如此。关于"今日比较之空间",该报告是这样说的:

> 今天,比较的空间涉及原本由不同学科研究的艺术品之间的比较;那些不同学科的形态各异的文化建构之间的比较;西方文化传统与非西方文化之间的比较,不管是高雅文化还是通俗文化;殖民地人民在接触前和接触后的文化制品(pre- and post-contact cultural productions)的比较;被定义为女性或者男性的性别建构之间的比较,或者被定义为同性恋或非同性恋的性取向之间(sexual orientations defined as straight and those defined as gay)的比较;标志着种族和族裔模式的比较;阐释学意义上的意义表达(hermeneutic articulations of meaning)与其生产和流通模式的唯物主义分析(materialist analyses of its modes of production and circulation)之间的比较,等等,不一而足。这些把文学置身于扩大了的话语、文化、意识形态、种族与性别领域,从而将其语境化的方式,全然不同于传统的建立在作者、国家、时期和文体基础之上的文学研究模式,因此,"文学"这个词语已经不足以描述我们的研究对象了。[18]

是的,"'文学'这个词语已经不足以描述我们的研究对象了!"正如英语系的爆炸式发展,比较文学这个学科的膨胀,使它致力于研究几乎任何与人有关的事情,也因此丧失了其学科的确定性。新模式的比较文学把上面罗列的种种比较("等等,不一而足")纳入旗下,势必会把文学边缘化。它将以一种故步自封的方式,比较任何可以贴上"文化"标签的事物,就像卡莱尔的小说《衣裳哲学》中的杜费尔斯德洛赫教授,在卡莱尔的笔下,杜费尔斯德洛赫教授是一个无厘头大学的万金油教授(a Professor of *Allerley-Wissenschaft* at the University of Weissnichtwo)。[19]

在 20 世纪 70 年代和 80 年代的理论研究中，对阅读的强调是一个非常重要的特点，而在新模式的比较文学以及诸多形式的文化研究中，这一特点正在消失。取而代之的是对"可译性"的认可，"可译性"是假设文化意涵在从一种语言翻译成另一种语言，一种媒介转换成另一种媒介，或者从一个学科转到另一个学科时，不会遭受重大损失。而在过去，比较文学的一大特色就是对翻译的排斥，尽管这种排斥在很大程度上是做给别人看的。比较文学作为一门学科，在语言方面似乎有一种帝国主义倾向(linguistic imperialism)，总是一种语言独霸天下：比如，在美国是美国英语，在巴黎雷内·艾田蒲[20]的时代则是法语。比较文学领域的学者往往通晓几种语言，但是，他们会把所有其他语言的资料都翻译成他或她使用的占据统治地位的语言。比如，具有"里程碑"性质的雷内·韦勒克的现代批评史就是这样。[21]这里似乎暗含着一个潜台词："相信我。我懂所有这些语言，我能够把所有这些非英语的文本为你们翻译成英语。你们完全可以忘记，它们原本是用德语、俄语、波兰语、捷克语或者其他什么语言写成的。虽然我也附带着给出了原文，以方便你们查询，但是，不可译这个问题已经基本上被我克服掉了，因为我掌握了所有这些语言。我就是一个中转站，所有其他语言写成的东西到我这里都得被转换成英语。"

但是，对比较文学中新兴起的"文化研究"的新形式而言，翻译具有一个新的含义。它不仅仅意味着从一种语言中寻找另一种语言的对等的表达形式，而且把另一种文化或者学科全盘纳入自己的框架中。关于异文化的同化问题，我以后会接着讲。关于翻译，"伯恩海默报告"是这样说的：

> 一方面，应该继续强调精通外语的必要性与独特的益处，另一方面，也应该消除过去对翻译的敌意。事实上，翻译完全可以被看作是一个更大的理解与诠释跨越不同话语传统的问题的平台。我们可以说，拥有不同价值体系的文化、媒介、学科与体制在翻译的过程中，势必会丢掉或者添加一些东西，而

比较文学的目的就在于解释哪些东西被丢掉了,哪些东西又被添加了进来。此外,比较文学研究者也应该接受这样的责任,即对自己研究这些实践的特定的时间和空间进行界定。我是从哪里发声?源于什么样的传统,或者,反传统?我是如何将欧洲、南美洲或非洲的文化翻译进北美的文化现实,或者,将北美翻译进其他的文化语境?[22]

只是因为我们的身份和我们所处的位置,"伯恩海默报告"就认定,我们时时刻刻都在翻译。不管翻译还遗留着多少悬而未决的问题,只要我们谨记自己的"主体立场"就会多少有些帮助。

《多元文化时代的比较文学》一书收录了伯恩海默的报告以及由此引发的一系列思考文章,它实际上彰显了传统的比较文学在没入另一种形式的文化研究之际,所经历的死亡阵痛。我不知道,这种转变过程能否终止,或者说,应不应该加以阻止。但是,它的确构成了美国大学的一个必要的进化阶段,它也见证了世界范围内阻止文学研究再回到原来的老路上的种种变化。昔日以欧洲为中心的比较文学,就像传统的、各自独立的欧洲国别文学研究一样,还会持续一段时间,与文化研究的新任务以及文化研究可能——也应该——会演变成的各种地区研究,并行一段时间,但是,它的丧钟已经敲响了。伯恩海默的报告就是它的讣闻,只不过是它稍稍提前了一些。在伯恩海默的书中,有些文章流露出了作者对昔日比较文学之辉煌的留恋,比如,彼得·布鲁克斯、马歇尔·瑞法特热和乔纳森·卡勒(Peter Brooks, Michael Riffaterre, and Jonathan Culler)的文章,他们都是像我一样,属于上岁数的白人男性。但是,在这种情况下,怀旧也是没用的。

文学研究现在所处的这种新状况,最明显的特点就是它的多变性,而且,变化之快常常令人目不暇接。在这种新的语境下,我们又该如何为文学研究辩护呢?在这里,我将列出文学研究所具备的三种不可或缺的价值,来结束这篇文章。

第一,不管文学在新的全球文化中已经削弱到了什么样的地步,在书籍时代,它都是文化表达自己与建构自己的主要方式。不理解过去的人迟早会重蹈覆辙,而理解我们之过去的一种绝对不可或缺的手段就是研究过去的那些文学,而不仅仅是研究过去的语言。这一点甚至还具有商业或者经济价值。我们加州的居民要想达到威尔逊州长所提出的目标,即在全球经济中具备特殊的竞争力,那么,我们不仅要学习我们自己的语言以及与我们贸易和竞争的国家的语言,而且,我们还要学习他们的文学,否则这一切都是不可能的。文学研究还可以赋予我们一种无与伦比的能力,它可以让我们感受到,生活在乔叟的时代、莎士比亚的时代或者狄金森的时代是什么样子的,也可以让我们感受到,现在生活在不同的东亚文化中是什么样子的,同时,它也可以让我们感受一下,在美国,生活在少数族裔文化——如印第安人、奇卡诺人(Chicano,即墨西哥裔美国人)、亚裔美国人——的氛围中,是什么样子。

研究文学的第二个原因在于:无论怎样,语言现在是,将来也还是我们主要的交流手段之一,不管大家团结一致,还是各执己见,而文学研究也仍将是我们理解修辞、比喻等的必不可少的手段。同样,文学研究也可以帮助我们理解语言讲述故事的各种可能性,因为语言的这些用法构成了我们的生活。

研究文学的第三个也是最重要的原因在于:研读文学——我指的是书页上那些实实在在的文字——是直面我所谓的他者之陌生性和无可削减的他者性的不可或缺的手段。这种他者不仅仅指不同的文化体系,它也包括本文化内部的亚文化。文化研究倾向于认为,所有文化都是同一个人类普遍文化的变体。针对文化研究所暗含的这种同质化倾向,我提出了这样一个假定:相对于我们所建构的趋同化的、理性化的体系(rationalizing apparatus)来说,每一部作品都是一种"他者",不管是从传记的、历史的角度来看,还是从文化的、技术的角度来分析,皆是如此。从柏拉图、索福克勒斯(Sophocles),到福克纳的西方文学经典是这样,那些明显带有异国风情,或者是关于异类文化的著作也是这样,比如美国的印第安人、新西兰的毛利人以及最近在南非刚刚取得公民权的黑人用英语创作的作品,或者位于北非的穆斯林用法语创作的作品,等等。把柏拉图、索福克勒斯和福克纳与这些人相提并论——越来越多的新课程都在这样做,乃是为了说明这些创作是多么奇异,多么具有"他者"的味道。这种与他者的邂逅只有通过我们通常所说的"细读"才可能实现,即使是最保守的/审慎的(vigilant)理论思考也会认同这种说法。现在很多人声称,修辞性阅读已经过时了,甚至是倒退的,再也不需要了,也没有人愿意这样做了。面对这种断言,我仍将公开地、义无反顾地、毅然决然地呼吁大家,要仔细研读原文。即使在当前全球化的语境下,细读在大学里也依然是必须的,不可或缺的。

注释

[1] "Communications Decency Act",是美国国会为了对治互联网上的色情内容而出台的一个法案。——中译者注

[2] "golden handshake",即退职金,遣散费。——中译者注

[3] 1996 年 1 月 3 日的新闻发布会。

[4] 参阅威廉·比尔·李汀斯,《废墟中的大学》(麻省剑桥:哈佛大学出版社,1996),书中对我提到的这些变化及变化的方方面面,论述得非常到位。

[5] 关于这种转变,可以参阅尼格拉斯·尼格罗朋特(Nicholas Negroponte)的《数码化》(*Being Digital*)(纽约:Knopf,1995);马克·波斯特(Mark Poster)的《第二个媒体时代》(*The Second Media Age*)(剑桥:Polity 出版社,1995);雪莉·特科尔(Sherry Turkle)的《第二个自我:计算机与人的精神》(*The Second Self: Computers and the Human Spirit*)(纽约:Simon & Schuster,1984)和《屏幕上的生活:互联网时代的身份》(*Life on the Screen: Identity in the Age of the Internet*)(纽约:Simon & Schuster,1995)。

[6] 乔恩·卡茨(Jon Katz),《网民:数码民族的诞生》(Netizen: Birth of a Digital Nation),见《连线》(*Wired*)(1997 年 4 月),第 49、50、191 页。乔恩·卡茨最近还发表了一篇文章,他根据美林论坛(Merrill Lynch Forum)和他在《连线》杂志上做的问卷调查,对其原来对"数码年轻人"的概括做了某种程度上的修

正。参见卡茨,《数码公民》(The Digital Citizen),见《连线》杂志,1997 年 12 月,第 68—82,274—275 页。卡茨写到,"我原本以为,(数码公民)对主流政治的态度是非常疏离的,但是,调查结果显示,他们实际上非常喜欢参与,而且,对我们现存的政治制度的看法也很积极,甚至还带着一种爱国情结" (71)。

[7] 瓦尔特·本雅明(Walter Benjamin),《选集》(*Gesammelte Schriften*),洛尔夫·泰德曼和赫尔曼·施外本豪斯尔(Rolf Tiedemann and Hermann Schweppenhauser)编,7 卷(法兰克福:Suhrkamp,1974—1989),1:478。

[8] 原德文题目是"Das Kunstwerk im Zeitalter seiner technischen Reproduzierbarkeit",翻译成英文是"The Work of Art in the Age of Technical Reproducibility",选自瓦尔特·本雅明的《启迪》(*Illuminationen*)(法兰克福:Suhrkamp,1955),第 148—184 页;同上,英文版 *Illuminations*,哈利·佐恩(Harry Zohn)翻译(纽约:Schocken,1969),第 217—251 页。

[9] 最近的实证性研究表明,惯于读书的人和惯于打游戏的人的大脑是有区别的。常常在屏幕上打游戏的人的注意力分配能力比较好,可以同时兼顾几个任务,但是,他们的注意力往往不会持续很长时间。在印刷时代成长起来的人可以读完《米德尔马契》或者《万有引力之虹》这样的大部头,而常常流连于电脑游戏的人却未必能够,他们的长处在于《侠盗猎车手 5》(Grand Theft Auto V,是 Rockstar Games 公司于 2013 年 9 月 17 日出版发行的一款围绕犯罪为主题的开放式动作冒险游戏)。——米勒 2013 年 11 月 23 日

[10] 乔恩·卡茨,《数码民族的诞生》,第 184 页。

[11] *100% Fun* 是比较另类的摇滚歌手 Matthew Sweet 于 1995 年出版的唱片; Arvo Pärt 的"De Profundis (Psalm 130)",其中,*De Profundis Clamavi* 是拉丁语,选自《圣经》诗篇 130 中的第一句话,"Out of the depth have I cried unto Thee, O Lord",即"发自内心深处,我向您呼求";Melvin 的 "Interstellar Overdrive"最早是由 Pink Floyd 于 1967 年推出的一部专辑中的一首,后来出现在 Melvin 的同名专辑中;Steven Jesse Bernstein(1950 年 12 月 4 日—1991 年 10 月 22 日)是美国地下作家和表演艺术家,他的专辑 *Prison* 是在他自杀后,于 1992 年 4 月 1 日发行的;*Miami Vice* 是发行于 2006 年的一部美国电影,中国演员巩俐饰演其中的银行家 Isabella;Mari

Boine 是出生于挪威的 Sami 族人,她的专辑 *Radiant Warmth* 发行于 1996 年。——中译者注

[12] http://humanities.uchicago.edu/ARTFL/ARTFL.html[这个网站现在已经没有了,原来刊登在这个网站上的资料大部分可以通过 google 搜索到。——米勒 2013 年 11 月 23 日]

[13] 参阅《印刷资料的未来是什么?》(What Is the Future of the Print Record?),见现代美国语言学会编辑的《专业 95》(*Profession 1995*)(纽约:现代美国语言学会,1995),第 33—35 页。

[14] http://black.ox.au.uk/TEI/ota.html(牛津电子文本档案网)[这个网站现在已经没有了。有些人认为互联网就是一个巨大的网站的堆积,这些网站就像流星一样,是脆弱的、暂时性的,不定什么时候就会消失在无边无际的网络空间中,而印刷书籍则可以永久地保留在图书馆的书架上。持这种观点的人又找到证据来支持他们的担心了。不过,令人欣慰的是,现在可以在 http://www.gutenberg.org/ebooks/33500 上面找到六个不同版本的《艾亚拉的天使》(HTML,Kindle 等等),而且都是免费的,我登录的时间是 2013 年 11 月 23 日。——米勒 2013 年 11 月 23 日]

[15] ASCII 是基于拉丁字母的一套电脑编码系统,全称是:American Standard Code for Information Interchange。

[16] 阿兰·刘(Alan Liu),《未来的文学:文学史和后现代文化》(The Future Literary: Literary History and Postmodern Culture),未出版的手稿,第 2 页。

[17] 见《多元文化时代的比较文学》(*Comparative Literature in the Age of Multiculturalism*),查尔斯·伯恩海默(Charles Bernheimer)编辑(巴尔的摩:约翰斯·霍普金斯大学出版社,1995)。

[18] 伯恩海默编辑,《多元文化时代的比较文学》,第 42 页。

[19] 参阅卡莱尔(Carlyle)的翻译《无厘头大学的万金油教授》(Professor of Things in General at the University of Don't Know Where)。——原注
卡莱尔的小说题目 *Sartor Resanus* 是拉丁语,英文意为"The tailor retailored",所以,中译应该是《被重新剪裁的裁缝》,也有人翻译为《拼凑的裁缝》(马秋武/冯卉翻译,桂林:广西师范大学出版社,2004)。这里采用了

网上通用的翻译,《衣裳哲学》。小说表面上是对一个被称为丢格尼斯·杜费尔斯德洛赫教授(Diogenes Teufelsdröckh)的德国哲学家的评价,实际上则是对德国唯心主义的批判,也有人说,书中的哲学家指的就是黑格尔。小说中的这位哲学家教授创作了一部大部头的书,被称作《服装之渊源与影响》(Clothes：their Origin and Influence)。实际上,Teufelsdröckh 的形象只是卡拉尔表达自己哲学思想的一个文学工具。——中译者注

[20] 雷内·艾田蒲(René Étiemble),1909—2002,法国人。1955—1968 年间,他曾经担任法国索邦大学(Sorbonne University)比较文学系的主任;1988 年,他作为比较文学的佼佼者,被授予巴尔扎恩奖(Balzan Prize)。艾田蒲的主要研究领域之一是关于中国和欧洲的文化交流,他的主要著作有《你了解中国吗?》[*Connaissez-vous la Chine?（Do you know China?*)](巴黎：Gallimard,1964)和《我的毛泽东思想 40 年》[*Quarante ans de mon maoïsme (1934—1974)（Forty years of my Maoism*)](巴黎：Gallimard,1976)。——中译者注

[21] 雷内·韦勒克(René Wellek),《现代批评史：1750—1950》(*A History of Modern Criticism：1750—1950*),8 卷(纽黑文：耶鲁大学出版社,1955—1992)。

[22] 伯恩海默编辑,《多元文化时代的比较文学》,第 44 页。

第四篇　全球化时代文学研究还会继续存在吗？①

雅克·德里达在他的著作《明信片》这本书中,借其主人公之口,写了下面这段耸人听闻的话:

> ……在特定的电信技术王国中(从这个意义上说,政治影响倒在其次),整个的所谓文学的时代——即使不是全部——都将不复存在。哲学、精神分析学都在劫难逃,甚至连情书也不能幸免……
>
> 在这里,我又遇见了那位上星期六跟我一起喝咖啡的美国学生,她正在寻找论文选题(比较文学专业)。我建议她选择 20 世纪(及其之外的)文学作品中关于电话的话题,例如,从普鲁斯特作品中的接线小姐,或者美国接线生的形象入手,

---

① 2000 年 7 月 29—31 日,我在北京语言文化大学参加了题为"文学理论的未来:中国与世界"的国际研讨会,并在会上宣读了这篇论文。——作者原注

这篇演讲最初由国荣翻译,发表于《文学评论》2001 年第 1 期,第 131—139 页;收入本书时,由国荣重新做了修订和补充。这篇演讲的英文题目是"Will Literary Study Survive the Globalization of the University and the New Regime of Telecommunications?"作者从德里达的名作《明信片》谈起,依次论述了印刷技术以及电影、电视、电话和国际互联网这些电信技术对文学、哲学、精神分析学甚至情书写作的影响。自认为"研究了一辈子文学"的米勒教授坚持认为,"文学研究从来就没有正当时的时候,无论是在过去、现在,还是将来。"也正因为他的这一论点,这篇文章在中国文艺界引发了轩然大波,很多学者撰文回应这一论点。——中译者注

然后再探讨电话这一最发达的远距离信息传输工具对一息尚存的文学的影响。我还向她谈起了微处理器和电脑终端等话题,她似乎有点儿不大高兴。她告诉我,她仍然喜欢文学(我也是,我回答说,mais si, mais si)。很好奇,她到底是怎么理解这件事情的。[1]

以上引用的德里达或者他的作品主人公在《明信片》中说的这段话实在是骇人听闻,至少对爱好文学的人是这样,比如像我,或者在文中与主人公对话、正在寻找论文选题并且有点儿不太高兴的美国比较文学专业的研究生。这位主人公的话在我心中激起了强烈的反响,有焦虑、有疑惑,也有担心、有愤慨,隐隐地或许还有一种渴望,想看一看生活在没有了文学、情书、哲学和精神分析这些最重要的人文学科的世界里,将会是什么样子的。生活在这样的世界无异于生活在世界的末日!

德里达在《明信片》中写的这段话在大部分读者心目中可能都会引起强烈的疑虑,甚至是鄙夷。多么荒唐的想法啊!我们强烈地、发自本能地反对德里达以这样随意的、唐突的方式说出这番话,尽管这已经是不言自明的事实。这种表面的、机械的、偶然发生在信息保留和传播媒介上的变化,说得准确点儿,就是从手抄稿、印刷文化到数码文化的变化,怎么会导致文学、哲学、精神分析学、情书——这些在任何一个文明社会里都非常普遍的事物——的终结呢?它们一定会历经电信时代的种种变迁而继续存在?(问号为作者所用——中译者注)我当然可以通过电子邮件写情书!我也当然可以在连接着因特网的电脑上创作并发送文学、哲学作品,甚至是情书,就如同我以前用手写、打字机或者印刷出来的书籍来完成这些事情一样。但是,精神分析学这门原本依赖面对面的谈话(interlocution,被称为"谈话疗法")的学科怎么可以束缚在印刷机的控制之下,并进而迫于数码文化的转向而走向终结呢?

德里达这些唐突甚至有点儿近乎放肆的话在我心中产生了强烈的反感,正如那个研究生在听到德里达这样古怪的建议后心里涌起的想法。顺便提一下,阿维塔尔·罗奈尔对德里达的这个建议却另有一番理解,而且,毫无疑问,她没有把它当作德里达对任何正面提问的回答。电话中的普鲁斯特和德里达的《明信片》都出现在了罗奈尔的名作《电话簿》中,它也以自己的方式预言了新一轮电信时代的到来。劳伦斯·里克尔斯就像弗里德里希·基特勒一样,也早就在现代文学、精神分析和日常文化中精辟地描述了电话。[2]

然而,德里达就是这样断言的:"电信时代"的变化不仅仅是改变,而且会确定无疑地导致文学、哲学、精神分析学,甚至是情书的终结。他掷地有声地宣告:"再也不要写什么情书了!"可是,这怎么可能呢?既然德里达这些话——不管是他(还是《明信片》中的主人公)跟那位研究生说的,还是你我现在在那本书中读到的——在我们心中激起了强烈的恐惧、焦虑、反感、疑惑,甚至是隐隐的渴望,那么,这些话就是"恰如其分"的施为性话语("felicitous" performative utterance)。它们践行自己的诺言,也因而带来了文学、情书等等的终结,正如德里达在最近一次研讨会上所讲的,说"我爱你"这句话,不仅仅会在说话者心中产生爱的波澜,而且还会在听话者心中产生信念和爱的涟漪。

尽管德里达对文学情有独钟,但是,他的著作,像《丧钟》(*Glas*)和《明信片》,却的确加速了文学的终结,关于这一点,我们已经从特定的历史时期和文化——比如欧美国家过去 200 年或者 250 年的历史文化——中得知。在西方,文学这个概念不可避免地要与笛卡尔的自我观念、印刷技术、西方式的民主和民族独立国家概念,以及在这些民主框架下言论自由的权利联系在一起。从这个意义上说,"文学"只是最近的事情,它始于 17 世纪末、18 世纪初,而且,只出现在一个地方,那就是西欧。它可能会走向终结,但是,这绝对不会是文明的终结。事实上,如果德里达是对的,而且,我相信他是对的,那么,新的电信时代正在通过改变文学存在的前提和共生因素(concomitants)而把它引向终结。

德里达在《明信片》这本书中表述的一个主要观点就是:新的电信时代的重要特点就是要打破过去在印刷文化时代占据统治地位的内心

与外部世界之间的二元对立(inside/outside dichotomies)。在书中,作者采用在某种程度上已经过时了的形式对这个新时代进行了讽喻性的描写,即不仅引述了主人公与其所爱的人(一位或者多位)进行的大量电话谈话,而且,还利用正在迅速消逝的手写、印刷以及邮寄这些旧时尚的残余:明信片。明信片代表而且预示着新的电信时代的公开性和开放性(publicity and openness),任何人都可以阅读,正如今天的电子邮件不可能封缄,所以,也不可能做到绝对的私密性。如果它们正好落在我的眼皮子底下,如德里达在《明信片》和他令人欣羡的散文《心灵感应》[3]中展示的明信片和信件,我就会忍不住使自己成为那个接收者,或者,我被奇妙地变成了那个接收者,那么,那些正好落入我眼帘的明信片或者电子邮件上的信息就是为我所写的,或者说,我认为它们就是为我写的,不管它们到底是写给谁的。在我读上面那段从《明信片》中节选的段落时,情况就是这样。说话人传达给那位研究生的坏的甚至是讨厌的信息——文学、哲学、精神分析学和情书将会终结——也同时传达给了我,我也成了这个坏消息的接受者。同样,那位研究生因为书中主人公的话而产生的强烈反感,也在我心中产生了。

或许,德里达在上面引述的这段话中所说的最让人心惊的话乃是:相较于那种导致文学、哲学、精神分析学和情书终结的新的电信王国的力量,"政治的影响倒在其次"。说得再准确点儿,德里达的原话是,"从这个意义上说,政治的统治(political regime)是第二位的"。我认为,"从这个意义上说",是指他不否认——我也不会否认——政治影响的重要性,但是,新的电信统治的力量是无限的,是无法控制的,除非是以一种"次要"(secondary)的方式,被这个国家或那个国家的政治控制。[手机和其他电子产品在"阿拉伯之春"、伊斯兰国运动[4]及其他伊拉克异议团体行动中的使用,也是电子产品在阿拉伯世界成功运用的典范——米勒 2014 年]

众所周知,西方的第二次工业革命始于 19 世纪中叶,先是以商品的生产和销售为中心,之后,其经济模式就逐渐转向为以信息的开发、储存、检索和发送为主导。现在,甚至连货币都首先是信息,并以光的速度通过电信网络在世界范围内兑换和发放,而同样的电信网络也在以数码的形式传播着文学。例如,亨利·詹姆斯的几部小说,连同大量的其他文学作品,现在都可以在互联网上看到,而这些作品原本属于印刷机统治的那个正在迅速走向衰落的历史时代。

照相机、电报、打印机、电话、留声机、电影放映机、无线电收音机、卡式录音机、电视机,还有现在的激光唱盘、VCD 和 DVD、移动电话、电脑、通讯卫星和国际互联网——我们都知道这些装置是什么,而且深刻地领会到了它们的力量和影响怎样在过去的 150 年间变得越来越大。但是,正如三好将夫以及其他人曾经提醒我们的那样,在世界上不同的国家和地区,人们对这些设施的占有及它们相应的影响都很不均衡。目前,在美国,只有 50% 的家庭拥有个人电脑,当然,这个比例在其他许多国家还要小得多。[现在的比例当然大多了,尤其是再把那些小型电脑算上,比如智能手机和平板电脑——米勒 2013 年]但是,不管是以这种方式还是那种方式,在某种程度上,几乎每个人的生活都由于这些科技产品的出现而发生了决定性的变化。随着越来越多的人可以登录互联网,这种变化还会加快,就像当初大家拥有电视一样,而电视的普及给人们生活带来的巨大变化是有目共睹的。这些变化包括政治、国籍或者公民身份、文化、个人的自我意识、身份认同和财产等各方面的转变,文学、精神分析学、哲学和情书方面的变化就更不用说了。

民族独立国家之自治权力的衰落或者说削减、新的电子社区(electronic communities)或者说网络社区(communities in cyberspace)的出现和发展,以及可能出现的将会导致感知体验变异的全新的人类感受就是新的电信时代的三大后果,而正是这些变异将会造就全新的网络人类,他们远离甚至拒绝文学、精神分析学、哲学和情书。毫无疑问,各种电信设施的出现在拓宽人们感知视野(例如,电话就是耳朵的延伸)的同时,也危及了个人的各种空间和自由,它的后果或者是由于反动保守的民族主义——往往是分裂的民族主义——而致使曾经稳定的国家或者联盟内部形势恶化,就像今天在非洲和巴尔干半岛发生的事情一样,或者是激起人们对种族灭绝(genocide)和"种族清洗"(ethnic cleansing)的恐惧。正是出于对这些新科技产品的恐惧,相关的预防措施也应运而生,例如,美国国会通过了《通讯文明法案》(Communications Decency Act),旨在控制互联网的不良发展态势。显然,这一法案并不符合宪法的精神,而是对美国宪法所保护的言论自由之权利的破坏。至少法庭是这样裁定的。

至于新的电信技术的激进后果,在我看来,最令人哗然的事情或许就是,没有一个发明者曾经预想到,他的发明会有这么大的影响,或者有意要这样做。电话或者卡式录音机的发明者只不过是创造性地摆弄那些金属线、电流、振动膜片、塑料带,用以探索技术上的可能性。据我所知,这些科学家无意于终结文学、情书、哲学或者民族独立国家。这种原因与结果之间的不对等(incommensurability),加上巨大影响的不可预料性,才是真正令人称奇的,因为这种后果并不亚于人类历史上一次急遽的动乱、变革、暂时中断或者重新定位。

新的电信通讯对当地或者跨国意识形态的产生也有着巨大的影响。如果有谁胆敢宣称我们已经走到了"意识形态的终结",那么,这人无疑就是一个鲁莽轻率的书呆子。意识形态不会那么容易地消逝,这一点毋庸置疑。而且,我也不认为,马克思在《德意志意识形态》一书中对意识形态的分析已经丧失了它的针对性。正如我在本书第一章结尾处所讲的,尽管马克思和路易·阿尔都塞在某种程度上采取了不同的诠释方式,但他们二人都认为,意识形态是建立在人类现实的物质存在条件,即人们赖以存在的商品生产、销售和流通模式之上的虚构的、想象的上层建筑。他们都认为,意识形态不会因为教育或者理性的论争而发生改变,而会由于存在的物质条件的改变而改变。意识形态也不只是纯粹的、主观的、幽灵般的或者不真实的谬误的堆积。它有力量——尽管往往是不幸的——干预历史,从而导致事情的发生。例如,在我居住的加利福尼亚州,严厉的移民法和那些稀奇古怪的宣布英语为加州官方语言的法律条文,就是这种意识形态的力量的反映。[2000年,我没有预料到茶党[5]在美国的出现,这种意识形态有点疯疯癫癫的(a wacky ideology),它破坏性地脱离了现实,如果还有现实可言的话。——米勒]虽然保罗·德·曼不是一个马克思主义者(不管是哪一种,确切地说,那意味着,现在这种或者任何时候的),但他却是马克思的《德意志意识形态》这本书的忠实读者。马克思和阿尔都塞可能都会认同德·曼在《抵制理论》这篇文章中对意识形态进行的界定:"这并不意味着想象叙事不属于世界和现实的一部分;它们对世界的巨大影响可能远远超出了予人慰藉的范畴。我们所谓的意识形态恰恰是语言与自然的现实以及所指和现象混淆的产物。"[6]

我想在德·曼所说的基础上再补充一点:并非语言本身有那么大的力量,可以产生意识形态的错觉,而是受到这种或者那种媒介影响的语言,例如声音、书写、印刷、电视或者连接因特网的电脑。所有这些复制技术,都会利用人们常有的那种奇特的习性——喜欢栖居在想象或者幻想的空间。读者、电视观众或者因特网用户的身体——是眼睛、耳朵、神经系统、大脑和激情这个意义上的真实的人体——就因为人类所独有的那种奢侈习性,至少是以一种夸张的形式,被利用或者说改变(appropriated),而成为虚构的场景、幻象和大量幽灵相互纠缠的舞台。我们把自己的身体出借给那些无形的东西,然后,再凭借那种虚构的化身的力量在现实世界里行事。塞万提斯的堂·吉诃德、福楼拜的爱玛·包法利、康拉德的吉姆爷就是依靠在读书过程中形成的幻觉在现实世界里生活。这也是读者在阅读小说的过程中,在与堂·吉诃德、爱玛·包法利和吉姆爷交流对话的过程中萦绕于心的话题。这就是意识形态的工作,或者说,意识形态在工作。比起过去那些书籍来,现在这些新的通讯技术不知道又要强大多少倍!

新的通信技术在形成和强化意识形态方面有很大的作用。它们通过一种梦幻的、催眠似的魔法来达到这个目的。这一点虽然很容易看到,但却不容易甚至不可能理解清楚,因为理解的工具被需要理解的内容牵制住了。过去是报纸,现在是电视、电影和越来越多的因特网。有人可能会说,从某种意义上来说,这些技术在意识形态的层面上是中性的。它们只传播它们被灌输的东西。但是,正像马歇尔·麦克卢汉(Marshall McLuhan)曾经说过的一句广为人知的话,"媒介就是信息"。我觉得,这句话就像德里达以自己独特的方式所说的,媒介的变化会改变信息。换一种说法就是,"媒介就是意识形态"。对德·曼来说,意识形态不是在理性意识的层面上、很容易就可以修正的错误,马克思和阿尔都塞也都这样认为,尽管在一定程度上他们采取的方式不尽相同。意识形态是强有力的无意识的谬误。阿尔都塞说,在意识形态中,"人们以想象的方式向自己再现自己真实的生存状况"[7]。我在这里再次引述了我在本书第一篇里引述的话,在这段话中,德·曼这样说的目的是要说明,我们所谓的意识形态是语言和自然的现实相混淆的产物。在意识形态中,纯粹属于语言幻象或者幽灵似的创造的东西被认为是对事物的准确陈述。大家对这种谬误太想当然了,以至于它都成了无意识的了。我们对自己说,当然了,事情原本就是这样子的。由于意识形态的偏差是如此无意识,人们往往对此不假思索,所以,只是简单地指出"那是错的"是不可能修正意识形态本身的谬误的,就如同你不能指望通过指出被爱的人的缺点,就能拯救陷入爱河的人一样。

我想对以上阐述再做一些补充,正像我在上面提到的,创造和强化意识形态的,不仅仅是语言自身,而且是被这种或那种技术平台所生产、储存、检索、传送和接收的语言或者其他符号。过去的手抄稿和印刷文化是这样,今天的数码文化也是如此。阿尔都塞在上面引用过的文章中,把"电信通讯国家意识形态机器(the communications ISA,出版社、广播和电视等等)"与教育、政治体系、司法体系等等,并列在一起,作为各种国家意识形态机器的一部分。[8]印刷技术使文学、情书、哲学、精神分析学以及现代的民族独立国家的概念成为可能。新的电信时代正在产生新的形式来取代这一切。这些新的媒体——电影、电视、因特网不只是原封不动地传播意识形态或者讲述真相的内容(truth-telling content)的被动的母体。不管你乐意不乐意,它们都会以自己的方式打造被"发送"的对象,并把内容改造成承载该媒体附加信息的表达方式。这就是德里达所谓的"从这个意义上说,政治的影响倒在其次"。你不能在国际互联网上创作或者发送情书和文学作品。当你试图这样做的时候,它们会变成另外的东西。我从网上下载的亨利·詹姆斯的小说《金碗》早已经变得面目全非。同样,政治和公民身份对互联网用户和电视观众的意义,也不同于过去传统的报纸读者。电视对政治生活的改变在最近的美国总统选举中表现得尤其引人注目。人们都根据候选人在电视屏幕上所表现出来的风采投票,而不会基于其他节目的客观评述,更不会根据他们在报纸上读到的评介报道。现在阅读报纸的人已经越来越少了。

通过新的电信手段传送到世界各地的一套新的理念(无疑也是意识形态的)的最显著的特征是什么?我们可以很容易地指出来。容易的原因是因为许多专家学者已经告诉了我们它们是什么,比如,我在开头引用的德里达写下的话。印刷时代使现代的民族独立国家、帝国主义对世界的征服、殖民主义、法国和美国的大革命、精神分析、情书,以及从笛卡尔、洛克、休谟一直到康德、黑格尔、尼采、胡塞尔、海德格尔的哲学成为可能(后面的三位已经不情愿地、顾虑重重地进入了打印机和留声机的时代)。

我并不是说,印刷业的发展是造成 18 世纪到 20 世纪初这些文化特征的唯一"原因",其他因素无疑也有助于它们的形成,比如蒸汽机车、邮寄系统、珍妮纺纱机、欧洲式的火药、功率和效率越来越高的大炮等等,而像内燃机车、喷气式飞机、晶体管收音机、火箭等等,则是二次工业革命所必需的了。但是,我坚持认为,所有这些目前正在走向衰落的文化特征委实建立在印刷技术、报纸,以及印发《宣言》的地下印刷机和出版商的基础之上,正是这些秘密印刷机和出版商冒着新闻审查的风险,才使这些人的书得以问世:笛卡尔、洛克、理查生、托马斯·潘恩、马尔克斯·德·萨德(Marquis de Sade)、狄更斯、巴尔扎克、马克思、陀思妥耶夫斯基、普鲁斯特和乔伊斯。

印刷业的发展鼓励并强化了主客体分离的理念；自我分裂的整合与自治（separate unity and autonomy of the self）；"作者"的权威；确切无疑地理解他人的困难或者不可能性；再现或者一定程度上的模仿的王国（我们过去常常说，"那是现实，这是现实在印刷的书中的再现，它是否真实地再现了超出语言之外的现实，这一点将会受到检验"）；民族独立国家的民族团结和自治的理念——阿尔都塞所列出的那些国家机器，包括"电信通讯ISA"，强化了这些理念；法律法规通过印刷得到了落实；报纸的印发使特定的国家意识形态获得了连续性的灌输；最后，现代的研究型大学获得了发展，成为向未来公民和公务员灌输国家道德观念的基地。当然了，这些观念也经常受到印刷媒体的挑战，但是，我觉得，印刷媒体自己又在不断地强化它们予以驳斥的东西，甚至是在它们质疑的行为中。例如，过去我们常常听到，"如果让我控制出版机关，我将能够控制整个国家"。现在这类人或许可以说，"如果让我控制所有的电视台和所有的无线广播脱口秀，我将能够控制整个世界"。

读者可能会注意到，所有这些印刷文化的特征都依赖于相对严格的壁垒、边界和高墙：人与人之间、不同的阶层、种族或者性别之间、不同的媒介之间（印刷、图像、音乐）、一个国家与另一个国家之间、意识与被意识到的客体之间、超语言的现实与语言对现实的再现，以及此一时与彼一时之间不同的时间概念（例如，在西方语言中，历史叙事和小说借助于时态结构来强化这一点）。

当印刷机逐渐让位于电影、电视和因特网，所有那些先前比较稳固的界限都日渐模糊起来，而这种变化的发生速度也越来越快。自我裂变为多元的自我，每一个不同层面的自我都源于我碰巧正在使用的拓展工具（prosthetic device）。这也是情书现在不大可能存在的一个原因。在电话或者因特网上，我变成了另外一个人，再也不是原来那个写了情书然后再通过邮局邮寄的那个人。

主客体之间的二元对立曾经是从笛卡尔一直到胡塞尔的哲学所赖

以存在的基础,如今它也被极大地削弱了,因为电影、电视或者因特网的屏幕既不是客观的,也不是主观的,而是"以线相连"的流动的主体性的延伸。这可能就是德里达所说的"新的电信时代将会带来哲学的终结"的内涵之一。

再现与现实之间的对立也产生了动摇。电视、电影和因特网所制造的大量的形象,以及机器像变戏法一样生产出来的那么多的幽灵,打破了虚幻与现实之间的区别,也破坏了现在、过去和未来的分野。人们常常难以分辨电视节目里的新闻和广告。一部小说作品——至少使用西方语言创作的作品是这样——会通过动词的时态变化来告诉读者,正在描述的事情应该被认为发生在想象中的现在,还是属于用一般现在时讲述的过去。电视或者电影形象属于比较奇怪的一类——非现在的现在(non-present present),总是很难说清它到底是"目击新闻",即它们所宣称的现在正在发生的事情,还是如他们所说的,是一种"仿像"(simulation)。许多人原来就认为,而且现在可能仍然这样认为,美国并没有真的把人送上月球,登月场景摄制于一家电视演播厅。你怎么能够确信呢?因为唯一的证据就是屏幕上那些舞动的形象。

新的电信通讯媒体也正在改变着大学,不管是喜还是忧,大学再也不是自我封闭的、只服务于某个国家的象牙塔,它越来越多地受到那些跨国公司的侵扰,享受它们的资助并为其利用。新型的研究型的综合大学也为全新的跨国社区和联合发展提供了舞台。民族独立国家之间的界限正在被因特网这样的信息产业所打破,任何人只要拥有一台电脑、一个调制解调器、一个服务器,几乎马上就可以链接到世界上任何一个网址。国际互联网既是推动全球化的有力武器,也是削弱民族国家独立自治的帮凶,而且,互联网的发展使得大学再不可能服务于一个特定的国家。

最近,不同媒体之间的界限也在日渐消逝。视觉形象、听觉片段(比如音乐)以及文字系统都不声不响地受到了0和1这一序列组合的数码化改变。就像电视和电影一样,连接或配有音箱的电脑监视器也不可避免地融合了引人注目的视觉和听觉形象，还兼有文字解读的能力。新的电信时代无可挽回地变成了多媒体的盛宴。男人、女人或者孩子那种"一书在手，浑然忘忧"的静静的、一个人的读书行为，让位给了"环视"和"环绕音响"这些现代化视听设备。而后者用一大堆既不是现在也不是非现在、既不是具体化的也不是抽象化的、既不在这儿也不在那儿、既不死又不活的东西冲击着眼膜和耳鼓。这些幽灵一样的东西拥有巨大的力量，可以影响到那些手拿遥控器开启这些设备的人们的心理、感受和想象，并且还可以把他们的心理和情感打造成它们所喜欢的样子。因为许多这样的幽灵都是极端的暴力形象，它们出现在今天的电影和电视屏幕上，就如同旧日里潜伏在人们意识深处的恐惧现在被公开展示了出来，不管这样做是好是坏，我们可以跟它们面对面，看到、听到它们，而不仅仅是在书页上读到。精神分析的基础——意识与无意识之间的区别——而今也不复存在了。我想，这可能就是德里达所谓的新的电信时代正在导致精神分析的终结的涵义吧，尽管他也特别指出来了，弗洛伊德时代的精神分析主要依靠信件、邮寄系统、电话，以及手写或者打出来的文字记录。

当然，我书架上的那些书也都是招致幽灵产生的有力工具，因此，它们也是强化以书为媒的意识形态的有力工具：在我读黑格尔和海德格尔时，黑格尔的"精神"（Geist）或者海德格尔的"存在"（Sein）幽灵就会从我眼前闪过；在我读弗洛伊德的著作时，无意识的幽灵或者弗洛伊德的病人如伊尔马、安娜和多拉就会跃然纸上；而当我读小说时，作品中那一群人物形象也都会跳将出来：菲尔丁的汤姆·琼斯、司汤达的法波里丘、福楼拜的爱玛·包法利、乔治·爱略特的多萝西娅、亨利·詹姆逊的伊莎贝尔、乔伊斯的列奥波德·布卢姆。正如弗里德里希·基特勒所言，所有的书"都是为死者而写，就像那些源于埃及的、代表着（西方！——米勒）文学源头的典籍"[9]。书籍构成了一种强有力的武器，使我们得以结识所有那些栖居在哲学、精神分析、情书和文学大厦里的幻象。

但是，电视和电影屏幕上的幽灵形象看起来要客观得多，因为它们是公开的，人人都可以看见，不用我自己费神读书就可以感受到它们的存在。其次，如我已经说过的，这些新的电信技术，以及那么多以新的方式打造幽灵的新设施，也产生了新的意识形态的母体（ideological matrices）。例如，它们打破了黑格尔在《现象学》中提出又进而否定的主客观之间、意识与意识的客体之间的屏障。

———————❖———————

在这种前所未有的新形势下，我们该怎么办呢？如我借德里达的话在上面提到过的，新的电信时代可能形成于资本主义，但是，它已经超越了它的缔造者，并且吸收新的力量，开始了自己独立的旅程。这就是德里达所谓的"从这个意义上说，政治的影响倒在其次"。这也正是我们的机会所在。新型电信通讯的开放性，可以促进我们的流动、修整，形成新的同盟。这一切怎么可能发生呢？答案就是，承认批评或者诊断性的分析总是具有表述和施为两个层面的含义。虽然这些技术对新形式将被赋予的含义有着巨大的影响，但是，它们也可以被用来改造那些形式，以配合人类的创新实践。我们并不是单纯地受它们支配。我们也可以利用这些新型的通讯技术，来建设各种各样的新的网络社区。我沿用比尔·李汀斯的习惯，称之为"异议社区"（communities of dissensus），即意见相左、不能达成共识的人组成的社区，乔治·阿甘本则称这种多样性的联合为"未来的社区"[10]。

新的通讯技术还可以用来促进人们更好地行使政治责任。"未来的民主"（democracy to come）作为一种可能的不可能性，要求人们对这个即将到来的时间点（future anterior）做出回应。如果这种完美的民主被列为一种一定会实现的未来，如果从确定的、可以预见的意义上来说，它是可能的，那么，它就不会要求我们去付诸实践了。正因为它的不可预见性，因为它在设置好的连续性上不可能没有间断，它才会吸引我们、要求我们或者强迫我们拿出行动来。

这方面的一个经典范例就是《美国独立宣言》中的一句话："我们认

为这是不言自明的真理：人生而平等，上帝赋予了他们这些不可或缺的权利——生命、自由、追求幸福。"一方面，这句话肯定这些真理是不言自明的，它们不必诉求政治行为来保证它的实现。另一方面，这句话又说，"我们认为这是不言自明的真理"。"我们认为"是一个施为性的言语行为。它创造了声称为不言自明的真理，而且使所有读到这些话的人都会情不自禁地支持、重申（countersign，意为复签），并且努力地实现它，正如我的一位祖先，罗得岛的塞缪尔·霍普金斯（Samuel Hopkins）在《美国独立宣言》上签名一样。这些话鼓励我们努力工作，以在未来的施为行为中实现这种梦想。蕴含在这些话中的承诺在美国还远未完美地兑现。虽然这些话属于过去，属于我们的父辈缔造这个国家的时刻，它们仍然等待我们在未来去更圆满地实现这些承诺。这些话正从遥远的民主的地平线呼唤我们去行动。

——◆——

那么，文学研究又会怎样呢？它还会继续存在吗？文学研究的时代已经过去了。再也不会出现这样一个时代——为了"文学自身"的目的，撇开理论或者政治方面的思考，而单纯地去研究文学。那样做不合时宜。我非常怀疑文学研究是否还会逢时，或者还会不会有繁荣的时期。这就赋予了黑格尔的箴言另外的——或者也可能是同样的——涵义：艺术属于过去，"总而言之，就艺术的终极目的而言，对我们来说，艺术属于，而且永远都属于过去"[11]。这也意味着，艺术，包括文学这种艺术形式在内，也总是未来的事情，这一点，黑格尔可能没有意识到。艺术尚未成功地将精神转变为诸如文字之类的感官形式，所以，我们还得继续坚持下去，直到最后。艺术和文学从来就是生不逢时的。就文学和文学研究而言，我们永远都耽在中间，不是太早就是太晚，没有合乎适宜的时候。

现在，我们换一种方式结束这篇文章，也许这与黑格尔的话相悖，但我坚持认为，文学研究从来就没有正当时的时候，无论是在过去、现在，还是将来。不管是在过去冷战时期的大学，还是现在新的系科格局正在形成的全球化了的大学,文学只是符号体系中一种成分的称谓,不管它是以什么样的媒介或者模式出现,在大学进行的各种集体的、机构化的、实用的、有价值的研究,都不能把它理性化。这也意味着,"文学研究"是一种矛盾的说法。[12]这种矛盾的提法将会继续存在,不管什么时候,如果它发生的话,一定是在我们忙里偷闲,从现实的焦虑中超脱出来的时候,比方说,当我们暂时不考虑如何使加州在全球经济竞争中更加具有竞争力的时候。

  文学研究的时代已经过去,但是,它会继续存在,就像它一如既往的那样,作为理性盛宴上一个使人难堪,或者令人警醒的游荡的魂灵。文学是信息高速公路上的沟沟坎坎、因特网之神秘星系上的黑洞。虽然从来生不逢时,虽然永远不会独领风骚,但不管我们设立怎样新的研究系所布局,也不管我们栖居在一个怎样新的电信王国,文学——信息高速路上的坑坑洼洼、因特网之星系上的黑洞——作为幸存者,仍然急需我们去"研究",就是在这里,现在。

注释

[1]《邮件》(Envois),选自雅克·德里达的著作《明信片》(*La carte postale：De Socrate à Freud et audelà*)(巴黎:Aubier-Flammarion,1980),第212、219页;英文版《明信片》(*The Post Card：From Socrates to Freud and Beyond*),艾伦·巴斯(Alan Bass)翻译(芝加哥:芝加哥大学出版社,1987),第197、204页。

[2]参阅阿维塔尔·罗奈尔(Avital Ronell),《电话簿》(*The Telephone Book*)(林肯:Nebraska大学出版社,1989);劳伦斯·里克尔斯(Laurence Rickels),《电话上的卡夫卡与弗洛伊德》(Kafka and Freud on the Telephone),选自《奥地利现代文学:国际阿图尔·施尼茨勒研究会学刊》(*Modern Austrian Literature：Journal of the International Arthur Schnitzler Association*)第22卷,3/4期(1989),第211—225页;以及劳伦斯·里克尔斯,《哀悼的过失》(*Aberrations of Mourning*)(底特律:Wayne州立大学出版社,1988),尤其是第7、8章;弗里德里希·基特勒(Friedrich Kittler),《随笔:文学、媒体与信息

体系》(*Essays: Literature, Media, Information Systems*),约翰·约翰生(John Johnston)主编(阿姆斯特丹:G+B国际艺术,1997),尤其是第31—49页。

[3] 参阅雅克·德里达,《心灵感应》(*Télépathie*),选自《狂怒》(*Furor*),第2期(1981),第5—41页;同时参阅德里达《心理:他者的发明》(*Psyché: Inventions de l'autre*)(巴黎:Galilée,1987),第237—270页;英文版《心灵感应》(*Telepathy*),由尼古拉斯·罗伊尔(Nicholas Royle)翻译,见《牛津文学评论》(*The Oxford Literary Review*),第10卷,第1—2期(1988),第3—41页;或者佩吉·坎姆夫和伊丽莎白·罗腾伯格(Peggy Kamuf and Elizabeth Rottenberg)编辑的英文版《心理:他者的发明》(*Psyche: Inventions of the Other*)(斯坦福:斯坦福大学出版社),第226—261页。

[4] "阿拉伯之春"(Arab Spring)指的是2010年12月18日发生在阿盟及其周边国家的、由抗议和示威游行引发的骚乱和革命浪潮。伊斯兰国的前称是"伊拉克和大叙利亚伊斯兰国",英语是Islamic State of Iraq and al Shams,缩写为ISIS,是一个活跃在伊拉克和叙利亚的自称建国的极端恐怖组织。——中译者注

[5] 茶党(Tea Party)是成立于2009年的草根组织,它的源头可以追溯到1773年的"波士顿倾茶事件",当时北美殖民地民众反抗英国政府对殖民地不公平的税收政策。茶党的另一层含义是"Taxed Enough Already!"(税已经收得够多了),这句话的首字母拼起来就是单词"Tea"(茶)。不过,茶党运动的声势虽然浩大,却仍然是一个结构松散的政治组织,到目前为止还没有建立起中心权威,也没有鲜明的领导者或精神领袖。

[6] 保罗·德·曼,《抵制理论》,载《抑制理论》(明尼阿波利斯:明尼苏达大学出版社,1986),第11页。

[7] 路易·阿尔都塞,《意识形态与国家意识形态机器(一次调研笔记)》[Ideology and Ideological State Apparatuses (Notes towards an Investigation)],选自《列宁与哲学及其他文章》(*Lenin and Philosophy, and Other Essays*),本·布鲁斯特(Ben Brewster)翻译(纽约:Monthly Review Press,1972),第163页。

[8] 阿尔都塞,《意识形态与国家意识形态机器》,第143页。

[9] 基特勒,《随笔:文学、媒体与信息体系》,第37页。

[10] 参阅比尔·李汀斯,《废墟中的大学》(麻省剑桥:哈佛大学出版社,1996);乔治·阿甘本(Giorgio Agamben),《未来的社区》(*La comunità che viene*)(都灵:Einaudi,1990);英文版《未来的社区》(*The Coming Community*),麦克尔·哈德特(Michael Hardt),(明尼阿波利斯:明尼苏达大学出版社,1993)。

[11] 黑格尔(G. W. F. Hegel),《美学讲稿:理论文集》(*Vorlesungen über die Ästhetik: Theorie Werkausgabe*)(法兰克福:Suhrkamp,1970),第 13 卷,第 25 期。我非常感激安德烈·沃明斯基(Andrzej Warminski)为我提供资料,并建议我使用解释性的译文,我所在的这个缅因州的小岛上可是没有黑格尔的。我也感谢他通过电子邮件告诉我黑格尔这些句子的含义。

[12] 英文原词是 oxymoron,翻译成汉语就是矛盾修辞法,比如,compulsory volunteers(强制性的志愿者)。米勒解释说,"文学研究"这种提法的潜台词是,文学就像自然科学一样,是可以研究的,但实际上,我们不可能像自然科学家研究客观的、可测量的现象或事物一样研究文学。——中译者注

第五篇　承诺、承诺：
马克思与德·曼的言语行为、
文学和政治经济理论①

"马克思主义美学"这个术语，可以理解为马克思本人的美学，但是，大多数情况下，它被理解为源于马克思主义的美学理论，是在马克思政治经济学批判之理论——也就是马克思关于劳动、生产、商品、价值、流通、货币、资金、剩余价值、商品崇拜、阶级斗争、意识形态、分离/异化(alienation)、上层建筑以及未来的无产阶级专政等问题的观点——基础上，建构起来的，是属于第二位的。除了零星几个关于莎士

---

① 这篇演讲是 2000 年 7 月 23—26 日，米勒教授在桂林参加"马克思主义美学的现状与未来"国际学术研讨会时的主题发言。该演讲的部分内容最初由陆小红翻译，发表在《马克思主义美学研究》第 4 辑——《马克思主义美学的现状与未来国际学术研讨会论文集》，刘纲纪编(桂林：广西师范大学出版社，2001 年 4 月)，第 24—34 页。收入本书时，由国荣做了补充和修订。
　　在这篇演讲中，米勒详细分析了《资本论》中有关商品及其神秘属性的段落，以及它们与德·曼之文学分析理论的诸多一致性，最后，坚定地指出，"解构继承了马克思所发展的分析方法。如果说马克思是一位解构主义者，那么，解构也一定是马克思主义的一种形式"。这篇演讲的英文题目是："Promises, Promises: Speech Act Theory, Literary Theory, and Politico-Economic Theory in Marx and de Man"，其中，"Promises, Promises"不仅点明了米勒分析的重点——有关马克思与德·曼的"承诺"，也是米勒对英语习语的戏谑，"Promises, Promises"是批评人不要总是空口承诺，而是要去兑现诺言。也许，我们并不认同米勒对《资本论》的分析，但是，至少，我们可以看看，他是怎么研读马克思的经典著作的。——中译者注

比亚的《雅典的泰门》[1]和《哈姆雷特》的论断,以及《政治经济学批判大纲》(Grundrisse)开头那个虽然重要却常常被忽略的段落,马克思并没有连篇累牍地谈论文学、艺术、音乐或美学。不过,他在写作中,又常常信手拈来,讽刺性地引用莎士比亚以及其他作家的作品,以印证他自己的观点。所以,学者们大都认为,马克思主义美学就留给后来的马克思主义者——卢卡奇、阿多诺、本雅明、阿尔都塞、伊格尔顿(与欧洲理论家一道),以及世界上其他地方的人,比如美国的弗雷德里克·詹姆逊和迈克尔·斯普林克(Michael Sprinker),共同建构。这些理论的显著特色之一,就是它们的多样性与异质性,有时候甚至到了令人惊愕的地步。我不是马克思主义美学家,但是,当雅克·德里达在他的《马克思的幽灵》一书中,说出类似的话时,他是在引用马克思的话:"我们甚至都不用假设,马克思跟他自己是一致的。('可以确定的是,我不是马克思主义者',估计他已经跟恩格斯通报这个秘密了。难道我们依然要把马克思奉为权威,来说类似的话吗?)"[2]马克思的著作并非铁板一块,所以,就连马克思自己也不是一名马克思主义者。还有,所谓的马克思主义者,也未必严格遵循马克思的任何观点。所以,在这里,我提议,我们最好回到马克思自己的著作中,来看看它们是否已经包含了马克思自己的美学,或者,从根本上,或者,实质上,铸就了一种美学理论的基础。

如果声称《资本论》本身就是一部彻头彻尾的文学理论著作,论证了一系列美学理论,可能有点不近情理,但是,詹妮弗·巴若列克在她最近一篇非常出色又极具挑战性的论文[3]中,就是这样说的。更令人不可思议的是,巴若列克还认为,《资本论》不仅可以理解为文学理论,而且,它与保罗·德·曼的文学理论是一致的,或者,反过来说,德·曼的理论就像《资本论》一样,也属于政治经济学批判的范畴。马克思是文学理论家!德·曼是与马克思产生共鸣的政治理论家!不管怎么说吧,巴若列克所言极是。她的观点是建立在雅克·德里达、沃纳·哈马切、安德烈·沃明斯基以及其他人最近对马克思的重要解读上的。[4]

对马克思来说,政治经济学是一种符号体系,一种语言。在《资本论》一书中，马克思清晰地阐明了这一点，他把价值体系称为一种"象形文字"（hieroglyphic），并把它与人类的语言相提并论。马克思写到："价值没有在额上写明它是什么。不仅如此，价值还把每个劳动产品转化为社会的象形文字。后来，人们竭力要猜出这种象形文字的涵义，要了解他们自己的社会产品的秘密，因为把使用物品规定为价值，正像语言一样，是人们的社会产物。"[5]

这种由象形文字构成的文本在发挥作用时，与德·曼论及的所有"文本"一样，其中，文学文本就是"比喻（或者比喻体系）与它的解构"[6]。显而易见，马克思在《资本论》第一卷中所描述的，在资本主义社会中，商品之间的置换、等值和交换的关系，就是一种比喻的使用，或者，"比喻的体系"。例如，数尺长的亚麻可以置换成一件上衣，等等，正如在暗喻中，一个词语可以由另一个词语替代。

商品体系是一种特殊的系统，也就是我们称之为"逻各斯中心"的那种。在这一体系中，所有类似比喻的交换、置换、等值，都受制于那个置身于该体系之外而又内在地衡量和控制该体系各个方面的"逻各斯"。马克思就像德里达一样，善于理解、运用和解构逻各斯中心主义，尤其是它在基督教、黑格尔的思想和资本主义体系中的运作，至于说，在马克思自己的思想体系中，是否还有逻各斯中心主义的残余，这个问题还悬而未决。问题在于，马克思主义是否属于本体论的范畴。这个问题，也同样不是那么容易回答。如果把资本主义看作"被解读的文本"，那么，马克思对资本主义的解构能够完全摆脱他在其中清晰辨认出的逻各斯中心主义吗？

根据马克思的分析，逻各斯在资本主义体系中，首先表现为人类的劳动，其次，是货币。假设《资本论》是关于修辞学的论文，甚或文艺理论著作，把商品体系看作由交换和等值主宰的隐喻的文本（a text dominated by metaphorical exchanges and figurative equivalences）；假设在对形而上学的解构方面（deconstruction of metaphysics），马克思的理论与保罗·德·曼的文学理论是一致的，那么，正如巴若列克注意到的那样,这种逆推理也是正确的。当德·曼写下这些话的时候:"当我们不再基于非语言的因素——比如历史和美学的考虑——来解读文学文本的时候,我们就可以说,文学理论已经诞生了;或者,说得更具体一些,当讨论的话题不再是意义和价值,而是意义生产或者接受的模式,或者是,定论生成之前的价值(value prior to their establishment)——这就意味着说,这种定论的生成是很成问题的,需要我们自觉地、带着批判的眼光去深入探究,以考虑这些意义生成的可能性和它们的状况"[7],德·曼使用的正是马克思在其政治经济学批判中的术语("生产"、"价值"、"生成"、"含义"、"批判性"),只是,德·曼是在用这些术语界定文学理论的"诞生"。如果说《资本论》是文学理论著作,那么,德·曼的著作就是政治经济学批判。当德·曼回应斯蒂法诺·罗梭(Stefano Rosso)的访谈问题——为什么在他的近作中,屡屡出现"意识形态"和"政治学"这些术语,他说:"我认为,我从来就没有远离过这些问题,它们在我的心目中,一直处于最重要的位置。"[8]我认为,在这个时候,我们必须相信他说的是真话。他所说的话都是真的,这一点在他的著作中已经得到了充分的展示。

然而,马克思与德·曼在另一方面也很相似。马克思所关注的不仅仅是描述资本主义这个符号体系,而德·曼要展示的,也不仅仅是比喻系统如何在文学文本、政治文本,甚或是一般的文本中,发挥作用。他们都想深入钻研自己所关注的符号体系是如何建立,如何运转,又是如何因此而被改变的。他们都想"解构"他们所研究的体系,或者是展示这些体系是如何自我解构的。对马克思和德·曼来说,"理论"——不管是经济理论,还是文学理论——的目标,就是要质疑体系中那些想当然的成分,甚至于把注意力从那些对系统的主观臆断的描述中转移开去。他们都想分析这个特定体系的产生,以及价值和意义在这个体系中被生产和建立的方式。他们二者的目的,都是要进行"批判性分析"(critique),以开创一个新局面,或者,为未来的新局面——甚至是革命性的开端——提供一些可能性。因为"生产"和"建立"在这两种情况下，都是言语行为，而一旦它们被生产和建立，那么，这些体系所拥有的内驱力（impetus）就只能被言语行为的新形式所改变。众所周知，马克思在论费尔巴哈的文章中指出，他的目标不仅是解释这个体制，而且要改变它："哲学家们只是用不同的方式解释世界，问题在于改变世界。"[9] 任何一个认真阅读德·曼作品的读者，都会明白，德·曼的意图也是把读者从魔境——由于错误的解读（包括对政治的解读）而陷入的魔境（enchantment by erroneous readings）——中解救出来，以便为政治与生活的新形式打开路子。

毋庸置疑，马克思与德·曼之间存在巨大的不同（一个引发了世界性的政治运动，另一个参与到了生产新形式的修辞性分析的过程中），但是，我们可以说，他们在理论与实践的过程和结论方面，所形成的共鸣不同凡响。除了前面所说的，还有其他一些重大的一致性。前面所说的相似性，就是他们对符号体系所做的解构性分析。如此说来，马克思的《资本论》的确应被视为"文学理论"著作，而德·曼的文章也可以看作政治经济学批判。

马克思与德·曼所形成的另一个共鸣是，他们都强调"批判性分析"不仅仅是表述性的、描述性的事实讲述，而且是践行性的，是言语行为，是以语言做事的方式。任何读《资本论》的人都不会怀疑，马克思的目标不仅仅是中性的描述。他希望用他的"政治经济批判"，来为改变这个体系——或者预见不可避免的改变——提供行为策略。《资本论》就像《共产党宣言》一样，带有救世诺言（messianic promise）的色彩。同样，德·曼后期的作品也越来越关注文学和文学理论（像政治理论一样，比如卢梭的《社会契约论》）作为言语行为的一面，也就是它们如何以语言做事。政治和意识形态问题，从未远离过德·曼的思考范畴。

不管他们二人在表面上如何迥异，他们都把解放当作最高目标。二人都认识到了，这个目标的实现，必须借助于被解放了的言语行为（emancipatory speech acts），仅对事物的不良状况进行分析，是于事无补的。雅克·德里达的行为方式，则是界定诠释行为本身，如果界定得合适,比如像干预主义者(interventionist),把它界定为践行性的、开创性的,那么,我们就会走向那个所有男人和女人都盼望——或者说应该盼望——的"未来民主的"的地平线。在《马克思的幽灵》一书中,德里达谈到了"这种践行性/能动性的诠释(performative interpretation),也就是说,能够改变它所诠释的事物本身的诠释行为"。他接着说,这种做法,与传统的言语行为理论以及马克思在论费尔巴哈那篇文章中所说的话(指第11条),是背道而驰的。[10]

德·曼一家几代人都是社会主义者,他肯定也会受到这方面的影响。但是,马克思和德·曼都没有采取切身的行动,而是选择了语言,作为他们的武器——在他们二人那里,语言都是有力的、践行性的诠释修辞(a powerful performative rhetoric of interpretation)。而最重要的,也是最有力的组成部分,就是修辞性的语言分析,是对修辞的解构,或者说,是对修辞之自我解构的展示。

此外,他们二者都使用了反讽的手法(irony)。马克思和德·曼都是彻头彻尾的讽刺性作家。然而,正如德·曼在《反讽的概念》一文中所说的,反讽带有一种践行性的成分(performative component),这种说法无疑是正确的。德·曼说:"显而易见,反讽具有践行性的作用。反讽给人以安慰,它给人承诺,它也为自己辩解。"[11]反讽还可以作为工具,破坏它所讽刺的对象。

马克思与德·曼的一致,还表现在他们对践行性的言语行为理论的发展,这一点与奥斯汀的言语行为标准是很不一样的。尽管马克思分析的是资本主义体系,德·曼分析的是文学文本,或者是像卢梭的《社会契约论》这样的政治理论,但是,他们二人所分析的符号体系,却都是自发地在发挥作用,没有人的干涉,当然也不会有一个拥有自我意识的"我"或者"自我",有意地发出一个践行性的话语,比如,在合适的情况下,说"我承诺"。而在奥斯汀的《如何以言语行事》一书中,只有后者才能满足一个"合适的"践行性言语行为的必要条件。[12]

每一位认真阅读《资本论》的读者都会注意到,在有关"商品"的那一章的开头,有两段很著名的段落,一段是关于亚麻说话,另一段是关于桌子行走。不仅如此,在桌子行走那一段中,桌子还倒立在地上,像幽灵一样旋转,表达出"充满形而上学的微妙和神学的怪诞"。[13] 在资本主义体系中,男人和女人都不能拍板决定,也不能像救世主一样,承诺劳动异化(labor's alienation)的终结,而劳动异化却是马克思主义的一个核心议题。能够说话、承诺,并做出决定的,只有商品——这一人类劳动的产物,比如像亚麻或桌子。男人和女人只能是被吩咐、质问和传唤的对象,而他们在资本主义社会的存在,则决定于亚麻和桌子怎么想,怎么说。

现在,我们再仔细阅读一下这两个段落,看看他们是怎么说,怎么做的。我想把这两段话与德·曼的观点放在一起讨论,以便说明二者采用了如何相同的修辞分析法。此外,两者都把它们自发的践行能力归功于符号体系。这些体系可能是由社会上的人开创的,但是,现在,它们却在自发地发挥作用,独立于任何人类有意识的意志行为。

第一个段落有点像揭秘,或者曝光,它是通过一种奇特的语言方式发生的。马克思一再强调,当亚麻与衣服发生关系时,在它们身上闪耀的其实是隐含在它们身上的、由人类无差别的劳动所创造的抽象价值,尽管这种价值"没有包含一丁点的实质性内容"(there is not an atom of matter)。同样,在这段话中,布的语言并非虚构,马克思坚称,它事实上,确实说话了。而且,还是以不同的"方言"说的,每一种方言都不同于其他方言。

我们看到,一当麻布与别的商品即上衣交往时,商品价值的分析向我们说明的一切,现在就由麻布自己说出来了,不过它只能用它自己通晓的语言即商品语言来表达它的思想。为了说明劳动在人类劳动的抽象属性上形成它自己的价值,它在说,上衣只要与它相等,从而是价值,就和它麻布一样是由同一劳动构成的。为了说明它的高尚的价值对象性不同于它的浆硬的物体,它就说,价值看起来像上衣,因此它自己作为价值物，就同上衣相像，正如两个鸡蛋相像一样。顺便指出，除希伯来语以外，商品语言中也还有其他许多确切程度不同的方言。例如，要表达商品 B 同商品 A 相等是商品 A 自己的价值表现，德文"Wertsein"[价值、价值存在]就不如罗曼语的动词 valere, valer, valoir[14][值]表达得确切。巴黎确实值一次弥撒！*Paris vaut bien une messe*！[Paris is worth (deserves) a Mass]。[15]

这段话在许多方面都很值得玩味，需要细细的琢磨和推敲，甚至还可以借助沃纳·哈马切的权威的"语言迷失"的帮助。[16]哈马切的文章就是围绕这段话展开的。亚麻讲话，而且，它愉快地为马克思讲话，讲的就是马克思一直在讲的、关于商品和价值，不仅如此，它还可以讲几种方言，至少有希伯来语、德语、法语，英语翻译就不用说了，这样说的目的到底是为什么呢？马克思之声称亚麻说话，其背后包含的逻辑是：既然亚麻所包含的价值，完全是通过社会关系产生的，既然语言——就像马克思在《德意志意识形态》和《资本论》中所论证的——与社会关系纠缠在一起，难解难分，那么，接下来的一切，就是理所应当了。既然亚麻是通过它和上衣的关系，来宣布或者说揭示自己的价值，它就必须用语言表现出来，因为所有与社会有关的事物都会包含在语言中。因为商品是错综复杂的符号体系的一部分，它们自然可以说话，而且，它们说的自然是"商品的语言"。就马克思而言，这种说话方式，并不是一种独创的比喻性或者"诗性"的说话方式。它不是以拟人的手法，将语言赋予无生命的东西。这是真真正正发生的事情：亚麻说话。

亚麻所言揭示了商品拥有价值的奇特方式。它说，价值与亚麻在感官方面的物质性（sensuous materiality）——"它作为一种坚硬、挺阔的物品的存在"——不是一回事，价值是"纯粹的"或者说"提炼出来的""价值的客观性"（"purified" or "refined" "objectivity as value"，*geläuterte Wertgegenständlichkeit*）。纯粹的、提炼过的客观性超越了人类直观的感受能力，只能在它对应的符号中才能看见，而这个符号，与它们所代表的东西，又总是不对应的。在这种情形下，上衣就是亚麻之价值的符号和"外表"。这些符号就是修辞学家所说的"catachreses"。[17] 亚麻作为价值的抽象的客观性，"表现为上衣这种形式"（aussieht wie ein Rock）。价值不能被直观地看到，它只能以符号的形式存在，在这种情况下，就表现为亚麻的等值交换物——上衣。

从使用价值的角度看，亚麻与上衣当然是不一样的。但是，就其交换价值而言，它们"就像两粒豌豆，是一样的"（或者像两枚鸡蛋，如果亚麻说德语的话）。这就意味着，外套与亚麻的关系，是一种奇特的、重复性的、喻意上的等同（tautological metaphorical equivalence）。亚麻就像上衣，反之亦然。然而，这种相像（likeness），不仅仅是一种类似（similarity），而且，还是一种同一性（identity），尽管——或者，因此，毋宁说——一个可以被另一个代替，就像在暗喻中。亚麻说的所有这一切，都是商品的语言。

然而，正如沃纳·哈马切以及德里达在其《马克思的幽灵》里所说的，这种说话也是一种践行性的承诺。亚麻承诺，它拥有价值，并且，它可以和上衣进行交换。这种承诺在说话的亚麻身上，体现为价值。它承诺给我们一些我们以其他方式没办法知道的事情，或者说，它带给我们一些，我们通过其他渠道没办法获得的好消息，即，商品体系会发挥作用，因为它们拥有价值。如同所有崇高的启示（sublime revelations），亚麻也像一个救世主一样，做出了承诺：我向你承诺，我拥有价值，我的价值表现为上衣，因而，保证了我与上衣的可交换性。承诺，作为一种承诺，必须能够不被遵守。从这种意义上说，它可能不是奥斯汀所谓的"恰当的"承诺。承诺只有在实现之后，才能算作真正的承诺。承诺和未来是捆绑在一起的，而且，只有在将来，它才可以说是完全实现了自己的承诺。然而，那种实现可能不会发生，这样一来，承诺将不会是真正的承诺。这一点，适用于亚麻做出的承诺，也适用于全球资本主义所做出的承诺：让所有的人都过上和平与繁荣的日子；同样，耶稣在《启示录》中所承诺的——他很快就会再来，也是如此；另外，马克思所发现的,资本主义的内部矛盾将会导致它的自我毁灭,也同样适用于这个承诺;还有,马克思所承诺的,共产主义的千禧年一定会到来,也是如此。所有这些承诺,都受制于普遍的、承诺作为言语行为的悖论(general aporia of the promise as a form of speech act)。

我一直在使用宗教的—形而上学的语言(religio-metaphysical language),这种可行性不仅表现在马克思注意到了"价值"这个词在各种方言中的含义,而且,也表现在该段结尾那句莫名其妙的法语。"价值"是基督教之形而上学(Christian/metaphysical)的术语,基督在他的寓言故事中,总是用经济术语,来表达天国之至高无上的价值,任何俗世的价值都不能与之相提并论,这就如同马克思的"抽象价值",它超越了任何体现它的实实在在的物品,比如,上衣。"value"这个词在印欧语系中的词根是"val",瓦尔特·本雅明在他的"Zur Kritik der Gewalt"[18]一文中所使用的"*Gewalt*"一词的词根也是"val"。"Gewalt"在英语中常被翻译成"violence",所以,本雅明的文章题目也常常被翻译成"Towards a Critique of Violence"(《走向暴力之批判》)。To be of worth(值得的)、to have value(拥有价值)和 *valere*(值得)都具有执行的力量,是践行性的,甚至具有暴力的倾向,就如同 *Gewalt*。亚麻说的是希伯来语[因为那是商业语言(细细品味,这里暗含着一种讽刺性的、反—犹太的味道)(anti-Semitic feature),也因为希伯来语是神圣的语言,是最早的《圣经》之经卷所用的语言——米勒]。但是,亚麻也说德语和法语,它用不同的方式表达,商品 A 和商品 B 在价值上是相等的,而且,这种等值是适合商品 A 的价值表达。马克思说,罗曼语(Romance)显然是最好的,因为它在细微之处,超越了商品世俗的一面,而体现了商品所包含的崇高的价值。1593 年,当亨利四世为了法国的王位而同意改信天主教的时候,他可能说了这句话,"Paris vaut bien une messe!"也就是说,如果亚麻用英语方言说的话,那就是"Paris is certainly worth a Mass"(译为中文就是,"巴黎当然值一场弥撒")。在天主教的弥撒仪式上,面包和酒这种非常廉价的东西,被转化、转意为(transformed, transubstantiated, 借指)耶稣的身体和血。亨利四世用其俗世的方式,彻底颠覆了这种意味,他的意思是,为了获得巴黎的世俗的统治权而改信天主教,并参加一场天主教的弥撒仪式,无疑是值得的。他用一场弥撒,换来了巴黎的统治权。亨利四世这句话实在是太精辟了,把他的意图表达得淋漓尽致。马克思借用了这个典故,他的意思是说,这种丰富地、复杂地表达"值得"的方式,也只有在法语或其他罗曼语系的方言中才能做得到。

马克思这种对不同语言之间的细微差别的关注,与德·曼并没有什么两样。比如,德·曼曾经关注康德对"适当和不适当性"(*Angemessenheit* and *Unangemessenheit*)[19]的玩味、克雷斯对德语中含有"fall"的词汇——如"*Beifall*,*Einfall*,*Zurückfall*,*Fälle*"——的探索,[20]以及弗雷德里希·施莱格尔的收获,施莱格尔从"*stehen* 和 *verstehen*、*stellen* 和 *verstellen*,以及 *verücken* (insanity)等等"这些只有德语中才可能有的语言笑料中,受益良多。[21]马克思和德·曼还有一个相似性,那就是他们在文体上所追求的反讽性的、质疑性的目的。当亨利四世说——或者,据说他说——"*Paris vaut bien une messe*"的时候,这句话本身就具有反讽性。当马克思用它来间接地暗示,兼有"形而上学之微妙与神学之精准"的商品语言与神学语言所形成的共鸣时,这种反讽性又得到了进一步的加强,这一点正如德·曼把海德格尔那句颇为自大的话——"Die Sprache spricht"(语言说话)——改为"Die Sprache verspricht (sich)"[语言承诺(它自己)]时,他与海德格尔之间所形成的那种反讽的距离["Language speaks" to "Language makes a slip of the tongue, or contradicts itself, or promises (itself)": Oh, wonderful German Language!][22]["语言说话";"语言出现口误,或者自相矛盾,或者承诺(它自己)":哦,美妙的德语!]

但是,至此,我还没有讲完《资本论》的这个段落。在我前面引用的这段话之后,还有一句话,"der Körper der Ware B (wird) zum Wertspiegel der Ware A"(商品B的物体成了反映商品A的价值的镜子),[23]在这句话中,马克思使用了一个暗喻。马克思自己给这句话做了一个注脚,他把这种镜像反映与"人"的概念的形成做了比较,当两个人面面相对的时候,每个人都会从对方身上,看到自己的镜像形象:"人起初是以别人来反映自己的。名叫彼得的人把自己当作人,只是由于他把名叫保罗的人看作是和自己相同的。因此,对彼得说来,这整个保罗就以他保罗的肉体成为人这个物种的表现形式。"[24]彼得与保罗的名字并不是随便哪个人的名字,他们可以追溯到《圣经》中对应的人物,所以,再一次让人体会"神学之精准"。更进一步说,马克思这个关于彼得和保罗的注脚,与卢梭的寓言可以说是遥相呼应:一个原始人遇到另一个人,认为他是一个巨人,由此,语言就在这种类似谎言的暗喻中,开始了(thus inaugurating language in a lying metaphor)。马克思在此所说的话,也为后来德里达和德·曼分析卢梭关于人的概念出现的方式开了先河,"人"的概念的出现,源于人与他人镜像似的对峙,而且,正是这种歪打正着/错误的暗喻(erroneous metaphor),促成了人类语言的开端。但是,马克思所选择的这两个名字,还有另外一层含义,它们可能在暗指"robbing Peter to pay Paul"这句谚语。这句谚语的意思是说,既然我们对圣彼得和圣保罗的义务,就像我们对上帝的义务一样,是没有止境的、永远不可能完成的,而他们两个人又都是我们与上帝之间的中间人,那么,抢劫这个人,去付那个人的账,就是一个循环的过程,无异于掠夺了同一个人,然后又去归还给他。这种掠夺的结果是,参与者依然深陷债务之中,只不过现在,多了一个盗贼的名头。(拉康的"镜像阶段"也可以从马克思这句话中嗅出端倪,不过,在这里,我就不再展开了。——米勒2014年8月17日)

"形而上学之微妙与神学之怪诞"这一说法,是《资本论》中另一个著名段落的开头,也就是跳舞的桌子那一段。从使用价值的角度而言,桌子并无神秘之处:"很明显,人通过自己的活动按照对自己有用的方式来改变自然物质的形态。例如,用木头做桌子,木头的形状就改变了。可是桌子还是木头,还是一个普通的可以感觉的物。"[25]这没有任何问题。然而,当桌子变成商品,也就是包含一定量的人类无差别的劳动、具有交换价值的东西,其神秘性就开始了:"但是桌子一旦作为商品出现,就转化为一个可感觉而又超感觉的物。它不仅用它的脚站在地上,而且在对其他一切商品的关系上用头倒立着,从它的木脑袋里生出比它自动跳舞还奇怪得多的狂想。"[26]在这里,桌子变成了另一种无形的物质,一种能感觉到,但是又超越人类感知的东西。读者可能还记得,马克思曾经在一个著名的论断中声称,黑格尔颠倒了事情的黑白,而马克思主义思想的目标,就是要把它们矫正过来。这一段落就是个例子,因为它展示了桌子倒立在地上,从它的木头脑袋中,旋转而出所有的形而上学的微妙与神学的怪诞,而那些微妙与怪诞之处,在马克思看来,正是在发挥作用的资本主义之基督教的意识形态。这个段落到处都彰显着马克思别具一格的讽刺智慧。此外,这里也暗含着对宗教的影射,宗教在这里被贬低成了转桌子[27]这样的招魂术(spiritualism)。在转桌子的活动中,参与者围桌而坐,他们相信,灵魂会从死者的身上回来,使桌子震动或者摇晃,并以此昭示未来(救世主承诺的一种形式)。这一点,与我对德里达和德·曼的引用,有些相像,我的引用使他们从死去的状态中复活,为当前的目的服务,以倾听他们为未来所做的新的承诺。马克思对那段话所做的注脚,也佐证了他对招魂术的影射:"我们想起了,当世界其他一切地方好像静止的时候,中国和桌子开始跳起舞来,以激励别人。"[28]《资本论》的英文版编辑曾经对此做出解释,说它影射的是1848年大革命失败之后那段反动时期,当周边世界"一片沉寂"的时候,"当时欧洲的贵族和资产阶级热中于唯灵论,特别是桌子跳舞的降神术,而中国,爆发了太平天国革命运动"[29]。舞动的桌子鼓励其他人再次行动起来,通过革命行动,走向未来所期许的民主,也就是无产阶级专政。

从这一段之后,再往下数三段,马克思将商品的 fetishism of commodities[30]与宗教幻想(religious fantasies)进行了有力的对比分析,他对"商品的神秘性质"[31]的分析,构成了我所谓的解构分析的原型：

> 商品形式和它借以得到表现的劳动产品的价值关系，是同劳动产品的物理性质以及由此产生的物的关系完全无关的。这只是人们自己的一定的社会关系，但它在人们面前采取了物与物的关系的虚幻形式。因此，要找一个比喻，我们就得逃到宗教世界的幻境中去。在那里，人脑的产物表现为赋有生命的、彼此发生关系并同人发生关系的独立存在的东西。在商品世界里，人手的产物也是这样。我把这叫作拜物教。劳动产品一旦作为商品来生产，就带上拜物教性质，因此拜物教是同商品生产分不开的。[32]

马克思在这里称之为 fetishism 的东西，在其他地方，也被他称之为意识形态。马克思界定意识形态的方式，与保罗·德·曼在《抵制理论》一文中对意识形态的界定完全吻合。我在这里再次引用如下："我们称之为意识形态的东西，乃是语言与自然现实的混淆，是现象与所指的混淆。"[33] 在马克思这里，亚麻所讲的奇怪的象形语言，被当成了自然现实。德·曼认为，文学文本的特征就是，它们可以自发地发挥作用，不需要人的意志和意识的介入，正如他说，雪莱的《生命的胜利》"警告"我们，尽管商品崇拜（festishized relation）很狂热，但是，它们依然会不可避免地被"整合到历史和审美的体系中去，这种体系具有一种自我修复功能，哪怕是暴露其荒谬之处，也依然会不断地发生"[34]。而在马克思看来，同样不可逆转的荒谬，就是符号体系的决定性特征，一旦人们（men，也包括女人，我们这里应该加上）开始生产商品，并开始交换，那么，符号系统就开始自发地运转了。

这就是我之所以把《资本论》称之为文学理论著作的理由。我还要加上一点，《资本论》不仅是文学理论，而且，是很前卫的解构性的文学理论。马克思对商品崇拜的分析，将社会上的商品体系看成是一个符号系统，而且，他对它的处理方式，亦如德·曼的文学理论体系。它深入调查"意义生产或者接受的模式,或者是,定论生成之前的价值"[35]。换一种说法就是,不管承认与否,解构继承了马克思发展出来的分析形式,不管它是否完全忠实。如果说马克思是一位解构主义者,那么,解构就是马克思主义的一种形式。

最后,我将以我观察到的马克思和德·曼与当下的关系,来结束这篇文章。德·曼是以手写的方式写文章,马克思也是如此。据我所知,德·曼生前从来没有接触过计算机。德·曼和马克思同属于手写与印刷的年代。然而,我要说,德·曼的政治—经济—文学理论适用于印刷文本,也适用于数字文本。至于说马克思,有人认为,马克思对资本主义经济的解构分析或"批判"已经不合时宜了,成了毫无希望的"旧式的"、不适用的,因为他描述的是资本主义工业化的早些时候,是西方帝国主义的前期阶段。我们现在处于信息时代、互联网时代,也就是德里达所说的电子通讯的新王国,这个时代已经不再同样受制于实体商品——比如像马克思所举的亚麻和外套的例子——的生产和销售,而是被信息——包括文学和金钱,以及音乐、口头和书面发言、数字化的图像、股票和债券——的生产、储存、检索和传播所主宰,所有那些信息都栖息在同一个数字化的水平面上。对此,我的回答是,马克思已经看到了商品脱离其实体而存在的那一面(commodities as disembodied),正如我前面分析过的,只要它们仍然包含使用价值。商品是社会产生的"价值",也就是说,它们是通过非人语言所交流的信息形式(forms of information communicated by impersonal speech),正如亚麻说话,或者桌子跳舞时,它的木头脑袋所表达出来的形而上学之微妙。正如沃纳·哈马切所指出的,那些不是有意使用的拟人手法,而是实实在在的描述,哈马切无疑是正确的,这一点我在前面也强调过了。布匹真的讲话了,用商品语言,正如计算机讲话,用的是由 1 和 0 组合而成的计算机语言。

不管怎么说,主导货币体系,并进而导向资本主义高级阶段的马克思的商品交换体系,与世界范围内的网络空间信息体系,都有一个物质体现或者物质基础。亚麻、外套、印刷货币的纸张、电脑的硬件驱动系统、传输信息所需要的电流或者光缆,都是价值等值和交换的符号体系的物质基础。马克思对资本主义的分析,预先为信息时代做了准备,而且,也完全适用于当前这个时代。至于说,马克思是否因为我们展示了他是多么正确而欣喜,或者,他是否把我们所处的这个信息时代看作是异化的最终形式,这已经是另一个同样不那么容易回答的问题。只是他所承诺的千禧年(Marxist millennium)的快乐日子,却因为这种异化,又一次被推后了,这一点千真万确,毋庸置疑。

注释

[1]《雅典的泰门》(*Timon of Athens*),大约创作于1607—1608年,是莎士比亚的最后一部悲剧。剧中的雅典贵族泰门生性豪爽,乐善好施,于是,许多人乘机前来骗取钱财,等他倾家荡产之后,"朋友们"纷纷离去,而他也在绝望中孤独地死去。——中译者注

[2]雅克·德里达,《马克思的幽灵》(*Spectres de Marx*)(巴黎:Galilée,1993),第65页;英文版《马克思的幽灵》(*Specters of Marx*)由佩吉·坎姆夫(Peggy Kamuf)翻译,(纽约与伦敦:Routledge,1994),第34页。

[3]巴若列克(Jennifer Bajorek)的论文经过修改之后,以《伪资本:诗样的劳动与革命的反讽》(*Counterfeit Capital: Poetic Labor and Revolutionary Irony*)的名字出版(加州斯坦福:斯坦福大学出版社,2008)。——米勒2013年10月14日

[4]关于德里达,参见注释2;另外,沃纳·哈马切(Werner Hamacher)的《语言的迷失:商品—语言的福音与德里达的〈马克思的幽灵〉》(*Lingua Amissa*: The Messianism of Commodity-Language and Derrida's *Specters of Marx*),见《幽灵的分野:雅克·德里达的〈马克思的幽灵〉研讨会论文集》(*Ghostly Demarcations: A Symposium on Jacques Derrida's Specters of Marx*)(伦敦与纽约:Verso,1999),第168—212页;安德烈·沃明斯基(Andrzej Warminski),《黑格尔/马克思:意识与生命》(Hegel/Marx: Consciousness and Life),发表于《见证》(*Depositions*),雅克·莱兹拉(Jacques Lezra)编辑,《耶鲁

之法国研究》(*Yale French Studies*)特辑,第 88 期(1995),第 118—141 页。

[5] 卡尔·马克思,《资本论》,1872 年版的重印版(柏林:Kiepenheuer,1932),第 86 页;英文版《资本论》(*Capital*),本·佛克斯(Ben Fowkes)翻译,3 卷本(伦敦:企鹅出版社,1980),第 1 卷,第 167 页。中译文采用马克思《资本论》(第一卷),中共中央马克思恩格斯列宁斯大林著作编译局译,北京:人民出版社,2004 年,第 91 页。

[6] 保罗·德·曼,《阅读的寓言》(*Allegories of Reading*)(纽黑文:耶鲁大学出版社,1979),第 205 页。

[7] 保罗·德·曼,《抵制理论》(明尼阿波利斯:明尼苏达大学出版社,1986),第 7 页。

[8] 保罗·德·曼,《抵制理论》,第 121 页。

[9] 卡尔·马克思和弗雷德里希·恩格斯,《德意志意识形态》(*The German Ideology: Parts* Ⅰ & Ⅱ),帕斯卡尔(R. Pascal)编辑(纽约:国际出版社,1963),第 199 页。中译文采用马克思《关于费尔巴哈的提纲》,载《资本论》(第一卷),中共中央马克思恩格斯列宁斯大林著作编译局译,北京:人民出版社,2004 年,第 57 页。

[10] 德里达,《马克思的幽灵》,法语版,第 89 页;英语版,第 51 页。

[11] 保罗·德·曼,《反讽的概念》(The Concept of Irony),《审美意识形态》(*Aesthetic Ideology*)(明尼阿波利斯:明尼苏达大学出版社,1996),第 165 页。

[12] 奥斯汀,《如何以言语行事》第二版,乌尔姆森和玛里纳·斯必萨(J. O. Urmson and Marina Sbisà)编辑(牛津:牛津大学出版社,1980),第 14—15 页。

[13] 马克思,《资本论》,德文版,第 83 页;英文版,第 1 卷,第 163 页。——原注。此处中译文采用马克思《资本论》(第一卷),中共中央马克思恩格斯列宁斯大林著作编译局译,北京:人民出版社,2004 年,第 88 页。
米勒解释说,"metaphysical subtleties and theological niceties"是马克思对形而上学和神学的讽刺和攻击,马克思的意思是,这种吹毛求疵式的分辨没有任何意义。——中译者注

[14] 这三个词的意思都是"值得"的意思,只不过,valere 是意大利语,valer 是葡

萄牙语,valoir 是法语。——中译者注

[15] 马克思,《资本论》,第 1 卷,143—144 页。——原注。此处中译文采用马克思《资本论》(第一卷),中共中央马克思恩格斯列宁斯大林著作编译局译,北京:人民出版社,2004 年,第 66—67 页。
在德语原文中,这段话最后的这句话是法语,译为中文就是:"巴黎值一场弥撒!"关于这个典故,文章后面还会解释。马克思在德语行文中,直接引用法语原文,显然是为了佐证他前面那句话,以彰显法语作为罗曼语系的代表,是多么具有表现力。——中译者注

[16] 参见注释 4,哈马切《语言的迷失》。

[17] "catachreses"是"catachresis"的复数,这种修辞手法,指有意地、错误地使用一个词,来指代另一个词。——中译者注

[18] 瓦尔特·本雅明,《暴力之批判》(Zur Kritik der Gewalt),最早发表在 1921 年的《社会科学与社会经济学档案》(*Archiv für Sozialwissenschaft und Sozialpolitik*)上;后来收入《文集》(*Gesammelte Schriften*)第 2 卷(法兰克福:Suhrkamp,1977),第 179—203 页;英文版(Critique of Violence)由埃德芒德·杰夫科特(Edmund Jephcott)翻译,收入《文选》(*Selected Writings*)第 1 卷,1913—1926 年,编辑:马尔库斯·巴洛克和马歇尔·杰宁斯(Marcus Bullock and Michael W. Jennings)(麻省剑桥:哈佛大学出版社,1999),第 236—252 页。

[19] 德·曼,《审美意识形态》,第 90,181 页。

[20] 保罗·德·曼,《浪漫主义修辞学》(*The Rhetoric of Romanticism*)(纽约:哥伦比亚大学出版社,1984),第 290 页。——原注
Beifall,*Einfall*,*Zurückfall*,*Fälle* 这四个词语的含义分别为"掌声、发生率、前面的情况、案件"。——中译者注

[21] 德·曼,《审美意识形态》,第 181 页。——原注
"stehen 和 verstehen"分别是"站"和"了解"的意思;"stellen 和 verstellen"分别是"提供"和"调整"的意思。——中译者注

[22] 保罗·德·曼,《阅读的寓言》,第 277 页。

[23] 马克思,《资本论》,德语版,第 65 页;英文版,第 1 卷,第 144 页。中译文采用马克思《资本论》(第一卷),中共中央马克思恩格斯列宁斯大林著作编译局

译,北京:人民出版社,2004年,第67页。

[24] 马克思,《资本论》,德语版,第65—66页;英文版,第1卷,第144页。中译文采用马克思《资本论》(第一卷),中共中央马克思恩格斯列宁斯大林著作编译局译,北京:人民出版社,2004年,第67页。

[25] 马克思,《资本论》,德语版,第83页;英文版,第1卷,第163页。中译文采用马克思《资本论》(第一卷),中共中央马克思恩格斯列宁斯大林著作编译局译,北京:人民出版社,2004年,第88页。

[26] 马克思,《资本论》,德语版,第83页;英文版,第1卷,第163—164页。中译文采用马克思《资本论》(第一卷),中共中央马克思恩格斯列宁斯大林著作编译局译,北京:人民出版社,2004年,第88页。

[27] Table-turning,是通灵术的一种,参与者围桌而坐,把手放在桌子上,等待桌子开始转动。在这里,桌子成了与灵界沟通的一种方式。这种通灵术在1852—1853年间,从美国传入欧洲,曾经在英国和法国极为流行。——中译者注

[28] 马克思,《资本论》,德语版,第83页;英文版,第1卷,第164页。中译文采用马克思《资本论》(第一卷),中共中央马克思恩格斯列宁斯大林著作编译局译,北京:人民出版社,2004年,第88页。

[29] 马克思,《资本论》,英文版,第1卷,第164页。中译文采用马克思《资本论》(第一卷),中共中央马克思恩格斯列宁斯大林著作编译局译,北京:人民出版社,2004年,第904页。

[30] 一般人都把马克思的"fetishism of commodities"翻译成"商品拜物教",但是,我觉得这一译法并不合适,反倒会误导读者。马克思的"fetishism of commodities"指的是人与人之间的生产关系,是由商品决定的一种社会关系,似乎与商品崇拜没有关系。也许,翻译成"商品决定论"更合适一些。——中译者注

[31] 马克思,《资本论》,德语版,第83页;英文版,第1卷,第164页。中译文采用马克思《资本论》(第一卷),中共中央马克思恩格斯列宁斯大林著作编译局译,北京:人民出版社,2004年,第88页。

[32] 马克思,《资本论》,英文版,第1卷,第165页。中译文采用马克思《资本论》(第一卷),中共中央马克思恩格斯列宁斯大林著作编译局译,北京:人民出

版社,2004 年,第 89—90 页。

[33] 德·曼,《抵制理论》,第 11 页。

[34] 德·曼,《浪漫主义修辞学》,第 122 页。——原注

米勒解释说,德·曼的意思是,尽管我们可以认识到,商品崇拜是不可理喻的意识形态错误,但是,却不能一劳永逸地把自己从这种谬误中解脱出来,这种谬误即使"被解构了",可能还会改头换面,卷土重来。这种意识形态的谬误是一种历史建构,也是一种"审美意识形态",即,意识形态谬误就像一种艺术品,具有审美的魅力。——中译者注

[35] 德·曼,《抵制理论》,第 7 页。

第六篇　论文学的权威性①

> 诗人是世上的无冕之王。
>
> ——珀西·比希·雪莱

认同、选择并且践行"文学的权威性"到底意味着什么？被称为"文学"的文本从哪里获得其权威性呢？这种权威的源泉、基础和保证是什么？谁或者什么东西又能使之合法化、证实它、为其签署意见并对它负责呢？作者？读者？上帝或者某种超自然的力量？周遭的社会？作品的来源或者影响？该作品所摹写、参照或者准确再现的某种先验性的存在？或者，一部作品可以自成权威（be self-authorizing）？那么，这一"自成权威"又意味着什么呢？所有这些赋予文学作品以权威的方式在西方的文学研究传统中都曾有过定评（valence），但同时，又常常众说纷纭、不一而足，这种状况一直持续到了今天。

近些年来，尽管政府官员、大众媒体和教育工作者都对文学多有褒

---

① 这篇演讲是2001年8月11—14日米勒教授在清华大学参加第三届中美比较文学双边讨论会时发表的。最初由国荣翻译，发表在《文化研究》（北京：中央编译出版社，2003）第四辑，第65—83页。收入本书时，又由国荣做了补充和修订。它的英文题目是"On the Authority of Literature"，作者依次论述了亚里士多德、柏拉图、普鲁斯特、詹姆斯、德里达以及基督教传统关于文学权威性的观点，最后申明，文学的权威性并不源于作者，而源于文本自身。——中译者注

扬,但是,我们必须谨记,并且,直面这种现实——虽然这样做,对我这样的文学爱好者来说并不容易——越来越少的人真正花费大量的时间阅读旧日被称作经典作家的作品,像乔叟、莎士比亚、弥尔顿、蒲柏、华兹华斯、乔治·艾略特、弗吉尼亚·伍尔夫以及其他英国文学方面的大家,至少在欧洲和美国是这个样子。在我们的文化传统中,文学被赋予了极大的权威性,但是,尽管这种权威性仍然被或明或暗地承认着,比如媒体,但是,在现实生活中,它却再也发挥不了那么大的作用了,这一点任何一位坦诚的观察者都不会怀疑。如果书籍只是躺在书架上,那么,它们的权威性就只是潜在的,它们只有被阅读才能真正地发挥作用。

　　如果你在看电影、电视、或者玩电脑游戏,或者在上网,你就不可能同时又去阅读莎士比亚。所有的统计数字都说明,人们正在花费大量的时间做文学阅读之外的事情。我们必须承认,现在,诗歌已经很少再督导人们的生活了,不管是以公开的还是其他不公开的方式。越来越少的人受到文学阅读的决定性影响。收音机、电视、电影、流行音乐,还有现在的因特网,在规范人们的信仰和价值观(ethos and values)以及用虚幻的世界来填补人们的心灵和情感的空缺方面,正在发挥着越来越大的作用。这些年来,正是这些虚拟的现实(virtue realities)在诱导人们的情感、行为和价值判断方面,发挥着最大的能动作用(performative efficacy),而不是严格意义上的文学世界。在某种程度上,谈论文学的权威性似乎是在讨论一个始于欧洲17世纪末、18世纪早期,伴随着印刷文化的出现和现代民主的上升而逐渐形成的历史时期。现在,那个历史时期可能正在迅速衰退,不管文学老师说什么、写什么或者做什么。但是,不管怎么说,如果有人,由于某种原因,碰巧拿起了《哈姆雷特》或者《米德尔马契》(Middlemarch),叶芝的诗歌或者托尔斯泰的《安娜·卡列尼娜》,那么,这些作品可能仍然会产生神奇的震撼力量。文学对我——无疑,也包括其他的人在内——仍然具有很强的权威性。那么,这种权威性到底是什么?它又是怎样发挥作用,或者一直在怎样发挥作用，或者说它应该怎样发挥作用呢？

在我小的时候，我不想知道《瑞士家庭鲁滨逊》(The Swiss Family Robinson)还有一位作者，更不知道该书原本是用德语创作的，而我读的只是译本而已。我不想知道，扉页上的名字标明的是撰写了这本书的那个人。我从来没想到，它是一篇"虚构之作"（fiction），我也没想到，这本书摹写了某种外在的历史现实。对我来说，那些印在书页上的文字简直就是一帖神奇的处方，使我能够到达一个只有透过那些英语单词才能到达的先验的虚拟世界(a pre-existing virtual reality)。我不用等到新批评派的代表人物——小威廉姆·K·维姆萨特和蒙罗·比尔兹利（William K. Wimsatt, Jr. and Monroe Beardsley)——去发现或者杜撰"有意的错误"（intentional fallacy）这种概念，以使作者脱离作品，或者，等待米歇尔·福柯来质疑"作者是什么？"或者，等待罗兰·巴尔特创作《作者之死》，来把作者一脚踢开。对我来说，作者就从来没有存在过，或者，即使我勉强承认有这么一个作者存在，他或她也从来不是作品权威的源泉和保证，而不过是通向一个已经存在的隐形世界的中介（mediator）或者到达这一先验世界的透视窗（transparent window）。

虽然我现在年岁大了，比原来聪明了，知道是莎士比亚创作了《哈姆雷特》，约翰娜·大卫·威斯(Johann David Wyss)创作了《瑞士家庭鲁滨逊》，但我对文学作品的感受仍然没有多大改变。你只有通过阅读《哈姆雷特》这部作品，或者观看由它改编的剧作，才能认识哈姆雷特，通过阅读《米德尔马契》，才能认识多萝西·布鲁克（Dorothea Brooke），通过阅读《瑞士家庭鲁滨逊》，才能了解鲁滨逊一家及其他们的冒险经历。所有的背景信息——包括作者的心理和生活、对他（或她）的"创作源泉"的挖掘，以及对作者所处的社会背景的了解——都不能预测、解释哈姆雷特、多萝西·布鲁克或者鲁滨逊一家，乃至主人公所处的世界，以及这些文学作品在成千上万个读者心目中所产生或者开辟的虚拟的世界，或者，反过来为所有这一切负责。进一步说，我认为，每一个这样的世界都是与众不同的、独特的、个别的、自成一体的

(*sui generis*，unique，individual，singular)。你不能随随便便就从一个世界，直接进入到另一个世界，一种无法穿透的障碍把它们彼此隔开了。即使是同一位作者创作的作品，也是如此，除非是同一位作者所创作的系列作品，比如，在特罗洛普创作的关于巴塞特郡的系列作品中，就有一个重复出现的角色。[1]但是，即使如此，我觉得，也很难说。在弗吉尼亚·沃尔夫的《出航》(*A Voyage Out*)和《黛罗维夫人》(*Mrs. Dalloway*)这两部作品中，黛罗维一家的形象就很不一样。

我很高兴，马塞尔·普鲁斯特也像我一样，对文学作品所营造的"世界"颇有同感。但是，他对谎言也给予了同样的力量，包括文学作品中的谎言。还有，他认为，同一位作家的不同作品，实际上营造了同一个只属于那位作家的独特的、自成一体的世界。尽管作者的权威性和一致性问题依然是一团解不开的迷雾，但普鲁斯特与我孩童时期有点孩子气的体验——《瑞士家庭鲁滨逊》没有作者——还是有所不同。以下是普鲁斯特关于谎言的论断：

> 谎言，完美的谎言(*Le mensonge，le mensonge parfait*)，关于我们所知道的人、关于我们与他们之间曾经拥有的关系，以及我们某些行为的动机(*notre mobile*)，由我们使用完全不同的话语编织而成的，关于我们是什么、我们爱谁，以及在涉及那些爱我们，并且由于早、中、晚不断地与我们亲吻问候，而在心目中把我们美化了(*nous avoir façonnés semblables à lui*)的人们时，我们是如何感受谎言的——这种谎言是世界上鲜见的几种可以为我们打开窗子、给我们引见什么是新的和未知的世界的东西，它可以唤醒我们懵懂中的对世界的沉思(sleeping senses for the contemplation of the universes)，否则，这些东西，我们将永远都无从知晓(*puisse nous ouvrir des perspectives sur du nouveau，sur de l'inconnu，puisse ouvrir en nous des sens endormis pour la contemplation d'univers que*

nous n'aurions jamais connus）。[2]

在后面有关艺术品的段落中,普鲁斯特的叙述者也说了大致相同的话:"因此,每一位艺术家似乎都是一个未知国度的原住民(*une patrie inconnue*),只是他自己差不多已经忘记了,而这一国度,也有别于另一位伟大的艺术家正在扬帆远航并且终究会登陆的地方。"[3]这种普遍的关于艺术的教义,尤其适用于普鲁斯特虚构出来的作曲家梵德伊(Vinteuil)的作品。梵德伊的音乐是祈祷、呼唤和吁求的心声,他是在用音乐的形式,抒写他内心失去的家园:"作曲家并非真真切切地记得这块失去的故园,但是,他们每个人的潜意识里,都会穷其一生去寻觅(*inconsciemment accordé en un certain unisson avec elle*);当他最终找到这种与他失去的家园共鸣的音符时,他的内心将充满欢乐。"[4]艺术作品正是通过它把我们引向的这些无与伦比的虚拟世界,来扩展我们的视野,马塞尔说:"唯一真正的发现之旅,唯一真正地使人迸发活力的体验(*le seul bain de Jouvence*)将是……通过另一个人、另外一百个人的眼睛来看这个世界,来看每一双眼睛所看到的这一百个不同的世界;而这一点,我们通过埃尔斯蒂尔(Elstir)或者梵德伊,就能够做到。"[5]我们对这些他者世界的知识,要归功于这些艺术家为我们所创造的(包括发现的和杜撰的)艺术作品。

但是,奇怪的是,这些未知世界的存在,并不依赖于那些使它们走向前台的艺术作品,尽管我们只能通过这些作品来了解它们:"梵德伊小姐(指作曲家梵德伊的女儿——译注)的朋友从那些比点缀着楔形文字的纸莎草纸更加难以辨认的纸片上,梳理出了这个永远真实、永远丰饶的未知的快乐处方(formula)——神秘的绯红色的黎明天使(crimson Angel of the Dawn)的希望。"[6]"神秘的绯红色的黎明天使的希望"是马塞尔在描述梵德伊的七重奏所带给他的神奇感受时使用的形象的譬喻。如果梵德伊的七重奏没有在他死后被破解,那么,他心灵的故园将依然存在,却不为人所知。马塞尔把这种偶然性与另外一种假设做了对比,如果瓦格纳[7]或者雨果在写完那些相对来说似乎并不重要的早期作品就死去的话,那将会是一种什么样的情形呢?马塞尔关于雨果的论断——如果雨果在没有创作《时代传奇》(Légende des Siècles)或者《沉思集》(Contemplations)之前就离世——也同样适用于梵德伊的七重奏,如果梵德伊的朋友没有费心尽力地去完成这部作品的破解工作的话,那么,"对我们来说,他真正的成就将依然是纯粹潜在的,就像那些我们还没有感知到的世界,一样寂然于世,对这些地方,我们将永远一无所知"[8]。

普鲁斯特认为,那些无与伦比的世界原本就是存在的,每一位作家、作曲家和艺术家都拥有一个。这些世界先于那些把它们公之于众的作品而存在。即使梵德伊的七重奏、瓦格纳的《特里斯坦与伊索尔德》(Tristan und Isolde)、雨果的《沉思集》,或者普鲁斯特的《追忆逝水年华》这些作品的最后一本也被破坏了,它们所摹写的世界也仍将继续存在。类似的话也有别人说过,我们可以在马塞尔和另外两个类似的说法之间做一个比较。亨利·詹姆斯在他的《金碗》前言中说,他所谓的小说之"显而易见的事情"独立于他的记录——即文本实实在在的语言——之外。雅克·德里达在他的《论文时间》(Ponctuations:Le temps d'un thèse)中说,一部文学作品所指涉的世界先于作品而存在,即使这部作品的所有版本都被毁坏了,这一世界也仍将继续存在。[9]

另外一种略微有点不一样的说法,在长期的基督教关于梦的传统中,曾经有一定的影响,在雪莱的《生活的胜利》(The Triumph of Life)、布莱克的《天堂与地狱的联姻》(The Marriage of Heaven and Hell)、甚至是狄更斯的《圣诞颂歌》(A Christmas Carol)等作品中,这种影响仍然以世俗化的或者异端邪说的方式存在着。从表面上看起来,这些作家似乎是在步希伯来预言家或者大家公认的《启示录》(Revelations)的作者圣约翰之后尘。所有这些例子都暗示甚至公然宣称,这些梦想所展现的世界先于这些叙述而存在,并且独立于诗人或者预言家的这些论述。但丁的《神曲》(Divine Comedy)是其中最有影响的,也是所有这些关于梦想世界的作品中的极致。所有这些例子,尽管形式各异,但是,它们所揭示的最基本的思想就是,诗歌的权威并不在于诗歌的语言本身,也不在于诗人的创造性力量,而在于诗歌用语言准确地再现了一个先验存在的超现实的世界。正是通过诗人的语言,人们才得以走进这一世界。诗人什么都没有"杜撰",他或她只是做了一个准确的描述。在这里,诗人只相当于一扇透视另外一个未知世界的视窗,如果没有他们,那么,这一未知世界就不可能被发现。这个世界可能是虚构的(fictitious)、人为的(factitious),或者魔鬼创造的(你怎么能够确切地知道呢?)这些猜想也正说明了,教堂权威为什么会对梦的世界有那么深的疑惑。而像《旧约》或者《希伯来圣经》这种已经被经典化了的梦境,又恰恰是教堂权威的源泉。也有人试图加上一些新东西,但是,到头来只会惹来焚身之祸。

威廉姆·布莱克把预言家所拥有的这种宗教层面的权威变成了诗人独立的权威。他把预言家反过来定位成了诗人。在《天堂与地狱的联姻》这部作品中,布莱克描写了诗人与寓言家以赛亚和以西结[10]之间深有远见的对话,他记录了以西结所说的话:"我们以色列人教导说,天才诗人(Poetic Genius)(就像您现在所称呼的这样)是第一位的,所有其他的都是衍生的,这就是为什么我们藐视来自其他国家的牧师和哲人,并且预言,所有的上帝最终都将被证明是源于我们的,是天才诗人的附庸(tributaries of the Poetic Genius)。"[11]

我前面说过,我原以为,《瑞士家庭鲁滨逊》的语言所营造的世界是独立存在的,这一点显然有点孩子气,也容易令人迷惑不解,但出人意料的是,它却可以从普鲁斯特、詹姆斯和德里达这些风格迥异而又令人费解的大家的作品中找到支持,更不用说,那些预言性的作品以及关于梦的版本了。但是,我们必须承认,相对来说,这种关于文学权威性的概念在近年来获得的支持并不多,不管这种支持是来自哲学家、理论家还是普通读者。

在当前,较为流行的关于文学权威性的思想观念,源自亚里士多德和柏拉图长久以来互相矛盾的传统。亚里士多德以悲剧为例,论述了自己的观点,他认为,文学作品根植于它所服务的社会,并在其中发挥着实实在在、切实可行的作用。他说,悲剧是对行为的摹写(an imitation of an action),但是,那种行为往往发生在一个观众已经熟知的故事或者神话传说中,比如俄狄浦斯的故事。虽然那些故事大都与神和人之间费解的、神秘莫测的关系有关,譬如,索福克勒斯的《俄狄浦斯王》中那个无法回答的问题——为什么太阳神阿波罗执意要那么残忍地惩罚俄狄浦斯,让他在无意间犯下弑父娶母的罪过,但是,在亚里士多德看来,悲剧的社会功能是现世的,甚至是肉体层面的。悲剧通过唤醒人们心目中的悲悯和恐惧心理,以清除这些负面情绪,荡涤它们的心灵,因而,悲剧实际上起到了宣泄和净化的心理治疗作用。亚里士多德认为,悲剧的权威并非源自它的作者,而在于悲剧自身的特质,为了一个具体的、集体的社会目的,选用人所共知的神话元素,构筑成一种复杂的思想体系,以对社会产生作用。

亚里士多德关于诗歌之权威性的思想,在19世纪和20世纪广为流传的观念中仍然具有一定的影响,即文学是作为一种公共体系(a public institution),被置身于它周围普遍的文化中的。文学的权威性源自它的社会功用以及读者、新闻工作者和批评家们所赋予它们的价值和功能。文学作品的权威性或许源于这样一种信念,即作品是社会现实以及当前盛行的思想意识的准确再现,也或者是另外一种信念,即作品通过有效调遣肯尼斯·伯克(Kenneth Burke)所宣称的囊括现实的战略战术(a strategy for encompassing a situation),来达到重塑现实的目的。后者显然是承认了文学所具有的强大的能动作用。但是,在所有这些情形中,文学的权威性都是社会性的。这种权威性源于文学之外,绝对不是因为相信它对社会现实做了如实的报道。

查尔斯·狄更斯在为他的《雾都孤儿》辩护时,曾经声称,他对南希的再现是"真实的"(TRUE),他重申,好的文学作品应该是对现实的真实反映。在他为《荒凉山庄》中克鲁克的自燃事件(spontaneous combustion)辩护时,他也采取了同样的方式。他列举了一系列自燃的历史事件——像发生在维罗纳(Verona,意大利行政区),兰斯(Rheims,法国城市)和俄亥俄州的哥伦布市的那些事件。[12]令人惊奇的是,最新的证据竟然证实了狄更斯的想法,虽然这些情况并非是真正"自发的",它们需要一些外部因素来诱发燃烧,比如,壁炉中的火引燃了受害者。难道在当代读者眼中,现代的科学证据能够赋予《荒凉山庄》中克鲁克自燃这个画面更大的权威性吗?我们很难否认,事实确实如此。不管怎么说,按照这种传统,文学拥有其权威性,是由于它被认为是对现实的真实再现。在19世纪和20世纪的欧洲和美国,这种观点拥有非常强大的影响。即使今天,它也仍然是我们大部分的教学讲义和批评文章中所持有的一种基本假设。

在诗歌理念方面,柏拉图与亚里士多德的观点相左,这一点许多人都知道。从某种意义上说,亚里士多德在他的《诗学》中回应了柏拉图。或者,退一步说,柏拉图对诗学有两种观点,尽管我要讨论的第一种观点由于苏格拉底的讽喻已经多多少少被贬低了。在《伊安篇》中,诗人被看作是有点危险的吟咏者(rhapsode),而上帝或者某种神灵正是通过他们的嘴来对公众讲话。被赋予灵感的吟咏诗人是危险的,因为他的存在对现状(the status quo)形成了某种决定性的破坏或者中断。吟咏诗人之权威的源泉多少有点超自然的味道。从苏格拉底貌似表扬伊安——介入到一个磁石的感应链中,其中的一个环节就是将荷马的灵感转移到他自己这个荷马史诗的朗诵者身上——的话中,很难看出他讽刺的程度:"因为诗人是一个轻飘飘的、长着翅膀的东西(a light and winged thing),他是神圣的,只有在他被赋予灵感、不再是他自己,并且失去理智的情况下,他才能创作诗歌。只要他还拥有一点理智,他就不能创作诗歌,或者发布预言。"[13]

关于诗歌权威之源泉的论述源远流长,从希伯来预言家和希腊的吟游诗人,一直到中世纪的基督教神秘主义教派,这些通灵主义者宣称,他们亲身经历过上帝或者天使的显现,可是,一旦他们的圣徒地位得不到确认,他们又会被当作异端邪说,成为火刑中的牺牲品。在此之后,也有许多新教徒声称,他们同样经历过神的显现,比如,约翰·班扬(John Bunyan)对其灵感的记述,之后就是世俗化了的超自然灵感在浪漫主义创作理念中的反应,比如,雪莱在《诗辩》中宣称,"沉浸于创作中的心灵,就像一块慢慢熄灭的炭火,某种看不见的力量,就像断断续续的风一样,会去唤醒它,使它发出倏忽而逝的亮光"[14]。雪莱认为,"诗人是世上的无冕之王,"[15]因为他们是神灵传播新知识和塑造社会的新力量的通道。直到19世纪末,W·B·叶芝仍然多多少少地坚持着这样的观点,他写到,"我认为,独处的人在沉思中,可以收到来自九天之外的创造的冲动,它可以创造抑或毁灭人类,乃至整个世界,因为我们不是说'转动的眼睛改变一切'吗(for does not 'the eye altering alter all')"[16]?

然而,雪莱的话——"无冕之王/未获公认的立法者"——可能比它乍看起来要复杂得多。诗人是立法者,他们写下法律,然后,社会靠它运转,并受其制约。诗人发挥的是摩西或者莱克格斯[17]的角色,正是这两位原初的典律制定者,为日后两大文化体系的形成,奠定了法律基础。但是,雪莱所说的诗人是"无冕之立法者",他们不断地发挥作用,塑造和重新塑造着人类。我把这句话理解为,诗人作为立法者,是静静地、悄悄地、潜在地发挥着作用,人们不知道将要有什么事情降临在自己身上,但是,摩西或者莱克格斯的法典却是公开宣布的。上帝在西奈山授摩西"十诫"后,摩西十诫就被刻写在了法典柱上,以供世人阅读。而雪莱似乎在说,诗人会在阅读他们的作品的人的心目中,建立起无意识或者"未被公开承认的"思想意识,以约束他们的社会行为,从这个意义上来说,诗人是立法者。

在文学批评、新历史主义或者文化研究领域中,现代学者经常会对这一观点给出不同的说法。譬如,这些学者可能会断言,安东尼·特罗洛普的小说有力地强化了,甚至在某种程度上创造了这样一种思想意识,即"在爱着"(being in love)这样的事情是存在的,而且,年轻的女士们,在任何时候,都应该把自己是否"爱上了",作为是否接受求婚的标准。特罗洛普常常公然宣扬这种观点。例如,在其《自传》中,当他谈到《你能原谅她吗?》中的格伦考拉女士(Lady Glencora)时,他说,"强迫一个女孩嫁给她不爱的男人,肯定是不对的,尤其是在她已经有了自己所钟爱的男士时,就更说不过去了"[18]。

柏拉图在《理想国》中提到了另一种诗歌观念,但是,这种观念的负面含义就比较重了。这种观念也有一个很长的传统,并且,一直延续到了今天。在《理想国》中,诗歌被诅咒,诗人被放逐,只是因为诗歌是一种成功的"摹写"(imitation,也可译为"模仿")。所有的人都应该保持自己的本来面目。道德的诚实(moral probity)也正有赖于此。而诗歌却把人引入歧途,因为它展示或者说鼓励了一种做法(knack),即人们必须假装他们是谁,或者是某种东西,而他们恰恰不是。诗歌把所有的人都变成了演员,而每个人又都知道,这些演员到底是什么样的货色。柏拉图认为,《伊里亚特》和《奥德赛》中的言者就是荷马自己,而不是什么虚构出来的"叙述者"。只要荷马是以自己的声音说话,他的话就是道德的。但是,当他以奥德修斯的身份来说话或者讲述故事时,他就是极端的道德败坏(radical immorality sets in)。假借某人或某种东西的烦人之处就在于,它一旦开始,就无法终止。按照从男人到女人,再到动物和无生命的东西这样一个性别角色链(sexist chain),它会迅速跌落到谷底。苏格拉底对诗歌中存在的这种可怕的危险的肯定,就是西方传统中最经典的对模仿的谴责。模仿是一种非人性化的或者令人失去男儿风范的疯狂(a species of dehumanizing or unmanning madness)。柏拉图认为,诗歌确实拥有权威,但它们是极端邪恶的权威,所以,必须把诗人从理想国中驱逐出去:

(苏格拉底说)我们希望我们的青年人证明什么是好男儿,做好男人,我们不允许他们再扮演女人的角色,模仿那些与丈夫撒泼耍赖、违抗天命、高声炫耀、自吹自擂,或者由于卷入不幸而哀怨自怜的女人,无论长幼——更别说那些正在生病,或者陷入爱的漩涡,或者处于分娩阵痛中的女人……我们也不允许他们扮演奴隶的角色,不管是男奴隶还是女奴隶,做奴隶们做的事情。也不允许他们扮演懦夫,或者做那些与我们上面提到的事情相反("勇敢、冷静、虔敬、自由"的男人们做的事情)的坏男人,相互辱骂和讥讽,在酒桌上口吐秽言,甚至在清醒的状态下,也以其他种种方式,效仿那些无耻之流,在言语和行为上玷污自己,也辱没他人。而且,我认为,他们一定不要在言语或行动上,惯于把自己和疯人相提并论。尽管他们必须了解有关疯狂的、品质恶劣的男人和女人的知识,但是,他们一定不要做或者模仿这类人的言语和行为。……难道他们要模仿铁匠和其他的匠人、三层桨的战船(triremes)上划桨的船工以及从事其他行业的人……

他(阿荻曼土斯 Adimantus)说,他们怎么能够,因为他们甚至连留意这些事情的机会都没有?

好吧,那么,马的嘶鸣声、牛的哞叫声、河流的奔腾、大海与雷电的呼啸,诸如此类——他们会模仿这些东西吗?

不会,他说,他们已经被禁止发疯或者把自己与疯人联系起来。[19]

詹姆斯·乔伊斯有意颠覆或者挑衅柏拉图的一个表现,就是他在作品中用语言进行了模仿,例如,在《尤利西斯》(*Ulysses*)中,他模仿了印刷机发出的声音,而在《芬尼根的守灵夜》(*Finnegans Wake*)中,他模仿了雷电的轰鸣。乔伊斯声称,作家可以而且也应该行使自己手中所持有的权力,用语言来模仿任何东西。乔伊斯所宣扬的这种权力在《一个青年艺术家的画像》这部作品的结尾,在斯蒂芬·戴达路斯(Stephen

Dedalus)像雪莱一样献身于诗歌的狂热表白中,得到了极为夸张的肯定:"欢迎,哦,生活!我要第一百万次地遭遇现实的体验,在我心灵的冶炼厂里,铸造人类尚未被铸造出来的良心。"[20]柏拉图对模仿之罪恶的指责,尽管有悖于上面这种过分强调作家权威的言辞,但是,在西方长久以来的文学传统中,它似乎更能找到回响。例如,基督教新教徒(Protestant)对小说阅读的指责,他们认为,阅读小说会蛊惑年轻人的心灵,尤其是年轻的女孩,使他们远离现实的责任和义务,而陷入虚构的世界里,想入非非。

众所周知,一些小说在间接肯定它们所具有的危险的权威性的同时,也代表着它们自己在道德上的沦丧,而且,还间接地警告读者,放下他们手中正在阅读的作品。简·奥斯汀的《诺桑觉寺》(*Northanger Abbey*)中的女主人公凯瑟琳·莫兰德、福楼拜的爱玛·包法利、康拉德的吉姆爷以及其他许多小说中的人物,都是道德败坏的人,而且,都是因为读小说的缘故,才开始对自己和周围的世界产生不切实际的幻想。塞万提斯塑造的堂·吉诃德这一形象自然是这种模式的原型。在小说《悲惨的缪斯》中,亨利·詹姆斯就沿用了这一传统,他把天才的女演员米里亚姆·鲁思(Miriam Rooth)塑造成了没有自己固定个性的人,只是因为她太适合当演员了。她演什么角色,就是什么角色,即使在"真实的生活"中也是如此。正处于上升阶段的外交官彼得·谢林汉姆(Peter Sherringham)爱上了米里亚姆,他像皮格马利翁对伽拉忒亚[21]一样,对她一片痴情。在小说的关键之处,彼得反思米里亚姆奇怪的、令人苦恼的个性缺失。你永远不知道怎样才能拥有她:

> 他突然想到,问题根本不是她有没有表演天赋,而是她简直把它发挥到了极致,她一直都在演戏;她的存在就是一连串的断片,在无休止的好奇、欣羡或者惊叹的镜像——即她感觉到的,或者想像到的,她在人们心目中的印象——中,一会儿一个变化……他这样跟自己解释,(她的)身份表现在她连续的表演中,所以她没有道德方面的隐私,而是生活在展示和表

现的漩涡中——这样的女人就是一种魔鬼,她不可能有什么"招人喜欢的"东西,因为没有什么是可以抓得住的……现在,这个女孩儿的脸在他面前清晰了起来——他发现,事实上她没有自己的面部表情,有的只是瞬间的、片断性的、各种不同的——有无限可能性的——代表性时刻。[22]

现在看来,我小时候之醉心于《瑞士家庭鲁滨逊》所营造的"虚拟现实",可以被看作是顽劣的、对现实的逃避,这也是我一生之积习——沉醉于幻想和虚拟的现实,而没有清醒地投身于"现实世界"并尽职尽责——的开端。我的耳边至今还回响着我母亲的声音,她敦促我停止阅读,出去玩耍。普鲁斯特的马塞尔——一位小时候像我一样痴迷于书的人,也受到过同样善意的告诫。现在的孩子,把所有可供支配的时间都花在了电脑游戏上,他们与那些处于印刷文化鼎盛时期的书虫,也没什么两样。电脑游戏是另一种虚拟的现实,它是一种网络程序系统。尽管电脑游戏与书籍之间的差别可能没有我们想像得那么大,但是,我们这些"经典之作"的忠实读者可能仍然会断言,这些绝对是没有什么价值的虚幻世界。

赋予权威的某种超现实的东西;坚实的、超语言的社会现实基础;抑或那种或好或坏的、产生于痴迷它的读者身上、改变其行为观念的"虚幻世界"的力量——所有这些关于文学权威之源泉的概念,都曾经对我们的研究实践产生过一定的影响。在同一个社会,或者同一位作者或读者身上,这些影响可能常常同时存在,但却处于矛盾之中,尽管这种矛盾似乎从来也没有对人们的生活产生过多大的影响。在十九、二十世纪的欧洲和美国文化中,文学所扮演的角色,只不过是这个凌乱的综合体系中的一个特例。在结束这篇关于文学权威的讨论之前,我还要指出它的第四个来源。

罗兰·巴尔特必须加把劲才能把作者踢开,因为长期以来,我们一直以为,赋予文学作品权威性的,是站在幕后、使其合法化并予以坚实基础的作者。大量的最新研究,尤其是关于英国文学、欧洲文艺复兴时期的文学研究以及当代欧洲的理论研究,已经说服了许多人,自我是"建构出来的"(constructed)、用以"自我标榜的"(self-fashioning),而不是固有的、与生俱来的,或者上帝赋予的。自我观念的产生是周围的意识形态和文化相互影响的结果,当然也包括那些蕴含在我们称之为"文学作品"中的意识形态和文化影响。蒙田(Montaigne)的一些散文随笔,就反映了主体性与自我从一个时段到另一个时段的变化与区别。自我,即"我"(*moi*),不仅是"变化的,而且是复杂多变的"(ondoyant et divers)。然而,从莎士比亚时代到今天,依然有许多人继续相信,自我是上帝赋予的、固定的、统一的,而且,从出生起就是恒久不变的。这种信念是我们的宗教和法律传统中的一个重要组成部分,不管是基督教、犹太教还是穆斯林。如果他或她从一个时段到另一个时段是不一样的人,你怎么能够要求他或她在道义上和法律上对一个行为负责?相信自我是摇摆不定的、富于变化的观念,似乎为那些逃避道义责任的行为提供了一个堂而皇之的借口。你可以说,"答应做那件事的人,是另一个不同的我。你不能因此责备现在的我"。

  但是,不管自我被看作是建构起来的,还是内在固有的、特定的,作者是他或她创作的作品之权威的源泉和保证这一观念,在这两种情形中都有很大的市场,尽管它们存在的形式可能有所不同。这一点或许可以这样界定,即审查机关、读者群体,以及著述或者讲述"莎士比亚"、"狄更斯"或者"埃米莉·狄更森"(Emily Dickinson)(指的是被权威人士认可的这些作者所创作的作品)的学者和老师,大都倾向于认为,作者应该为他或她所写的东西负责。大量的传记研究以及畅销书的写作,从塞缪尔·约翰逊的《诗人轶事》[23]一直到最近某些经典作家乃至非经典作家的"权威性传记作品",都证实了这种观念,即作家可能会因为自己的作品而受到非难,而且,人们可以通过了解作者,更好地理解其作品。

像《纽约时报书评》这样的大众媒体,现在倾向于把所有著名的或者不太著名的作家的传记都拿来做一番评介,不管是好是坏,而不去理会关于这些作家的严肃的批评著作。访谈这种文体的出现,就是一个有力的证据。今天,访谈成了世界范围内所有传媒的一大特色。在中国,我曾经无数次地被采访过。我估计,在中国,曾经在报纸、杂志上读过有关我的采访文章的人,比读过我的著作的人,要多多了,尽管我的一些著作已经被翻译成了中文。德里达被采访的次数就更多了,即使在回答那些老生常谈的问题时,他也同样侃侃而谈,甚至还出版了一本全部由采访组成的杰作——《观点》。[24]

由梅尔·格索(Mel Gussow)撰写的《人性领域的探索者》(An Explorer of Human Terrain)是对美国黑人作家艾莉斯·沃克(Alice Walker)的访谈录,刊登在《纽约时报》"艺术"版,[25]这篇文章表现出了所有潜藏在访谈这种文体背后的、复杂地交织在一起的思想意识形态。把沃克称作"人性领域的探索者",无疑是假定人性原本就在那里,等待着人们去探索。作家就像一位科学家或者人种学家一样,描述他或她在探索之旅中的发现。格索的故事还配有艾莉斯·沃克在加州伯克利家中拍摄的一帧迷人的照片。照片上的她,甜甜地微笑着,看起来很和蔼。这篇访谈似乎是假定,读者对作家本人比对她的作品更有兴趣,而且,会认为作品是作家心灵的直接流露。尽管从表面上看起来,格索本次采访的动机是沃克最新出版的小说——《带着破碎的心前行》(The Way Forward Is with a Broken Heart),但实际上,除了小说中带有自传性质的内容外,格索对其他内容几乎只字未提。在格索看来,小说再现或者反映了沃克对一位民权方面的白人律师——梅尔文·利文撒尔(Melvyn Leventhal)的爱,以及他们之间最终破裂的婚姻。沃克小说的权威性在于,它是对她的生活的直接表述或者再现。这就意味着,对她所经历的"真实世界"的准确再现是它的价值保证。在这篇访谈中,格索倾注了大量笔墨,描写沃克的生活,其中似乎隐含了这样一个道理,如果你对她那段生活非常清楚的话,你几乎就不需要再读她的作品了。

伴随着这种假设,另一种关于灵感的思想,不期然地、不合时宜地冒了出来,似乎在与柏拉图的《伊安篇》遥相呼应,尽管这种思想也可以被看作沃克正好相信的某种东西。沃克认为,她的作品给她的父辈们赋予了一种超越坟墓的生命,至少访谈中是这样写的:"她说,'一想到他们不能以一种忠于他们的方式存在——他们是谁以及他们说话的方式,我就很痛心。'通过她的作品,她能够使原本有限的生命变得充实。"[26]在沃克最著名的作品《紫色》中,那种用语言赋予生命的现象,通过她的创作行为发生了。在这种创作行为中,沃克"不再是她自己"(beside herself),她好像成了被赋予灵性的媒介(spiritualist medium),她的角色通过她来说话:"在她离婚后,她创作了《紫色》,这是灵感在流淌。她写得那么快,在一个小小的活页本上写作,'简直就像是在听写。'她说,作为一个艺术家,她充当了她母亲及其他亲属的通道……在《紫色》后记中,她把自己称为'作者兼媒介'。"[27]

《人性领域的探索者》这篇访谈背后所蕴含的思想意识的情结(ideological complex),在我们的文化中非常普遍,而且,一直都无所不在。作者不可能摆脱为自己所创作的作品负责的命运,他或她不能简单地说一句,"别怪我。我只是虚构的,没有根据的、性别、阶级和种族等思想意识形态的集结。我禁不住以我现在的这种方式写作"就万事大吉。作者也不能为了逃避责任而说下面的话,"别怪我。那不是我在说话,而是一个想像的、杜撰的、虚构的叙述者。我只是在行使我想说什么就说什么、想质疑什么就质疑什么的权力。别犯那种把叙述者与作者混淆起来的低级错误。我不是刀斧手。我只是在想像,做一个刀斧手该是个什么样子(陀思妥耶夫斯基的《罪与罚》)"[28],尽管德里达说过,在一个民主的社会里,他或她享有言论自由。面对作者的这些辩解,大家可能会异口同声地回答,"别说那些。你写了,不管采用了多么狡猾的转述或者掩饰,那些话出自你的笔下,而且,因为你这个写作主体而拥有权威。我们当然要你来对你创作的东西及其后果负责,不管这种后果是好还是坏。"

如果说,在我们的文化中,作者一直被赋予了极大的权威性,并被认为是他或她创作和发表的作品的权威的源泉,那么,这种权威性通常表现为两种不同的形式。一方面,作者本身已经赋予了自己一种表述的权力(constative power),一种讲真话、准确再现他们周围的社会的权力。另一方面,作者本身也被赋予了一种可以被称之为述行的权威(performative authority),也就是说,雕琢词句,使之能够像言语行为(speech acts)一样,使用语言做事,这样,它们才会在读者身上产生影响。

我们可以援引安东尼·特罗洛普的例子,来说明第一种形式的作者权威性。特罗洛普在其《自传》中提到,小说家有责任讲述事实。特罗洛普坚定地认为,在小说中宣讲道义,是小说家义不容辞的责任和义务,但他同时又坚信,达到这个目的的主要手段是讲述事实,完整的事实,关于人类生活的事实,再无其他:"二者(诗歌或者小说)都可能会酝酿虚伪的伤感,产生虚伪的人性、虚伪的敬意、虚伪的爱、虚伪的崇拜;二者都可能会传播邪恶,而非正义。但是,同样,二者也可以灌输真正的敬意、真正的爱、真正的崇拜和真正的人性;而且,它们还将成为最广泛地散布这些真理的最伟大的老师。"[29] 读者可能会注意到,特罗洛普在这里混淆了表述语言和述行语言。不错,小说家的首要责任是表述:讲述事实,但是,这种事实讲述具有述行的效果。它在小说的读者身上,"产生"、"创造"或者"灌输"的可能是美德,也可能是邪恶。

至于说,这种神奇的魅力是怎样发挥作用,使一部文学作品成为一个恰当的言语行为的?亨利·詹姆斯在其纽约版 15 卷前言中,说得很清楚。这一卷包含了许多有关作家的短篇小说,像《大师的教训》(The Lesson of the Master)、《狮子之死》(The Death of the Lion)、《地毯上的图案》(The Figure in the Carpet)等等。其中,有几篇曾经首先发表在亨利·哈兰德(Henry Harland)主编的有点臭名昭著的颓废杂志——《黄皮书》(The Yellow Book)上。亨利·詹姆斯的一位朋友指责他说,在那些故事中,作为作家的主人公"不真实",因为现在,在英国,没有无私地献身于崇高艺术的作家,也没有"艺术家沉醉于完美、为他的思想所缠身、为他的执着而付出"[30]。詹姆斯反驳说,"如果我们过去三十年的生活拒绝这些事例的存在,那么,这种生活该是多么糟糕啊。如果真相(constatation)真的是如此可悲的话,我们不仅不会去追求它,而且,还会尽力去逃避它:有一种体面是以普遍自尊的名义存在,这一点我们必须想当然地接受;知识分子有一种最基本的尊严,为了文明的名义,我们至少也得装得出来"[31]。似乎真的有这样的时代,讲述事实,准确地反映真相,反倒是"不体面的"。

如果像尼尔·帕拉迪、亨利·圣乔治和休·维雷克(Neil Paraday, Henry St. George, and Hugh Vereker,这些都是詹姆斯这卷小说中的主人公)这样的人物,因为没有准确再现社会与历史现实而不能拥有权威的话,那么,他们又从哪里获得合法性(validity)呢?对这一问题,詹姆斯给出了两种答案。一种就是,承认这些人物形象源于他心灵深处的个人体验:"……用来刻画我这卷小说中的苦闷朋友的复杂的个人状况的具体材料,绝大多数源自设计者内心深处的思想……在这里再现、描述和记录的状态、尴尬和窘况、悲剧和喜剧,可以从他自己内心的体验中,清晰地找到痕迹。"[32]

这样说,当然没问题,可是,小说设计者又是怎样使读者对小说产生信任,并因此赋予其小说一种——至少是表面上的——虚假的权威性(spurious authority)呢?答案就是,作者巧妙而精心地雕琢词句,使它们产生有效的述行性魅力,从而诱使读者对其产生信任和痴迷。在普鲁斯特的《追忆逝水年华》中,阿尔贝蒂娜(Albeitine)"简单却又令人着迷的谎言艺术"(charming art of lying with simplicity)[33],就是一个很好的注脚。阿尔贝蒂娜的谎言使马塞尔相信,贝戈特(Bergotte)仍然活着,而且,在他死了之后,还能和阿尔贝蒂娜对话,或者,劝他相信,他看到阿尔贝蒂娜在大街上,与一位他肯定认识的、已经几个月没在巴黎露面的女士说话。马塞尔说,假设我那时正好在街上,用我自己的眼睛证实了,阿尔贝蒂娜并没有遇到那位妇女,"那时,我就该知道,阿尔贝蒂娜在说谎。但是,即使如此,难道所有这一切就都是确凿无疑的了吗?一块奇特的黑云[34]也许会在我的脑际升起,我可能会开始,我是否看到她独自一人,我甚至都不会因为我没有看到那位女士的幻觉,来试图理解这件事情,而且,即使我发现自己错了,也不会那么吃惊,因为宇宙星辰都不像其他人的行为那样费解,尤其是那些我们爱着的人,为了自我保护,他们会巧设寓言,来对抗我们的疑惑"[35]。

在下面这段话中,亨利·詹姆斯描述了作者所具有的这种魔术般的神奇力量,只不过,在这种情况下,这种述行力量比较危险,它使读者相信,生活中并非真实的东西:

> 那么,接下来,我并没有什么不好意思的,使这些人物"伟大起来"很有意思,只要这样做没有使他们从本质上看起来是虚假的就行……这样做有意思,是因为这样做的难度更大——当然,我指的是,从作者打造他们伟大的那一刻起;从作者并不仅仅是为了别人的信任而打造他们的伟大的那一刻起。打造任何东西,都要使用最经济的手段,这就是再现这种艺术的生命(the very life of the art of representation);相反,为了赢取读者的信任,哪怕沾染上一丁点儿的奢华,都是再现艺术的败笔。(我想,在读者的心目中,也许会有这样一种心态,就是积极地渴望去信任;但这只是一长串潜伏的过程中最末端的成果,需要作者在最后营造一个崇高的结尾[sublime end];当然,这就完全是另外一回事了。)[36]

作家属于比较自信的那种人,而自信的人最不应该做的,就是营造一种直观的诱惑以吸引读者的信任,因为这样一来,他们就会输掉这场游戏。作家必须采取另一种路子,即通过各种"隐蔽的手段",遣词造句,打造出一部与现实没有直接关系却又深得读者信任的文本。严格说来,詹姆斯在这里所描述的是言语行为的一种形式,或者说是言语行为理论家们所宣称的述行性语言(performative language),即用言语做事的方式。詹姆斯在评论他"精心设计的《地毯上的图案》"时说,"对你而言,这就是你给予信任的一个绝好范例——当我在你的心目中巧妙地培植出一种心情"[37]。

文学被赋予权威的方式有很多种,而我的探讨也在詹姆斯的帮助下,达成了如下共识,即文学的权威性源于对语言的艺术性使用,以求达到一种述行的效果,使读者在阅读一部作品的时候,对它所营造的虚拟世界产生一种信赖感。譬如,在我小时候阅读《瑞士家庭鲁滨逊》时,情况就是这样。这种文学观的问题是,它切断了作者与其创作的作品之间的联系,这一点听起来似乎有点不可思议,尤其是考虑到詹姆斯上面所说的话。如果雅克·德里达、保罗·德·曼和我是正确的话,那么,语言的述行功能和认知功能是不一致的(incompatible)。[38]正如德·曼在论及"语言的述行功能与认知功能的分离"时所说的话:"任何言语行为都会超出认知的范畴,但是,言语行为本身,永远都不可能指望知道它自身的产生过程(但这恰是唯一值得知道的事情)……述行修辞学与认知修辞学,即转义的修辞学(performative rhetoric and cognitive rhetoric, rhetoric of tropes),并没有合而为一。"[39]阅读詹姆斯的《狮子之死》和《地毯上的图案》时,可以了解到这些故事所营造的虚拟现实,但读者永远不会知道,这到底是不是詹姆斯的初衷。对一个特定的读者而言,这部作品就恰好产生了这样的效果。如我在上面提到的,如果每部作品都是独特的,那么,它的述行效果也一定会是独特的,不会受到原有的陈规(prior conventions)的影响和制约。它是言语行为的一种形式,但是,还没有被纳入到标准的言语行为理论之中。进一步说,一部作品的述行效果与作者的初衷及其相关的知识无关。言语行为理论之父奥斯汀在试图——至少曾经有过——区分言语行为的"恰当性"(felicity)与发出者的主观意图时,就已经预见到了这种分离。如果我总是可以说,"我所说的并不是这个意思",然后践踏诺言和应该承担的义务,那么,重婚者、赌博中的反悔者以及其他卑劣的人,就能以此为借口,而大行其道。奥斯汀强调,最好说"我的话就是我的契约"。在我这样说,或者,写下这些话时,我在想什么,是无关紧要的。它们所具有的影响一定会受到尊重。[40]

如果这种观点适用于被看作言语行为的文学,尤其是,如果我们认为——我相信,我们应该这样认为——每一部作品都是个别的、独具特色的,那么,这又使我回到了起点,回到了我小时候醉心于《瑞士家庭鲁滨逊》的时候。在我没有任何关于作者及其初衷的信息的情况下,《瑞士家庭鲁滨逊》还是以它特有的方式作用于我。作品极力打开了一个除此之外没有别的办法可以进入的虚拟世界,而且,作者的设计或者阅读语境的其他任何特点,都不足以完满地解释它。文学作品自成权威。

只要把文学看做是述行性的,而非单纯的表述性的,那么,它肯定会受制于规范言语行为的普遍法则——不可认知性(noncognizability)。在阅读一部作品的时候,一定会发生什么事情,但是,到底会发生什么事情,却不能被预先看到、知道或者控制。每一位教授文学的老师都知道,甚至常常为此感到失望,学生在阅读指定篇目时,往往会产生一些奇怪的、不可预料的想法。每一部文学作品都会创造或者揭示一个世界,在这一世界里,活动着拥有躯体、言语、情感和思想的主人公,他们栖居在特定的公寓大厦、大街小巷或者某个风景如画的地方,总之,是一个虚拟的世界。这一世界似乎一直存在于某个地方,等待着人们去发现、挖掘,并通过书页上的文字,揭示或者传播给读者,这一点与更为现代的科学技术在屏幕上或者在接收装置上创造的虚拟现实颇为相像。

文学作品所营造的虚拟现实有什么特色呢？第一个重要的特点是：我们在阅读特罗洛普、詹姆斯的小说或者叶芝的诗歌时所走进的虚拟现实,是早就存在,只是现在才被作者揭示出来,还是由作者精心选择或碰巧使用的语言所创造出来的呢？这一点,目前还无法给出确定的回答。没有现成的证据可以用来做一个裁定,因此,无可否认、无法抗拒的文学权威性,仍然在这两个选择之间摇摆。虽然没有什么比确切地、一劳永逸地知道这一点更为重要,但是,我们仍然没有办法在这两者之间做出最终的判断。

　　文学作品被看作神奇的处方,它可以给它的读者提供一个虚拟的现实,它的第二个重要特点是:我们只能了解文字所揭示出的这部分虚拟现实。当作者把小说中的某些人物放到一边的时候,我们将永远无法知道,他们到底在说什么、想什么。正像德里达所强调的,每一部文学作品都会隐藏一些事实。[41]比如,塞壬(Sirens)到底给奥德修斯唱了什么歌,在詹姆斯的《鸽翼》(*The Wings of the Dove*)中,米莉(Milly)在给邓舍尔(Densher)的信中又说了些什么,陀思妥耶夫斯基那些——据说已经在心里想好,但还没有来得及写下来——小说的内容是什么,在詹姆斯的《金碗》中,夏洛特(Charlotte)与那位王子那天在温塞斯特都做了些什么或者说了些什么,在波德莱尔的《伪币》(Baudelaire's "La Fausse monnaie")中,叙事者的朋友到底给没给乞丐一枚假币,[42]普鲁斯特的《追忆逝水年华》中,阿尔贝蒂娜是不是一位女同性恋者,所有这些事实,读者永远都不会知道,也无从知道。所以,我认为,隐藏起一些永远不为人知的秘密,也是文学作品权威性的一个基本特点。

注释

[1] 安东尼·特罗洛普(Anthony Trollope,1815—1882),英国小说家,以虚构的巴塞特郡系列小说著称,包括《养老院院长》、《巴塞特寺院》、《索恩医生》等,其他重要作品还有政治小说《首相》、《你能原谅她吗?》等。——中译者注

[2] 马塞尔·普鲁斯特,《追忆逝水年华》(巴黎:Gallimard,1989),3:721;英文版《追忆逝水年华》,C·K·司格特·蒙克里夫、特伦斯·基尔马丁(C. K. Scott Moncrieff, Terence Kilmartin)翻译(纽约:Vintage,1982),3:213。下面这两段话节选自我的著作《黑洞》(*Black Holes*)(斯坦福:斯坦福大学出版社,1999),词句上有些许变化。

[3] 普鲁斯特,《追忆逝水年华》,法文版3:761;英文版3:258。

[4] 普鲁斯特,《追忆逝水年华》,法文版3:761;英文版3:259。

[5] 普鲁斯特,《追忆逝水年华》,法文版3:762;英文版3:260。

[6] 普鲁斯特,《追忆逝水年华》,英文版 3:263—264。

[7] 瓦格纳(Wagner,1813—1883),德国作曲家,毕生致力于歌剧的改革与创新,主要作品有歌剧《尼伯龙根的指环》、《漂泊的荷兰人》、《纽伦堡名歌手》等。——中译者注

[8] 普鲁斯特,《追忆逝水年华》,英文版 3:265。

[9] 亨利·詹姆斯,《金碗》纽约重印版的《前言》(纽约:Augustus M. Kelley,1976),23:xiii—iv;雅克·德里达,《论文时间:插曲》("Ponctuations:Le temps de la thèse", *Du droit à la philosophie*)(巴黎:Galilée,1990),第443—444 页;英文版《论文时间》(The Time of a Thesis:Punctuations)由凯瑟琳·麦劳克林(Kathleen McLaughlin)翻译,见艾伦·蒙蒂菲奥里(Alan Montefiore)主编的《法国今日哲学》(*Philosophy in France Today*)(剑桥:剑桥大学出版社,1983),第 34—50 页。我曾经在其他地方讨论过这两个问题,第一个是在《重读修订:詹姆斯与本雅明》(Re-Reading Re-Vision:James and Benjamin),见《阅读的伦理》(*The Ethics of Reading*)(纽约:哥伦比亚大学出版社,1987),第 110—122 页;第二个是在《德里达的地志学》(Derrida's Topographies),见《地志学》(*Topographies*)(斯坦福:斯坦福大学出版社,1995),第 297—301 页。

[10] 以赛亚(Isaiah),大约生活在公元前 8 世纪的希伯来预言家,相传《以赛亚书》(《圣经·旧约》中的第 23 卷)为其所著。以西结(Ezekiel),公元前 6 世纪的以色列祭司、先知,相传《以西结书》(《圣经·旧约》中的第 26 卷)为其所著。——中译者注

[11] 威廉·布莱克(William Blake),《诗与散文》(*The Poetry and Prose*),大卫·V·厄尔德曼(David V. Erdman)编辑(Garden City:Doubleday,1970),第 38 页。

[12] 查尔斯·狄更斯,《雾都孤儿》第三版,《作者前言》,凯瑟琳·蒂洛森(Kathleen Tillotson)编辑(牛津:Clarendon Press,1966),第 lxv 页:"谈论女孩的行为和性格看起来是否自然、可能还是不可能、正确还是错误,都没用。它是真的。"查尔斯·狄更斯,《荒凉山庄》的《前言》("Preface" to *Bleak House*),尼古拉·布拉德伯里(Nicola Bradbury)编辑(伦敦:企鹅出版社,1996),第 6—7 页。

[13] 柏拉图,《伊安篇》(Ion),第 334b,见《柏拉图:对话集》(Plato: The Collected Dialogues),伊迪斯·汉米尔顿和亨廷顿·凯恩斯(Edith Hamilton and Huntington Cairns)编辑(普林斯顿:普林斯顿大学出版社,1973),第 220 页。

[14] 珀西·比希·雪莱(Percy Bysshe Shelley),《诗辩》(A Defence of Poetry),见《雪莱诗歌与散文选》(Shelley's Poetry and Prose),唐纳德·H·雷曼和沙仑·B·鲍尔斯(Donald H. Reiman and Sharon B. Powers)合编(纽约:诺顿,1977),第 503—504 页。

[15] 雪莱,《诗辩》,第 508 页。——原注

这句话的英文原文是:"poets are the unacknowledged legislators of the World",译为"诗人是世上未获公认的立法员"也许更准确,但在这里,译者觉得"无冕之王"更有力量。——中译者注

[16] W·B·叶芝,《诗歌之象征主义》(The Symbolism of Poetry),见《论文与简介》(Essays and Introductions)(伦敦:Macmillan,1961),第 158—159 页。

[17] 莱克格斯(Lycurgus),传说他是公元前 9 世纪斯巴达法典的制定者。——中译者注

[18] 安东尼·特罗洛普,《自传》(An Autobiography),大卫·斯基尔顿(David Skilton)主编(伦敦:企鹅,1996),第 119 页。

[19] 柏拉图,《理想国》(Republic)第 3 卷,395b—396b,见《柏拉图:对话集》,第 640—641 页。

[20] 詹姆斯·乔伊斯,《一个青年艺术家的画像》(A Portrait of the Artist as a Young Man)(纽约:Viking,1964),第 252—253 页。

[21] 皮格马利翁(Pygmalion),希腊神话中的人物。他是塞浦路斯王,善雕刻,热恋自己所雕塑的少女,爱神 Aphrodite 见其感情笃挚,给雕像以生命,使两人结为夫妻。伽拉忒亚(Galatea)就是 Pygmalion 所雕塑的少女。——中译者注

[22] 亨利·詹姆斯,《悲惨的缪斯》(The Tragic Muse),纽约版的重印本,7:188—189 页。《悲惨的缪斯》之 1、2 卷,相当于纽约版全集中的 7、8 卷。

[23] 塞缪尔·约翰逊(Samuel Johnson,1709—1784),英国作家、评论家、辞书编撰者,编有《英语辞典》、《莎士比亚集》,作品有长诗《伦敦》、《人类欲望的虚幻》等。他的《诗人轶事》(The Lives of the Poets)回顾了弥尔顿、蒲柏等重

要诗人的生平与诗作,是英国文学批评史上的力作之一,至今仍然具有一定的影响。——中译者注

[24] 法文原版书名是 *Points de Suspension*(巴黎:Galilée,1992)。英文版书名是 *Points ...: Interviews, 1974—1994*(斯坦福:斯坦福大学出版社,1995),它包括了1992年的法文版中所有的采访,并且加上了两个,*Honoris Causa*(关于剑桥授予他荣誉博士学位)和 The Work of Intellectuals and the Press(知识分子与出版的工作)。——中译者注

[25] "The Arts," *The New York Times*,2000年12月26日,星期二,B1、B10 版。

[26] 格索,"The Arts," B10。

[27] 格索,"The Arts," B10。

[28] 我在诠释德里达的论点。参阅雅克·德里达,《激情》(*Passions*)(巴黎:Galilée,1993),特别是67—68页;英语版见《关于名》(*On the Name*),托马斯·杜图阿特(Thomas Dutoit)编辑,大卫·伍德(David Wood)翻译(斯坦福:斯坦福大学出版社,1995),第3—31页,尤其是28—30页。

[29] 特罗洛普,《自传》,第140页。

[30] 亨利·詹姆斯,纽约版第24卷的《前言》,见再版纽约版第15卷,第 viii 页。

[31] 詹姆斯,《前言》,第 x 页。

[32] 詹姆斯,《前言》,第 ix 页。

[33] 普鲁斯特,《追忆逝水年华》,法文版 3:694;英文版 3:187。翻译略有变化。

[34] 这是米勒2013年在文中加的注解,"奇特的黑云"(*Une obscurité sacrée*, a sacred darkness)这种说法源于荷马史诗,意即:女神有时候是看不见的,有时候又以普通人的形象出现。——中译者注

[35] 普鲁斯特,《追忆逝水年华》,法文版 3:693—696;英文版 3:186—188。

[36] 亨利·詹姆斯,《大师的教训·前言》,见《亨利·詹姆斯小说与故事》(*The Novels and Tales of Henry James*),第 xii 页。

[37] 出处同上。

[38] 关于这个问题,请参阅我在《文学中的言语行为》(*Speech Acts in Literature*)(斯坦福:斯坦福大学出版社,2002)一书中的论述。

[39] 保罗·德·曼,《阅读的寓言》(*Allegories of Reading*)(纽黑文:耶鲁大学出版社,1979),第299—300页。

［40］奥斯汀(J. L. Austin),《如何以言行事》(*How to Do Things with Words*)(牛津:牛津大学出版社,1980),第10页。奥斯汀在几页之后又收回了这个观点,并坚持真诚(sincerity)应该是恰当的述行性言语行为的前提条件,这一点也恰恰是奥斯汀的言语行为理论的主要症结或者矛盾之所在。他必须接受这两种情形的存在,但是,很显然,他在逻辑上又讲不通。

［41］见《激情》,请参阅注释28。

［42］这是德里达举的例子,见 *Donner le temps. I. La fausse monnaie*(巴黎:*Galilée*,1991);英译本《特定时间:1. 伪币》(*Given Time：I. Counterfeit Money*),佩吉·坎姆夫(Peggy Kamuf)翻译(芝加哥:芝加哥大学出版社,1992)。

第七篇　比较文学的(语言)危机①

目前,比较文学面临着两个"危机"。一个与语言有关,另一个与新媒体的崛起有关,关于这一点,我在这里就不多讲了。对于很多在学术上逐渐占有一席之地的年轻学者来说,那种传统意义上的印在书本里的小说、诗歌或戏剧已经不再是他们研究的重点了。部分原因是,各种"理论"在发展和成型的过程中并不连贯,这在比较文学系里表现得尤为突出。学生和教师们现在都在做文化研究、后殖民研究、电影研究、传媒研究、少数民族话语研究以及女性研究。他们看电影、录像、电视,或者在网上冲浪,而不去读狄更斯、托尔斯泰或福楼拜的作品。他们越来越感觉到,当今的大众群体,甚至包括受到良好教育的人,都不再阅读狄更斯、托尔斯泰或福楼拜的著作,更不用说塞兰(Celan)、兰波(Rimbaud)或济慈了,他们不认为这对于自己的生活有多么重要。传统意义上的文学在纷繁复杂的文化中变得越来越无足轻重,成为文化百家衣上的一个小小的补丁。正像阿兰·刘(Alan Liu)在给我的电子

---

① 这篇演讲是 2003 年 9 月 4 日在清华大学的演讲,之后又在苏州大学讲过。——作者原注

这篇演讲最早由李元翻译,发表在《中华读书报》2003 年 10 月 22 日,后收入易晓明编辑的《土著与数码冲浪者:米勒中国演讲集》(长春:吉林人民出版社,2004),第 73—91 页。收入本书时,由国荣做了补充和修订。——中译者注

邮件中所说的,在"'新媒体'时代,文学的前途"是当今文学研究所面临的最迫切的问题。我姑且把这一危机作为一个背景,谈一下比较文学的语言危机吧。

四十多年以前(现在已经是五十多年前了——米勒),雷内·韦勒克发表了论文——《比较文学的危机》。他认为,比较文学出现危机是因为学者们对这一学科的方法论有着很多不必要的分歧,同时,他们也很难设定一个研究对象。他断言:"我们的研究很不稳定,其重要标志就是,我们没有设立一个清楚的研究主题和具体的方法。我认为,巴尔登斯贝格(Baldensperger)、梵·第根(Van Tieghem)、卡雷(Carré)和基亚(Guyard)在他们的著作中都没有完成这一根本任务。"[1] 这些创立比较文学的大人物们,甚至连韦勒克本人,现在都很少有人提及了。在韦勒克看来,"比较文学有着巨大的优势,能避免各民族文学史的孤立研究:西方传统中的文学交织在一起,形成了相互联系的网络。这一观念显然是正确的(也已广泛地得到了证实)"[2]。基于这一信条,韦勒克相信,他已通过结合"内在性"和"外在性"的比较,从而为比较文学奠定了坚实的基础。他的论文最后以这样一个理想、高调,甚至是高瞻远瞩的结语结尾:

> 一旦我们掌握了艺术与诗的本质,它们对人的命运和生命的超越,它们对一个想象的崭新的世界的创造,那么,人们将不再会有民族的虚荣心。人类,普天下的人类,不论何时、何地,什么种族,都将汇集在一起。文学研究将不再是一项考古似的消遣,不再是民族优劣的反映,甚至不再是各种关系的网络图。文学研究将成为一个想像性的行为,就像艺术本身一样,成为人类最高价值的保存者和创造者。[3]

这些话真是令人耳目一新啊!"人类,普天下的人类"!"超越人的生命和命运"!文学研究是一种想像性的行为,"就像艺术本身一样"!韦勒克认为,既然他已经清楚地指出了摆脱危机的道路,那么,现在,就应该沿着这条路走下去，也就是说，继续来"比较文学"。最后这个短语指涉的是当时发表在哈佛大学的杂志《哈佛先声》（Harvard Advocate）上的一个讽刺漫画。漫画上画的是哈佛比较文学的创始人列文（Harry Levin）和玻基奥利（Renato Poggioli），他们身穿水管工的衣服，拿着修理工具，正在敲一户居民的房门，旁白是："我们是来比较文学的。"这幅漫画真是非常诙谐，又巧妙得出人意料，它似乎是在说，"文学"中的某些东西坏了，而修理它们的一种方式就是加以比较。"比较文学"就像"修理水龙头"，这样水就可以再一次畅快地流出来了。1983年，也就是在发表《比较文学的危机》二十年之后，韦勒克在一家保守派杂志《新标准》（The New Criterion）上发表了题为《文学研究被毁掉了》（Destroying Literary Studies）的文章。他在其中断言，文学理论的新的发展趋向正在摧毁文学研究，具体来说，就是他的耶鲁大学同事，所谓的耶鲁黑手党（Yale mafia）正在破坏文学研究。我也有幸被他列入其中，并收到了他送来的一个单行本，上面写着："你忠实的同事，雷内"，云云。保罗·德·曼去世之前，在他的床头柜上也摆着这样一本作者签名的单行本。考虑到在韦勒克退休之后耶鲁大学发生的巨大变化，我们就能明白他为什么那么沮丧了。讨论"危机"！

  韦勒克的《比较文学的危机》这一标题在提法上有问题。"危机"这个词意指转折点、至关重要的分水岭，比如在一种疾病的危急时刻，病人要么好转，要么死亡。然而，比较文学却总是处在危机之中，作为一门学科，它就是被专门设计成了这样的一个载体，承载着文学研究中永远的危机。这一危机是什么呢？有人认为，比较文学之所以永远处于危机之中，是因为它不像国别文学那样，有自己的经典和有限的文学史，比较文学没有固定的经典去研究。言外之意，它的使命就是去"比较"，不管那个比较意味着什么，比较任何语言的人的任何文学，当然，在过去，主要是欧洲语言的文学。比较文学在最初建立的时候是以较早出现的学科如比较神话学和比较语言学等为摹本的，同这些学科一样，比较文学也力图追求科学性和实证性。人们常说，因为比较文学缺乏一套固定的经典,所以,它只是一个由方法和理论拼凑而成的学科,而我们大家都知道(韦勒克也知道),要使比较文学研究者在理论和方法上达成一致,是多么不可能!

换句话说,比较文学确实是理论和理论教学已经被制度化了的地方。尽管比较学者也从不同的国别文学中抽取例子,来证明理论的正确性,但事实上,他们除了理论之外,也没什么可教的了;而那些稳坐在国别文学系的学者则可以继续心安理得地阐释作家作品,而不做任何理论化的研究。当然,这并不意味着他们没有理论和方法。而比较文学的危机则来自于不同理论之间的相互抵触,因为并非所有的理论都能同时站得住脚,如果我们把学理一致作为目标的话。

我认为,比较文学永久的危机并不是理论或方法论上的分歧,而在于翻译的问题,这里的翻译是广义的概念。比较文学作为一门学科,其中心问题并不是"理论",而是令人烦恼、难以解决的翻译问题,无论是语言之间的翻译、文化之间的翻译,还是从一种亚文化到另一种亚文化之间的翻译,都十分棘手。下面我将具体解释一下为什么会是这样子,比较文学的危机在今天最棘手的表现是什么。其中,最基本的问题就是语言能力(language competence)的问题。这个世界上充满了形形色色的语言,大约有几千种,仅欧洲就有几十种,有人告诉我,在非洲有两千多种。美国现在绝对是多语种国家。除了母语之外,我怎么才能够深入地学习这些语言,真正地"潜入"到那种语言深处,了解它所表达的文化呢?就连英式英语和美式英语之间都有很大的差异,以至于教授英国文学的美国师生之间产生各种各样的误解。英语这个显而易见的标签隐藏了这两种英语之间的细微差别,实际上,英国文学对我们美国人来说,是很陌生的,而美国英语对做"美国研究"的欧洲学者来说,也常常是一头雾水。近些年来,做"美国研究"的欧洲学者已经越来越多了。有一次,在法国开会,我听到一位年轻的研究美国文学的法国学者声称,在我们美国人常用的誓言中有一句,"我以乔治·华盛顿的坟墓发誓"(I swear by the tomb of George Washington)!也许,在美国,真有人会这么说,但我这辈子却从来没有听说过。同样,我把狄更斯和特罗洛普搞错的几率又有多少呢?举一个小小的例子吧:我们美国人所说的"vest"(马甲、西装背心)在英国被称为"waistcoat",而"vest"在那里的意思是"内衣、汗衫"。我认识一个美国人,她去伦敦的商店里,想买一本编织"vest"的图样和毛线,结果造成了一个很大的误会。商店的店员以为她要为丈夫织一件"hair shirt"(毛发编的上衣?)。在美国,如果有人把"ate"发成"et"的音,说明他语法不好;但在英国,这种发音却是贵族的标志,至少在过去是这样。我最近在瑞典,就听一个英国教授这样不自觉地说过。亨利·詹姆斯在其小说《鸽翼》中,花了一整段的篇幅,通过平民莫顿·丹希(Densher)之口,来间接地分析马克勋爵所发出的感叹词"Oh!"的细微用法。当他被介绍给丹希时,马克勋爵说了一声:"Oh!"丹希接下来的反应是,"他知道,这不是白痴所说的'噢',尽管表面上很像,这是聪明的、富有成就的精英所说的'噢!'是经过昂贵的教育和丰富的阅历之后才说得出来的。"[4]尽管詹姆斯如此了解这个感叹词的微妙含义,尽管他在英国生活了许多年,但我们还是会忍不住怀疑,詹姆斯到底在多大程度上理解英国社会实际交往中的语言的种种细微差异。

如果是两种截然不同的语言,那么,问题就更大了。比如,尽管我读法语著作没有问题,但我有多大可能,像德里达那样,注意到普鲁斯特作品中字词使用的微妙含义?在《追忆逝水年华》中有一幕,描写贝戈特之死及阿尔贝蒂娜的谎言,针对这段描述,德里达在一次研讨会上指出,普鲁斯特在行文中用了一连串带有词根"Prendre"的单词,比如:"comprendre","apprendre",这些词从字面上看,都是用来表示"理解、明白"这一行为,但它们同时也表现了人们自欺欺人的心理,即愿意相信根本不存在的谎言。下面我将引用法文原文和英译来说明这一点:

> J'appris [says Marcel], ai-je dit, que ce jour-là Bergotte était mort ... et je n'appris que bien plus tard l'art charmant qu'elle [Albertine] avait de mentir avec simplicité ... Le

témoignage de mes sens, si j'avais été dehors à ce moment, m'aurait peut-être appris que la dame n'avait pas fait quelque pas avec Albertine... Est-ce bien sûr encore? ... Une obscurité sacrée se fût emparée de mon esprit, j'aurais mis en doute que je l'avais vue seule, à peine aurais-je cherché à comprendre par quelle illusion optique je n'avais pas aperçu la dame.[5]

I learned [says Marcel], as I have said, that Bergotte had died that day.... it was not until much later that I discovered her [Albertine's] charming skill in lying naturally ... The evidence of my senses, if I had been in the street at that moment, would perhaps have informed me that the lady had not been with Albertine.... But is this absolutely certain even then? A strange darkness would have clouded my mind, I should have begun to doubt whether I had seen her alone, I should hardly have sought to understand by what optical illusion I had failed to perceive the lady.[6]

[马塞尔说]我曾经说过,我知道贝戈特是在那一天去世的……直到很久以后,我才领略到她那撒谎都不眨眼睛的迷人技巧……假如我那时正好在街上,我的眼睛也许会向我证实,那位女士并没有跟阿尔贝蒂娜在一起……但是,即使如此,难道所有这一切就都是确凿无疑的了吗?一块奇特的黑云也许会在我的脑际升起,我可能会开始怀疑,我是否看到她独自一人,我甚至都不会因为我没有看到那位女士的幻觉,来试图理解这件事情。[7]

在把小说翻译成英语时,译者把所有带有词根"*prendre*"的法语词翻译为"learned"(知道)、"discovered"(领略到)、"informed"(证实)、

"understand"(理解)。虽然意思没有错,但却没能体现出普鲁斯特在这一词根上所费的心思,这也正好印证了那句老话,"翻译即背叛"。

　　作为一门学科,比较文学尽管也宣称学习一门语言,特别是另一门欧洲语言的重要性,但是,归根究底,对翻译的问题并不够重视,总以为任何语言都可以被毫发无损地翻译为一种主流语言。如果一个学者在某篇文章或某部书中所使用的语言并不是一个能够让其他语言进行比较与交流的坚实平台,或者阿基米德的杠杆,那么,比较文学怎样才能继续修理水管的工作呢? 也就是说,即便是强势语言在当今也并不是任何学科话语的基础,而只是一个研究的对象罢了。这一强势语言,在美国就是英语,它成为一个中转站,所有其他的语言都被翻译成英语,再在其中进行"比较"。法国比较学界的权威学者艾金伯格(Étiemble)曾在一篇声明中设想,由他本人来主持一个巨大的操作平台,通过法语来把所有的语言相互翻译,比如,把蒙古语翻译成保加利亚语,把巴斯克语翻译成挪威语,等等。虽然雷内·韦勒克会很多种欧洲语言,但他那本权威的《近代批评史:1750—1950》却是完全用英语写成的,尽管之后被翻译成了许多语言,包括一些非欧洲的语言,如汉语和波斯语。[8]在最初的英语原版中,诺瓦利斯(Novalis)、巴赫金(Bahktin)、圣衣波伏娃(Sainte-Beuve)等人的引文在附录中用小字体刊出,以方便读者查阅。这种做法似乎在说:"相信我,这些语言我都会,我已经把这些外国批评家的引文翻译成了精确的英文。不信你可以检查。"

　　比较文学作为一门学科,总是伴随着某种强势语言的文化帝国主义而发展,甚至有时是不自觉的,但这只是比较文学目前的危机之一。另一个危机是,我们发现,多卷本的《近代批评史》这种提法不大合适,不如叫做《西方近代批评史》,因为该书并没有包括中国、日本、印度和非洲国家的文学,也没有包含小语种以及大部分的妇女文学。在一个全球化的时代,传统西方比较文学中的西方中心主义应当受到广泛的质疑。那么,我们怎么来纠正这一偏颇呢?

　　今天,人们往往认为,纠正的方法就是向比较的世界文学回归。有关世界文学的课程和教科书如雨后春笋般,一夜之间到处都是。这类教科书不仅是在美国,在其他国家都大有市场。在一个全球化的时代,比较文学难道不应该也把自身全球化吗?我很同意这种做法,我甚至也赞同读一读普鲁斯特和中国《诗经》的译文,这总比不读要好。然而,我们也很容易看出这种方法的弊病。

大多数的世界文学教科书和课程仍然以英语作为基础语言。这也是没有办法的事,谁叫我们多数学生只会英语,或者有的只把英语作为第二语言呢?即使我们的一些学生会西班牙语或汉语,但他们也很可能不懂印度语或肯尼亚的基库余语(Gikuyu)。在美国,比较文学的欧洲中心主义就已经够明显了,而这些教科书又进一步把英语的霸权向全世界扩张。在这样的教科书里,不管是哪种语言的选文都被翻译成了英语,这种思维意味着,任何语言都可以被翻译成英语,而基本上不遭受损失。

这些教科书和课程的第二个问题是,它们的范围太广,所选择的东西十分有限。就连像《诺顿英国文学选读》这样针对单个国家文学的选本都已经非常有局限性了。你想要教的所有文本好像都不在这些书上。世界文学选读必须得呈现出像中国文学(如果中国诗歌可以被称为西方意义上的"文学")那样复杂的传统,因此,就从中国的《诗经》中抽出几首诗,从《红楼梦》中抽取一个章节来表现。这就好像要以《哈姆雷特》的一幕戏和华兹华斯的几首抒情诗来代表英国文学一样。这种以部分代全体的做法太宽泛,没有什么代表性。就这么广的范围而言,任何选文都是有偏颇的。此外,如果我没有说错的话,即使翻译相临近的语言,如把法语或德语翻译成英语,都是非常困难的,那么,如果是把欧洲以外的语言翻译成英语,那岂不是更难吗?

在提出更负责的全球性比较文学的方案之前,我再来举几个有关这些问题的具体例子。我已经举出了普鲁斯特的例子,现在要另举案例,其中两个是欧洲语言的,还有三个是非欧洲语言的。

有权威人士告诉我,拉美魔幻现实主义小说的翻译已经很不错了,但仍然有大量微妙的含义在翻译过程中丢失了。西班牙语或葡萄牙语原版小说中大量的成语、典故和隐含的指涉都没有如实地进入英语译本中。我认为,这意味着,即使这些小说是用英文来讲授的,但应该由懂得西班牙或葡萄牙语的教师来讲解,他们应该熟悉相关的文化背景、文学以及其他相连的作品。只有这样的教师才能通过具体的文本来向学生解释作品与上下文的关系,而不是译本与上下文的关系。如果做不到这一点,那么,教师实际上就没有能力教授这些作品。比较文学永久的危机来自于翻译,有关这一点,有很多例子都可以证明。

第二个来自欧洲语言的例子:英国诗人托马斯·怀亚特(Thomas Wyatt)写过一首题为《给想要追逐的》(Whoso List to Hunt)十四行诗,这是一首描写男性未被满足的欲望的杰出诗作,改编自彼得拉克抒情诗的第190首,该诗的含义自然也部分地取自其中。教师应该懂得意大利语,才能把这两首诗进行比较。彼得拉克的原作非常美妙,看得出来,怀亚特十分欣赏,才把它加以改编。乔叟在其《坎特伯雷故事集》中说得没错,彼得拉克那"甜美的诗歌""点燃了意大利诗歌的灵感"。下面就是彼得拉克的这首诗,接下来是安娜·玛丽娅·阿米的英译:

    Una candida cerva sopra l'erba
    Verde m'apparve, con duo corna d'oro.
    Fra due riviere, all'ombra d'un alloro,
    Levando 'l sole, a la stagione acerba.

    Era sua vista sí dolce superba,
    Ch'i' lasciai per seguirla ogni lavoro;
    Come l'avaro, che 'n cercar tesoro,
    Con diletto l'affanno disacerba.

    "Nessun mi tócchi—al bel collo d'intorno
    Scritto avea di diamanti e di topazî—

Libera farmi al mio Cesare parve."

Et era 'l sol giá vòlto al mezzo giorno;
Gli occhi miei stanchi di mirar non sazî,
Quand'io caddi ne l'acqua, et ella sparve.

A pure-white doe in an emerald glade
Appeared to me, with two antlers of gold,
Between two streams, under a laurel's shade,
At sunrise, in the season's bitter cold.

Her sight was so suavely merciless
That I left work to follow her at leisure,
Like the miser who looking for his treasure
Sweetens with that delight his bitterness.

Around her lovely neck "Do not touch me"
Was written with topaz and diamond stone,
"My Caesar's will has been to make me free."

Already toward noon had climbed the sun,
My weary eyes were not sated to see,
When I fell in the stream and she was gone.[9]

如果我们想要理解怀亚特那首诗的深意,就不仅仅是拿怀亚特与彼得拉克比较,不仅仅只是罗列出两首诗相似和不同的地方。理解《给想要追逐的》这首诗的关键在于,这首诗表现了诗人对一位女郎(据说可能是安妮·博林)徒劳的追求,这就像是在追逐母鹿一样。别人可以继续追求她,可诗人却放弃了:这一主题并没有出现在彼得拉克的诗里，原诗里的诗人因为陶醉于母鹿的美丽，而不小心掉进了小溪里：

> The vain travail hath weariled me so sore;
> I am of them that furthest come behind.
> Yet may I by no means my wearied mind
> Draw from the deer; but as she fleeth afore,
> Fainting I follow; I leave off therefore,
> Since in a net I seek to hold the wind.
> Whoso list her hunt, I put him out of doubt
> As well as I, may spend his time in vain. (ll. 3—10)[10]

然而，在怀亚特的诗中，诗人放弃追逐的真正原因是母鹿已属于英国国王亨利八世，这与恺撒的典故是一致的，戴着项圈的母鹿说，"别碰我，我是恺撒的"。如果你把恺撒的小鹿猎杀了，那就惹大麻烦了。怀亚特在诗的最后四行那绝妙的对偶句中表达了这一层意义：

> And graven with diamonds in letters plain,
> There is written her fair neck round about,
> "*Noli me tangere*; for Caesar's I am,
> And wild for to hold, though I seem tame."(ll. 11—14)[11]

不用说，在第12行中多出的音节"round"旨在表现这位女郎脖子上戴着的项圈，她被国王占有，但却断言说自己仍然充满野性，保持独立，这其中有着鲜明的对比。同样，女郎脖子上那个项圈也具有反讽的意味，如果她真的是安妮·博林，那她那戴项圈的脖子就是后来被刽子手砍下的地方。在英语传统中长大的读者大多数都会记得这首流行歌曲："哦，安妮·博林曾经是亨利国王的爱妻，直到刽子手带给她的死期"（Oh Anne Boleyn was once King Henry's wife, /Until the axman ended quite her life）。

然而，这些并不是我要讲的重点。我所关心的是这句话，"别碰我，我是恺撒的。"它与《圣经》的典故有关。在《马太福音》第 22 章中，法利赛人的门徒伙同希律王的人去见耶稣，打算"就着耶稣的话陷害他"，耶稣回答道："恺撒的物当归恺撒；上帝的物当归给上帝。"国王的母鹿——安妮·博林也是恺撒之物，也必须归给恺撒，就像耶稣说，交税的钱上印着恺撒的头像，因此就应该交给罗马的统治者。《圣经》新约中最感人的一幕是《约翰福音》第 20 章，其中描写耶稣复活后向抹大拉的玛利亚（Mary Magdalene）显灵，玛利亚以为他是看园子的。当耶稣叫她的名字"玛利亚"时，她转过身来，认出了耶稣，并用希伯来语说，"拉伯尼！"（Rabboni，就是老师的意思）。在詹姆斯国王钦定版《圣经》中，只有在少数地方直接引用了耶稣和他的门徒所说的亚拉姆语（Aramaic），而这就是其中的一处。这说明玛利亚所说的话就像是一种神奇的密码一样，必须要被原文引用。耶稣接着对玛利亚说，"不要摸我，因我还没有升上去见我的父。""不要摸我"（Touch me not）在拉丁文版的《圣经》中可能就是"别碰我"（Noli me tangere）。奇怪的是，这句话与后来耶稣和其门徒多马（Thomas Didymus）的那一幕对话是相互矛盾的。多马不相信耶稣能死而复活，他非要看见耶稣手上的钉痕，用指头探入那钉痕，又用手探入他的肋下，否则他就不信。我们不知道，多马究竟这样做了没有，但他既然相信眼见为实，那么，很可能这样做了。"（耶稣）于是对多马说，'伸过你的指头来，摸我的手；伸出你的手来，探入我的肋旁。不要疑惑，总要信！'多马说，'我的主！我的上帝！'耶稣对他说：'你因看见了我才信；那没有看见就信的有福了'"（《约翰福音》20：27—29）。《圣经》上的情景已经够复杂，够矛盾的了，而怀亚特这句与之呼应的话，"别碰我，我是恺撒的"，则更加复杂，具有讽刺甚至亵渎的意味。《圣经》中的文本涉及一个宗教团体如何在高压统治和迫害下生存下去，而怀亚特诗中的抒情主人公则需要放手国王的财产，把亨利的物品归于亨利。此外，该文本还涉及碰与不碰，碰与看、相信的对立，因为你所看到的可能有悖于你没有看到而你却相信的。如果你恰好不知道彼得拉克和《圣经》，也不知道恺撒是怎样给他的母鹿打上记号,那么,你可能就体会不到怀亚特诗中的大部分含义了。阅读本身就是一种比较文学的行为,这在英国文艺复兴时期的文学研究中已经体现得很充分了。

现在,我来阐述另外三个非欧洲语言的例子。因为我并不懂这些语言,所以,我的发言很可能会站不住脚。但是,我的基本设想就是,非欧洲的文学文本与欧洲文本一样,也同它们的传统有着复杂的联系,同我所举的欧洲文学例子一样,要理解它们,也必须体会其中的互文性,了解跨语言的知识。

第一个例子:假使我要讲授或者要写一篇论文,是关于肯尼亚小说家恩古吉(Ngugi)的小说《一粒麦种》。[12]这部小说是用英文出版的,因此,毫无疑问,应该属于英语文学的范畴。批评家们已经在《一粒麦种》中发现,作者深受康拉德的影响(顺便说一下,我自己并没有发现有很多地方受影响),这说明,这部小说更应该属于英语传统了。毕竟,首先这部小说的题目就来自基督教的《圣经》,小说的题记摘自《新约·哥林多前书》第15章36行关于一粒麦子的话。小说上的声明也是典型的欧洲式的:"本书所有人物纯属虚构。"所有这些表面的标志,以及讲述故事的语言本身,都深深地扎根于英语传统中。我不需要会多少肯尼亚语,就能很坦然地把《一粒麦种》列在我的教学大纲里,或者写一篇关于它的论文。

然而,如果我们留意一下海涅曼1986年修订版的扉页前面的注释,就不会那么坦然了。海涅曼(Heinemann)是美国里德出版社的一个分部,尽管其名字听起来很有日耳曼的味道,但它却是英语书籍在全球扩张中的一个组成部分。海涅曼的办事处遍布佛罗伦萨、布拉格、墨尔本、奥克兰、新加坡、东京、巴黎、马德里、雅典、约翰内斯堡、芝加哥、圣保罗、伊巴丹、尼日利亚和博茨瓦纳的首都哈博罗内。这简直就是一个帝国主义的清单,如果有的话。在小说的前言中,读者了解到,恩古吉写于1980年的小说《十字架上的魔鬼》(*Devil on the Cross*)是在他为期一年的监狱生活中写成的,小说所用的语言是他的母语基库余语。

农民和工人们表演了恩古吉的喜剧《我想结婚的时候就结》(*Ngaahika Ndeenda*, I Will Marry When I Want),他因此被捕,没被审判就被关押了。《十字架上的魔鬼》后来被翻译成了英语和其他很多种语言。由此可以看出,恩古吉的小说往往是用基库余语写成,然后再翻译成英语和其他语言,包括他当时正在创作的一部大部头作品。[13]

小说的前言里说,"恩古吉是非洲语言(哪一种?非洲语言大约有 2 400 种)和非洲风格的积极倡导者。"如果我没记错的话,他曾经在 80 年代的《耶鲁批评学报》(*The Yale Journal of Criticism*)的扉页上发表过一篇关于基库余语与英语的文章,措辞非常犀利。该文振振有词地指出,英语在全球范围内的统治地位有着不良的政治意味,他提倡以基库余语来取而代之。他说道,有几百万人在讲基库余语,这是像莎士比亚戏剧那样富有魅力的语言。而且,他认为,英语是帝国主义的语言,而基库余语没有英语那样的政治意味。

当我再看这部小说时,发现其中保留了很多基库余语没有翻译出来,有些词是日常的用具,有些则是像"呜呼鲁"(uhuru,自由)这样的更重要的词语,这在基库余语中是"独立"的意思。1970 年,曾有一颗人造卫星发射上天,去搜寻 X 射线释放出的能源,这颗卫星就被命名为"呜呼鲁",显然是为了庆祝肯尼亚的独立。《一粒麦种》的第二页中讲道,木果(Mugo,小说人物)"拿上了金贝(jembe)和潘嘎(panga)",穿过尘土飞扬的乡村小道,"走向他新的一块鲜坝(shamba)"。[14]什么是"金贝"、"潘嘎"和"鲜坝"呢?根据上下文,我们能猜出前两个东西是像铁铲或锄头那样的农具,第三个是一块农田。但在这里,作者有意以基库余语来提醒读者,虽然他们读的是英语,但表现的却是另一种语言所承载的文化。在小说中,还有极个别的地方,甚至整句话都保留了基库余语,没有做任何翻译。例如,那个为自由而战的勇士基希卡(kihika)所说的话就是基库余语:"Kikulacho kiko nguoni mwako",根据上下文,这可能与"一个不是朋友的朋友"有关,这个人把基希卡出卖给了白人。当小说指出叛徒是卡兰亚(Karanja)时,曼比(Mumbi)说道:"Ngai!"[15]

这是什么意思呢？也许是"不"的意思，但这只是我的猜测而已。在某种程度上，我们可以说，恩古吉是故意在耍弄不懂基库余语的读者。在刚才基希卡所说的话之前，曼比拒绝了卡兰亚的追求，她说道："不要叫我曼比，曼比！"[16]这句话真是奇怪！然而，这里及其他几处似乎在暗示，"曼比"在基库余语中，除了是小说《一粒麦种》中女性角色的名字外，还有其他的意义。在庆祝肯尼亚获得独立的仪式上，莫里斯·金格利（Morris Kingori）牧师祈祷的第一句话就是："伊萨克、雅各布和亚伯拉罕的主啊，创造了基库余和曼比的主啊，你给了我们肯尼亚这片土地……"[17]要是让我来讲解小说《一粒麦种》的话，那么，我对基库余语的无知，就会使我像盲人领着盲人一样。那我不就成了刚才我提到过的那个研究美国文学的法国学者了吗？她以为我们美国人经常以乔治·华盛顿的坟墓起誓呢！

那么，所有这些对一个本着负责的态度来阅读或教授《一粒麦种》的人来说，意味着什么呢？我认为，这意味着，最重要的并不是去寻找康拉德的影响的痕迹（尽管在小说一开始，基希卡在干掉一个杀人如麻的白人军官后，走进木果的小屋，这一幕场景确实很像康拉德的《在西方的注视下》的开头），而是去注意这本英译小说中的形式特征、叙述方式、成语、谚语、韵律和情感模式，这些都是从基库余语翻译成英文的，而且，无疑，翻译得未必好。关于这一点，恩古吉曾在我们的交流中跟我讲过。

有证据表明，恩古吉回归基库余语，并把它作为自己创作的主要语言，并不只是一种政治策略。他发现自己只有用母语才能最好地表达。有人把他比作康拉德，这显然是具有反讽意味的，因为康拉德的母语是波兰语，他差点就用法语来写作了，他的英语创作之所以如此成功，从某种程度上说，是因为英语作为他的第二乃至第三语言，对他来说总是很陌生的。为了更客观地阅读《一粒麦种》，我认为，读者很有必要初步了解一下基库余语以及有关的叙事传统和成语，当然还要了解一些肯尼亚的历史文化。把小说归于大一统的英语文学世界的一部分，显然有失公允。同样,我也认为,关于《一粒麦种》的写作和教学,应该属于比较文学的范畴,而不是传统意义上英语系的工作。不管怎么说,国别语言文学系也应该——或者说正在——发生变化,这就好像在莎士比亚的喜剧《仲夏夜之梦》中,织工波顿(Bottom)的头被小精灵"变成"驴头一样:"天哪!波顿,你变啦!"国别语言系业已成为比较文学或比较研究的不同版本。我意识到,要从英语的霸权下获得"呜呼鲁",还需要进行长期的艰苦卓绝的斗争。纽特·金里奇[18]在艾奥瓦州(Iowa)的一次演讲中曾说道,人类文明的未来要靠英语(也就是美语)的统治,很多人在内心深处是很认同他的说法的。

我的第二个案例是来自中国文学。中国文学源远流长,极其丰富、复杂。史蒂芬·欧文(Stephen Owen)在他的扛鼎之作《中国文学选集:从开始到1911年》中,用了整整1212页来展现英文版的选文。这就是为什么在世界文学的选集中如果只用寥寥几篇选段来表现中国文学是很有问题的。但就连欧文的这一选集,在选择和翻译上也引起了不少的争议。我们甚至还不能肯定是否应称它为"中国文学"或"诗学",因为我听说,这些词在中文里并没有精确的对应词。创作中国"诗歌"的法则以及它在中国文化中的意义,都和欧美文化中的诗歌有很大差异。我们西方的诗歌善于用典,老练的读者都会从其中发现许多以前诗歌的典故,例如,华兹华斯在《序曲》(*The Prelude*)中借用了弥尔顿的典故。但我们传统中的诗歌,就典故的微妙而言,却很难企及中国那所谓的诗歌,至少我这样听说过。据说,一个汉字或几个汉字的巧妙排列就能成诗,看起来是关于桃花和美人的,但老练的读者会从中发现影射政局的地方,而这是根据几百年前的另一首诗来推断的。通过用典,含蓄地比较了那时和现在的时局。要理解汉语意义上的诗歌,你必须得学会中文,而这可是个长期而艰巨的任务。

我想以一件有趣的事情来证明我的观点。两年前,我曾写过一篇关于亨利·詹姆斯《贵妇人的画像》的论文。我着重论述了其中的一段,即卡斯帕·古德伍德(Caspar Goodwood)吻了伊莎贝拉,导致伊莎贝拉离开了他,径直返回罗马,回到了她那可怕的丈夫吉尔伯特·奥斯蒙德身边。乔治·艾略特在其小说《米德尔马契》和《丹尼尔·德龙达》(Daniel Deronda)中塑造了一系列的坏丈夫形象,奥斯蒙德虽然是以此为摹本而给创造出来的,但并不像他的原型那样容易死掉。我对其中的亲吻很感兴趣,并发现了英语文学中有很多绝妙的亲吻,比如,在《失乐园》中,亚当亲吻夏娃的眼泪的动人场景。在英语文学的主要叙事作品中,大多数都有亲吻的场面。同样,我在哲学文本中也发现了一些美妙的亲吻。例如,诺瓦利斯[19]在 Blutenstaub 中曾说过,"哲学始于亲吻"。托马斯·德·昆西在他的报告《伊曼努尔·康德最后的日子》中提到,康德临死前,躺在床上已说不出话来,他示意让他最后一个忠诚的弟子过来亲吻他的嘴唇。[20]此外,德里达在让-吕克·南希(Jean-Luc Nancy)做了心脏移植手术后,曾在梦中亲吻他的嘴唇。德里达把这个梦记在了他的《回忆录》中。[21]对此,德里达还引用了诺瓦利斯关于亲吻的理论,并加以评论。[22]我要在这里补充一下,诺瓦利斯之所以把亲吻看作是哲学的开始,是因为这一行为象征着人类摆脱了自恋自闭的状态,开始了从自身到他者,从正面到反面的辩证思维。这是通过德里达所说的"自我—他者恋"(auto-hétéro-affection)来实现的。

我决定将我关于《贵夫人的画像》中之亲吻的文章带到中国去讲。临行前,妻子问我,是否知道在中国谈论亲吻的话题是否合适,我这才担心起来。我发了一封电子邮件,给一位中国朋友。这位朋友告诉我,应该没什么问题,中国人已经看了很多西方电影中的接吻镜头。出于好奇,我也翻阅了斯蒂文·欧文的《中国文学选集》,但是,尽管有些选文中也不乏性描写,却没有找到一个接吻的场面。为什么会这样呢?为什么在英语文学中司空见惯的事情,在中国所谓的文学中却是一个禁区呢?至少在 1911 年,中国受到西方巨大影响之前,是这样的。难道欧文会出于某种不可告知的原因(我能想到一些),有意放弃了那些带有亲吻的中国诗歌?就此问题,我曾经咨询过好几位学者,有中国的,也有西方的,但是,他们的回答都有些闪烁其词,没有定论。因此,我认为,如果我要了解这其中的奥秘,及其对中国所谓的文学的意义,我就只能自己学习中文,而且,不只是学习语言本身,还要学习几百年积淀下来的、令中国人的感知和行事迥异于西方的历史文化习俗。我需要自己去阅读中国文学,才能弄清楚其中是否包含亲吻的描写。

我举的最后一个例子来自印度。我有一个很有天赋的博士生,叫西蒙娜·索妮(Simona Sawhney),现在是明尼苏达大学南亚文学和批评理论中心的教授。她在加州大学厄湾分校以优异的成绩获得硕士学位,当时做的研究是比较传统的。但自此之后,她沉寂了一段时间,这期间没有写出一篇论文。后来,她重新开始了一个与以前的研究截然不同的方向,决定研究印度古典文学(如果能叫做"文学"的话)在印度争取独立斗争前后的政治和文化角色。不少年轻学者在读完研究生以后,纷纷转向了一个完全不同的领域,这种情况在今天很普遍。这些学者在对文学研究进行创新,使其富有全球化的特征。西蒙娜·索妮在印地语(Hindi)和旁遮普语(Punjabi)方面没问题,但不会梵语。因为厄湾分校不教梵语,而伯克利分校教,她于是转学到了伯克利分校,但仍然保留厄湾分校的身份。在加州大学的系统中,学生们这样做,没有问题。西蒙娜在伯克利学习梵语,并同时在南亚和东南亚研究系教学。之后,她写出了一篇出色的论文,讨论现代印度的宗教激进主义以及现代印度文化中宗教与世俗的关系。她在伯克利的一位老师同意加入其论文答辩委员会。这篇论文有讨论甘地的章节,也有谈论拉什迪的《撒旦诗篇》在印度的接受,还有评论吠陀经中几篇诗歌的文章。西蒙娜说,"基于印度文学,我认为,连印度传统中最经典的作品都不像宗教激进主义者所想像得那样,是铁板一块,因为它们太丰富、太复杂。如果把宗教激进主义理解为对殖民主义和新殖民主义的反驳,那么,我们只有在同时研究自己和殖民者的历史之后,才能去考察后殖民主义的现代性问题。"[23]

西蒙娜·索妮教授正在致力于创作另一部精彩的著作,是有关"印度20世纪的梵语文学"。我已经看过其中的两篇文章,它们都以不同的案例显示出古典梵语文学对现代印度语文学的影响。这些是非常出色的论文,是新型的全球化比较文学,他们语言知识渊博,又巧妙地借用了现代文学理论,评论也十分敏锐,比如,其中有对梵语传统和古希腊史诗传统中对战争和暴力不同态度的评论。为了更权威地进行这样的比较和教学,索妮教授还学习了希腊语。[24]

我将西蒙娜·索妮的事例(这个事例还在继续)作为我的例证,甚至是一个比喻。在我看来,她的研究模式说明,新型全球化时代的比较文学不应该以英语为基础,而是应该建立在所需要了解的语言基础上。西蒙娜的事例表明,如果你足够勤奋,千方百计去学习你所需要的语言,那么,这是完全可能的;而如果不这样做,就是很不负责任的。

因此,我建议发展一种新型全球性、非欧洲中心化的比较文学。首先,我欢迎比较文学的全球化,欢迎它脱离欧洲中心主义,这也是大势所趋。其次,要发展全球性的比较文学,我们必须认识到,在研究具体作品时,应该学习相关的语言。在此,我们可以借鉴人类学的研究方法,人类学的学者在研究一种文化形态时,就一定要学习相关的语言。当今比较文学中的大多数作品从许多角度来说,都是社会科学的表现,与社会科学的法规密切相关,比如要研究活着的人物时,必须要拿到签有同意的表格。大多数的文化人类学学者早就意识到,在西方帝国主义中人类学的历史复杂性,对此,我也深有体会。这对于一个全球性的比较文学来说是非常危险的。例如,西方理论传入非欧洲国家的过程就是非常有问题的,意识到这种危险是有好处的。虽然有人说,学习一种异质文化的语言,特别是欧洲人学习非欧洲国家的语言,这是一种文化策略。但我认为,为了研究某个课题而掌握必要的语言知识,这并不是帝国主义的行为。与其相信什么都可以毫发无损地被翻译成英文,不如自己先学会这门语言。第三点,也即最后一点是:已经有许多年轻的学者对语言的态度发生了转变,西蒙娜·索妮就是其中最典型的例子。即使那些固守欧洲中心主义的导师们不提供帮助,这些年轻的学者也在自发地学习非欧洲的语言。尽管这样,一个新型的全球性的比较文学仍然需要规范其课程和要求,就像人类学需要学习除了欧洲语言的其他非欧洲语言一样。为了更负责任地"比较文学",这是非常必要的,即是说,我们必须回应其他文化和文学对我们的召唤。

注释

[1] 雷内·韦勒克(René Wellek),《比较文学的危机》(The Crisis of Comparative Literature),见《批评的概念》(Concepts of Criticism)(纽黑文:耶鲁大学出版社,1963),第282页。

[2] 韦勒克,《比较文学的危机》,第282—283页。

[3] 韦勒克,《比较文学的危机》,第295页。

[4] 亨利·詹姆斯,《鸽翼》,1907—1909年间的纽约版的重印本(Fairfield, NJ: Augustus M. Kelley, 1976),第2卷,第57页。在这个版本中,《鸽翼》实际上是19卷和20卷,但是,在小说扉页上标的却是卷1和卷2,所以,我在这里标的也是卷2。[我曾经专章讨论过《鸽翼》中的"Oh!"的用法,收到了我的 *Literature as Conduct: Speech Acts in Henry James* 一书中(纽约:Fordham University Press, 2014),第199—202页。——米勒2014年8月18日]

[5] 马塞尔·普鲁斯特,法文版《追忆逝水年华》,ed. Jean-Yves Tadié (Paris: Gallimard, 1987—1989),3:693—696。

[6] 马塞尔·普鲁斯特,英文版《追忆逝水年华》,C. K. Scott Moncrieff 和 Terence Kilmartin 翻译,3卷本(纽约:Vintage, 1982—1984),3:186—188。

[7] 中文是本书译者根据英文译文翻译的。感兴趣的读者可以参阅中文版《追忆逝水年华》,李恒基、徐继增等译(南京:译林出版社,2001)。——中译者注

[8] 雷内·韦勒克,《近代批评史:1750—1950》(*A History of Modern Criticism, 1750—1950*),8卷本(纽黑文:耶鲁大学出版社,1955—1992)。

[9] 弗朗西斯科·彼特拉克(Francesco Petrarch),《十四行诗与其他》(*Sonnets & Songs*), Anna Maria Armi 翻译(纽约:Pantheon, 1946),第282—283页。——原注

诗作大意是:诗人于早晨太阳刚刚升起时,在小溪旁的树林里看到了一只通体雪白、长着金色鹿角的母鹿,母鹿的脖子上有以钻石珠宝拼写的铭文:别碰我,是恺撒给我自由的。诗人对美丽的母鹿十分着迷,像贪财的人渴求财富

般地追逐着它,直到中午太阳高高升起,诗人已经非常疲惫,不小心掉进了小溪里,于是,再也没见到那只母鹿。——中译者注

[10] 诗作大意是:诗人对母鹿的追逐使他疲惫不堪,虽然他把其他追逐者都甩在了后面,但他决定停止追逐,并且告诫那些想要追逐的人们,母鹿是可望而不可即的,人们所做出的努力都是徒劳的,这就好像要用网子去装住风一样。——中译者注

[11] 诗作大意是:母鹿的脖子上戴着镶有珠宝的项圈,上面刻着:"别碰我,我是恺撒,虽然我看起来很温顺,却是很难驾驭的。"——中译者注

[12] 恩古吉·瓦·提安哥(Ngugi wa Thiong'o),《一粒麦种》(*A Grain of Wheat*),修订版(牛津:Heinemann,1986)。中文版由朱庆译(北京:人民文学出版社,2012)。——中译者注

[13] 这就是后来出版于 2006 年的小说,《乌鸦的预言》(*Wizard of the Crow*)(纽约:Pantheon,2006)。——米勒

[14] 恩古吉,《一粒麦种》,第 2 页。

[15] 恩古吉,《一粒麦种》,第 152 页。其他保留基库余语的语句还出现在我手头这个版本的第 172 和 176 页。

[16] 恩古吉,《一粒麦种》,第 148 页。

[17] 恩古吉,《一粒麦种》,第 218 页。

[18] 纽特·金里奇(Newt Gingrich,1943—),美国著名政客,克林顿时代美国民主党的发言人。——中译者注

[19] 诺瓦利斯(Novalis,1772—1801),德国浪漫主义诗人,抒情诗代表作有《夜之赞歌》(1800)等。——中译者注

[20] 托马斯·德·昆西(Thomas de Quincey),《伊曼努尔·康德最后的日子》(The Last Days of Immanuel Kant),见《全集》(*Collected Writings*),14 卷,David Masson 编辑(伦敦:A & C Black,1896—1897),4:375—376 页。

[21] 雅克·德里达,《回忆录》(*Le toucher,Jean-Luc Nancy*)(巴黎:Galilée,2000),第 339 页。

[22] 雅克·德里达,《回忆录》(*Le toucher,Jean-Luc Nancy*)(巴黎:Galilée,2000),第 327—328 页。

[23] 论文最后出版的题目是《梵语的现代性》(*The Modernity of Sanskrit*)(明尼

阿波利斯：明尼苏达大学出版社，2008）。——米勒

[24] 这两篇论文现在都已经发表。参见西蒙娜·索妮，《伦理与经验书写：默罕·拉克什作品中的迦梨陀娑》（Ethics and the Writing of Experience: Kalidasa in the work of Mohan Rakesh），（印度）《当代思想学报》（*Journal of Contemporary Thought*），14(2001)，第41—53页；以及《迦梨陀娑是谁：梵文诗歌在现代印度》（Who is Kalidasa? Sanskrit Poetry in Modern India），《后殖民研究》（*Postcolonial Studies*），7:3(2004)，第294—312页。——米勒

第八篇　土著与数码冲浪者①

L'inavouable de la communauté, c'est aussi une souveraineté qui ne peut que se poser et s'imposer en silence, dans le non-dit. (Jacques Derrida, *Voyous*)

"The unavowable of the community is also a sovereignty that can only pose itself and impose itself in silence, in the non-said." (translated by Miller)

社区之不可言说，也是主权的一种体现，它只能在沉默

---

① 这个题目是 2003 年 9 月 3 日最早在清华大学讲的，2004 年又在郑州大学讲过。后来，对原稿进行了扩展和修改，发表在 W. J. T. Mitchell 和 Arnold I. Davidson 编辑的《批评探索》(*Critical Inquiry*)特刊（vol. 33, no. 2）——*The Late Derrida*（Winter 2007）上，题目为"Derrida Enisled"（《孤岛中的德里达》），第 248—276 页。之后，收录于我的 *For Derrida*（纽约：Fordham 大学出版社，2009）和 *The Conflagration of Community: Fiction before and after Auschwitz*（芝加哥：芝加哥大学出版社，2011）。——作者原注

这篇文章的篇幅很长，作者通过分析史蒂文斯关于"土著"的诗歌以及南希的"社区"思想，旨在指出，西方文化资本主义的力量很大，但是，"土著"社区或本土文化是否会应声倒下，这是一个问题；甚至连土著社区的概念都可能存有疑问。米勒指出，"建立在土著与数码冲浪者之间的二元对立"的思维模式是有问题的，这一点值得大家反思。

这篇演讲的英文题目是"The Indigene and the Cybersurfer"，最早由陈永国翻译，发表在易晓明编辑的《土著与数码冲浪者：米勒中国演讲集》（长春：吉林出版社，2004），第 3—27 页。收入本书时，由国荣做了补充和修订。——中译者注

中,在什么都不说的情况下,展示自己,彰显自我。(雅克·德里达,《流氓国家》;中文译自米勒的英译)

ARIEL 准备出一期特刊,题目是"全球化与本土文化"。在其征稿通知中,王逢振和谢少波用一种带有启示性的语言,描述了我们当前所处的世界局势。他们说,目前,有三股带有腐蚀性的力量正在迅速地联起手来,蚕食我们的本土文化。它们是全球资本主义、西方(主要是美国)的大众文化和新的电讯技术。新的无处不在的远距离通讯工具,大大加速了资本主义和美国大众文化之不可抗拒的霸权地位的形成。技术、资本主义和美国大众文化的结合,颠覆和破坏了世界范围内的每一个土著文化。王和谢说,"全球化的进程无可抗拒地把每一个民族和社区都纳入了他们的霸权轨道上来。……对全球资本主义的渴望,挑战并颠覆了所有传统的人类交往和再现形式。跨国资本及其处于霸权地位的意识形态和技术,似乎正在全球范围内抹杀差异,把同一性和标准化强加给意识、感觉、想像、动机、欲望和审美趣味。为了赢得跨国资本的投资,接近被好莱坞电影美化和浪漫化了的美国生活方式、时装、价值观念和便利条件,欠发达国家和前现代化国家毫不犹豫、不知廉耻地把土地、资源、传统和文化遗产,都拱手献给了文化资本主义。"[1]

把本土文化强力"吸入""霸权轨道",这种形象太有说服力了。从某种意义上说,西方文化资本主义就像一个宇宙黑洞,在其周围出现的任何东西都会像旋风一样,先是打转转,然后消失,再也看不到了。

王和谢对这个范式的表达非常中肯,但是,我想在某种程度上挑战他们。在挑战之前,我还是先说我同意,我同意他们所表达的大部分内容,包括他们所说的全球资本主义和西方大众文化的破坏性效果。而在这个令人沮丧的画面基础上,我还要加上目前在美国政府中发生的可怕的变化,即把全球资本主义和西方大众文化中的意识形态,直接演变成了全球军事占领。这就意味着,把美国的公民社会演变成了永久的"紧急状态",永久的"特殊状态",永久的"战争状态"。与之相伴的则是尚未解除和不可能解除的恐怖状态,正是这种恐怖状态为剥夺公民的自由和宪法权利提供了一个正当的理由。如果说，所谓的恐怖分子的目标就是在美国公民心目中制造恐惧，那么，他们无疑已经成功了，而且，还得到了美国政府和美国大众媒体的热切配合。例如，9·11事件之后，媒体通过反复播放双子塔倒塌的镜头，并不断重复"战争或恐怖"和"大规模杀伤性武器"这些字眼，来制造恐怖情绪。"恐怖分子"对国家安全所造成的威胁，也成为政府以"国家安全"（homeland security）之名，对国内民众进行压制的理由。同样，这种威胁也是政府打着"国家安全"的旗号，对外进行侵略的借口。

在过去，帝国主义的口号是："贸易跟着国旗走。"在十九世纪，西方帝国主义的发展往往是传教士先行，他们试图把"异教蛮邦"变成基督的国度。当传教士遇到麻烦时，占领军就必须过去保护他们。随之而来的便是"贸易"，也就是经济剥削。康拉德的《黑暗之心》就是以虚构的形式，再现这一历史进程的经典之作。按照现在的情况，把口号改为"国旗跟着贸易走"，也许更为恰当，他们的借口是，"使世界成为更民主、更安全的地方"，也就是美国的资本主义制度。全球资本主义先行侵入，随后便是为其提供安全保障的军事入侵。最后，资本的占领只能依靠直接的军事占领来实现。武装入侵和占领伊拉克就是一个例子，它为西方的剥削"解放了"伊拉克的石油。美国所采取的前所未有的、新的"出其不意"的外交政策，可以为其轰炸和入侵几乎任何一个被布什总统及其幕僚认定为"邪恶"的国家提供借口。谁将是下一个呢？伊朗？沙特阿拉伯？朝鲜？利比亚？无视联合国的存在、拒绝签署任何国际协议或条约——比如，旨在控制全球变暖的《东京议定书》和设立审判战犯的国际法庭的协议，意味着美国已经成为最大的流氓国家。我们置国际法和全球舆论于不顾，这就是一个流氓国家（rogue state）的确切含义。[2]我们已经用"大规模杀伤性武器"武装到了牙齿，却不允许其他国家拥有这些武器。我听说，布什政府正在悄悄地扩充核武装备。

然而，历史表明，帝国大厦的建立终将超出极限，乃至于自我毁灭，如罗马帝国和大英帝国,大英帝国甚至还一度被称为日不落帝国。导致美国最终垮台的也许是其巨额的财政赤字,也许是由全球变暖造成的环境破坏,东西海岸城市群没入海平面之下。也或许是,由资金不足的医疗保健制度所导致的大规模的死亡。也或许是,全球资本主义之中心转移到欧盟、中国,或者其他国家。在我看来,中国将很快成为世界上最大的经济体。到 2008 年,中文网站的数量说不定是全球最多的,而不是英文网站。(我觉得这个预言好像没有实现,不过,也许实现了,或者将会实现——米勒 2013 年)不管怎么说,帝国的灭亡还需要一段时间,与此同时,我们美国公民以及世界各地的人民都得承受巨大的痛苦。

总之,我认为,事情比王和谢所描述得还要糟糕。在这个令人惊惧的环境中,人们很难保持头脑清醒,或者认真地思考。尽管如此,我还是想稍微进一步地考虑一下王和谢所描述的,"文化资本主义"对全球的征服范式,尤其是它所假定的对土著/本土社区(indigenous communities)的持续破坏。

首先需要注意的是,王和谢所用的话语系统(discourse)是彻头彻尾的西方文化产品,就像我现在这篇文章一样。二者所做的事情,也正是它们所谴责的,即美国文化产品的扩散和霸权,而这一点显然是出于需要,而且无可替代。"霸权"是西方马克思主义文化研究的一个术语,比如,在厄奈斯托·拉克劳(Ernesto Laclau)的著作中,对这个词的使用。"后现代主义"作为一个术语,是与弗雷德里克·詹姆逊分不开的。而"全球化"(globalization)则完全是一个彻头彻尾的西方基督教的概念,关于这一点,德里达在他最近的系列讲座中,曾经很中肯地探讨过。还有"世界文学"这个概念。"World"(世界)这个概念,源于神学对"世界"的理解,比如在《圣经》或者圣奥古斯丁(St. Augustine)的著述中,甚至在我们今天说"worldly concerns"(世俗的担心)的时候。这就是为什么德里达宁愿用法语中的"*mondialisation*"(即"worldifying",世界化),而不用英语的"globalization"这个词。"*Mondialisation*"把

"globalization"这个概念中的神学根源更加突出地表现了出来。

此外,王和谢的范式也建立在土著(indigene)与我所说的数码冲浪者(cybersurfer)[3]之间的二元对立上,而这种二元对立的思维模式是有问题的。王和谢多少有些想当然地认为,那两种人与他或她们的社会和文化处境是完全吻合的,没有或几乎没有任何不匹配的地方。我们是我们周围的文化的产物。当全球文化侵入一个地区时,那里的每一个人都会逐渐成为数码冲浪者,而不再是土著。这种认为个人会完全由自己所处的文化环境所左右的观点很重要,稍后我还会继续探讨这个问题。

从某种意义上说,数码冲浪者就是典型的美国价值和技术的受害者。他们都是"电脑迷"(computer nerd),而且,很快,你就会发现,在"世界"各地,在各个国家,到处都充斥着这种人。他们玩电脑游戏,尽管场面血腥暴力,他们却玩得不亦乐乎,他们听盗版的数码歌曲,美国大众文化的复杂性也尽显其中;而且,他们还通过邮件、聊天室和手机,与世界各地的电脑迷们交流和沟通。(2003年的时候,还没有Facebook和Twitter这些社交网络——米勒2013年)数码冲浪者可以说没有家,他们是无根的,也没有任何隐私可言,因为他们的家已经受到了全方位的、各种技术和远程通讯工具的侵袭。全球文化资本主义的侵袭,保证让每一个人都会尽快成为痴迷于电脑的人。

然而,土著就像数码冲浪者一样,也是一个西方的概念,是西方文化资本主义的产物。土著的概念隐约带有一种"文明的野人"(noble savage)的含义,也使人联想到莫里斯·布朗肖在讨论克劳德·列维-斯特劳斯的《忧郁的热带》时所进行的人种学研究,他称之为"处于零点的人"。[4]如该词在词源上所印证的,土著在自己的出生地自由自在地(unselfconsciously)生活着。它的含义就是"在里边出生"。在我常年居住的缅因州海岸边的一个小岛上,在"本地人"和"外来者"之间有一个很重要的分野。一个家族至少要在岛上出生,并在岛上居住三四代人之后,才能算作"本地人"。

土著人永远植根于叶芝在《为女儿祷告》(A Prayer for My Daughter)里所谓的"一片尊贵的永恒的土地上"。[5]他们依然停留在华莱士·史蒂文斯在《秋日的极光》中,以无比怀旧、无比优美的笔触所描述的状态中。相较于作为他者的"我们",土著还处于一种单一的状态,史蒂文斯称之为"纯真时代",而这种状况在现在,早已不复存在。

……我们徜徉其中,
像孩子一样,躺在这圣洁的土地上,
醒着,也仿佛在那宁静的梦乡。

仿佛纯洁的母亲在黑暗的房间里
和着手风琴,轻轻地歌唱,
为我们的呼吸,打造一个时间和空间……

IX
用劳动的方言,这片无瑕之土上的方言,
而非罪恶之梦的谜团
我们彼此思念

就像丹麦的丹麦人,
我们整日固守田园
相互熟悉,体魄康健,
而对于他们,异国他乡

比礼拜日还要怪异。
相同的思想使我们成为兄弟
同胞兄弟般地成长,成长

仿佛在美丽的蜂房上滋养。

我们这生活的戏剧——我们无尽的梦乡。[6]

这首诗生动地描写了西方概念中的土著的全部鲜明的特点,以及生活在不被人打扰的土著文化或社区中,将会是什么样子的。史蒂文斯是美国诗人,他和我们的任何一位伟大诗人一样,表达了我们对家乡的感受,无论是史蒂文斯生活过的康涅狄格州的哈特福德(Hartford),还是他的出生地宾夕法尼亚州的荷兰乡村,或者是他常去度假的佛罗里达,抑或他在《坛子轶事》中所描写的田纳西:"我把一个坛子放在了田纳西……"[7] 人们可能会想起史蒂文斯诗中的所有美国地名,比如,《思考暗喻之意象之间的关系》(Thinking of a Relation Between the Images of Metaphors)中那句魔幻般的诗:"木鸽在珀基奥门(Perkiomen)河边歌唱",或者在《观察黑鹂的十三种方式》(Thirteen Ways of Looking at a Blackbird)中的"在基韦斯特(Key West)思考秩序",或在其中提到的"哈当姆(Haddam)的那些瘦人",或《夏日协奏曲》(Variations on a Summer Day)中的那句"达马里斯科塔的哒-哒-嘟(Damariscotta da da doo)"[8]。"珀基奥门"是史蒂文斯的出生地宾夕法尼亚州的一条小河,"哈当姆"是康涅狄格州的一个小镇,而"达马里斯科塔"是缅因州的一个海滨小镇,它是一个美国印第安人的名字,意思是"有小鱼的河流"。[9] 史蒂文斯诗歌中的美国名字还有很多。史蒂文斯的早期诗作《礼拜日早晨》,歌颂了美国特殊的地域风景,这些风景决定了生活在那里的人的生活。史蒂文斯的其他许多诗都可以证明这一点,例如,在《作为字母 C 的小丑》(The Comedian as the Letter C)中的那句话,"雨的主人是雨人(The natives of the rain are rainy men)"[10]。

那么,按照史蒂文斯的观点,什么是土著社区"最鲜明的特征"呢?我之所以说"土著社区"(indigenous community),是因为史蒂文斯强调说,这是"我们"共同的经验:"我们整日固守田园……"史蒂文斯认为,土著生活在像他或她一样的其他土著人的社区中,这也是史蒂文斯的土著意识的一个主要特征。土著是集体中的一员,并拥有共同的体验。此外,一个土著社区一定是位于一个地方、一个社会语境、一个与外界隔绝的自然环境,是"偏远的"的"怪异"之地(the "outlandish",the "queer")。大家甚至可能会把外面的世界说成是陌生的神秘之地(uncanny),就像德语词"*unheimlich*"所暗含的意思,即"不像家的地方"。土著都是"体魄强健的乡下人"(hale-hearted landsman),他们属于大地,属于岩石、河流、树木、土壤和当地的生活方式。如果移居他乡,他们会感到失去了根。土著安于故土,就像丹麦人安于丹麦,或者就像蜜蜂一样,安于它们的蜂房。

土著人就像孩子一样,非常纯真(innocent)。土著人的纯真就像堕落前的亚当和夏娃。它们没有善恶观念,不受"罪恶之梦的困惑"之苦,那是堕落之后的男人女人才会受到的折磨,例如,弑父娶母的俄狄浦斯所遭受的男性之罪恶之梦。土著缺乏自我意识,他们就像梦游的人一样,虽醒犹睡。他们都"sticky with sleep"(嗜睡),这里的"sticky"(粘)与土著人赖以生存的蜂房有关。他们在当地如家般的自在使他们居住的环境变成了一个令人容易入睡的地方,就像蜜蜂吃了它们自己采的蜂蜜容易睡着一样,所以,他们特别"嗜睡"。

土著人没有自我意识,而西方人的特点恰恰是痛苦的自我意识和反省内心之罪恶的习惯。不仅如此,土著人与周围环境的关系,也不仅仅局限于占有和分析。他们想当然地认为,周围的环境会一直在那儿,而且,永远在那儿,如史蒂文斯所说,就像丹麦人眼里的丹麦一样。也许,正是源于这种神话般的假定,才会导致大家普遍抵制全球变暖的证据,即我们的环境是不会变化的,而且,可以无休无止地更新下去。当然,我们在地球母亲上的家不会变到无法居住!史蒂文斯为什么会选择丹麦人,作为土著社区的典范呢?我认为,这是因为丹麦人生活在一个小国家,拥有大致相同的文化,说一种"小众"(minority)语言,也正是这种小众语言才能把他们与外界隔开。这种观念适合大多数人关于土著社区的观念,也包括王和谢在征稿通知中的假定。

说到语言,我注意到,语言在史蒂文斯的描述中起到了关键作用。一个土著社区的创建,不仅仅需要共有的生活方式、建筑和在特定的土地上的劳动。它也是从语言中,通过语言创建的,而且,是属于那个地方的那种特定的语言。西方文化资本的全球霸权所导致的一个激进后果就是戕害——即便不是灭绝——所谓的"小众"语言。我所在的缅因州的土著,在白人到来之前,已经在这里居住了一万两千年。我说的"这里",就是在我写这篇论文的地方,在我脚下方圆一英里之内的地方。在附近的海边上,有一块巨大的贝岩(shell midden),至少已经有七千年的历史了。而我们只用了一两百年的时间,就把大部分土著居民及其土著文化连根拔除了。只有少数人还在说本诺斯科特或者米克马克人(Penobscots or the Micmacs)的"本族语",而这些人说本族语的目的,也只是为了经营赌场,而不是为了保存他们的"土著文化"。当一种语言的最后一位使用者去世的时候,这种语言也就永远地消失了。在加利福尼亚州,每年大约有十几种土著语言就这样消失了。

一想到土著语言的消失,我就觉得,史蒂文斯诗中的语言主题更加凄美。史蒂文斯把土著社区看作是语言的产物,是语言母性和艺术的创造,就像《创世纪》中所描述的,世界从原始的黑暗中被创造出来:"仿佛纯洁的母亲在黑黑的房间里/和着手风琴,轻轻地歌唱/为我们的呼吸,打造一个时间和地点……/我们彼此思念。"为什么是"和着手风琴"呢?我想,可能是因为手风琴属于"民间乐器",手风琴适合制造部落相聚的氛围。或者,也许是因为"accordion"(手风琴)这个词中蕴含了"accord"(和谐)的意味,产生了和谐共处的弦外之音。土著社区的成员们齐心合力,他们"异口同声"(of one accord)。史蒂文斯断言,土著社区的时空并非刚刚开始存在,然后由人来占据,这使人不由地想到了海德格尔在《建筑、居住、思考》和他评论荷尔德林的文章中的论点。[11]土著语言创造了家园,给人以呼吸的空间,呼吸的地方,也因此给人提供了彼此交流的空间。

我们刚才引用的史蒂文斯的那句诗以"And of each other thought 彼此思念"结束。创造了土著社区之时空的那种语言,也是"土著"或"部落"(autochthons)借以彼此思念的媒介。每个土著都能洞察其同胞的心思，因为他们说同样的语言，同样的"习语"，属于那个团体的独特的方言。那是"劳动的方言"，也就是说，是纯洁的母亲弹奏手风琴的那种特殊的工作语言，尽管其"弦外之音"可能还指通过语言、通过对土著社区的环境进行物质改造的集体创造。这一点近似于马克思的工作的概念，或者海德格尔的"建筑"的概念。母亲弹奏的手风琴也是"无辜的大地的语言"。大地是无辜的，因为它还没有随着亚当和夏娃的堕落而堕落。土著所说的语言，就像他们自己一样，生于大地，并根植于大地。对史蒂文斯而言，语言是思想的体现。每个土著都深知自己的同胞在想什么，因为——就像我们说的——"他们说同样的语言"。结果就是，"我们相互熟悉"，因为——用史蒂文斯带有性别歧视色彩的表达来说——"相同的思想使我们成为兄弟/同胞兄弟般地成长"。稍后，我会再谈这种把女性排除在外的"兄弟"和"同胞兄弟"这些字眼。最后，这种如家（at-home-ness）的感觉，意味着这片土地和居住在这里的民众是神圣的。这些幸福的原住民"像孩子一样，躺在这圣洁的土地上"。这种通过一种特别的语言、一种集体共居的经历、同说话、同思考，而建立起来的社区，缔造了一个神圣的地方，也因而使整个区域都变得神圣起来。

妙极了！欢呼吧！或者，如史蒂文斯在《秋日的极光》稍后几行所描述的这种幸福洋溢："幸福世界上的幸福的人民——/滑稽！一场舞会、一幕歌剧、一间酒吧。"[12] 只是，有两个问题给这一欢呼带来了阴影：一、土著社区是一个神话（myth），或者，用史蒂文斯的话说，就是一个"念头"（idea）。我们可以说，史蒂文斯的所有作品都在佐证这一点。土著社区的同质性一直是一个重要的命题，这个命题曾经在讨论中存在过，但是，现在，再也没有了。"我们曾经是（were）丹麦的丹麦人"，但是，现在已经不是这样子了。如史蒂文斯所写的：

> 总会有一个纯真的年代。
> 从来没有一个地点。或者，如果没有时间，
> 如果那不关乎时间，也不关乎地点。

> 只存在于观念中，
> 从抵制灾难的意义上说，
> 它与真实无异。[13]

土著社区是再真实不过的了，但是，现实是，它只存在于关于它的观念之中，在时间之前或之后，在一切地点之外。

笼罩在这一思想之上的另一个阴影是：即使这个神话般的无辜的社区也总是受到侵略的恐惧和威胁。它存在于"抵制灾难的意义上"，但那个灾难总是迫在眉睫。就在我前面讨论的那一长段之后，那个灾难就猝不及防地以极为恐惧或恐怖的形式出现了：

> 明年春天我们会被发现吊在树上吗？
> 如此迫在眉睫的会是什么灾难呢？
> 赤裸的肢体、赤裸的树木，还有像盐一样尖利的风？[14]

不管怎么说，这首诗的题目是《秋日的极光》。它的主要形象是令人恐惧的北极光在秋天的出现，因为它预示着冬日的来临。即使是在史蒂文斯这样一首颂扬土著社区的抒情诗中，哪怕是简单地罗列土著社区的特征，也能通过有意识的把它曝光而摧毁它。给它命名就等于给它照一面镜子：它被毁灭的恐怖。这种反面正是由其安全感造成的，即一种迫在眉睫的灾难感"幸福世界上的幸福的人们"，听起来就不太像真的，实际上也的确如此。一想到拥有这样的地方，就唯恐失去它。一想到在家、在家乡或"故园"（*Heimat*），马上就会出现"无家可归"和背井离乡的可怕幽灵，就感到恐怖分子已来到门口、屋外或者前门，或者，非常可能的，已经秘密居住在家乡的某个地方了。

在一篇题为《国家安全办公室，或荷尔德林的恐怖主义》[15]的文章中，詹妮弗·巴乔勒克极其巧妙地揭露了布什政府是如何以一种阴险的方式，回应法西斯国家的神秘召唤，像纳粹分子那样，把"祖国"与"血缘和土地"（*Blut und Erd*）的概念混淆起来，推崇同一个种族扎根在一片尊贵的土地上。我们新成立的"国家安全办公室"，现在被称为"国家安全部",已经升至内阁的级别,它假定美国是一个同质性的国家,就像一个土著民族,其安全现在受到了外来恐怖分子的威胁,这种种族和人种上的外来者,或许已经来到国内,成为祖国内部无家可归的人。如巴乔勒克所回忆的,布什在2001年9月20号的演讲中曾经说过,"不管你是跟我们在一起,还是跟恐怖分子在一起"[16](毫无疑问,这种种族中心主义或者沙文主义是保守党激烈反对旨在让非法移民成为美国公民的移民改革的原因之———米勒2014年8月18日)。

这里,不难看出"祖国"和"安全"这两个词的欺骗性。我不否认"恐怖分子的威胁",许多人恨美国,但是,美国从来就不是"祖国"这个词的真实所指。相对而言,美国公民中很少有人一直留在他们的出生地。我们都是游牧民族(nomads),即使我们出生在这里。我出生在弗吉尼亚,但我刚几个月大,就随父母离开了那里,从此再也没有在那里生活过。和许多美国公民一样,我在美国很多地方都住过。此外,我们公民中的大部分人都是移民,许多是刚来的移民。我们几乎都是占领了别人的土地的移民的后代。比方说我,我的一些男性祖先可以追溯到18世纪晚期,他们是在极不情愿的情况下留下来的德国人,因为他们是英国军队的雇佣兵,后被美国人俘虏,而允许留下来,加入当时所谓的"费城的德国人"(Pennsylvania Dutch,"Dutch"意为"Deutsch",指德国人)。只有极少数出生在美国的人可以被称作真正的土著,当然,他们的祖先也曾经是新来者,他们是在最后一个冰河时期过后,跨过白令海峡的大陆桥,来到美洲的亚洲侵略者。美国是由大量的种族和民族构成的,他们讲各种不同的语言。因为国家安全部的监控活动,许多美国公民,或者居住在美国的人,都感到明显的不安,当然,他们更无法保证他们的家庭、电子邮件,甚至是他们阅读的图书信息的隐私,正如美国政府以国家安全的名义入侵伊拉克,反倒使自己的"祖国"更加不安全了一样。(2003年,在我写这篇文章的时候,我还不知道国家安全局对数码和电话信息所进行的几乎是普遍的监听行为,这种行为现在依然在进行——米勒2013年11月9日)恐怖分子的威胁已经被我们成倍地放大了，以至于朝鲜这样的国家竟然会认为，他们要保证自己的安全，就只能尽快发展具有威慑作用的核武器。正如巴乔勒克所观察到的，"安全"就是"没有忧虑"，而且，就像我通过史蒂文斯的诗中所揭示的，土著社区的神话引发了恐怕失去它的恐惧，它所引发的不安全感，正是它原本要保护我们远离的。

巴乔勒克的文章以细腻、冷静、认真的分析表明，国家安全的概念以及海德格尔赋予荷尔德林的日耳曼土著社区的观念，都是被神秘化的误读（mystified misreading）。比如，巴乔勒克详细解读了荷尔德林描写江河和山谷的诗，如《回家/致亲属》。荷尔德林把家乡描写成了一个缺乏根基的地方，一个无法愈合的罅隙，一个目不可测的深渊，而不是我在上面所说的那样的土著社区，用华莱士·史蒂文斯的话说，就是可以居住的社区。巴乔勒克说，"如果对荷尔德林来说，'家'只是一个人们可以回归的地方，或者更准确地说，是一个人们总是在回归的地方，那就不仅仅因为人在地球上建造的家园不是一个居住的地方，而且，也因为——在荷尔德林看来——'在那儿'（being there）就意味着'在他乡'（being elsewhere），而且，人必首先离开，才有可能'发生'归来。"[17]

现在，我来总结一下我的论点，我觉得，王逢振和谢少波提出的这个土著社区的概念也许在某些地方还存有疑点。它是建立在卢梭式的，或者，在某种程度上，是关于"处于零点的人"的马克思主义神话。这个神话在现实中是否存在，或者在当今世界的任何地方的现实中是否存在，关于这一点，我们最好画个问号。我之所以说是"马克思主义神话"，是因为列维-斯特劳斯曾经在南美的纳比卡拉族（Nambikwara）中试图寻找理想的、纯真的土著社区，部分原因是因为他受到马克思主义关于后资本主义社会之概念的影响，即幸福的无产阶级享受着他们自己的专政。最后，列维-施特劳斯只能是失望而归，因为马克思主义的这个概念本身就是值得怀疑的。关于这一点，布朗肖在他的《处于零点的人》中曾经探讨过。

西方另一个关于社区的概念,离现在比较近,是由20世纪的理论家们提出来的。王逢振和谢少波所说的社区概念,与本尼迪克特·安德森所提出的社区理论更相应一些。[18]王和谢认为,全球文化资本主义所带来的后果非常可悲,他们的观点非常中肯,这一点我不否认。现在,我想讨论一下有关社区的另类观点,看看它对抵制全球文化资本主义之霸权可能有什么意义。这个"不起作用的"(unworked)或者"不可言说的"(unavowable)甚至是"神秘的"社区概念,即"那些没有共通之处的人的社区"概念,是由乔治·巴塔耶、莫里斯·布朗肖、吉奥乔·阿甘本、阿尔方索·林吉斯、雅克·德里达和让-吕克·南希提出来的。[19]

布朗肖的《不可言说的社区》主要是梳理了出现在巴塔耶著作中的社区概念。南希也借鉴了巴塔耶的论点。但是,这六位作者的观点并不完全一样,他们讲述的也不是同一个论点。他们并没有像史蒂文斯诗中的"在丹麦的丹麦人"那样,形成一个同质的社区(community of the Same),更不像美国流行文化一样,是铁板一块,用同一种语言宣扬同样的意识形态。他们用不同的方式,表达了不同的另类社区概念。巴塔耶是这样说的,这是"不属于任何社区的人的社区"(la communauté de ceux qui n'ont pas de communauté),布朗肖把这句话当作题记,用在了他的书里。[20]但是,这些理论家的思想是各不相同的。他们也相互论争,尽管非常含蓄。而且,这六位作者关于社区的理念都不尽相同,例如,布朗肖引用巴塔耶的句子的目的,实际上是为了抛出自己的观点。如果要追溯他们关于社区的观点,我们需要做大量的工作。为了简便起见,我将集中谈谈南希的书——《无效社区》(*La communauté désoeuvree*;*The Inoperative Community*),而且,我们只看其中的几段话。英文版把书名译成了*The Inoperative Community*,但是,我更喜欢"unworked"这个词;虽然它是一个新造的词,但是,我觉得它暗含了经济学或者马克思主义的意味。尽管南希的社区思想微妙、复杂，不那么容易掌握，但是，我有的是地方，我们可以认真地解读其中的几个段落。

首先，我想再问一次，"什么是 community（社区）？"你怎么知道你遇到了，或住进了一个社区？"Community"这个词属于"commun…"或者"common…"或者"con…"这些词汇大家庭，例如：communion（交往），communism（共产主义），communication（沟通），commune（公社），commonality（共性），或者 in common（共享）这个短语中的 common（共同的），condominium（共管公寓）等等。Community 的悖论可以从希腊语中表示 common 和 shared by the community（由社区共享的）的 koine（共通语/通用语）看出来。Koine 是古希腊的一种方言，主要源于阿提卡语（Attic）。在基督诞生前后的几个世纪里，它取代了各地的方言，成为整个古希腊世界的共通语。《新约》就是用这种共通语写成的。它使得基督教的教义容易被普通大众理解（exoteric），是基督教在全球普及的最早的工具，也由此而使它发展成了"世界性的宗教"。与此同时，《新约》也表达了一种不太容易被人理解的教义（esoteric doctrine），它把那些理解和相信基督的人定义为圈内人（in-group）。例如，耶稣在《马太福音》中举了一个有关播种者的比喻，他说，如果你得不到，你就永远得不到了。当门徒们问他为什么使用比喻时，他是这样回答他们的："因为天国的奥秘，只叫你们知道，不叫他们知道。凡有的，还要加给他，叫他有余；凡没有的，连他所有的，也要夺去。所以，我用比喻对他们讲，'是因他们看也看不见，听也听不见，也不明白'"（《圣经·新约》之《马太福音》13：11—13）。当然，我在这里引用的是我们现在的通用语——英语，而且采用的是詹姆斯一世的版本，因为这与英帝国主义的诞生密切相关。基督教很快就成了一个世界性的社区，而且，还是一个人们可以想像到的最排外的小集团（in-group）。

"Community"这个词还必须与下面这些相关的词区别开来，如"文化"、"族群"（ethnicity）、"团体"（group）、"民族"（nation）、"集体"（collectivity）、"小集团"（in-group，*American Heritage Dictionary* 将其

定义为"由共同信仰、态度和利益而构成的、具有排斥性的一群人")、"剧团"(troupe)、"组合"(set)、"社会"(society)、"协会"(association)、"宗教"(religion)、"集合体"(collection)、"帮派"(gang)、"组织"(organization)或"共同体"(amalgamation)等。我们在日常话语中无时不用"community"这个词，而且，常常是不假思索。例如，我们会说"close-knit community"(团结紧密的团体)、"community of believers"(拥有共同信仰的团体)、"local community"(本地社区)、"community center"(社区中心)(指社区开展活动的场所)、"European community"(欧洲共同体)、"the Islamic community"(伊斯兰共同体)、"community of readers"(读者群)，甚至还有"cybercommunities"(网上社区)，等等。科学家还会谈论"communities of microbes"(微生物群落)。这些短语的意思似乎都很清楚。

然而，一旦我们脱离了日常生活的语境，而直接问"什么是community?"的时候，它的含义就说不清楚了，这一点并不奇怪，很多概念都是如此。如我上面已经提到过的，community这个词暗含着一个团体想当然地、共同拥有一些信仰和想法。一般情况下，我们都会设想一个社区规模的上限和下限。尽管让-吕克·南希提议把两个相爱的人也当作community的一种形式，布朗肖也持有同样的想法，但是，由两个人构成社区或者"共同体"的情形看起来似乎不太正常。一个社区至少需要第三个人作为见证者(terstis)，见证另外两个人之间的任何交易和行为。在现实生活中，三个人都不足以构成一个家庭，特别是"大家庭"，更别说是我们通常意义上的社区了。我们一般认为，一个社区是由大量人口组成的，这些人之间不一定有血缘或婚姻关系，不一定有共同的想法，也不一定生活在同一地方。我前边这句话中的"我们"，实际上就构成了一种想像中的社区，这些人对社区的理解，与我相同。他们不需要住在同一个地方。他们是认同我的观点的读者群，他们可以居住在任何一个地方。

尽管如此，在大多数人眼里，一个理想的社区——如果有这种理想的社区的话——是由居住在叶芝所谓的"一片尊贵的、永恒的土地上"的一群男人和女人构成的。他们在共同的信仰、制度、法律和风俗习惯的保护下,共同生活。修道院的僧侣、乡村或城市小区里的人们,都是这方面的例子。社区规模的上限还可以无限扩大,而成为别的东西,如民族。不管政客们怎样对着一些想像的社区进行呼吁,"美国人"都很难形成一个真正的社区。例如,当他们说,"美国人不想建立普遍的医疗保健制度"时,他们指的实际上是营利性的医疗管理组织和医药公司不想建立普遍的医疗保健制度。"阿拉伯社区"实际上也不是我所说的那种真正意义上的社区,因为它太大、太杂。"美国人"也是太大、太杂,太不一样了,所以,不能成为一个社区。我们讲很多种不同的语言,贫富差距、拥有与不拥有,把我们分成了不同的社会阶层,我们的宗教信仰和民族倾向都不一样,所以,不能形成一个"社区"。严格说来,"欧洲共同体"也只是一个比喻,指不同国家的联合,而不是居住在一起、拥有共同价值观和风俗习惯的社区的名字。但是,不管怎么说,这个名字仍然可以被当作一个努力实现的目标,争取有一天,使整个欧洲都拥有同样的法律、货币和经济体系,也只有到了那个时候,"欧洲共同体"这个名字才可能实至名归。但是,一般情况下,经济统一体是不可能形成通常意义上的社区的。

我理想中的社区是那种人口相对不多、大家共同居住、说着相同的语言,并拥有共同的宗教信仰和制度的情形。如我在前面已经讲过的,史蒂文斯所极力推崇的也正是这样的理想。在这样的社区里,每一个个体成员都会像路易·阿尔都塞所说的那样,受到周围由学校、教会、法律和媒体构成的、各种各样的意识形态机器的影响(interpellated),而成为他们现在的样子。所有这一切组合在一起,使得恰当的言语行为(felicitous speech act)变为现实:使社区得以延续的婚姻、承诺和践行的诺言、促成买卖和交换的契约、使金钱和财产得以转移给下一代的有效遗嘱的建立、法律和风俗的制约以及对违法者的正当的惩处,等等。

根据奥斯汀以及大家普遍接受的标准的言语行为理论，言语行为的得体与否取决于一个可行性社区（viable community）的存在。一个可行性社区拥有全体成员都接受和遵守的固定的法律、制度和习俗。在《如何以言行事》这本书中，奥斯汀说，一个述行言语（performative）要生效，"必须存在一个被普遍接受的、具有一定的普遍效果的传统程序，包括在特定的环境下，特定的人，说出的特定的话"[21]。后来，在谈到法律决策时，奥斯汀说，"拥有这样的一个程序（事先规定好的、仪式化了的、述行词语与准则，以及准确辨别谁有权使用这些词语的正确的方法）的全部意义，恰恰是为了把特定的后续行为纳入秩序，而把另一些行为排除在秩序之外；当然，这出于许多目的，比如，立法条款，这个目标已经越来越接近于实现了"[22]。谁会"接受"这个"被接受的传统程序"？奥斯汀虽然没有说，但他的意思肯定是"被某一特定的可行性社区接受"。

问题是，居住在这样一个社区里，人们是如何相互关联的呢（related to one another）？在这里，我们可以把两种社区模式对立起来。第一种是大多数人在谈到社区时，都会直接或间接地想到的那种普通的、常识性的社区模式。第二种模式不是那种凭直觉可以想到的，但是，它与第一种模式又有着千丝万缕的联系。人们不愿意认真思考第二种模式，因为它难于理解，并且，还会对第一种模式产生灾难性的后果。第二种社区模式"颠覆"（unworks）了第一种模式。"Unworked"这个词是我根据让-吕克·南希的书名 *La communauté désoeuvrée* 的字面意思，生造出来的。英文版把 *désoeuvrée*（不工作，或者"不是……产物"）翻译成了 inoperative（不起作用）。其优点在于，inoperative 是一个真正的英文词，但它却不能确切地表达 *désoeuvrée* 这个法语词的细微含义。后者 unworked 与马克思主义的 production（生产）和 products（产品）概念有一点含蓄的关联，因为 products 就是 the "works" of the workers' work（工人劳动的产物），正如一般情况下，人类社区把自己看作一群生活和工作在一起的人的产物。人类社区是随着时间的推移建立起来的,是一群人联合起来、共同合作的产物,是他们直接或间接签署社会契约的结果。他们的集体劳动构成了(constitute)社区,有时候甚至是建立在一种明确的"宪法"(constitution)基础之上,例如,我所在的大学英语系——如果它可以算作一个社区的话——就是由系里的"constitution"(系规)控制的。

这个被普遍接受的社区模式把身居其中的个体看作先验性的主体(pre-existing subjectivities)。这些主体为了共同利益已经与其他主体捆绑在一起了。他们之间的交往模式可以被称为"互主性"(intersubjectivity,也有人译为"主体间性")。这种交往是主体间的交流(interchange)。这种交流的前提是假定其他人跟我是一样的。尽管我是一个独立的个体,但是,我们的共同语言使我能够向邻居表达我的思想和情感,告诉他们我是谁,或者通过语言和其他符号理解另一个人的思想和感情。我们这些"体格康健的乡下人,相互之间非常熟悉"。这些共同居住的主体共同创造了语言、房屋、道路、农场、工业、法律、制度、宗教信仰、习俗,以及关于他们的起源和归宿的神话和宗教故事,这些故事不断地被社区宣讲,甚至还会写下来,被当作神圣的典籍,供集体传颂。例如,基督教的事工之一就是每周都要宣讲《旧约》和《新约》中的片段,不消几年的时间,整本《圣经》就能在教会里全部宣讲一遍。从这个意义上说,《圣经》就是把整个社区凝聚起来的那本神圣的典籍。

在这样的社区中,文学是对社区的模仿、反映或者再现,也是对微缩型的社区模式的巧妙的建构。例如,《荒凉山庄》的存在,使你能够把狄更斯所描写的整个伦敦装在口袋里。文学的价值就在于,它是对一个已经存在的社区的真实反映,在于它的述愿价值(constative value),而不是它在建构社区中可能存在的任何述行功能(performative function)。有效的语言,比如文学语言,主要是——而且基本上都是——字面意义,而不是修辞性的,除非是用作修饰,正如描写这种社区模式的概念性术语都要从字面意义理解,*à la lettre*。文学所用的基本修辞方法是提喻(synecdoche),这种修辞方法是用几个例子来代表整体，比如，在《荒凉山庄》中，从施罗普郡来的格里德利 Gridley，就代表着在那里居住的、已经被大法官法院（Court of Chancery，也被译作"衡平法院"）毁掉的整个一个阶级。

尽管在这样的社区中，共同生活的个体无疑会认为他们是有限的、必死的，而且，尽管在社区里，有一块地方被专门辟做墓地，但是，死亡并不能从根本上限定一个社区的生活。社区从一代到另一代的不断更新，赋予了它一种集体的不朽，正如在社区里，共同居住的个体往往会形成一种持久的、想像中的"社区意识"或"集体意识"。每一个单独的个体都会参与其中，沐浴或沉浸在这个集体意识之中，仿佛鱼儿在水中游泳，或者像丹麦人都懂丹麦语一样。死亡很快就会被覆盖、被压制，而且，很快就会被遗忘，在今天的许多美国社区里，尤其如此，如果它们可以被称作社区的话。

我们可能会认为（尽管这是错误的），维多利亚时代的小说，如乔治·艾略特、狄更斯或安东尼·特罗洛普的小说，是直接以这种社区概念为基础的，反映或模仿了那些实际存在的社区。例如，特罗洛普的巴塞特系列小说中的巴塞特郡，就是一个典型的虚构的社区。在这些小说中，全能的叙述者表达了我上面提到的社区的集体意识。根据这种观点，维多利亚时代的多情节小说（multiplotted）代表着不同的"社区模式"，它们以缩微的方式，巧妙地复制了历史上真实存在过的社区。它们再现的客体/目的（object）不是某个个体的生活故事，而是整个社区的生活。这些社区的存在，不管是在现实中还是小说的虚构中，保证了恰当的述行行为的发生，反正在维多利亚小说中（虚构的或者部分真实的）的故事就是这样的。在特罗洛普的小说中，如在所有维多利亚小说中一样，最重要的言语行为或书写行为就是那些当嫁的年轻女子的婚姻，以及通过馈赠、遗嘱和婚姻安置而留传下去的金钱、财产和地位。在维多利亚小说中，这两个主题常常交织在一起。女主人公的婚姻往往是对财产、金钱和地位的重新分配，并把它们传给下一代。

另一种社区模式是近些年提出来的。这些理论的观点虽然不尽相同,但是,这个过程却一直在继续。本尼迪克特·安德森的《想像的社区》引起了很大反响,但是,从总体来看,这本书不过是对第一种社区模式的微妙的、后现代描述。关于这种社区模式的特征,我在前面已经概述过了,现在,我想谈谈另一种模式,主要是以南希的《无效社区》为例。

南希不把人看作个体(individualities),而是看作"独立的存在"(singularities,简称"独体")。每一个人都是从根本上不同于所有其他人的实体(agents)。每一个人都隐藏着一个神秘的他性(alterity),无论如何都不肯展现给其他人。这些独体基本上都是以其有限性或必死性为标志。每一个独体从一开始,就不时地为其将死的事实而受到制约。关于这一点,南希是这样表达的,布朗肖在其《无效社区》(*La communauté inavouable*)中引用了南希这段话中的一部分。布朗肖认为,这是南希在《无效社区》中提出的主要论点:

> 不是主体向社区敞开,而是,反过来,社区的观念超越了主体之形而上学的源泉。社区不会在主体之间编织一种至高无上的、不朽的、超越死亡的生活(而它也不是由低级的、因为相同的血缘或者需要的聚合而编织在一起的),但是,在某种程度上,它在这里就是一个"构成"(constitution)的问题,从这个意义上说,它是有赖于也许是我们错误地称之为"成员"的人的死亡来调节的(calibrated)(因为它并不是一个有机体的问题)。但是,这种调节本身并不是社区的工作。与其说社区把死亡当作工作,毋宁说它本身就是一个工作。社区所赖以调节的死亡并不能把死者融入社区的亲密关系当中,社区本身也不能发挥有效的作用(operate),把死者变成某种物质或主体——无论是祖国(homeland)、本土(native soil)或血缘、民族,还是一个得救的或实现了的人性(delivered or fulfilled humanity),或者绝对的法郎斯太尔社区[phalanstery,指"查尔斯·傅立叶的追随者所建立的一个社区",派生于"方阵"(任何紧密团结或者密集的人群)和修道院]、家庭或神秘团体。

社区依靠死亡的调节,而它又不可能把它当作一个工作(而一旦人们试图把死亡当作一项工作的时候,它就不是死亡的问题了)。社区的出现正是为了承认这种不可能性,或者,说得更准确些——因为这里既没有功能又没有终极性——正是这种把死亡当作工作的不可能性才是"社区"被铭写和承认的由头(the impossibility of making a work out of death is inscribed and acknowledged as "community")。

　　社区是在他人的死亡中被彰显出来的;因此,它总是被彰显给他人。社区总是通过他人、为了他人而被彰显出来。它不是**自我**(ego)——这种从根本上来说不会消逝的主体或物质——的空间,而是**我**(I)的空间。而这个"我"又总是**他者**(除此之外,什么都不是)。如果说社区是在他者的死亡中被显现出来的,那是因为死亡本身是**我**的——而非**自我**——的真正社区。交往(communion)并不能把**不同的自我**(egos)融汇成一个大写的**自我**(Ego),或者一个更高级的**我们**(We)。这是**他者**的社区。必死之人的真正社区,或作为社区的死亡,建立起了他们之间不可能的交往。因此,社区占据着一个独特的位置:接受其自身内在的不可能性(assumes the impossibility of its own immanence),以一个主体形式出现的共有存在(communitarian being)的不可能性。在某种意义上,社区铭写和承认,社区之不可能性,这就是它的独特姿态。[23]

　　读者应该看出,南希的社区模式对史蒂文斯之土著社区——那犹如丹麦人在丹麦的幸福状态——的所有特点,逐一进行质疑。每一个人都是一个"独体",也就是,对他人来说,完全不一样的他者。在南希的社区模式中,每一个独体都不像第一种模式所设想的那样,是一个自我封闭的主体。每一个独体都会被暴露在一个无限的、无底的外部世界,它从一开始就会因为它们共有的必死性而与其他独体共享这个外部世界。他们的社区是由迫在眉睫的死亡限定的。我们所经历的这个死亡并不是我们在自己的死亡中所经历的，因为那是不能"被经历"的，而只能在他人的死亡，在朋友、邻居、亲人的死亡中去经历。

界定这种另类社区模式的语言，出于需要，一定是比喻性的，或者有意的误用（catachrestic），因为没有语言的字面意义可以用来描述这种社区。甚至概念性的词语也用得"语义混乱"（anasemically），也就是说，不同于字典上或我们平时对它们的界定。就连它们喻意上的根源（metaphorical roots），也被直接或间接地拿来调侃。例如，在南希的书中，有 *singularité*（独特性）、*désoeuvrée*（非-产品）、*partagé*（共享）、*comparution*（出庭）、*limite*（边界）、*exposition*（陈述）、*interruption*（中断）、"literary communism"（文学共同体）中的 *littérature*（文学）。布朗肖在 *L'écriture du désastre* 中对 *désastre* 一词的使用，也很复杂，可以看作是另一个类似的例子，他对隐藏在 désastre 中的 *astre*（星星）这部分进行了一番玩味。[24] 我这里给出的是法语原词，因为这些词所包含的细微的意义差别是很难翻译出来的。

第一种社区模式很容易理解，因为那是"我们"大多数人想当然的看法。南希的模式则很难理解或思考。此外，如我前面说过的，人们不愿意认真思考或者接受它，是因为它对另一种模式具有破坏性，是一个灾难。南希对另一种模式的预设所进行的系统的肢解，就证明了这一点。在南希的"无效社区"中，没有主体，没有主体之间的交流，没有社会"契约"，也没有集体意识。

南希对反复出现的一些关键词进行了不同的组合，一次又一次地赋予它们新的含义。这些都是他为了说出不能被说出的事情而做的一系列尝试。它们不断地尝试说出——严格来说——不能被说出的东西。英文版《无效社区》的最后一句话用法语原句，就证明了这一点（法文原版只是英文版五章中的前三章）："这里，我必须打断我自己：你来决定，是否允许说出没有人、没有主体能说出的，把我们大家都暴露出来的话。"[25]

这种基本的"言说的不可能性"决定了南希风格的几个重要特点:

首先,他用的几个关键词不同于这些词在日常生活或者字典中的用法。日常生活中不会这样使用这些词语。它们被悬在空中,左右摇摆,跟什么都不搭界。这种情况的出现是因为它们试图通过与其他关键词的不同组合,而把自己与其他词语分别开来。

第二个风格特点是赤裸裸的冲突,在同一个句子中,否定刚刚说过的话,如"允许说出没有人、没有主体能说出的话"。如果没有主体能说出这样的话,那么,可以想像,谁或者什么又能来说呢?

第三个特点是南希所讲的故事的间接的空间化,这一点有点奇怪。界限(limit)、共享/剥夺(sharing/shearing)、说出(articulation)、中止(suspension)、揭示(exposition),等等,这些比喻都间接地具有空间性。这些词语都诱使读者再一次思考,南希到底在思考什么啊? 在这个特定的怪异的空间,有关形态的术语一提出来就马上被收回去。比如,界限不是边缘、疆界或边界,因为超越了界线,就什么都遇不到了。这就好比宇宙学家所说的有限但又没有疆界的宇宙。你面临一个局限,一条疆界,但是,你无法走出你的小天地,因为在它之外什么都不存在,也没什么超验的外部。再举一个例子,"*partagé*"是具有双重含义的词,既有"共享"又有"分割"、"分化"的意思(shared/sheared)。这是一个表示空间和形态的词,但你很难想像什么东西是既可以共享又可以分割的。南希专门写了一本书,讨论这个问题,那就是 *Le Partage des voix*,[26]探讨法语中"partage"一词微妙而又相互矛盾的意思。

南希风格(也就是他的"思想")的最后一个特点是,他提出的社区模式是对大多数人在回答"什么是社区?"这个问题时心里所想到的那种社区模式的公然否定(尽管这个词并不是太确切)。黑格尔曾经说过,完全的否定就是辩证的肯定。按照黑格尔的观点,这两种模式并不是对立或相互否定的。它们互为前提,相互纠缠在一起,共生共荣,尤其是在你想要表达其中一个的时候。比如,在一部小说或一篇理论性论文中,例如,南希的著作,或者你现在正在读的这几段话,或者我刚才读的史蒂文斯的诗。常识性的模式事先决定了先验性的自我封闭的"个体"、"主体"、"自我"和"人"。这些自我无疑是有限的,必死无疑的,但却是总体化的,趋向于总体性的,而在那个意义上,它又是不朽的。然后,这些个体遇上其他个体,之后,通过主体间的交流而达成一种协约或契约,建立起一个社会,一个享有共同故事(关于起源和终结的神话)的社区,共同的语言、制度、法律、习俗、家庭结构等等,家庭结构又有制约婚姻和遗产制度、性角色的规则,这一切都是有机构成的,是生活在一起的个体共同构成的。一群人共同生活和工作,建立起了内部紧密团结,在地理位置上封闭、独立的土著社区。语言是一种工具,它可以发挥效用(work),生产(makes),也就是,制造社区之间的相互交往。

南希说,我们现在知道,这样的社区从来不曾存在过,尽管《无效社区》的第一句话重新证实了这个熟悉的历史之谜。那种神话或意识形态假定这样的社区曾经存在过,而且,现代性就是以其分解为标志的。南希说,"现代世界最严峻、最痛苦的见证,涉及这个时代必须回应的所有其他见证(根据某些未知的法令或必要性来回应,因为我们也见证了历史思维的枯竭),这就是社区的分解、错位和灾难"[27]。那种普遍认定的社区模式总是/早就因为另一种模式的存在而失去效用(unworked, désoeuvré)。那种另类模式是一种否定,如果不是在辩证的意义上,进行某种"扬弃"(synthetic *aufhebung*)的话,那么,它至少也对另一个予以否定。它界定自己的方式,就是通过对"第一种"模式的逐一否定。南希用独体代替了自我封闭的主体,这些独体生来就"参与"、共享、被剥夺,面对着外部一个无底的深渊。独体是外向的,在一切都消失的极限点,暴露给其他独体。在这样的社区里,语言成了文学,即布朗肖或德里达所说的"书写",而非神圣的神话。文学是社区无效性的表达。

下面是南希用以说明"无法实行"或"无效用"的社区的一个关键性例子。我给出的是英语翻译,[28]尽管在有些地方,为了不破坏法语原意中的细微差别,而保留了一些法语单词和短语。

　　交往所包含的最重要的因素就是对这种有限性（finitude）[29]的共享以及它的必然出庭（compearance, comparution）：也就是说,交往主要在于这种移位（dislocation）,这种相互作用（interpellation）,正是这种相互影响表明他们是互为一体、相同的（be constitutive of being-in-common）——准确地说,这种"相同"并不是一种普遍的存在（a common being）。有限的存在首先是根据场所划分,根据延伸——partes extra partes——而存在的,即每个独体都被延伸开去（正如弗洛伊德所说的："精神被延伸开去"）。它不封闭在一个形式内部——尽管它的整个存在触及了它独特的界限——但它是什么就是什么,独特的存在（存在的特性）,只有通过延伸,通过在存在中向外延伸的非现实（areality）——不管它的"自我中心"达到何种程度或欲望——这使它只能通过暴露给外部才能存在。这个外部只不过是另一个非现实,另一个独体——也就是同一个他者的暴露。这种暴露,或这种说明—共享,从一开始就导向了先于任何语言表白的独体之间的相互作用（尽管它最先给语言的表白提供了可能性）。有限性"出庭"了,即被暴露出来：这就是社区的本质。

　　在这种状况下,交往不是契约。"社会契约"这个比喻不幸地把一种假定的现实（契约的现实）强加给了"主体"（也就是客体）,有人曾试图把一种可疑的"互主性"强加给这种现实,实质上是要把这些客体相互关联起来。这将是经济联结或承认的契约。但"出庭"是比契约更原始的一个秩序。它没有建立自身,没有稳固自身的地位,也没有出现在已经给定的主体（客体）之中。它就是这种中间状态的出现：你和我（我们之间）——在这个公式中,和不表示并置,而表示暴露。出庭所表现的是下列内容,我们必须学会以各种可能的组合来阅读它:"you (are/and/is) (entirely other than) I"(*toi*[*e*(*s*)*t*] [*tout autre que*] *moi*),即你(是/和/是)(除此之外)我。或者,简单地说,你跟我一样(you share me [*toi partage moi*])(或者"*you shears me*"你分割了我——米勒2013年11月11日)。

  只有在这种交往中,才能产生独特的存在——没有契约,也没有交往,与任何外部的联系或参与都保持相同的距离,与共同的或融合的内部也保持相同的距离。交往的核心就是暴露给界定独体的外部世界。独体也正是在其存在中,也只有在其存在中,才能暴露给外部世界。正是由于这个位置和这种原始结构,它既是不相干的(detached)、不同的(distinguished),又是共有的(communitarian)。社区就是这种不同的不相干(或削减)的表现,这种不同不是个性化,而是有限性的出现。[30]

好吧,这就是南希最难懂的地方,你必须一遍一遍地读,才可能知道他到底在说什么。对南希来说,如果"神话"是对共同生活在一起的第一种社区的语言表达,那么,"文学"就以一种或另一种隐讳的方式为那种冲突命名,为第二个社区模式命名。这赋予文学(对南希来说,不仅包括由小说、诗歌和戏剧等构成的文学本身,也包括哲学、理论和批评)一种明确的政治功能,如他在《无效社区》的第三部分和最后一部分,即"文学的共同体"(Le communisme littéraire)的结尾所断言的:

  正是由于有了社区——虽然这个社区从来都不起作用,而且在每一个集体和每一个个体的心中总是受到抵制——而且,因为神话被打破了——总是被自身的表述所中止和分化——才出现了"文学共同体"的危机。而这意味着:思维,无数声共同参与的一种实践,按照这种说法,没有独体,而只有暴露在公众场合下的独体,没有社区,而只有给独体设置了界限的社区。

这并不能决定任何特殊的社会模式(mode of sociality),也没有建立某种政治(politics)——如果某种政治能够被"建立"的话。但它至少划定了一条界限,所有政治都将在这里结束和开始。在这条界限上发生的、事实上也构成了这条界限的交往,要求我们以那种方式共享命运,让社区向自身敞开,而不是向命运或未来敞开,我们称那种方式为政治。"文学共同体"至少表明:在对可能导致其完善(achever 一词的任何一个意思——也有"完成"的意思)的任何事物的无限抵制中,社区表示一种不可抵抗的政治危机,而这种危机要求有某种"文学"的东西,把我们的无限抵制铭写下来。

它所定义的不是一种政治,也不是一种书写,相反,它抵制任何定义或程序,不管它是政治、美学或哲学。但它却不能委身于每一种"政治"或每一种"书写"的内部。它发出了一种信号,这种信号是对热衷于"文学共同"抵制的一种偏见,这种抵制先于我们而存在,因此不是我们的发明——它先于我们而产生于社区的深处。不想了解这一点的政治是一种神话,或一种经济。不想描写这一点的文学是纯粹的消遣,或者谎言。[31]

我们必须再提出一个问题,并予以回答。如果第一种社区保证了适当的述行表达——诺言、婚誓、合同、遗嘱,等等——那么,第二种社区里的言语行为又会怎样呢?把"一组或者一群'被暴露的'、完全互为他者的独体聚合在一起",通过一种不可能构成社区的方式,形成一个社区,这样的社区不可能为"以言行事"提供一个坚实的基础。在这种"无效社区"中,奥斯汀在《如何以言行事》中为适当的言语行为所规定的条件都没有得到满足。社区成员都是封闭的自己或自我(enclosed selves or egos),不能为自己所说的话负责,或者把昨天做出的承诺坚持到今天。没有社会契约或者宪法,来确保法律或制度的建立和实施。

不能指望任何透明的"主体间"的交往来替我证明另一个人的言语行为是真诚的。这样的社区是"不可明言的",布朗肖在《不可言明的社区》中所用的 inavouable 一词有双重的含义。一个无效的社区仍然是秘密的,不能向公众明言的。布朗肖的例子是乔治·巴塔耶及其同事所建立的秘密社区,这个社区的成员以砍头的方式表示自己效忠于另一个社区的成员(因此被命名为"Acéphale",砍头党)。这样一个社区当然要保守秘密了,尽管人们可能注意到,在古代近东地区,早期基督徒在敬拜中,也举行祭祀仪式,来纪念耶稣被钉十字架,有时候,也真的很血腥。可以说,美国社会的凝聚力是靠一次次实行"死刑"来维持的。那些住在死囚牢中的人必须死掉,这样我们的社区才会相安无事。

然而,这样一种无效社区在另一方面也是"不可公开的"。它没有给任何誓言或言语行为提供坚实的基础。这并不是说,在无效社区内部,没有言语行为,也不是说这些言语行为是没有效用的。而是说,这种言语行为不受任何公开的法律和制度的保护。它们要发挥效用,靠的是不断自我生成、自我维持的决心。从某种意义上说,这种言语行为有点像一个人提着自己的鞋带把自己从南希和布朗肖命名为"死亡"的深渊上提起来。

马修·阿诺德在《多佛海滩》(Dover Beach)的最后一节,表达了这种不能说出的、本身就自相矛盾的誓言。阿诺德描写了布朗肖所谓的两个独体之间没有爱情基础的一种普遍的爱情,也就是大写的 Love。它也不具备其他的普遍性基础,比如信任、和平、快乐、光明等等,而这恰恰是情人之间交流适当的爱情誓言的必要条件。阿诺德的抒情主人公恳请他所爱的人与他一起经历布朗肖所谓的"没有爱情的爱情"(amour sans amour)。这是无效社区里唯一可能存在的一种爱情:

　　啊,爱人,让我们
　　相互忠诚!因为我们眼前的世界
　　就仿佛一片梦境,
　　如此多样,如此美丽,如此新奇,

实际上没有快乐,没有爱,没有光明,

也没有信任、和平,和解决痛苦的帮助……[32]

与 community 同源的另一个词 communion 会使人想起基督教的圣餐和弗洛伊德关于原始部落的理论。这里,雅克·德里达向南希提出的一个挑战将有助于我进一步阐述社区的这两个概念。德里达攻击的靶子不是南希的《无效社区》,而是他的《自由的体验》。[33]为了公平起见,这里必须说明,德里达对《自由的体验》的质疑,是该书对"兄弟情义"(brotherhood)的强调,而在《无效社区》中,这一点并没有提到。在第一种社区中,如南希的《自由的体验》,成员之间是通过他们共享的东西而相互交往的。他们所共享的东西是,他们杀死了父亲,而且,还共享(shared/sheered)他的身体,吃掉他。这使他们成为"兄弟",成为"同胞"(波德莱尔在《恶之花》一开头,就感叹到"——虚伪的读者,我的兄弟,我的同胞")。他们都是一样的。他们犯有相同的罪孽。他们彼此相像,因此,相互之间没有秘密,就像史蒂文斯诗中的兄弟一样,其文化产生于母亲用风琴演奏的歌。

法国大革命的口号是"自由、平等、博爱",把自由与博爱联系了起来。而自由则要通过反对君主专政的暴力行为才能获得。法国大革命的参与者都犯下了杀死国王的罪。现代的英国民主也清醒地砍下了查尔斯一世的头。[与之相反,西班牙格拉那达的阿罕布拉宫(Alhambra)没有弑父,他们(the Sultan)砍了36个王子的头,连狮子喷泉都流淌着他们的鲜血。]

一个博爱社区(fraternal community)并不是以博爱的方式团结在一起的,如果这种社区真的存在的话。他们对待异己,对待那些与他们不同的人,那些不参加圣餐仪式,也不按照耶稣在最后的晚餐中对信徒们所说的话——"这是为了纪念我"(This do in remembrance of me)——来行事的人,并不博爱。这样的社区并不是一个宽容的社区,对社区之外的人往往施以难以言表的酷刑,如同基督徒把阿拉伯人和犹太人从西班牙驱逐出去,最终把阿拉伯人从阿罕布拉赶走一样。这样的社区依赖排外而获得团结。你要么站在我们这一边,要么就反对我们,而如果你反对我们,你就是"邪恶的人",正像乔治·布什口中的伊拉克、朝鲜、索马里等等。最后,除了美国之外,剩下的为数不多的几个国家,不是"核心成员"、反战分子(peaceniks)、颠覆分子,就是隐身的恐怖主义分子和恐怖主义者的朋友,简言之,他们都是邪恶的人(evildoers),其余的则是他们的帮凶。这种情况是依照一种不可置换的、可怕的自杀逻辑发生的,这种逻辑已被界定为同胞友爱而嵌入了民主。最终,好人堆里就只剩下布什及其同僚了,然后,他们也开始相互排挤,一个"成为另一个的剑下之鬼"。后面这个短语是人们用来描述最近发生在中情局的负责人乔治·泰尼特(George Tenet)身上的故事的,乔治·布什在其2003年的国情咨文中,说伊朗正从尼日尔寻找铀,而这一谎言最后是由乔治·泰尼特来承担责任的。

顺便问一下,在这个范式中有女性吗?不管是姐妹、母亲、妻子,还是情人。难道她们跟男人不一样,不是异类(not non-semblables)吗?莫里斯·布朗肖是这样认为的,玛格丽特·杜拉斯也这样认为。在《不可言明的社区》中有一章是"情人的社区",布朗肖在阅读杜拉斯的《死疾》(The Malady of Death)的基础上,在参考了列维纳斯以及特里斯坦和伊索尔德的故事之后,他提出了另一种版本的"不可言明的社区",不同于他在该书第一部分所描写的"不可言明的社区"。这是一个由两个情人构成的不可能的"两个人的社区":

> 让我们也记住,即使是特里斯坦和伊索尔德的故事所代表那种共享爱情的范式,这种爱情关系也会排除简单的相互性,以及他者与相同者(the Other and the same)混合而构成的统一。这使我们又回到了那个预言上来,即激情逃避可能性,对那些已经拥有激情的人来说,激情回避他们自己的力量,他们自己的决定,甚至回避他们的"欲望",因为它本身就是怪异,既不考虑他们所做的事,也不考虑他们想要的东西,而把他们吸引到一个奇怪的地方,在那里,他们与自身离异,

进入一种使他们相互离异的亲密状态。那么,他们就处于永久分离的状态,仿佛死亡已经来到他们中间了吗?没有分离,没有分化。不可接近,在不可接近中,在无限的关系中。[34]

在《流氓国家》(Voyous)中,德里达更接近于布朗肖,而非南希的自由人的博爱观。与南希相反(也不同于列维纳斯),德里达提出了一个不相同的、异类的社区(a community of dissimilars, non-semblables)。这个社区是由相互间具有绝对差异的邻居构成的:

……纯粹的伦理,如果有的话,始于对他者作为绝对异类(absolute unlike)的可敬的尊严,被认为是不能被辨认出的,实际上是辨认不出,超出了所有的知识的范畴,所有的认知和再认;实际上远远超出了纯粹的伦理之初,如果邻居都是一样的,或者相类似的,看起来像的,就注定了这种伦理的毁灭,如果有这样的伦理的话。

… l'éthique pure, s'il y en a, commence à la dignité respectable de l'autre comme absolu dissemblable, reconnu comme nom reconaissable, voire comme méconnaissable, au-delà de tout savoir, de toute connaissance et de toute reconnaissance; loin d'être son commencement, le prochain comme semblable ou ressemblant nomme la fin ou la ruine de l'éthique pure, s'il y en a.[35]

最后,我想问一下:假使认真对待南希提出的由独体构成的社区,或用林吉斯的话说,由毫无共同之处的人构成的社区,那么,这将如何让人以不同的方式,思考王逢振和谢少波关于全球化的后果呢?

首先,我要说的是,南希的社区观及其传统,就如同其他文化资本主义的产品一样,也是西方的发明。南希的独体社区是彻头彻尾的西方产品。这也说明,"西方意识形态"并不是铁板一块。然而,南希的社区观念,就像其他同类产品一样,也同样断言自己显而易见的普遍性。在南希的独体社区中,不仅西方的男人、女人是独立的存在,而且,各个时代各个地方的男女都是独立存在。即便如此,南希的思想依然是西方产品,甚或只是法语语言的产品。我看不到它走出这一困境的任何可能性。任何关于社区的思想都是一种特定语言的习惯性表达,但本身又倾向于表达一种普遍性。不管怎么说,也许我们可以说,每一个社区都应该有自己独特的社区观,只适合于那个社区的社区观。这样的话,也会有人质疑我自己的论文,更不用说南希声称具有普遍性的断言了。我怎么才能避免从我的传统去说话呢?如此一来,一整辑的 ARIEL 都致力于用英语思考全球化以及对土著文化的破坏,这种做法本身也许就是它要反对的一种形式。

我要说的第二点是:如果我们认真对待南希的社区模式的话,那么,它至少在某种程度上,打破了(disqualifies)王和谢提出的快乐的土著与数码冲浪者之间的二元对立。前者在自己独特的文化中如鱼得水,而后者已经被全球资本主义彻底渗透、破坏了,它剥夺了他们的独特性,使他们和大家都一样。大家应该还记得,王和谢是这样说的,"跨国资本及其处于霸权地位的意识形态和技术,似乎正在全球范围内抹杀差异,把同一性和标准化强加给意识、感觉、想像、动机、欲望和审美趣味"。根据南希的社区模式,无论是土著,还是数码冲浪者独体都不会受到土著文化的影响,也不会削平美国大众文化的差异。在他们表面的文化外衣之下,土著和数码冲浪者都依然独立存在,彼此之间互为他者,尽管他们可能作为土著而生活在一起,或者作为数码冲浪者,通过 email 或者 AOL 短信平台进行交流(如果是在今天,我会用 Facebook 和 Twitter 来代替 AOL 短信平台,广泛使用的社交平台变化得很迅速——米勒 2013 年 11 月 12 日)。用海德格尔的话说,以"向死亡靠近"为根本特征的存在(Dasein)的孤独,在人、在"他们"这个异化的表层之下,仍然毫发无损,尽管海德格尔视"存在"为"与他人一起"。[36] 是的,每个人都要一个人赴死,不管是男人还是女人,过去是这样,现在还是这样。

尽管如此,我们依然可以说,居住在所谓的土著文化的独特环境里,也就是说,没有受到全球化影响的一种当地的生活方式,如果这种方式仍然存在的话,那么,与其生活在全球同质化的文化中,还不如生活在这些相互独立的他者当中。全球同质文化正在迅速传遍整个人类。我同意,文化、语言和风俗的多样化,正如植物和动物种属的多样化一样,本身是好的。此外,一些地方文化已经在他们的宗教和文化表现中意识到了迫在眉睫的死亡,而西方大众文化却通过电影和电视庸俗华丽的场面,生硬地避免死亡。每一种本土文化都应该竭力去抵制全球资本主义。如南希所说,一种方式就是通过他所谓的"文学共同体",也就是包括哲学和批评理论在内的文学、诗歌、小说、电影、电视剧等,来对峙我们在独立中的团结,尽管他也知道,这种对峙是不可能的。布朗肖的"故事"(récits)可能是这种文学的模式。唉,只有那么宝贵的一点点被今天的新媒介写出来或制作出来了。

最后,我认为,诋毁电讯技术是不会有什么好结果的。一方面,这些技术是要待在这里的,手写也不能把它们剔除出去;另一方面,电影、电视、手机、电脑都是相对中性的,虽说它们的存在改变了"土著"文化,但它们的文化力量却取决于对它们的使用。它们可以用来加强和保存地方语言和地方生活方式,不管会遇到什么困难。最近在《科学美国》上有一篇文章《解密数字分化》,[37] 其中严格区分了不同的项目,一些项目只是简单地在"不发达国家"安置计算机,在这种情况下,计算机基本被用来玩电脑游戏;另一些则通过安置计算机支持和维持地方文化,如在印度南部的贫困地区。华沙(Warschauer)的主要例子是在印度贫困地区中央邦(Madhya Pradesh)的 Gyandoot 项目,它通过闭路网络发布农作物的价格、医疗等等,旨在维护和提高"本土文化",而不是破坏它。尽管有人可能会质疑,电脑的出现本身就是那种本土文化终结的开端。

全球资本主义文化的同一化效果是相当有力的,但一些小规模的地方文化仍以习俗和独体的名义进行抵抗。尽管西方批评理论与文学和西方文化资本主义相伴共生,但它们也可以用来支持对全球化的抵制,正如资本主义的电讯产品可以用来反对资本主义一样。这是一个有意选择的问题,而不必被动地屈服于某一必然的像Juggernaut[38]一样的庞然大物。毋宁说,对全球资本主义的抵制是独体聚集起来的"土著社区"内的一些反常的言语行为。这些言语行为在对全球环境进行地方的改造,可能会有助于保存独体的地方社区。似乎有些悖论的是,另一种西方产品,即西方文学,如华莱士·史蒂文斯的诗或维多利亚时代的小说,最终往往证明了其人物在关键的抉择时刻都具有不可知的特性。然而,要令人信服地表明这一点,将是另外一回事了。

注释

[1] 王逢振、谢少波,《全球化与本土文化:ARIEL 2003年特刊的征稿通知》(Globalization and Indigenous Cultures: Proposal for ARIEL Special Issue 2003),第1页。也可参阅王逢振、谢少波编辑的 ARIEL 特辑,34:1(2003)《全球化与本土文化》。

[2] 关于"rogue"这个概念,可以参照雅克·德里达的《流氓国家:两篇探因文章》(Voyous: Deux essais sur la raison)(巴黎:Gallilée,2003),这本书尤以有力和睿智著称。英文版 Rogues: Two Essays on Reason,由 Pascale-Anne Barault 和 Michael Nass 翻译(斯坦福:斯坦福大学出版社,2005)。

[3] 关于 cybersurfer 这个词的含意,我曾经专门咨询过米勒教授,他说,"cybersurfer" is an idiomatic and quite strange word in English。说白了,这个词就是指上网的人,也许"网民"的说法更加大众化一些。——中译者注

[4] 参见莫里斯·布朗肖(Maurice Blanchot),《处于零点的人》("L'homme au point zero," L'Amitié)(巴黎:Gallimard,1971),第87—97页;英文版,"Man at Point Zero," Friendship,由 Elizabeth Rottenberg 翻译(斯坦福:斯坦福大学出版社,1997),第73—82页;克劳德·列维-施特劳斯(Claude Lévi-Strauss),《忧郁的热带》(Tristes Tropiques),由 John Russell 翻译(纽约:Atheneum,1970)。

[5] 叶芝,《诗歌集注版》(The Variorum Edition of the Poems),由 Peter Allt 和 Russell K. Alspach 编辑(纽约:Macmillan,1957),第405页。

[6] 华莱士·史蒂文斯(Wallace Stevens),《诗歌选集》(The Collected Poems)(纽

约：Vintage,1990)，第 418—419 页。

[7] 史蒂文斯，《诗歌选集》，第 76 页。

[8] 史蒂文斯，《诗歌选集》，第 356 页、第 128—130 页、第 93 页、第 235 页。

[9] 参阅 http：//en. wikipedia. org/wiki/Damariscotta,_Maine(登录时间是 2013 年 11 月 9 日)。

[10] 史蒂文斯，《诗歌选集》，第 37 页。

[11] 参阅马丁·海德格尔(Martin Heidegger)，《演讲及论文》(两卷本)中的《建筑、居住和思考》("Bauen Wohnen Denken," *Vorträge und Aufsätze*) (Pfullingen：Neske, 1967)，第 2 卷，第 19—36 页；英文版文章"Building Dwelling Thinking"见《诗歌、语言、思想》(*Poetry, Language, Thought*)，Albert Hofstadter 翻译(纽约：Harper & Row,1971)，第 145—161 页；以及《荷尔德林诗歌解析》第 2 版中的《回家/致亲属》("Heimkunft/An Die Verwandten,"*Erläuterungen zu Hölderlins Dichtung*)(法兰克福：Vittorio Klostermann, 1951)，第 13—30 页；英文版文章"Homecoming/To Kindred Ones"见 *Elucidations of Hölderlin's Poetry*，Keith Hoeller 翻译(Amherst, NY：Humanity Books, 2000)，第 23—49 页；《诗意的栖居》，见《演讲及论文》("... dichterisch wohnet der Mensch ... " *Vorträge und Aufsätze*)第 2 卷，第 61—78 页；英文版"... Poetically Man Dwells ... "见 *Poetry, Language, Thought*，第 213—229 页；弗雷德里希·荷尔德林(Friedrich Hölderlin)，《回家/致亲属》("Heimkunft/An Die Verwandten"[Homecoming / To the Relatives])见《诗与片段》(*Poems and Fragments*)双语版，Michael Hamburger 翻译(剑桥：剑桥大学出版社,1980)，第 254—261 页。

[12] 史蒂文斯，《诗歌选集》，第 420 页。

[13] 史蒂文斯，《诗歌选集》，第 418 页。

[14] 史蒂文斯，《诗歌选集》，第 419 页。

[15] 詹妮弗·巴乔勒克(Jennifer Bajorek)，《国家安全办公室,或荷尔德林的恐怖主义》(The Offices of Homeland Security, or, Hölderlin's Terrorism)，《批评探索》(*Critical Inquiry*)，第 31 卷，第 4 期(2005 年夏季刊)，第 874—902 页。

[16] 乔治·布什，《我们国家已经觉醒,我们要保卫自由》(We Are a Country

Awakened to Danger and Called to Defend Freedom),网址:http://www. hum. uu. nl/medewerkers/a. j. boekestijn/historisch%20ambacht/Bush%20speech. htm。

[17] 巴乔勒克,《国家安全办公室》,第894页。

[18] 本尼迪克特·安德森(Benedict Anderson),《想像的社区:关于民族主义之起源与扩散的思考》(*Imagined Communities*:*Reflections on the Origin and Spread of Nationalism*)(纽约:兰登书屋,1983)。

[19] 乔治·巴塔耶(Georges Bataille),*L'apprenti sorcier du cercle communiste démocratique à Acéphale*:*Textes, lettres et documents*(1932—1939),Marina Galletti 编辑(巴黎:Éditions de la Différence, 1999);莫里斯·布朗肖(Maurice Blanchot),《不可言说的社区》(*La communauté inavouable*)(巴黎:Minuit, 1983),英文版 *The Unavowable Community*,Pierre Joris 翻译(Barrytown, NY:Station Hill Press, 1988);让-吕克·南希(Jean-Luc Nancy),英文版《无效社区》(*The Inoperative Community*),由 Peter Connor 编辑,Peter Connor、Lisa Garbus、Michael Holland 和 Simona Sawhney 翻译(明尼阿波利斯:明尼苏达大学出版社,1991);南希,*Être singulier pluriel*(巴黎:Galilée, 1996),该书英文版《独体之复数》(*Being Singular Plural*),由 Robert D. Richardson 和 Anne E. O'Byrne 翻译(斯坦福:斯坦福大学出版社,2000);吉奥乔·阿甘本(Giorgio Agamben),*La comunità che viene*(Turin:Einaudi, 1990),该书英文版《未来的社区》(*The Coming Community*),由 Michael Hardt 翻译(明尼阿波利斯:明尼苏达大学出版社,1993);阿尔方索·林吉斯(Alphonso Lingis),《没有共通之处的人之社区》(*The Community of Those Who Have Nothing in Common*)(布鲁明顿:印第安纳大学出版社,1994);雅克·德里达和 Maurizio Ferraris,《品尝秘密》(*A Taste for the Secret*),Giacomo Donis 和 David Webb 编辑,Donis 翻译(剑桥:Polity, 2001);德里达,英文版《流氓国家》(*Rogues*);德里达,法文版《流氓国家》(*Voyous*),见注释2;德里达,《信仰与知识:理智局限下的"宗教"之两个源泉》("Foi et savoir: Les deux sources de la 'religion' aux limites de la simple raison," *La religion*),Jacques Derrida and Gianni Vattimo 编辑(巴黎:Seuil, 1996),第9—86页;英文版"Faith and Knowledge: The Two

Sources of 'Religion' at the Limits of Reason Alone",见《宗教行为》(*Acts of Religion*),Samuel Weber 翻译,Gil Anidjar 编辑(纽约:Routledge,2002),第42—101页。

[20] 布朗肖,《不可言说的社区》(*The Unavowable Community*),第1页;法文版,第9页。

[21] 奥斯汀,《如何以言行事》(*How to Do Things with Words*)第2版,编辑 J. O. Urmson 和 Marina Sbisà(牛津:牛津大学出版社,1980),第14页。

[22] 奥斯汀,《如何以言行事》,第44页。

[23] 南希,《无效社区》英文版,第14—15页;法文版,第41—42页。——原注
南希的 *La communauté désoeuvrée* 中文版书名有两种译法,一个是《解构的共通体》,由郭建玲、张建华等译,夏可君编校(上海:上海人民出版社,2007);一个是《非功效的共通体》,见 http://www.douban.com/group/topic/5080817/,登录时间是2015年8月16日。在这篇文章中,被暂译作《无效社区》。文中引用的片段均是本书译者从米勒所使用的英文翻译过来,有些地方,连译者本人也不甚了了。米勒一再跟我说,南希的文章本来就很难懂,译成英文时,译者也是尽力保持原文的风格,选择直译。所以,译文不通之处,还请大家谅解。懂法语的人,最好对照法语原文去看。——中译者注

[24] 布朗肖,《书写灾难》(*L'écriture du désastre*)(巴黎:Gallimard, 1980);英文版 *The Writing of the Disaster*,由 Ann Smock 翻译(林肯市:Nebraska 大学出版社,1995)。

[25] 南希,《无效社区》英文版,第81页。

[26] 南希,*Le Partage des voix*(巴黎:Galilée, 1982)。

[27] 南希,《无效社区》,第1页。

[28] 当然,在这里被翻译成了中文。——中译者注

[29] "有限性"对应的英文词是"finitude"。经过跟作者核实,这里的"有限性"就是指南希上文提到的"mortal",即每个人都会死的事实。——中译者注

[30] 南希,《无效社区》英文版,第29页。

[31] 南希,《无效社区》英文版,第80—81页。

[32] 马修·阿诺德,《诗选》(*The Poems*),编辑 Kenneth Allott(伦敦:朗文,

1965),第 242 页。

[33] 南希,《自由的体验》(*L'expérience de la liberté*)(巴黎:Galilée,1988);英文版 *The Experience of Freedom*,由 Bridget McDonald 翻译(斯坦福:斯坦福大学出版社,1993)。

[34] 布朗肖,《不可言说的社区》,第 42—43 页。前一页有一段很长的话,可以说为特里斯坦和伊索尔德的故事做了一个铺垫和注解。布朗肖说的是杜拉斯之《死疾》(Marguerite Duras's *La Maladie de la Mort*)中两个情人之间的关系:"……在这种同质性中——对同一性的肯定——理解要求那种异质性的突然出现,也就是说,任何关系都要依据绝对的他者才有意义:不存在关系,意愿甚至欲望要跨越不可跨越之物的不可能性,突然的、秘密的(时间之外的)会面废除了它本身与那种破坏性情感的关系,一个人由于被剥夺了'自我'而被放逐到他者那里,永远不会确切地体验那种情感。实际上,破坏性情感超越一切情感,忽视怜悯之情,让意识充溢流出,打破自我的参与,并毫无理由地要求自行摆脱一切要求的东西,因为在我的请求中,不仅有可以满足那个要求的彼岸,还有所有要求的东西的彼岸。过高的要价,对生命的强暴,不能内含于生命,因此打破了总是持续生存的假象,走向一种无尽头的死亡或无休止的'错误'的怪异。"(布朗肖,《不可言说的社区》,第 41 页)

[35] 德里达,英文版《流氓国家》,第 60 页;法文版,第 90 页。我在这里特意把整段的法语原文放在了括号里,旨在使读者了解德里达遣词造句的方式是如何复杂,英文翻译基本上保留了这种风格。

[36] 马丁·海德格尔,《存在与时间》(*Sein und Zeit*)(Tübingen:Max Niemeyer,1967),第 235—267 页;英文版 *Being and Time*,由 John Macquarrie 和 Edward Robinson 翻译(伦敦:SCM Press,1962),第 279—311 页。

[37] 马克·华沙(Mark Warschauer),《解密数字分化》(Demystifying the Digital Divide),见《科学美国人》(*Scientific American*)(2003 年 8 月),第 42—47 页。

[38] Juggernaut 源于十九世纪中期印度 *Ratha Yatra* 的一种寺庙用车,其车轮所到之处,一切毁于无形,后来泛指一切庞大的、威力无比的毁灭性物体或力量。——中译者注

第九篇 "物质利益":
英国现代文学对全球资本主义之批判[①]

约瑟夫·康拉德之《诺斯特罗莫》(*Nostromo*,1904)的叙事结构极为复杂,为叙事学研究者提供了一个绝佳的机会,来展示现代作家们——比如福克纳、沃尔夫、詹姆斯,以及康拉德本人——所采用的各种复杂的叙事技巧。叙事学专家所归纳的几乎所有的叙事方法,都可以在这部小说里一窥端倪:时间的跳跃;倒叙与预言式叙述;叙事之中断;通过"全能的"[1]叙事者自由的、间接的话语,或者限知的第一人称叙事者(interpolated first-person narration),或者口头话语/对话(spoken discourse),实现从一个人物的内心世界向另一个人物的"焦点"转换;叙述者从远距离的、全景式的描述,转向近距离的特写镜头;

---

① 这篇演讲是2004年6月5—9日,米勒教授在郑州大学参加"全球化与本土文化"国际研讨会时的发言。稍后,又在清华大学召开的"批评探索:理论的终结?"国际研讨会上,宣读了这篇论文。这篇论文的部分内容曾经被张一凡和郭英剑编译,发表在《郑州大学学报》(哲学社会科学版),2004年第5期,第127—130页。收入本书时,由国荣做了补充和修订。

纵观全篇,米勒教授一直在强调,康拉德之《诺斯特罗莫》在叙述方式上的复杂性,正是他复活"事物本来面目"的一种手段,也是他采用另类方式书写历史的典型范式。《诺斯特罗莫》的主要成就,就在于它寓言性地展示了西方帝国主义对南美洲这种第三世界国家的经济掠夺和军事干预,也是我们理解世界全球化现状与本质的一个重要窗口。——中译者注从不同的主体视角,讲述同一个事件;引用文档,等等。[2]

　　如果把这些迂回的片断衔接起来,人们就可以大致获得苏拉科(Sulaco)发展的历史和时间轨迹了。故事是从中间开始的,然后,又不停地倒叙、插叙,以至于读者可能会应接不暇,不知道在这个时间轴上,一个事件与另一个事件发生的先后顺序。就好像在叙述者无边无际、不受时间约束的心灵里,所有这些镜头,如同无休无止的白天和黑夜一样,不断地在《诺斯特罗莫》的高尔佛普拉西多(Golfo Placido)这片土地上轮番上演,一次又一次。故事的呈现是全方位的,而不是人们常说的那种康拉德惯用的印象派手法。如果说《诺斯特罗莫》的目标是重新建构一个想象中的中美洲国家的历史,那么,这部小说在形式上的复杂性,远胜于它含蓄地指出,形式即意义,也就是说,如果康拉德要讲述他想讲述的故事,那么,这种形式上的复杂性就是必要的。《诺斯特罗莫》在叙事方面的复杂性,旨在通过叙述来复活"事物的本来面貌",以对抗它视为错误的线性历史叙述。在这篇文章的末尾,我还会回到现代叙述方式在社会、政治和伦理方面的"有用性"这个问题上来。

　　弗雷德里克·詹姆逊的口号是"永远历史化",他的意思是说,我们应该把英国现代文学作品,或者任何时代的任何文学作品,都放到它当时的历史语境中去解读。这无疑是对的。然而,二十世纪初的一些英国文学作品,却与今天的全球局势产生了一些不可思议的共鸣(uncanny resonance),例如,在福斯特的小说《霍华德庄园》(E. M. Forster's *Howards End*)中,威尔克斯(Wilcox)家族对非洲的掠夺;弗吉尼亚·沃尔夫的小说《黛罗维夫人》所呈现出的,对抗给赛普蒂默斯·史密斯(Septimus Smith)造成的影响。康拉德的小说《诺斯特罗莫》中的查尔斯·古德(Charles Gould)和美国金融家霍尔罗伊德(Holroyd),就更突出了。他们二人的联手,预示了当前美国在全球范围内的经济扩张,以及它给世界各地的人民和本土文化所带来的后果,这一点实在是出乎意料。这种令人不安的和声(disquieting consonances),我在后面还会提及。

如果说《诺斯特罗莫》不是关于历史的小说,而是关于历史讲述的另类方式,那么,它的目标就不是单纯地再现一个人的生命故事(比如,像《吉姆爷》那样),而是要再现整个的一群人,如何随着时间的推移,与他们周边的社区关联在一起,每个人关联的方式都不一样。《诺斯特罗莫》这部小说是关于一个想象的社区,它是康拉德在阅读南美洲历史的基础上,虚构出来的。

个人与他人关联的不同方式,从小的群体到大的群体,这种谱系或者连续性(spectrum or continuum)是可以发现的。处于最末端的是我与邻居、我所爱着的人,或者陌生人,在恋爱或者友谊的关系中,面对面的接触,不管是热情,还是敌意。由血缘或者婚姻联结起来的家庭,尤其是那种几代人聚集在一起的大家庭或者大家族,是稍微大一点的团体。社区(community)的范围就要大一些了。社区是生活在同一个地方的一群人,他们相互认识,而且,具有大致相同的文化理念。但是,他们之间不一定有血缘和婚姻关系。一个民族当然就更大一些了。最常见的民族就是由大量的社区构成的,他们之间存在共性,但是,在某种程度上,又不完全一致。最大的社区自然是生活在同一个地球上的全人类的世界共同体(worldwide conglomeration),而且,所有的人都越来越受制于同一个全球范围内的经济和文化霸权。在每一个层面上,个人与他人都有关联,只是每一种关联都不尽相同,受制于不同的约束与规范。当然,在某种特定的条件下,要在不同规模的群体中间,维持一条清晰的界线,即使不是完全不可能的,也常常是很困难的。

最近几年,人们对每一种形式的共居(living together),或者,海德格尔所谓的"共栖"(*Mitsein*),[3] 都做了大量的理论研究。比如,莱维纳斯(Levinas)的研究重点是两个人之间面对面的交往,雅克·德里达的研究有点类似,但是,他在《友谊的政治》(*The Politics of Friendship*)一书中的"共栖"概念,又完全不一样。巴泰尔、布朗肖、南希和林吉斯(Bataille, Blanchot, Nancy, Lingis)等人,也都对社区的概念有所研究。[4] 在康拉德的《诺斯特罗莫》这部小说中,我要探究的就是,在全球资本介入的语境下,个人与社区的关系,抑或是,在这部小说中,个人与社区关系的缺失。

我们当然可以说,在康拉德想象中的中美洲国家——科斯塔圭那(Costaguana)的一个省份——苏拉科,也就是《诺斯特罗莫》这部小说的发生地,已经构成了一个社区,至少从"社区"这个词的基本含义去理解。所有居民都住在同一个地方,他们或多或少地具有同样的文化理念和宗教信仰。无论富人还是穷人、白人还是黑人,哪怕是美洲的原住民,都受制于同样的意识形态影响(ideological interpellations),接受同样的宣传教育、同样的政治演讲、声明和独断专行的法律条文。最重要的是,正如唐·乔斯·阿维兰诺斯(Don José Avellanos)在他永远都不会出版的手稿——《五十年的暴政》(Fifty Years of Misrule)(尽管叙事者不光读过,而且,还会从中引用,这一点有些神奇,甚至有些不可思议)中所说的那样:他们拥有共同的历史。[5]虽然接连不断的革命给这个社区带来的只是更多的不公正和毫无意义的流血,令他们遭受苦难,但是,毋庸讳言,这是一个真正的社群。这个社区太小了,小到大多数人都相互认识。开煤矿的唐·佩佩(Don Pépé)能叫得出他所有工人的名字。所有的人几乎都信仰同一个宗教,那就是天主教。

如果读者能够按照时间顺序,把叙述的碎片拼凑起来,远距离地重新建构,就会发现,《诺斯特罗莫》是一部关于民族建构的神话,它创造了一个"想像的社区",就像本尼迪克特·安德森在其同名著作中所描述的那样。[6]被位于圣马尔塔(Santa Marta)[7]的科斯塔圭那中央政府暴力统治了五十年之后,又经过一系列的悲喜剧和偶发事件,苏拉科已然变成了一个富庶、现代、和平、独立的国家:苏拉科西方共和国(Occidental Republic of Sulaco)。这种历史变化的偶发"原因"是怀疑主义者戴库德(Decoud)在他临死之前,提出的一个自私的独立计划。也就是说,他的独立计划的提出,并不是因为他的政治热情或者政治信仰,而是出于他对安托尼亚·阿维兰诺斯(Antonia Avellanos)的爱。然而,米歇尔上校在蠢得不能理解或者不知情的状况下,对共和国的诞生，进行了重新讲述，与今天繁荣的苏拉科共和国的官方历史倒是衔接得严丝合缝。他用冗长的细节，对这个过程做了重新讲述，"在涉及'历史事件'的时候，多少带点刻板的色彩，但是，这种讲述，在接下来的很多年中，将服务于前往苏拉科参观的尊贵的游客"[8]。

在这段引言之后，作者给出了米歇尔上校版的苏拉科历史。米歇尔上校成为典型的"官方历史"的代言人，他天真地以为，"历史事件"是以人们容易理解的线性的、因果分明的方式，一个接一个的，顺序发生。康拉德显然瞧不上这种历史书写。那种错误的历史，在某种程度上，就是马斯特曼、伊斯特雷克、卡宁汉姆·格雷汉姆（Masterman, Eastlake, Cunninghame Graham）等人撰写的南美洲的历史，康拉德曾经读过。[9] 尽管《诺斯特罗莫》只是关于想像中的位于南美洲的共和国的建立，而非一个真实的国家的建国史，但是，撇开其他因素不说，《诺斯特罗莫》委实是另类历史书写的一种典型范式，更不容易完成。康拉德似乎在说，这种反历史叙述（counterhistory）才更接近人类历史的真实，而且，更能传递给读者，历史"真的就是这样发生的"。

但是，如果读者能够更仔细地审视一下叙事者所说的苏拉科社会，就会发现，苏拉科越来越不像传统的社区了，因为人们之间并没有那么多共同之处，比如，它不像雷蒙·威廉姆斯在他的《乡村与城市》中所描述的，位于威尔士边界的极为平均的英国乡村社会，令他极为向往，尽管他拒绝把它们理想化。[10] 正如叙事者在开头就强调过的，苏拉科"社会"是由特殊的种族和民族构成的混合体，这也是它血腥的历史的产物。西班牙征服者们把当地的土著居民，即印第安人，变成了他们的奴隶。从此，为了摆脱西班牙人的统治而进行的自由之战，就导致了一波又一波的军事冲突，产生了一个又一个的专制统治，流血、残酷和不公正，更是令人难以置信。即使如此，一大批经营农庄、牧场的，血统纯正的西班牙贵族，即"克里奥耳人"（creoles），还是存留了下来。他们是"布兰科"（Blanco）党的核心力量。黑奴被贩运进来了。随之而来的就是一拨又一拨的欧洲移民，他们有的是工人，有的是政治流放者，有的甚至是帝国主义剥削者,其中,有英国人、法国人、意大利人,甚至还有一些德国人和犹太人。还有很多像诺斯特罗莫这样的水手,他们从商船上逃跑,加入到了这个大杂烩中。自然,也产生了越来越多的异族通婚。小说中,除了英语之外,还出现了三种语言:西班牙语、法语和意大利语。叙事者在说到职业、民族认同以及地名的时候,常常使用西班牙语,比如,"Cordillera"[11]就是一个高耸入云的山脉的名称。可以想象,小说中的很多对话都不是用英语进行的,而是西班牙语,尽管作者写出来的都是英语。戴库德和安托尼亚都是在科斯塔圭那本地出生的,但他们却是在法国接受的教育,所以,他们之间说的是法语。吉奥乔·维奥拉曾经与加里波第将军[12]并肩战斗过,他和他的家人跟诺斯特罗莫一样,都是意大利人,他们之间说意大利语。所以,诺斯特罗莫称维奥拉为"Vecchio",在意大利语中,意为"老人",或许,这也是这部英文小说有意这么做的。康拉德没有特别指明黑奴和印第安人的后裔使用的语言,但可以推断出,即使是在西班牙语一统天下的情况下,一些非洲的语言和印第安人的语言还是会存在的。查尔斯·古德和他的家人都是英国人,因为他尽管出生于科斯塔圭那,但是,接受教育却是在英国,这也是他们的家庭传统。他的妻子是英国人,不过,因为他的姑姑嫁了一位意大利贵族,所以,他与妻子是在意大利认识的。铁路工人中,有一部分是本地人,也就是所谓的"Indios"(印第安人),可是,经营者却是来自英国的技师,有些工人也是欧洲人。

所以,我总结说,苏拉科是种族、语言和民族归属(ethnic allegiances)的大杂烩,非常复杂。从这个意义上说,苏拉科和美国差不多,尽管我们到目前为止,仅有一次成功的"民主革命",就建立起了一个民有、民治、民享的政府,使所有的人都获得了自由和公正。当然,我说这些话的时候,是带有一点反讽的意味的,因为在1776年,"自由、公正和平等"并没有惠及黑奴、印第安人和妇女。我所居住的缅因州就是从印第安人手里夺过来的,在白人到来并花了几代人的时间毁灭印第安人的文化之前,他们已经在佩诺伯斯科特湾(Penobscot Bay)居住了至少七千年的时间。对很多美国人来说,"全民的自由和公正"依然是空中楼阁,比如,非裔美国人在美国监狱中的数量,与他们在人口总量中的比例,是极不相称的,而且,他们在失业大军中的比例,也往往是高高在上。

此外,苏拉科这个(非典型性)社区[(non)community],也像美国一样,是一个复杂的社会阶层的聚合体,大家掌握的权力、特权和财富程度不同,处于最底层的自然是非裔美洲人和印第安人,然后,依次是欧洲裔的工人阶级、克里奥耳人,以及像查尔斯·古德那样,占统治地位的准外国人(quasi-foreigner)。尽管古德家族在苏拉科已经生活了几代人,但他们依然被看成盎格鲁英国人(Anglos,*Inglesi*)。不管是在外貌和情感方面,还是在风俗和语言上,他们都是英国人。在苏拉科,人要往上层社会移动,只能通过贿赂、诈骗,甚至是赤裸裸的盗窃,比如像诺斯特罗莫那样的盗银行为,或者通过各种手段,成为军事政变的领袖,然后,借助暴力统治国家,就像土著居民芒特罗(Montero)所做的那样。一点都不像一个社区该有的样子!

马丁·戴库德在一次跟安托尼亚·阿维兰诺斯——带有理想主义色彩的爱国者,也是他所钟爱的人——谈话的时候,曾经清晰地概括过苏拉科这个非典型性社区的本质。他引用了伟大的南美洲的"拯救者"——西蒙·玻利瓦尔(Simon Bolívar)的话,关于这一点,在小说开头的"作者手记"中,曾经提及过,但是,奇怪得很,他竟然会为此道歉。我估计,那是因为那段引用就像 parabasis(古希腊喜剧表演中的合唱段落)一样,[13]它暂时撤开了对一个纯粹想象中的中美洲国家的戏剧化描述,而是楔入了真正的历史。具有讽刺意味的是,康拉德在《手记》中,一直在为他所写的苏拉科历史的"真实性"辩护,强调这是根据他所阅读的阿维兰诺斯的"五十年的暴政历史"而创作的。可笑的是(这个笑话绝对是"后现代"意义上的,而非"现代主义的"),阿维兰诺斯的《历史》本身就是虚构的,包括它所讲述的这个国家。我们没有办法用外界的任何参照,去核实康拉德叙述的准确性,也没有办法用阿维兰诺斯的话来核实叙事者的叙述。这就提醒康拉德,[14]在小说中,确实存在某些历史的真实,而且,这些历史的真实中又有一些不和谐的音符:"我已经掌握了它们(指阿维兰诺斯的《历史》书),花了不止几个小时的认真思考,而且,我希望,我的准确性会赢得大家的信任。为了对自己公平,也为了消除未来读者的担心,请允许我指出,这里拖进来的极少数几个历史典故,绝对不是为了炫耀我特立独行的博学一面,而是因为每一个历史典故都与真实性密切相关——有的有利于大家理解当前的事件的本质,有的则会直接影响到我所提到的人物的命运。"[15]"真实性?""当前的事件?"这些词语在这里指的肯定是科斯塔圭那历史的伪真性(pseudo-actuality)。其中一个被揳入的类似于喜剧中的合唱的地方,就是戴库德引用玻利瓦尔的话:"一个芒特罗之后,还会有另一个芒特罗",在这里,叙事者是以自由的间接引语的方式,报告说戴库德说了这样的话,"一个由各色种族组成的人群,无法无天,野蛮当道,无法挽救的暴政。正如伟大的拯救者玻利瓦尔,在他士气低落的时候,曾经说过的话,'美洲是不可统治的。那些为了她的独立而奋斗的人,都已经葬身海底'。他勇敢地宣布,他不在乎;他抓住每个机会告诉她(指安托尼亚),尽管她已经设法把他变成了布兰科的记者,但是,他不是爱国者(patriot)。首先,对那些有教养的心灵来说,'爱国者'这个词没有意义,对他们来说,任何信仰的褊狭都会令人作呕;第二,在这个令人窒息的国家,爱国者与没完没了的麻烦是连在一起的,它已经被玷污了,再无恢复清白的希望;爱国者不过是黑暗的野蛮主义的叫嚣,是披在无法无天、罪恶贪婪和赤裸裸的盗窃身上的一件外衣而已"。[16]

我们应该记住,叙事者肯定是站在自己的角度说话的,尽管叙事者声称戴库德说过的那些话,与叙事者自己的声音是大致吻合的,但是,戴库德在表面上却被呈现为"一个游手好闲的花花公子",他只是认为,他是真正法国化的。他的怀疑主义,已经渗入骨髓,并最终导致了他的自杀行为。人们可能会说,戴库德就是康拉德想谴责和摆脱的自己的另一面。像康拉德这样,疯狂地致力于无休止的、艰苦的创作的职业作家,一个靠卖文为生的作家,他的这一面势必会离开。[17]有一点必须说明,康拉德在给卡宁汉姆·格雷汉姆的信中,常常表达出一种类似于戴库德的带有怀疑主义色彩的悲观主义,就如他在一个非常著名的段落中,说宇宙是一个自我生产的,而且还在自我生产的机器:"它把我们编进去,又编出来。它编织了时间、空间、痛苦、死亡、腐败、绝望,以及所有的幻想——没有任何东西是有意义的。"[18]而且,戴库德所说的话,与叙事者口中不堪回首的苏拉科历史,是非常吻合的。

苏拉科是怎样变成这样一个如此不堪的社区,或者,我们给让-吕克·南希的术语赋予一个不同的含义,苏拉科是如何成为这样一个"*communauté désoeuvrée*",即无法操纵的,或者说,"不可行的"、"无效的"社区("unworked" or "inoperative" community)？南希的书在一开头,就武断地指出:"现代世界最严重、最痛苦的见证,就是对社区的解体、错位,乃至于化为灰烬的见证,它可能会和其他方面的见证交织在一起,也是我们这个时代必须回应的(因为一些未知的法令或者需要,也因为我们见证了历史思考的终结)。"[19]《诺斯特罗莫》就是关于社区的解体、错位,乃至于化为灰烬的寓言或者说讽喻故事(parabolic fable or allegory)。只是根据康拉德,这种灾难是如何发生的呢？谁是这场悲剧事件中的恶棍呢？这种事件,即使放在它的历史语境中,恐怕也没有办法理解。读者可能会注意到,南希的"通过历史来思考"(thinking through history)的观点,与詹姆逊所谓的"永远历史化",是极为不同的。社区的错位一定是被我们见证的,或者我们,或者我,所经历过的,即使我(们)没办法解释:"我见证了社区化为灰烬的过程。我证明,这就是所发生的事情。我用我个人的语言,讲述给你听。"《诺斯特罗莫》中这种神奇的、具有心灵感应效果的叙述语气,就是这样一种见证。

无疑,康拉德把众多愚蠢、恶行、无止境的贪婪、偷窃和残暴,归罪于他笔下的科斯塔圭那人,也是情有可原的。有的人为了执行命令,不得不折磨莫尼汉姆医生(Dr. Monygham)或者唐·乔斯·阿维兰诺斯。有的人不得不受人指使,把塞纳尔·赫史(Señor Hirsch)的双手反绑在柱子上,就像有些人在伊拉克,不得不对萨达姆·侯赛因使用酷刑;或者,某些人,在我们占领伊拉克之后,摁下按钮,扣动扳机,射杀所有的伊拉克士兵和平民,甚至还有个别人,在伊拉克的阿布格拉布(Abu Ghraib)监狱中,虐待囚犯,哪怕他们是在执行上面的命令。即使在"敌对结束"之后,还有人扣动扳机,甚至轰炸伊拉克的教师、医生、政府官员,很多住在伊拉克的"知识分子"被暗杀,那些被杀害的伊拉克平民和警察,就更不用说了。就在几年前,还有人挥舞砍刀,屠杀卢旺达的男人、女人和孩子,乃至整个的村庄。至于说,在科索沃扔炸弹,杀害车臣共和国的人民,以及为了表示抗议而在莫斯科制造的恐怖袭击事件,所有这些都是在人的决定下,做出的行为。人类在残忍和杀戮方面具有无穷的潜力。一味地指责"领导层",或者说,"我只是在执行命令",显然是不够的。近些年来,在全世界范围内,我们已经目睹了太多的、由人类本性中的残忍所导致的谋杀、强奸和残暴。《诺斯特罗莫》一书为我们全面展示了人类中的这一面。说得委婉一些,人类本性中的这些特质,尤其是体现在内战和革命过程中,自然会阻碍苏拉科这个想象的社区成为一个名副其实的社区。

然而,人们也应该问一问,到底是什么造成了"人性"中这些不堪的一面?正是它们在妨碍着法律、秩序、民主、国民社会的建立,特别是在苏拉科。答案是两方面的:首先是西班牙殖民者对南美洲的入侵与杀戮,他们大量屠杀当地的原住民,并把那些存活下来的人变为奴隶,驱使他们做苦力,并且,毁灭他们的文化。古德夫人对土著居民的现状看得尤为清楚,尤其是在她随丈夫游历全国、争取人们对新矿井的支持,并劝说印第安人来自己的矿井工作的时候:

> 早在南欧的时候,她就知道了,什么是真正的农民,所以,她能够理解这些人的伟大价值。她看到男人们那沉默的、悲哀的眼神,就像负重的牲口一样。她看到他们在路上负重行走,她还看到他们戴着大草帽,在田里劳作的孤苦身影,他们的白上衣在风中飘起又落下;她还记得一些村子,因为水池旁

边的一群印第安妇人打动了她，尤其是那些年轻的印第安女孩儿，她们带着一种忧郁的、感性的表情，在黑暗的茅草屋门口，拎起一大桶凉水，茅屋前的木廊子下排满了大大的棕色的罐子。[20]

这一段也体现了康拉德在叙述手法上的特点，先是全景式的大镜头，再转到眼前的特写。这是对古德夫人记忆中的场景的描述，从她关于"这些人的伟大价值"的普遍的知识，再到"黑暗的茅草屋门口"，印第安女孩儿拎起的一大桶凉水，以及排满棕色大罐子的"茅屋前的木廊子"。康拉德的叙事者还观察到，在苏拉科仍然存留许多桥梁和道路，并把它们作为印第安人被奴役的收获和证明。[21]叙事者说，在开建银矿的过程中，很多部落都是整个部落整个部落地丧命。叙事者还在几个地方，描述了印第安人在他们阴郁的聚居地留下来的遗物。

"人种的是什么，收的也是什么"（加拉太书 6:7）。西班牙人的入侵，依然是整个地区各种争端和冲突的导火索。即使在几百年之后，这些事件的伤疤依然无法愈合，也无法弥补。它们依然阻碍着一个真正的社区的建立，不管是基督教社区，还是世俗意义上的社区，如果按照 community 这个词的通常意义来理解的话。这种"源头"不是一个整合好的，或者正在整合的源头事件，比方说，形成宇宙的大爆炸，然后，科斯塔圭那的历史就可以沿着线性的、有目的的轨道，走向某个"神圣事件"，[22]并最终给所有的人带来和平与公正。这个时刻正是南希所谓的"exposition"（可译为"展示"、"解释"或者"炫耀"）的时刻，当然，这也是他玩的一个文字游戏。[23]土著人的社区，不管原本是什么样子的（而且，过于美化它，也是没用的，因为南美洲在哥伦比亚到来之前也是非常血腥的），它们都因为被错置、被伪装，或者被改头换面、被取代，而最终走向瓦解，不复是原来的。[24]所有这一切的发生，都源于一个外来的异文化粗暴的占有性的出现，他们俯首改造这些"野蛮的异端"，使之成为上帝基督的子民，并把他们变成奴隶，使之成为欧洲化的苏拉科的工人。

这种发生在源头的导致分裂的暴力,或者说作为冲突、分裂和暴露的源头,也有助于解释,为什么南美洲的历史是一个长期的充满内乱和革命的历史,康拉德在他的《一个人的记录》中,把它称之为"想象的(却是真的)"版本。[25]究其实,到现在,这种状态还没有完结。二十世纪,发生在巴西、阿根廷、巴拿马、乌拉圭、智利或者海地的事件,也一次次见证了这种历史。[2004年2月10日,在我第一次撰写这篇论文的时候,在海地发生了血腥反抗阿里斯蒂德政府(Aristide)的事件,这次武装反叛是由议会势力以及部分军队领导的。布什政府采取了他一贯的干预政策,最终导致阿里斯蒂德离职。大家不用介意,他还是民主选举的总统。]这些令人悲哀的"真实"事件,就是康拉德讲述"想象的"故事的历史背景,或者所谓的沃土。

根据叙事者的讲述,苏拉科社会的下一个阶段就是在南美洲的共和国独立之后,欧洲对它的第二次入侵。这就是全球资本主义的入侵。这种侵入,在康拉德的时代,就已经全面绽放,而且,一直持续到今天。现在,从事掠夺工作的大多数是跨国公司,它们常常集中在美国,而不是欧洲,当然,也不尽然。《诺斯特罗莫》的主要成就,就在于它对西方帝国主义经济剥削的寓言性展示。即使在今天,这部小说依然可以被看作是对资本主义全球化的分析,读者从这个角度去读,一定会受益良多。小说围绕着一个发生在当时的标志性事件:当外国资本,即康拉德所谓的"物质利益",有可能抵制一个在当地受到威胁的新政府。这件事情的发生得益于一个成功的反革命事件,以及新政府的建立。苏拉科西方共和国允许外国的剥削,也就是允许圣汤米(San Tomé)银矿在一个安定的环境下,一个拥有法律和秩序的国家,继续和平地运作下去。银矿会持续不断地流向北方的旧金山,使原本富有的投资者持续地更加富有。而这种繁荣却令当地在矿上工作的人依然挣着农民般微薄的工资,只不过现在,他们有了医院、学校、好一点的住房条件、相对的安全,以及天主教堂所能给予的所有好处。但是,在小说结尾处,还是出现了劳工争议、罢工及其类似的事情。康拉德的叙事者为我们描

述了银矿工人在换班时刻的场景:

> 人头攒动,不过,各组的头头们都有一个显著的标志,那就是他们裸露的胸前所悬挂的铜牌,他们各自集结起自己的队伍;最后,这个沉默的队伍的二分之一会消逝在矿井深处,而另一半长长的队伍,则会沿着曲曲弯弯的小路,走向峡谷底部。峡谷很深,在炽热的岩壁之间有一条绿色的植被带,就像一条窄窄的绿丝带,而散落其间的则是三大片房子,这些房子就像香蕉瓣一样铺展开来,屋顶掩映在芭蕉叶子和树影之下,这些标志着一村、二村、三村的简易房,就是古德银矿工人们的家了。[26]

关于这个剥削的过程,最可怕的地方莫过于康拉德所说的不可避免性,至少在资本主义剥削者眼中,它是不可避免的。全球资本主义代言人的动机究竟是什么,这一点无关紧要,不管他们是多么理想化、多么诚实、多么高尚,都不重要。除了他们自身的意愿之外,他们还受到了一股远远大于他们自己的力量的驱使。查尔斯·古德就是从父亲那里继承了古德矿业,而他的父亲则是被这份产业拖垮的,虽然他父亲不经营银矿,却要不断地向圣马尔塔中央政府缴纳税款,直到他在经济上和精神上完全破产、崩溃为止。"它杀死了他",当他在英国听闻父亲去世的消息时,查尔斯·古德如是说。复仇的愿望把他带回苏拉科,他一路积累资本,经营着这座矿山。这一点就像乔治·W·布什,他为了报复针对他父亲的那次暗杀未遂行动(这一点还可以商榷),或者,如他在几年前的一次新闻发布会上所说的,他声称,他听到了神的召唤,要他攻打伊拉克,给这个世界带来民主。乔治·W·布什心里到底是怎么想的,我们没办法知道,但是,很可能是极端怪异的、令人可怖的怪异,因为它是一个巨大的威胁。尽管如此,人们还是可以揣测出来,布什进攻伊拉克的动机之一,可能是他渴望弥补父亲未能"揪出萨达姆"的遗憾,同时确保伊拉克的石油可以为西方国家所用。(请记住:这篇文章

写于 2004 年，而今天，我依然觉得我的猜测是对的——米勒 2013 年 11 月 12 日）

我在前面说过，查尔斯·古德生于苏拉科。他坚信，他所谓的"物质利益"将最终会给他多灾多难的故乡带来法律和秩序，因为矿山的运作需要这些。他的信念有些伤感，但还是比较理想化。他跟妻子说，"这里需要的是法律、美好的信仰、秩序、安全。关于这些，任何人都可以有自己的想法，但是，我把它们的实现，寄望于物质方面的利益。只有在物质利益打下坚实的基础之后，才可能创造条件，使之得以为继。那就是为什么，你在这种没有法律、没有秩序的地方坚持挣钱的原因。这样做是对的，因为它所赖以存在的安全必须是和被压迫的民众共享的。以后一定会更加公正。那就是你的希望之光。"[27]这种崇高而又天真的信念，可以在今天的新保守主义言论中找到共鸣，今天的新保守主义者们认为，只有保证了石油工业的顺利开采，也就是我们今天的"物质利益"的形式，才可能给伊拉克带来民主。后者（石油掠夺）将会——在适当的时候——带来前者（西方模式的资本主义民主），因为石油掠夺需要法律和秩序。这就是"利益扩散"论，[28]或者，用乔治·W·布什的话说，"我们的使命就是要把民主带给世界"，"改变世界"。

实际上，尽管古德带有英国人的多愁善感和理想主义色彩，他的处事风格也很务实，但是，他充其量不过是全球资本主义的一个工具。每一位读过这部小说的人都会记得，来自旧金山的美国商人、奸诈的企业家霍尔罗伊德才是全球资本主义的代表。他把投资开办圣汤米银矿当成是一种个人嗜好，它只是他全球企业的一小部分。这里有一个重要的细节就是，他的全球企业会在公司所及的每一片土地上都建立基督新教教堂。或者，甚至可以说，霍尔罗伊德所投资的不是银矿，而是查尔斯·古德。他买的是古德，而不是银矿。他这样做的原因是，他相信古德的正直、勇气、务实，他知道如何经营矿山，而且，会不计一切代价，使银矿成功运转。霍尔罗伊德的回报就是，大量的银矿源源不断地从苏拉科港口出发，一路向北，运往旧金山。

霍尔罗伊德自然也考虑到了，圣汤米银矿的前途莫测。他已经随时准备好了，一旦有风吹草动，他可以立即撤回，比如，通过革命，扶植一位新的暴君或者独裁者，使他接管银矿，自己发财去。即使如此，霍尔罗伊德还是相信，全球资本主义必将征服全世界。他在跟查尔斯·古德讲话时，肯定了这一观点，尽管他的语气令人不寒而栗，但是，立场非常明确。古德并不在意霍尔罗伊德是怎么想的，他只要能够拿到资金，保证银矿的正常运转，就满意了。霍尔罗伊德的语气令人不寒而栗，是因为它带有一种先见之明。声称为"世界之超市"的ADM公司，或者安然公司，或者柏克特公司，或者福陆公司，或者孟山都公司，或者德士古公司，或者哈利伯顿公司，它们的总裁可能早就认可了霍尔罗伊德的宏伟信念（grandiose beliefs）。[29]例如，迪克·切尼（Dick Cheney）在成为副总统之前，曾经担任过哈利伯顿公司的总裁。他可能也说过类似的话，至少是在私下的场合，对他的同党或者知己（confidantes or confederates）。霍尔罗伊德那座由钢筋和玻璃建成的大办公楼，位于旧金山，这一点是有原因的，因为即使在今天，那么多的跨国公司也是位于加州，或者德州。康拉德早就预料到了，全球资本主义的中心将会从巴黎和伦敦向西移动，先是在纽约，然后，又转移到德州和加州。但是，康拉德没有预料到，是石油和天然气，而不是银矿和其他金属矿藏，最后成了全球资本主义的中心。他更没有预料到，石油和天然气的发展和使用，会破坏环境，导致全球变暖，而这些迟早会导致经济帝国主义整个进程的终止，如果核战争没有在此之前结束我们的生命的话。

西方模式的工业化以及当前的数码文明，在向世界各地扩张的进程中，需要石油和天然气，不仅仅是因为汽车和取暖，而且，也因为军事力量和军事装备，因为横跨全球的飞机，因为塑料、金属和纸张的生产，因为化肥和杀虫剂的生产，有了它们，人们才能种植玉米和大豆，养殖牲畜，生产肉食，喂养人类。而且，玉米还是生产乙醇的重要来源，而乙醇也是全球变暖的罪魁祸首。另外，石油也是生产电脑、电视机、卫星、光缆以及所有的大量的通讯设备和大众媒介的必需品。奇怪的是，生产一台电脑所耗费的能源,竟然是生产一部汽车所耗费的能源的三分之二,当然,这两种东西的生产对能源的消耗都很多。五十年之后,也许都不到,当石油和天然气消耗完之后,我们人类将陷入大的麻烦,除非我们能够尽快转向再生能源:太阳能设备或者风电场。

顺便说一句,霍尔罗伊德是一个典型的美国人,也就是说,他是许多种族的混血。同时,他也是宗教与处于上升阶段的资本主义完美结合的绝佳典范,这个"大规模建立教堂的百万富翁,与他的国家之辽阔是很相配的"。[30]"他的头发是铁灰色的",叙事者说,"他的眉毛依然是黑色的,他的巨大的身躯就像旧时罗马货币上的恺撒头像。但是,他的父母亲是德国人、苏格兰人和英国人,还带有一点丹麦和法国的血统,使他身上既具有清教徒的气质,又散发着贪婪的征服世界的想象"。[31]这就是那位贪婪的资本家对以美国为基础的全球资本将要接管世界的预言性描述:

> 现在,科斯塔圭那是什么?它是一个无底洞,10%的外债,加上一些愚蠢的投资。[读者应该还记得,几年前,美国银行(Bank of America)和其他一些银行因为南美洲的债务问题而引发的巨大损失。受无边的贪婪之驱使,这些美国银行似乎忘掉了康拉德的主人公霍尔罗伊德已经知道的教训。]这些年来,欧洲的资金已经全力以赴地投了进去。不是我们的,尽管。我们在这个国家,大家都很警醒,知道下雨天最好待在屋子里。我们可以坐而观之。当然,有一天,我们会进去。我们注定会进去。但是,不着急。在这个上帝创造的宇宙中最伟大的国度,连时间都得等着。我们会赋予这个词所有的东西——工业、贸易、法律、新闻、艺术、政治和宗教,从合恩角(Cape Horn)一直到史密斯桑德海峡(Smith's Sound),如果有任何值得拥有的东西正好在北极,那么,我们还会向北,走得更远。然后,我们就会有空闲,把外岛和地球上的大陆攥入手中。我们将经营世界上的商业,不管这个世界喜欢与否。

世界忍不住——我们也忍不住,我估计。[32]

这就是查尔斯·古德到位于旧金山的霍尔罗伊德的办公大楼,劝说霍尔罗伊德为银矿投资时,霍尔罗伊德向他发表的著名的宣言。"伟大的霍尔罗伊德大楼"被描绘成了"一个矗立在街角的,由钢筋、玻璃和大块的石料筑成的庞然大物,纵横交错的电报线,像蜘蛛网一样,密布在空中"[33]。这些听起来都很熟悉,只不过现在,这样的建筑物用的玻璃更多,钢筋和石头少了一些,比如,位于休斯敦的安然大厦。蛛网一样的电报线路已经被隐蔽起来的地下光缆或者各自为政的卫星接收器取代了。不管怎么说吧,电报线和海底电缆在苏拉科的社会事务中起到了决定性的作用,而康拉德对它们不经意的描述,似乎预示了新型的全球电信技术在今天所扮演的角色。

查尔斯·古德对霍尔罗伊德所讲的美国将要占领世界的方式,略感不安,因为他突然意识到,从全球视角来看,占据他全部生活的银矿,竟然是如此渺小,微不足道。叙事者说,霍尔罗伊德的"远见(intelligence)是建立在事实基础上的",奇怪的是,叙事者还说了,霍尔罗伊德的话"旨在表达他对宿命的信念,而且,他用的语言也与他的远见相配,只是,他的远见在常识(general idea)面前,有点捉襟见肘"[34]。这种评论比较奇怪,因为在我看来,霍尔罗伊德在讲到美国"例外论"(exceptionalism)的"常识"或者意识形态预设时,极为雄辩,即,获得世界经济帝国主义的控制权是我们的宿命,必要的时候,会提供军事支持。只不过,霍尔罗伊德这种狂妄自大的信念,并没有牢固地建立在事实基础上。而另一方面,查尔斯·古德的"想象力却受到了银矿这一伟大事实的永久性影响,他并不反对(霍尔罗伊德的)这种关于世界未来的理论。即便说他暂时有点不舒服,那也是因为这种突如其来的、庞大的、未来可能出现的结果(eventualities),使他握在手里的事实,相形见绌,几乎是一钱不值。他和他的计划,以及西方共和国所有的矿产财富,似乎在刹那间,被剥夺了它们的每一分重要性(vestige of magnitude)"[35]。

我个人对霍尔罗伊德的理论,却怀有不同的看法,那就是我对康拉德的先见之明,不寒而栗。它也可能反映了美国全球经济帝国主义,就像所有曾经存在过的帝国主义一样,正在走向终结,因为中国将要成为世界上最大的经济实体,因为印度的软件行业取代了硅谷的位置,也因为"业务外包"和离岸生产,美国成千上万的工作机会分流到了世界各地,像澳大利亚的鲁伯特·默多克(Rupert Murdoch)[36]这样的非美国人,正在逐步控制全世界的电视光纤和卫星传媒,报纸就更不用说了。全球资本主义的胜利,意味着单一民族国家帝国主义霸权的最后终结,包括美国。在这一点上,我们不要搞错。迪克·切尼在担任哈利伯顿执行总裁时所拥有的权利,比他当美利坚合众国的副总统的权力,要大得多,姑且不谈他在担任副总统期间所做的和正在做的那些不该做的事情。(请记住:这篇演讲发表于 2004 年——米勒 2013 年 11 月 13 日)然而,如果美国人民愿意的话,他们可以拒绝再次投他的票,而作为一个跨国公司的执行总裁,他肯定不会受制于这些不方便和约束。

想想都觉得不可思议,了解当前世界全球化局势的最好途径之一,竟然是研读康拉德这部写于 100 年前的小说作品。这也算是对我在文章开头提出的文学"有用性"问题的一个回应吧。美国有必要采取军事干预的手段,来确保和支持它在世界范围内的经济帝国主义,这一点在《诺斯特罗莫》这部小说的一个细节中体现了出来。叙述者注意到,在新的苏拉科西方共和国从科斯塔圭那成功分离出去,继而建立国家的高潮时刻,一艘名为"波瓦坦"的美国军舰(值得一提的是,这是一艘真正的美国军舰,而颇具讽刺意味的是,这样一艘真正的美国军舰,用的名字竟然是一位印第安部落酋长的名字)[37]竟然停在海面上,以确保这个新共和国的建立不会出现任何差池。这不由得让我们想起了一个历史事件:当年,哥伦比亚拒绝批准修建巴拿马运河,于是,在美国的密谋下,巴拿马从哥伦比亚分离了出去,当时,美国军舰就一直停靠在那里,以确保巴拿马独立可以顺利地进行,而且,哥伦比亚也不会试图收回巴拿马。

想要完整地讲述美国对南美洲的经济和军事干预,那就太长了,还不要说那些隐蔽的秘密行动。康拉德的《诺斯特罗莫》以小说的形式,为我们象征性地讲述了这种以军事干预经济侵略的经典案例。至于说,康拉德自己是否完全同意霍尔罗伊德的经济决定论,那是另外一个问题,这就好像说,康拉德是否没有资格对巴黎的花花公子戴库德表达他自己极端的怀疑主义,说他"除了自己的感觉之外,不相信任何事物"[38],就好像他是一个完美的"印象主义者"。我觉得,对这两个问题的回答,都应该是否定的。

塞德雷克·瓦特斯提供的传记资料清楚地说明,虽然康拉德从伊斯特雷克和马斯特曼等人身上了解了很多南美洲的历史和地理状况,但是,值得一提的是他的好朋友——苏格兰贵族、社会学家卡宁汉姆·格雷汉姆,他是罗伯特一世[39]的后裔,对康拉德的影响很深。正是通过他与格雷汉姆的交谈以及阅读格雷汉姆的作品,康拉德才得以理解几百年来西方帝国主义在南美洲的种种劣行,并由此形成他自己的看法。

总而言之,正如先前诸多著名评论家——比如爱德华·赛义德和弗雷德里克·詹姆逊所指出的那样,《诺斯特罗莫》强有力地控诉了第一世界国家——特别是美国——在所谓的第三世界所犯下的军事和经济帝国主义罪行。但是,读者也许要小心,不要混淆了类比和史实(confusing analogy with identity)的关系。我一直都在使用"allegory"、"parable"、"fable"、"consonance"或者"uncanny resonance"[40]这些字眼,来表明《诺斯特罗莫》是对历史事件——即经济帝国主义——的象征性描述。在后文艺复兴的世界历史上,这样的历史事件出现了一次又一次。但是,在不同的历史时期,它们发生的方式也极为不同,比方说,石油与天然气就取代了银矿,成为帝国主义从第三世界国家掠夺的主要物资,或者说,新的通讯设备、电邮、手机和互联网已经取代了康拉德时代的电报线和海底电缆。我们必须谨记,这些不同与它们的共性一样重要。寓言(parable)不是历史,它是通过间接指涉的方式,用现实主义的故事,来代表其他事情。人们可以把每一部这样的文学作品称之为对历史的"解读"。用康拉德自己的话说,文学就是以一种"想象的(但是,是真实的)"模式,使用语言的一种方式。

我在说的这个观点,有点复杂,也可能存在问题。我正伸长脖子等着大家砍呢。在这么短的文章中,讨论这么复杂的问题,不太可能做到公允。从语篇的模式来看,寓言(parable)与讽喻(allegory)不同,它也不同于象征(emblem),或者范式,或者解读。我们需要仔细辨别才能决定,到底应该用哪一个术语来描述康拉德在《诺斯特罗莫》中的写作过程——以一个想象的故事,来"stand for"(代表)历史。"stand for"里边的"for"很关键,因为在下面这些短语中,用的都是"of":"parable of"(……的寓言),"emblem of"(……的象征),"allegory of"(……的讽喻),"paradigmatic expression of"(……的范式表达)或者"reading of"(……的解读)。[41] for 里面包含着什么样的置换关系,而在上面那些短语中,of 又是什么含义呢?这两个不同的用法肯定了什么,或者摈除了什么?这些"of"短语中的不同,甚至都可以给我们提供一个没完没了的分析《诺斯特罗莫》的机会。

我用了一系列传统的术语,来描述康拉德之选择一个"现实主义的"叙述来表达其他含义的置换过程。之所以选择这么多,乃是为了揭示这些短语的不足。严格说来,《诺斯特罗莫》既不是寓言,也不是象征,既不是讽喻,也不是一种范式,更不是一种解读。每个术语都存在这样或那样的不足,或者不合适的地方。比如,parable 是以日常生活中简短而现实的故事,来表达一些无法表达的精神方面的真相,例如,耶稣在《马太福音》第 13 章 3—9 节中,关于撒种的比喻。[42]《诺斯特罗莫》完全不是这个样子。我所用的其他词语,也可以用同样的方式,指出它们的不合适。但是,当前最重要的问题就是,不要把《诺斯特罗莫》当作简单的"历史小说"来阅读。因为康拉德创作"想象的(但却是真实的)"虚构"世界"所用的"原材料",也就是他所知道的历史,主要是源于阅读以及他和卡宁汉姆·格雷汉姆的谈话,而不是源于他的直接体验。

也许,我们应该用康拉德自己的话,来解释他为什么运用现实主义的叙述技巧,来创造一个挤满了各色人等,而且不断上演各种故事,却在地球上根本不存在的地方,它只存在于名为《诺斯特罗莫》的小说的封面之内(或者康拉德的想象中)。小说开头是这样描述苏拉科的:高尔佛普拉西多海峡和周围的群山,把苏拉科与世界其他地方完全隔离开了,这种宏伟的描述方式就把苏拉科这个被想象出来的(非典型的)社区表达了出来。康拉德这句话的第二部分,"but true"似乎在说,发生在《诺斯特罗莫》这部小说中的虚构事件,与中美洲在那段历史时期——也就是美帝国主义和全球资本主义干预的历史时刻——所发生的事情,是相对应的。"but true"也似乎是康拉德在宣称,这种从历史事实向复杂的现代主义小说叙述的转换,比任何历史著作,都能更好地揭示历史真正发生的样子。历史总是以极其偶然的方式发生。历史是由那些偶然因素"造成的",比方说,戴库德对安托尼亚的爱恋,或者诺斯特罗莫的虚荣。康拉德自己的说法——"imaginary (but true)",伙同他自己的现代主义纠结(modernist twist),与亚里士多德在《诗学》中的话——诗歌比历史更富有哲学意味,因为"(历史)讲述的是已经发生的,而(诗歌)是可能发生的"——形成了一种遥相呼应的格局。[43]康拉德的"现代主义纠结"等于是在含蓄地肯定,叙述技巧上的复杂性与我前面讨论的间接性,比"官方"历史,更接近于"已经发生的事情"。在《理想国》中,柏拉图准许荷马的"双重叙事"(double diegesis),即准许他以奥德修斯的身份,进行讲述。跟柏拉图相比,也许,亚里士多德根本就不会允许这种复杂性的存在。

尽管这个问题有些复杂,但是,我要说的底线是,《诺斯特罗莫》是以一种间接的方式,来"代表"康拉德从书本上读到的以及道听途说的南美洲的历史,同样,这种方式也意味着,它可以间接地帮助读者理解,在美国以及世界各地,在2004年,发生的事情。[44]而这种理解,也可能有助于人们采取负责任的态度(比如通过选举),来对待正在发生的事情。这也算是文学在社会、道德和政治方面的有用性吧。我知道,这种提法有些奢侈,在这本书后面一些篇目中,我还会进一步扩展这个议题。

最后,我想说,尽管《诺斯特罗莫》以叙事复杂而著称,但是,它又展示了所有这些叙事技巧——包括碎片式的片段、倒叙以及多视角等等——本身并不好,关于这一点,至少我很满意。没有按照时间顺序,采取单视角的叙述方式,只有在一种情况下,才能证明它们是合理的,那就是,在《诺斯特罗莫》这部小说中,只有采取这种奢华的置换或者"脱位"(extravagant displacements or "ex-positions")[45]的方式,才能使读者更好地领会其中的含义。

注释

[1] "全能的"(omniscient)后面,还有一个括号,括号里面的内容是:或者,我更愿意按照尼格拉斯·罗乐的说法,是"心电感应"(telepathic)。——中译者注
参阅尼格拉斯·罗乐(Nicholas Royle)的文章,《"心电感应效应":叙事小说再思考之笔记》(The "Telepathy Effect": Notes toward a Reconsideration of Narrative Fiction),见《诡异》(*The Uncanny*)(曼彻斯特:曼彻斯特大学出版社,2003),第256—276页;或者,卡罗尔·雅克布斯与亨利·苏丝曼(Carol Jacobs and Henry Sussman)编辑的《叙事行为》(*Acts of Narrative*)(斯坦福:斯坦福大学出版社,2003),第93—109页。——原注

[2] 参阅雅克伯·罗斯(Jakob Lothe),《康拉德的叙事方法》(*Conrad's Narrative Method*)(牛津:Clarendon出版社,1989),这是从叙事学的角度,对康拉德之作品的最好的解读。

[3] *Mitsein*是德语,英语对应的是being-with,指的是人类总是与同类在一起的这种本体学特征,汉语可译为"共栖"。——中译者注

[4] 我对这些作者的讨论,详见本书第八篇尾注19。

[5] 约瑟夫·康拉德(Joseph Conrad),《诺斯特罗莫》(*Nostromo*)(纽约:现代图书馆,1951),第157页。本文所有关于《诺斯特罗莫》的引文,均出自这个版本。我使用这个版本的原因是,在随后的重印本中,康拉德删掉了一些段落。

[6] 本尼迪克特·安德森,《想象的社区:关于民族主义之起源与扩散的思考》

(*Imagined Communities*: *Reflections on the Origin and Spread of Nationalism*)(纽约:兰登书屋,1983)。

[7] 圣马尔塔(Santa Marta)位于加勒比海地区,是西班牙人最早登陆哥伦比亚的地方,也是哥伦比亚的第三大城市,Magdalena 省的省会。——中译者注

[8] 康拉德,《诺斯特罗莫》,第529页。这一段及后面所有的引文均为本书译者翻译。

[9] 参阅塞德雷克·瓦特斯(Cedric T. Watts)的《关于〈诺斯特罗莫〉的背景笔记》(A Note on the background to "Nostromo"),见塞德雷克·瓦特斯编辑的《致卡宁汉姆·格拉汉姆的信》(*Letters to R. B. Cunninghame Graham*)(剑桥:剑桥大学出版社,1969),第37—42页。其中,他对康拉德的资料来源做了清晰的阐释。更详细的说明,请参阅塞德雷克·瓦特斯的著作,《康拉德的〈诺斯特罗莫〉》(*Conrad's "Nostromo"*)(伦敦:企鹅出版社,1990)。

[10] 雷蒙·威廉姆斯(Raymond Williams),《乡村与城市》(*The Country and the City*)(纽约:牛津大学出版社,1975)。

[11] 可译为"科迪勒拉",这个词专指南美洲安第斯山脉的各个支脉,比如,在哥伦比亚和委内瑞拉境内,科迪勒拉山脉又根据它们的位置,被命名为西科迪勒拉、中科迪勒拉和东科迪勒拉。——中译者注

[12] 文中提到吉奥乔·维奥拉(Giorgio Viola)的时候,有一个同位语,"the old Garibaldino",我查了维基百科关于 *Nostromo* 的网页,其中,关于吉奥乔·维奥拉的介绍是这样说的,流放中的意大利革命者,曾经与加里波第将军(Giuseppe Garibaldi,1807—1882)一起战斗过,后来在苏拉科开了一家小店,他有两个女儿。——中译者注

[13] Parabasis 这个词的本意是指在古希腊喜剧演出中,在某个时间点上,所有的演员都会退下,台上只留下合唱团,而合唱团则会采取说唱结合的方式,直接对观众讲话。在这个时候,他们完全或者部分地摒弃了其戏剧化的角色,而会跟观众说一些与剧情完全无关的话。在这篇文章中,米勒使用这个词来形容康拉德在《作者手记》中所引用的话,显然跟合唱没有任何关系,但是,它却起到了与 parabasis 异曲同工的效果。——中译者注

[14] 经与本文作者核实,这里确实是"康拉德",而不是"读者",是康拉德在《作者手记》中道歉,因为在他虚构的小说中出现了真正的历史人物。——中译

者注

[15] 康拉德,《诺斯特罗莫》,第 5 页。

[16] 康拉德,《诺斯特罗莫》,第 206 页。

[17] 关于这句话的含义,米勒是这样说的:康拉德把怀疑主义投射到了他虚构出来的一个人物身上,并通过这种方式把自己身上的怀疑主义剥离出去,从而使他有可能成为一个拼命创作的职业作家(Separating his Decoud side from the other side of himself by projecting that sceptical side into a fictional characters made it possible for him to become a hard-working professional writer)——中译者注

[18] 康拉德,《致卡宁汉姆·格拉汉姆的信》,第 57 页。

[19] 让－吕克·南希(Jean-Luc Nancy),《无效社区》(*The Inoperative Community*),彼得·考纳(Peter Connor)编辑,彼得·考纳、丽萨·加布斯、马歇尔·霍兰德和西蒙娜·索赫尼(Lisa Garbus, Michael Holland and Simona Sawhney)翻译(明尼阿波利斯:明尼苏达大学出版社,1991),第 1 页。

[20] 康拉德,《诺斯特罗莫》,第 98 页。

[21] 康拉德,《诺斯特罗莫》,第 99 页。

[22] 这个短语的英文原文是"far-off divine event",作者解释说,他这句话确实套用了丁尼生的诗句,指涉末日来临时,救主耶稣之再来;他说,他实际上也在讽刺马克思关于无产阶级专政一定会取代资本主义的论断,因为人们常常使用马克思主义的观点来解释南美洲的历史,而且,康拉德的朋友卡宁汉姆·格雷汉姆也可以说是一位马克思主义者。——中译者注

[23] 对南希之"community"概念的讨论,详见本书第八篇。

[24] 这句话的英文原文是:"The indigenous community ... was disposed of by being displaced, posed or placed beside itself, unseated, ex-posed." "ex-posed"显然是回应前一句关于"exposition"的文字游戏。——中译者注

[25] 约瑟夫·康拉德,《一个人的记录》(*A Personal Record*)(伦敦:Dent,1923),第 98 页。

[26] 康拉德,《诺斯特罗莫》,第 111 页。

[27] 康拉德,《诺斯特罗莫》,第 92—93 页。

[28] "利益扩散"论("trickle-down" theory),也被译成"涓滴"理论、"渗透"理论。它认为,在市场机制的调节下,经济增长的收益会自动地、逐渐地流向低收入阶层,或者说,给予大企业的财政补贴会逐渐使小企业和消费者受惠。——中译者注

[29] ADM(Archer Daniels Midland Company)是阿彻丹尼尔斯米德兰公司的缩写,它成立于1902年,是世界上最大的农产品加工企业之一;安然公司(Enron Corporation),成立于1932年,原是世界上最大的综合性的天然气和电力公司之一,但是,它已经在2001宣布破产;柏克特(Bechtel Corporation,或者 Bechtel Group)成立于1898年,是美国最大的工程和土木建筑公司,在世界上也享有盛名;福陆(Fluor)始创于1912年,是世界最大的建筑工程、维修公司之一,同时也经营其他多种相关业务,服务范围包括石油、天然气业、化工、石化,生物科学、制造业、微电子业、采矿业、能源业、通信及交通业。美国《财富》杂志(Fortune)称其为"世界声誉最好的企业";孟山都公司(Monsanto)是一家跨国农业生物技术公司,它所生产的旗舰产品 Roundup 是全球知名的草甘膦除草剂,该公司目前也是转基因(GE)种子的领先生产商,它所研发的转基因水稻在中国广西已经大面积种植,转基因大豆与转基因食用油在中国的各大著名商场已经随处都是,可见其垄断中国和世界市场的野心;德士古石油公司(Texaco),它成立于1901年,曾经是美国大型石油公司之一,2001年,与雪佛龙石油公司合并;全球最大的油田服务供应商哈利伯顿公司(Halliburton)成立于1919年,是世界上主要的能源服务公司之一,为油气田勘探、开发和钻井提供设备和服务。——中译者注

[30] 康拉德,《诺斯特罗莫》,第84页。

[31] 康拉德,《诺斯特罗莫》,第84页。

[32] 康拉德,《诺斯特罗莫》,第84—85页。

[33] 康拉德,《诺斯特罗莫》,第89页。

[34] 康拉德,《诺斯特罗莫》,第85页。

[35] 康拉德,《诺斯特罗莫》,第85—86页。

[36] 鲁伯特·默多克(Rupert Murdoch),1931年3月11日生于澳大利亚墨尔本,1985年取得美国国籍,1979—2013年担任 News Corporation 的主席和总裁,2013年至今担任 News Corp 的主席,以及 21st Century Fox 的主席兼

总裁。——中译者注

[37] 美国海军历史上有六艘军舰被命名为"波瓦坦"(*Powhatan*),为了纪念一位印第安部落的酋长 Powhatan(1550—1618)。但是,在《诺斯特罗莫》这部小说中,"波瓦坦"的拼写是 *Powhattan*。——中译者注

[38] 康拉德,《诺斯特罗莫》,第 254 页。

[39] 罗伯特一世(Robert I,1274 年 7 月 11 日—1329 年 6 月 7 日),民间通称他为 Robert the Bruce,罗伯特英勇善战,成功地带领苏格兰人,从英格兰独立了出来,被视为苏格兰的民族英雄。他在位的时间是 1306 到 1329 年。——中译者注

[40] Allegory,parable 和 fable 这三个词,在汉语中,都可以翻译为"寓言",但是,在英语中,它们的意思略有不同。allegory 是指假借过去的或别人的事情,来传达、暗示、影射或者讥讽现世的各种现象;parable 常采取比喻的手法,来进行道德方面的说教,比如《圣经》中的故事;fable 则往往借用动物的故事,讲述一个道理,比较言简意赅。consonance 和 uncanny resonance 在前面都已经出现过,可分别翻译为"和声"和"不可思议的共鸣"。——中译者注

[41] For 和 of 的区别在英语中很清楚,for 是"为……"表示目的,而 of 是"……的",表示从属。——中译者注

[42] 《马太福音》13:3—9 是这样写的:他用比喻对他们讲许多道理,说:"有一个撒种的出去撒种;撒的时候,有落在路旁,飞鸟来吃尽了;有落在土浅石头地上的,土既不深,发苗最快。日头出来一晒,因为没有根,就枯干了;有落在荆棘里的,荆棘长起来,把它挤住了;又有落在好土里的,就结实,有一百倍的,有六十倍的,有三十倍的。有耳可听的,就应当听!"(选自《圣经》新标准修订版,1995)选录这段经文的目的是为了让读者自己揣摩 parable 的含义,因为靠定义很难解释清楚。——中译者注

[43] 亚里士多德,《诗学》(*Poetics*),第 1451b 行,见其《亚里士多德的诗歌与美学理论》(*Aristotle's Theory of Poetry and Fine Arts*),由布切(S. H. Butcher)翻译和点评(纽约:Dover,1951),第 35 页。

[44] 利维斯(F. R. Leavis)在他出版于 1946 年的《伟大传统》(*The Great Tradition*)一书中,曾经有过一个非常相似的表述,即《诺斯特罗莫》与理解他那个时代的历史的关系。在谈到"查尔斯·古德在面对佩德利托

(Pedrito)的威胁和奉承时,那种安静而又不屈服的样子",利维斯说,这个场景"戏剧化地强化了那种政治意义的模式,这种模式在《诺斯特罗莫》一书中,占了很大一部分。我们忍不住赞叹,《诺斯特罗莫》写于爱德华七世(1901—1910)在位的时候,但是,它的主题、分析,及其例证,都可圈可点"〔利维斯,《伟大传统》,Peregrine 版本(Harmondsworth:企鹅,1962),第 218 页〕。我是从耶利米·霍桑(Jeremy Hawthorn)那里得知这一点的。我不是利维斯的追随者,但是,当我发现,我跟利维斯的观点大致相同时,我很高兴。无疑,利维斯不一定认同我所坚持的另一个观点,即《诺斯特罗莫》是"寓言性的",也就是说,是"想象的(但却是真实的)",这一点不同于现实主义的再现。

[45] ex-position,我理解为离开正常的位置/立场,所以,翻译成了"脱位"。——中译者注

第十篇　谁害怕全球化①

　　我的问题也许可以换个说法,即"谁应该害怕全球化?"对这一问题的回答是,全世界有很多人**委实**害怕全球化,包括环保主义者、孤立主义者(isolationists)、工会主义者(trade unionists)、保守主义者和焦虑的自由主义者等等,不一而足。他们在世界银行和世界贸易组织的会议期间,举行各种抗议活动,反对北美自由贸易协定。害怕全球化的人也包括非西方国家,他们认为,全球化无非就是世界范围内的美国化,其后果就是对各地本土文化的摧毁。他们担心,随之而来的将是美国经济和文化帝国主义在世界范围内的霸权。我们的新保守主义者希望美国化早日到来,并天真且欣喜地称之为"世界新秩序"。然而,害怕全球化的人也包括美国人。一些美国人希望对非法移民施以重罪,将他们全部驱逐出境,并在德克萨斯和墨西哥边界建立起一道长达七百英

---

① 这篇演讲是 2006 年 6 月 17 日,我在武汉大学参加"文化研究与现代性国际高层学术论坛"时所做的大会发言。我很高兴,我有机会向中国听众宣讲我的全球化思想,他们都是那么优秀。我前几年在中国演讲的时候,也曾经讲过全球化这个话题,但是,这次大会的主题就是全球化,所以,我有机会在变化了的中国语境中,再一次详尽地思考这个话题。不幸的是,现在(2014年),大家对全球化已经习以为常,全球化也不再是人们热衷于思考的话题了。——作者原注

　　本文部分内容由李作霖翻译,发表在《长江学术》2006 年第 4 期,第 1—6 页。收入本书时,由国荣做了补充和修订。——中译者注

里的围墙。还有一些美国人,因为美国的"外包"政策(outsourcing)而失去了工作,他们忧心忡忡。在过去的几年里,伴随着中美贸易之间的巨大逆差,大约有一百万乃至更多的就业机会外流到中国,因为我们从中国购买的产品和服务越来越多。这些产品大都制作精良,而且,中国提供的服务也特别好,比如位于大连的呼叫中心。同样的产品和服务,在中国和印度只需要少许成本,而在美国却要高得多。长此以往,美国和欧洲的生活水平可能会降低,而在世界其他地方,却可能会逐渐升高;而且,越来越多拥有高科技和高报酬的美国工人将会"下岗",因为他们所能做的,在中国、印度和马来西亚这些地方,可以以较低的成本做得同样好,甚至更好。这就是托马斯·弗雷德曼所谓的世界均一化(the flattening of the world)。[1]

难道这些形形色色的人群应该如此害怕全球化吗?这就是另外一个问题了。问题是,害怕全球化并不能阻止它的进程,而且,害怕这种心态并不利于我们应付全球化这一全球性的变化,它的规模和速度都是史无前例,前所未有的。我们最好是理解它,并且,尽力去利用它,以建设性的方式改变它的进程,当然,这不是一件容易的事情。但是,无论如何,全球化都不会停止,也不会消失。

马克思和恩格斯在《共产党宣言》中有一段话很著名,也很令人称奇,它竟然预言了我们今天所谓的全球化,一方面是经济上的 *mondialisation*,一方面是文化上的"worldwide-ification"。[2]《宣言》中的那段话是这样开始的:

> ……一切固定的僵化的关系以及与之相适应的素被尊崇的观念和见解都被消除了,一切新形成的关系等不到固定下来就陈旧了。一切等级的和固定的东西都烟消云散了,一切神圣的东西都被亵渎了。人们终于不得不用冷静的眼光来看他们的生活地位、他们的相互关系。
>
> 不断扩大产品销路的需要,驱使资产阶级奔走于全球各地。它必须到处落户,到处开发,到处建立联系。

> 资产阶级,由于开拓了世界市场,使一切国家的生产和消费都成为世界性的了。使反动派大为惋惜的是,资产阶级挖掉了工业脚下的民族基础。古老的民族工业被消灭了,并且每天都还在被消灭。它们被新的工业排挤掉了。新的工业的建立已经成为一切文明民族的生命攸关的问题:这些工业所加工的,已经不是本地的原料,而是来自极其遥远的地区的原料;它们的产品不仅供本国消费,而且同时供世界各地消费。[3]

在《宣言》中,这段话的结尾似乎带有一种预言的性质:"过去那种地方的和民族的自给自足和闭关自守状态,被各民族的各方面的互相往来和各方面的互相依赖所代替了。物质的生产是如此,精神的生产也是如此。各民族的精神产品成了公共的财产。民族的片面性和局限性日益成为不可能,于是由许多种民族的和地方的文学形成了一种世界的文学。"[4] 显然,"世界文学"(*Weltliteratur*)这个词和观念源于歌德。虽然马克思没有预料到 iPod 的出现,但是,他确实预见了技术创新可能会带来的变化。今天,如果他还活着,他将不仅仅讨论世界文学,还会讨论世界范围内的同质性的新文化媒介:电视、电影、流行音乐、互联网、电子邮件、播客(podcasts)、录像、通过电子邮件发送的数码相片,等等。

在马克思和恩格斯看来,资本主义全球化不仅仅是一种劫难,也是一种契机。对那些老牌的欧洲国家,它是一种劫难,因为它削弱了它们的霸权地位,而这种削弱多多少少是马克思和恩格斯乐于见到的。他们预言,全球化也意味着资本主义作为一个单一的商品化和商品至上(commodity festishism)的经济剥削体系,在世界范围内的胜利。不过,他们也把全球资本主义视为共产主义的契机,当资本主义因其自发的自我毁灭机制,不可避免地走向自己的灭亡的时候,也正是共产主义实现的时候。他们非常自信地预言,工人阶级会发起反抗,从而建立起无产阶级专政。大家应该记得,马克思和恩格斯并非呼吁一个国家的工人在自己本国组织起来,进行反抗。他们说:"全世界的工人阶级,联合起来!"如果说马克思和恩格斯预言了资本主义的全球化,那么,按照《宣言》的界定,共产主义本身俨然就是全球化的一种形式。马克思和恩格斯也预言,全球化的两种形式——经济全球化和文化全球化,会削弱某些国家的民族文化和霸权地位,不论是好还是坏。

那么,什么才是我们当今的"全球化"的形式呢?它具有多方面的特征,是一种奇怪的混合体。而且,我们所谓的全球化的发展速度、程度和模式,在世界不同的地方,都不一样。世界各地都有大量的人群完全没有被全球化,或者只是轻微地受到了全球化的影响。比如我的妻子,她至今没有学过如何使用计算机。我必须在 Google 上为她搜集信息,并且,把她用铅笔写给孩子和孙辈们的书信在键盘上敲出来,再通过电子邮件发出去。另外,人们还应该牢记,全球化的进程一直伴随着前所未有的经济掠夺、种族战争、痛苦和死亡。关于全球化的这一方面,雅克·德里达在《马克思的幽灵》一书中曾经慷慨激昂地陈述过:"当一些人(例如弗朗西斯·福山 Francis Fukuyama)大胆地宣称自由民主,作为人类历史的理想,已经最终实现了,我们必须大声疾呼:再也不要让暴力、不平等、排外、饥馑以及经济压迫,在地球和人性的历史上,影响那么多的人了。"[5]这些在 1993 年——德里达写下这些话的时候——曾经真实存在过的状况,在时隔 13 年之后的今天,可以说是更加真实,更加触目惊心。(现在已经是 22 年之后了——米勒)

我曾经说过,全球化的进程是一个异质化的过程。经济全球化与计算机、手机及电子邮件这样的远程技术手段在全球的普及不是一回事,尽管前者的发展绝对需要依赖后者的支持。而这两者又完全不同于环境的恶化,环境恶化正在导致全球变暖,而这主要是由所谓的"发达国家"造成的。此三者和媒介全球化也不一样,尽管媒介离不开新技术的发明。媒介全球化,意味着新闻和广告在全球范围内基本实现了同步传播,与此同时,媒介也日趋集中在泰德·特纳或者鲁伯特·默多克(Ted Turner and Rupert Murdoch)这样的传媒巨子手中。但是,大众媒介的全球化与其他文化产品——例如电影、电视、电脑游戏和流行音乐——在全球的传播,还是不太一样,尽管它们使用的都是具有魔力的远程通讯工具,比如,iPods、无线网络、光缆、通讯卫星、计算机以及日趋复杂的手机,再加上电子邮件、数码相机、会议视频、在线游戏、播客,以及基本的内置计算机,等等。

所有这些全球化的特征都有一个关键性的因素,或者说它们的共同特征,那就是新兴的通讯技术,没有这些技术发明,任何形式的全球化都是不可能的。没有移动电话、计算机和iPod,就没有全球化,至少不会出现如此蓬勃的发展态势。这些技术设施在极其短暂的时间内,就风靡全世界。我记得,也就是几年前,最早的"浏览器"——Mosaic,神奇地给大家提供了一个进入一些网站的通道。关于全球新技术的影响,托马斯·弗雷德曼写了一本书——《世界是平的》,[6]讨论新技术在全球的影响,内容详实,发人深省。他不仅指出,新技术和全球经济正在或多或少地渗透到世界各地,还进而提出,从长远来看——事实上已经发生——这一均一化的世界,或者公平的竞技场(level playing field),可能会削弱美国的力量,而给中国和印度这样的国家带来巨大的经济和文化权力。我们希望,这些国家能为了全人类的利益,更加明智地发挥这一权力,比美国在这些年的所作所为更明智一些。我们在用我们的经济、科技和军事力量,自毁,毁他。例如,造成大量的环境破坏、加剧全球变暖,而我们的巨额财政赤字迟早会导致我们的经济危机。(那是一个错误。赤字不是我们的问题。为富人和他们的企业减税才是。——米勒)

新技术的全球化也给我们的生活带来了划时代的变化。我在前面已经提过,大学和学术的变革。现在,只要拥有一台电脑,任何人,在任何地方,都可以登录到涵盖大量学术信息和在线文本的数据库,进行各种权威性的研究。印刷图书,曾经是传统的人文领域的教学和研究的基础,而现在,越来越没有必要拥有大量的书籍了。例如,纸质版的亨利·詹姆斯的小说,即 hard copies,如今已没必要拥有了。它们在网上几乎都可以免费获得。我前面引用的《共产党宣言》，就是通过Google，在短短的几秒钟内搜索到的在线版本。学术合作也可以由散布在世界各地的人员组成的团队来实施，而不必局限于在同一所大学工作的人员。我今年（2006）就参加了一个有关叙事学的声势浩大的研究项目，而从表面上看，这个机构位于奥斯陆的一个高级研究中心，而我全年只需要在那里待上三个星期的时间。大家都在电脑上写论文，然后，通过电子邮件的附件功能，即时发送到世界上任何一个地方。我所有的推荐信都是在电脑上写的，并将其中的大部分以电子邮件的形式发出去。学生们的论文章节也是通过电子邮件发送给我。我也试着在电脑屏幕上阅读、标注，或者评论它们。我职业生活的点点滴滴，在短短的几年内，已经被电脑完全改变了。

这些新的通讯设施也给人们的伦理和政治生活带来了急剧的变化，至少在我的国家以及全球化所触及的其他任何一个地方，都是如此。过去，家庭成员和邻里之间的交往模式都是面对面的，出现在我面前的都是有血有肉的人，就像莱维纳斯（Levinas）在其有关脸面（*visage*）的伦理学理论，或者德里达在《关于友谊的政治》（*The Politics of Friendship*）、《死亡的馈赠》（*The Gift of Death*）以及其他作品中所探讨的道德生活模式。19世纪和20世纪的大多数西方小说都聚焦在面对面的相遇，因为道德冲突和决断都是在这种情境下发生的，尽管有时候，书信也很重要。安东尼·特罗洛普和亨利·詹姆斯的小说主要是由一系列的、两个人物面对面的、你一句我一句的对话冲突的场景所组成的。特罗洛普的《最后的巴塞特郡纪事》中，有一个场景非常感人。副主教格兰特利（Archdeacon Grantley）对格雷丝·克罗利小姐心怀不满，认为她不适合做他儿子的未婚妻，因为她身为牧师、贫困潦倒的父亲被人指责偷窃（后来证明没有这回事）。而在他真正遇见她的那一刻，这种不满顿时化成了怜爱和倾慕："当他俯身凝视着她的脸，两行热泪从他眼里涌出，慢慢地顺着鼻子流下来。'我的女儿'，他说，'一旦这朵阴云从你头上散去，你将来到我家，成为我的女儿。'"[7]

现在的伦理生活与特罗洛普所反映的现实已经有了天壤之别，个人生活中最重要的伦理关系可能会受到一种或多种新兴的通讯技术的影响，例如，电子邮件、聊天室、播客、多人互动的电脑游戏等等。我自己的一个家庭成员，就与他当初在网上结识的一个女子幸福地结合在一起了，因为他们都对一个相当费解的高端网站感兴趣。而她那时居住在一个几千英里之外的地方。

如果说全球化已经从根本上改变了人们的伦理生活，那么，它对政治生活的改变就更加戏剧性了。德里达在《马克思的幽灵》中有一段话，有力地描述了旧式的西方议会民主是如何被电视致残的：

> ……在这一刻，当公共空间的转变——也就是被媒体转变的公共空间——使他们丧失了先前议会代表制度以及与之相连的政党机器等所赋予他们的权力——乃至能力——的核心部分，政客们就越来越成为——甚至完全变成了——媒体所呈现的人物。无论他们私下里多么能干，依然固守着旧模式的职业政客们，在今天已经在结构上不能胜任了（structurally incompetent）。……他们被认为是政坛上的演员，所以，众所周知，他们现在常常冒着风险，冒着被大家当作电视演员的风险。[8]

我还想说，自从1993年以后，至少在我们国家，还有其他通讯技术介入到了议会民主政治中，而影响了议会民主的正常功能，这一点很难说是好还是坏，例如：可以轻易改变结果的电子投票器；影响人们投票方式的政治性在线博客；能够产生巨大影响的广播脱口秀；就连国会议员选区的不公正划分也是根据电子投票的数据决定的。还有，大大小小的公司与政府之间在私下的勾结，例如，被称为Medicare Part D 的联邦药物覆盖计划就是在医药公司的游说下签署的，是为了制药公司的利益，而不是为了美国老百姓的利益。此外，政客们对媒体的占有与操纵，比如，Fox新闻公司就是由共和党全国委员会的一位前领导人来管理。再比如,在上届总统选举期间,一家远程销售公司,显然是在白宫的授意下,恶意干扰,造成民主党选举办公室的电话占线。[9]还有,政府与电话公司AT&T合作,对美国公民实行的非法的电子监控:"允许政府聆听民众的电话,阅读他们的电子邮件,监测他们的上网活动,而没有通过任何法律授权"等等。[10]所有这些伦理和政治生活的变化都是和新兴的通讯技术分不开的。我们甚至可以像汤姆·科恩一样,把这种新出现的情况称为"后民主"(post-democracy)。

全球化了的文化研究在当初看来,就是全球化的一个特殊的角落,但是,"文化研究"是一个令人苦恼的——或者令人欢欣的——模糊的词,就看你怎么体会它,或者它们。让我们套用一句泰伦斯(Terence)的名言,*Homo sum:humani nil a me alienum puto*,[11]也就是说,没有什么与人相关的东西是与文化研究无关的。

顺便说一句,我是在几秒钟的时间内,通过Google找到这句引文的。这是新的全球化技术给我的工作带来影响的一个极佳的例子。Google是令人惊异的,*Wikipedia*(维基百科)这个集体创作的、不断更新的网上百科全书也是如此。就像我们使用百科全书一样,使用者也需要对维基百科的内容保持警惕。不管怎么说吧,Google和*Wikipedia*为大家提供了一个共同的平台。你如果拥有一台电脑的话,就不用和大型图书馆比邻而居了。旧式的教授们可能会说,这也太容易了。学生们不再学习怎样使用图书馆,或者区分好的信息和坏的信息。其实,任何图书馆,都同样包含很多坏的或者不准确的信息。相比之下,*Wikipedia*还更胜一筹,因为错误的信息几乎马上会被一批专家组成的志愿者团队进行删除和修正。我在哈佛的博士父亲道格拉斯·布什过去常常说,"做学问主要是跑腿",他的意思是说,你要做学问,就必须在研究型图书馆的一排排、长长的书架前,走来走去,寻找你需要的图书。但是,现在,我觉得,在图书馆埋头苦干已没有什么特别的价值了。如果想锻炼的话,我们有很多更好的方式。

如我上面提到的,在文化研究领域,你几乎可以做任何你喜欢的东西。比方说,科学史,包括这些新的通讯设施是如何被发明的故事,就是文化研究的一种方式,就像人们对烹调和服饰习俗的研究,或者对广告、人们"玩"股票的方式和跨国公司的"文化"之研究一样,阿兰·刘有一本书,叫做《酷的法则》,[12]写得很棒,其中就提到了这些。实际上,文化研究更接近社会科学中的人类学和社会学,而不是人文科学中传统的语言文学系所惯于从事的工作。最近,我们大学的社会科学学院成立了一个新的民族志研究中心,它的新闻发布词是这样写的,"中心将从人们的体验视角,探讨社会和文化生活。中心的第一批研究项目之一,就是探索技术是如何改变了人们对'公'与'私'的界定,由英特尔公司提供赞助"。对我来说,好像这就是文化研究。对人文系科以社会科学的方式重塑自身,我没有异议,不过,我确实认为,对于那些想从事文化研究的人文学者来说,接受民族志和社会学方面的课程训练将是一件好事。如果想以一种负责任的态度进行文化研究的话,这种训练甚至是非常必要的。我认为,对那些真正想对伦敦、纽约、新德里和北京的服饰习俗进行比较研究的人来说,训练他们阅读莎士比亚没有特别的意义。他们需要不同的专业训练。

实际上,在人文科学领域,对电影、电视、电脑游戏、时装、时尚杂志和流行音乐这些现代的"大众文化"的研究,占据着文化研究的中心舞台。尽管许多从事文化研究的学者接受的都是比较传统的人文学科的训练,但是,只有在年轻的人文学者应该需要学习这些内容的时候,这种做法才是合理的。与曾经占据主导地位的文化形式——文学——相比,这些现代的"大众文化"形式对年轻人的意识形态以及日常生活产生了更大的影响力。这些新的文化形式就是他们行动的出发点。电脑游戏这个行业比整个好莱坞的利润还要大得多。我的孙女杰西卡——一个神经学专业的研究生——经常玩的一种游戏,叫做《魔兽世界》(*World of Warcraft*),是由 Bizzard 娱乐公司开发的。2005 年,在其中文版出现的头一个月内,它的订户就达到了 150 万。[13] [现在,杰西卡不再花那么多时间玩电脑游戏了。她在 Brandeis 大学神经科学系全职工作。如果现在举例的话,我就不会再说《魔兽世界》了,现在的盈利大户是《侠盗猎车5》(Grand Theft Auto V),在它发行24小时之内,销售额已经达到8亿美元,三天之后是10亿。——米勒2013年11月17日][14]

这些新的数字魔法机器,就像电视新闻一样,奇迹般地制造出了无所不在的虚拟现实。世界各国的电视新闻,都是经过精心制作,使它看起来像当下的现实。事实上,电视新闻是用非常复杂的狡黠的手段建构出来的,德里达称之为"人造现实"(artifactuality)。我们的周围都是这样的幽灵般的虚拟现实。我们凭借它们而生活。最令人惊异的是,这些新发明——比如手机和电脑——是如此迅速地风靡全世界,就像iPods和20世纪初的电影一样。它们似乎是不可抗拒的。你可能争辩说,如果说这些新玩意把每个人都美国化了,那仅仅是因为没有人能够拒绝使用它们。没有人强迫人们使用电子邮件、手机,或iPod播放器,各地的人们都在争相拥抱他们的"美国化"。

为什么会这样呢?我的回答是:人类显然需要这种虚拟的现实。因此,他们才会拥抱技术给他们提供的各种人造现实,不管是印刷的书籍,还是iPod。人们就像喜欢玩水的鸭子一样,喜欢进入幽灵般的虚拟现实。人的这种习性才真是令人惊奇。这些设施正好迎合了人们的需求,只不过原来满足人们这种需要的是处于全盛期的文学。从这个意义上说,阅读特罗洛普或者狄更斯的一个神秘短篇或者长篇小说(这是我进入虚拟世界的惯用方式),其实就像玩电脑游戏,或者看电视上的晚间新闻,或者看电影。尽管从表面上看,这些进入人造世界的方式有很大差别,但在本质上,它们只不过是技术魔术的不同形式而已。今天的技术魔术采用了我所说的数字魔术化(prestidigitalization)的形式。所有这些魔术都需要一些物质手段的支持,比如书页上的词语、屏幕上的图像,以及与之相伴的声音,还有从手机传到我耳朵的、我能辨认出的朋友的声音。对意识形态的研究就是一种招魂术(spectrology),是对虚拟现实的研究。意识形态,正如马克思在《德意志意识形态》中的论断和德里达在《马克思的幽灵》中所详细阐释的,它在本质上具有宗教的特质。不管在什么时候,虚拟现实机器都是传输意识形态这个鬼魅或者幽灵的方式,就像电视屏幕和电影中的形象,或者就像我在阅读一本小说——比如特罗洛普的《最后的巴塞特郡纪事》,托尼·莫里森的《至爱》(Beloved),或者哈金的《等待》时,出现在我眼前的意象。

一方面,这些新技术在某种意义上是冷漠的,它们不过是无言的机器。它们不能明确说明它们的用途是什么,但是,它们确确实实在营造那种用途。你可以用任何一种语言,对你的手机说任何你想说的话。一个中国人在大街上跟他的手机说中文,与一个美国人对手机的使用没什么两样;通过无线设施,跟远方的人讲话。还有很多不同的方式,可以达到这个目的。这些设施急遽地改变了人们的日常生活方式,只不过在不同的地域文化中,表现又有所不同。

换一种说法就是,有些关于全球化之不良后果的理论过于简单,它们假定人是单一的、一致的。我认为,一般的人都可以同时具有很多不同的面向,不同的身份特征。例如,他们能够在保留许多或大多数传统文化特征的同时,使用电脑和手机,这些传统文化特征包括饮食和穿着方式、求爱和结婚的方式。最重要的也许还是本民族语言的特殊性。这方面的一个典型例子就是那些在呼叫中心工作的中国人。他们经过训练之后,可以说不同的英语方言:美国的、加拿大的、澳大利亚的和英国的。他们每天工作很长时间,但是,报酬在美国人看来却是极其低下的。然后,他们回家吃中餐,用中文思考、说话,用中国人的方式与家人和朋友交往。他们是混合型的人(hybrid)。其实,每一个人都是,并且一直都是不同的、异质的人的混合体(a congeries of different heterogeneous persons)。当前的人的状态只是人的习性的一个极端的例子,因为每个人都可能一下子成为众多完全不同的"他者"的集合体。

我曾经在别处说过很多,在文化研究盛行的今天,保持文学研究之活力的价值,文学研究与文化研究的根本区别,以及为了理解文学,我们需要阅读哲学和理论等问题。我已经论述过，文学研究总是——或者说应当是——具体的，也就是说，文学研究试图从其独特性和不同寻常的角度，阅读一部文学作品；而文化研究，就像人类学和社会学一样，更倾向于研究事物的典型性和普遍性。

　　但是，在结束这篇简短的发言之前，我还想说一些不同的事情。我认为，当今全球化了的文化研究的最紧迫的任务，是对这些全球化的基本必需品、这些新的通讯设施究竟对人们的日常生活产生了什么样的影响，做本土的，然后是比较的、高度经验化（highly empirical）的研究。与其去研究流行音乐本身，不如研究流行音乐在世界各地的传播，以及不同的人在不同的文化环境中是如何通过 iPod 播放器来聆听这些音乐的。与其想当然地认为，电影对所有观众具有同样的、普遍的内涵，不如研究电影在不同的地域文化中，被观看和反思的完全不同的方式。与其假定手机在世界各地都会产生同样的普世的影响，不如研究手机在本土的特殊使用。与其假定计算机或 Google 这样的搜索引擎在全球会产生同样的影响，不如研究不同文化中的人们实际上是如何使用这些装置的。玩电脑游戏、收发邮件或者创造自己的播客，在不同的特殊的环境下，对人们的个性到底有何影响？在我看来，这才是当前全球化的比较文化研究的前沿课题。如果我能够重新活一次，我将把这个研究作为我教学和写作的终生课题。这种研究不仅仅是客观的描述和分析。它的使命应该是教会人们如何最好地使用这些新技术，如何避免成为所有这些幽灵般的人造现实的被动的接受者，恰如在过去，当文学是公民道德的主要缔造者的时候，出现了新批评这种流派，它把教会人们如何阅读、如何避免掉入文学的陷阱，视为自己的目标。

　　什么样的技能才是这些新学科所必需的呢？这些学科甚至还没有一个统一的、制度化的存在。但是，有一点可以肯定，这些技能与我在大学和研究生院所接受的，准备在文学史、文学批评和文学理论领域从事教学和研究所需要的技能是很不相同的。至于说，这一新学科的未来面貌如何，则要留给那些发明它的人了。但是，我可以断言，它将凭借敏锐的分析,与似乎不可能结盟的民族志的研究程序和规则联系在一起,同时拒绝旧式的所谓的解构学的解释学。在电影研究中,汤姆·科恩的著作《希区柯克的密码》,[15]令人赞叹,它为这一新学科提供了一种典范。

注释

[1] 托马斯·弗雷德曼(Thomas Friedman),《世界是平的:二十一世纪简史》(*The World is Flat: A Brief History of the Twenty-First Century*)(纽约:Farrar, Straus and Giroux, 2005)。——原注

中文版《世界是平的》,何帆、肖莹莹、郝正非翻译(长沙:湖南科学技术出版社,2006)。——中译者注

[2] *Mondialisation*是法语词,意为全球化;"worldwide-ification"貌似一个自造的词,暂译为"世界化"。——中译者注

[3] 卡尔·马克思和弗里德里希·恩格斯,《共产党宣言》第一章(https://www.marxists.org/archive/marx/works/1848/communist-manifesto/ch01.htm#007,登录时间是2013年11月18日)。——原注

中译文采用马克思《资本论》(第一卷),中共中央马克思恩格斯列宁斯大林著作编译局译,北京:人民出版社,2004年,第275—276页。

[4] 同上一个注释,第276页。

[5] 雅克·德里达,《马克思的幽灵》,佩吉·坎姆夫(Peggy Kamuf)翻译(纽约和伦敦:Routledge,1994),第85页。

[6] 见注释1。

[7] 安东尼·特罗洛普,《最后的巴塞特郡纪事》(*The Last Chronicle of Barset*)(伦敦:Penguin Books,2002),第595页。

[8] 德里达,《马克思的幽灵》,第80页。

[9] 亚当·科恩,"A Small-Time Crime with Hints of Big-Time Connections Lights Up the Net,"《纽约时报》,2006年4月17日,参见网页http://www.nytimes.com/2006/04/17/opinion/17mon4.html?th&emc=th,登录时间是2015年7月27日。

[10] "AT&T and Domestic Spying,"编者按,参见网页 http://www.nytimes.com/2006/04/17/opinion/17mon2.html?th&emc=th,登录时间是2015年7月27日。

[11] 这句引文对应的英语是:I am a human being, so nothing human is strange to me;中文可译为:我是人,没有任何与人相关的特性是我不熟悉的。——中译者注

[12] 阿兰·刘,《酷的法则》(*The Laws of Cool：Knowledge Work and the Culture of Information*)(芝加哥:芝加哥大学出版社,2004)。

[13] http://blizzard.com/press/050720.shtml 在 2006 年发布的消息,但是,现在已经看不到了。如果想了解更新的、更全面的信息,包括中国政府发布的游戏的变化细节,例如,骷髅上的肉(flesh put on skeletons),可以登录网页 http://en.wikipedia.org/World of Warcraft,登录时间 2013 年 11 月 17 日。——米勒 2013 年 11 月 17 日

[14] 参阅网页 http://en.wikipedia.org/wiki/Grant Theft Auto V(登录时间是 2013 年 11 月 17 日)。*World of Warcraft* 是在电脑上玩,但是,*Grand Theft Auto* 需要专门的游戏机,当然,网络版也有。——米勒 2013 年 11 月 17 日

[15] 汤姆·科恩,《希区柯克的密码》(明尼阿波利斯:明尼苏达大学出版社,2005)。

第十一篇　中美文学研究之比较①

新的通讯技术是目前世界范围内影响文学研究的主要因素,当然,中国的文学研究也包括在内。截至 2007 年 7 月份,中国的手机用户已经达到了 5 亿,而在世界范围内,大约有 30 亿的人在使用手机,占整个世界人口的一半。尽管不是所有的用户都会用手机发短信,但是,漫步中国任何一个城市的街头,都可以看到,有那么多的人在边走边聊,此情此景,跟美国没什么两样。几年前,《魔兽世界》的中文版一面世,就有无数中国人在网上注册,并且,花费大量的时间和金钱,来玩这种电脑游戏。几年前,我和几个同事在中国开会,碰到一群中国作家,我发现,他们对自己的作品被改编成电视剧,非常热衷,似乎比自己的小说被印成纸质版的书籍,更加有兴趣。

---

① 这篇演讲是 2008 年 11 月 4—6 日,米勒教授在南京师范大学所做的系列演讲之一。该演讲最初由中国民航飞行学院的黄德先翻译,发表在 2010 年 7 月的《外国文学》第 4 期,第 83—89 页。收入本书时,由国荣做了补充和修订。

这篇演讲的英文题目是"A Comparison of Literary Studies in the United States and China",它以收入《现代语言季刊》关于中国现代文学的特辑中的文章为例,重点分析了中美文学研究方面的一些差异,反映在中国学者方面,主要表现为:一、非常关注文学分期、命名和特征概括是否正确;二、强调历史语境对作家创作的决定性作用;三、在描述一个作家或学派的作品时,过于抽象;四、论文很少引用原文,几乎没有风格或文体方面的分析;五、关注西方作品汉译在中国现代文学发展中的决定性作用,却很少关注由于汉语与西方语言的差异而导致的翻译过程中的缺失。——中译者注不管是好是坏，总之，新的通讯技术弱化了纸质版的文学书籍在中国以及世界上其他国家的文化作用。越来越多的年轻人选择看电视、电影，在手机上聊天、发短信，或者在网上读小说、玩电子游戏、浏览网页。他们在忙于这些事情的时候，当然，无暇去读中国的古典诗歌、《红楼梦》或者鲁迅的作品，这一点就像美国的年轻人，如果不是这些新的电子通讯设备占用了他们那么多的时间，他们也许会花更多的时间，读莎士比亚、简·奥斯汀和托尼·莫里森的作品。试图与这个巨大的、划时代的传媒变迁接轨，自然是中国、美国以及其他国家的文学研究转变为文化研究的根本原因。对大多数人来说，纸质版的书籍已经不再是他们学习如何待人接物——比如求爱和结婚——的主要方式了。我们从电影、电视这些传媒中，学习求爱和结婚的礼仪，而不是从简·奥斯汀的小说。

面对这些主流媒体的变化，体制化的文学研究（institutionalized literary studies）在不同的国家，反应是不一样的。就像在其他很多领域一样，中国与美国在这方面存在差异，但是，相似之处也不是没有。进一步说，中国大学的文学研究，绝对不是完全一样的，每个学校和每个学校的规定都不尽相同，这一点也跟美国一样，每个大学或学院的情况都不一样。形成这种状况的原因，据我猜测，是因为课程变化得太快，至少在美国是这样的，标准的新课程大纲，或者说，系科的格局，还没有建立起来。所以，所谓的"中国的文学与文化研究是这样或那样的，与美国的研究如何如何不同"那种笼统的概括，应该受到质疑。

下面，我要谈一些中美文学与文化研究的相似之处：第一，我在中国参加学术会议与我在课堂上授课的情形，与美国没什么两样。学术会议的安排也都是这样的：每一组的会议论文之后，是小组讨论，然后是茶歇和集体用餐。几乎看不出任何思想控制的迹象，而且，那些教授和学生，怎么看都不像是严格意义上的马克思主义者。只有一次，令我大吃一惊，在一次会议即将结束前，有一个所有人都可以自由参加的圆桌会议，我听到几个中国同事就中国是否存在言论自由发生了尖锐的争论。年龄稍大的学者说,"存在,当然存在。"而几个年轻人则反驳说,"没有!"这种情形有点反常,实在不具备典型性。

  我住的宾馆与美国的宾馆也非常相像。大学课堂也与美国一样,讲完之后,也有提问与讨论的时间,甚至是教室和学生的状况也跟美国没什么两样。我几乎感受不到任何东方的神秘或者异域特质,尽管在这里,人们确实是用筷子吃饭,而且,饭菜也与美国有些不同,只不过是,更好吃了。中国各种风味的饭菜都是世界上最好的。中国学者在杂志上——比如武汉华中师范大学出版的《外国文学研究》——发表的文章,与发表在欧美同类杂志或论文集中的文章,别无二致。比如,在2006年12月发行的《外国文学研究》第28卷第6期上,就刊发了下列文章:《对莎士比亚戏剧中的"梦"的解读》、《双峰并峙继往开来:普鲁斯特与巴尔扎克》、《福楼拜的"游戏":〈包法利夫人〉的叙事分析》,还有更理论化一些的文章,比如,《庞德是新历史主义者吗?——全球化时代的诗歌与诗学》。听起来都很耳熟。

  第二,从我第一次来中国访问,到最近这一次,中国教授和学生的学识和气魄,给我留下了深刻的印象。中国的学界和学生都非常了不起,不管是教授,还是学生,都散发出一种从容和自信:他们相信,他们所做的事情很重要,他们也有能力把它做好。其背后暗含的潜台词就是,中国人是最好的。尽管每个人都很友好,很有礼貌,对我也很尊重,但是,中国却是世界上少有的几个让我隐约感到自己是"少数族裔"的地方。[1]我第一次来中国是在1988年,代表美国艺术与科学研究院,同历史、商务、哲学和社会学等不同学科的学者一道,与北京久负盛名的中国社会科学院的同仁们,讨论我们这些学科的未来。我估计,我代表的是西方文学理论。当时,在社科院外文所,参加我讲座的人员大部分都已经很老了,而且,很显然,他们除了俄语之外,不懂得其他任何外语,当然,这也是过去苏联在中国留下的残余势力。而现在,所有这一切,都已经一去不复返了。中国社会科学院涌现出了一大批年轻的才华横溢的学者,他们大都在哈佛大学这样的地方受过训练。中国社会科学院的变化只是一个缩影。从20世纪九十年代初到现在，中国整个国家都发生了翻天覆地的变化，不管是在政治层面，还是学术和经济方面。

前面，我强调了中美高等教育的相似性，以及在中国大学和学术会议上，我所感受到的"宾至如归"。现在，我要谈谈中美在文学研究方面的差异。

中美两国的大学都与各自国家的政治、经济与文化紧密相关。目前，美国的大学，在某种意义上，正面临着一些问题。美国的经济在衰退，这必然会影响到美国的大学。在过去的二十年间，美国大学越来越多地依赖公司的资助。国家科学基金会、国家卫生研究院和国家人文基金会这样的政府机构，对大学的经费支持越来越少。在大学里，越来越多的研究经费是来自大的制药公司、石油公司、电信公司，等等。与此同时，大学的运作也越来越像公司，比如，校长的酬金高得吓人，几近天文数字，而教授、系所和项目也都实行问责制，也就是说，一切研究经费都以营利的多少来核算。大部分教学工作都由兼职教师来承担，这些"教辅人员"（adjuncts，指兼职教师）没有机会获得终身教职，他们所享受的福利待遇很少，甚至一点都没有。学费也在大幅度攀升，以至于很多本科、职业院校的学生，毕业的时候，已经欠下银行几万，甚至十几万元的债务。由于学科变化迅速，文学系的课程设置也很杂乱，大学与大学之间没有可比性，至于说，什么是应该教的、各种课程之间应该如何衔接，也很难达成共识。我过去总在想，如果加州的立法员，来加州大学厄湾分校英语系或比较文学系参观，他看到我们所提供的课程，要求我们对这个大杂烩的课程做出合理的解释。我觉得，我们很难解释得清楚。讲授自己喜欢的课程，这种自由是一个至高无上的特权，我在过去也曾受益良多。如果有同事讲授与你的课程相关的课程，并能就一个学科的整体教学目标，达成一致意见，那就更好了，只是，近些年来，这种共识已经越来越少了。

中国大学的情况很是不同。一方面，众所周知，中国经济连续多年保持快速增长的态势,国民生产总值也逐年提高。这就意味着,国家有很多钱,可以用来资助和扩展旧的大学,并建立新的大学。尽管在中国,进入好大学的竞争,跟在美国一样,异常激烈,但是,我知道,一旦进入大学,其花费相对来说还是低很多,当然,我也看到了,中国学生的生活都是相当简朴的。几乎所有的教师都是终身职位。一个在中国大学教授文学的年轻老师告诉我,尽管每个班里都装有"监控录像",但是,他们在教学中的自由度还是很大的,在教学大纲规定的范围内,教师鼓励学生有所创新。他是这样说的:"为了方便教学,老师通常都会指定一本文学史书,但其目标不是为了达成'集体共识'。教师鼓励,而且重视学生的创新性、原创性解读,只要学生能够自圆其说。在我的文学课上,我告诉学生,对文学文本的解读,就是要有不同意见,而不是要求大家接受同一个看法,不同的看法才真正有助于丰富文学文本。学术杂志仅接受有新观点的文章。"教育部外国语言文学专业教学指导委员会,作为一个国家级的机构,会为每门课程,比如英国文学,制定一个大致相同的教学大纲。老师们也应该围绕清单所列出的书目进行教学;而英语系的总体要求,在我看来,是要涵盖一个大致连贯——尽管有点保守——的经典作品系列与主题。教学重点,可想而知,一定是放在必修课上,诸如基础英语、高级英语、语音学、听力、阅读、英语写作、英语语法、口译与笔译,也有的学校把英语语言学、英国文学、美国文学、学术写作等,列入必修课。选修课包括英语散文、英语戏剧、英语诗歌、英语小说、教学法、修辞学(不管内容是什么吧),等等。我把教育部所列的"课外阅读清单"作为附录,放在尾注里了。[2] 我的这位线人朋友(informant)还告诉我,清单上的作家作品不一定都要讲到,每个大学的英语系选取的作家也都不同。他说:

> 外国文学课程通常会涵盖那些重要的文学流派或文学时代的代表性作家的代表性作品。我觉得,大学之间没有严格的统一规定,要求选取哪些作品。那些标为红色的,很可能是各个大学的老师都要选取的。老师们也可以选取当代作家,

如约翰·巴思（John Barth）、多丽丝·莱辛（Doris Lessing）等。课堂上，老师要求阅读并讨论的一般是小说中的一个或几个章节，并非整个作品。学生们在阅读所选取的章节之前，应该对小说的整体轮廓，有个大致的了解。

另外，提供澳大利亚文学或加拿大文学的高校并不多。我们学校开设的澳大利亚文学课程有《澳大利亚文学史》、《澳大利亚当代小说研究》、《帕特里克·怀特研究》（Patrick White Study）等。

我看了一下，教育部所列的这个作家和作品名单，非常保守，也非常全面。在编排原则上，与《诺顿文选》没有多大差别，只是有很多小说在这个单子上有，但是，没有被收入《诺顿文选》。

不过，关于中国的文学教学和研究，我也有一些反证，在某种程度上，不同于我上面那位中国朋友给我提供的信息。这就是我对一组由中国著名学者所写的关于中国现代文学——也就是1919年"五四"运动之后的中国文学——的文章的分析，这些学者中的大部分人，目前依然在中国任教。1919年的"五四运动"是大家广泛接受的中国文学发展史上的转折点。这些文章由清华大学王宁教授组稿，发表在美国《现代语言季刊》的一个专辑上。[3]这些文章的目标很明确，那就是向美国学界介绍中国现代文学和后现代文学，旨在把中国现代文学与后现代文学，作为一个重要的组成部分，纳入全球化时代的"世界文学"的范畴中。所以，这些论文的一些特色，就是由这个特殊的任务决定的。从其他方面来看，它们也许不够"典型"，没那么"有特色"。

《现代语言季刊》上的这些论文，具有一个双重任务：一方面，它们想展示，1919年中国对外开放以来，中国文学是如何同化和转化西方文学的；与此同时，它们还想展示，中国现代文学依然是中国古典文学的延续，它有自身的历史与分期，不同于西方的文学史和分期。而且，还有一点很特别，不过，也许本来就应该在意料之中，那就是，在中国接受教育、现在依然在中国的学者，与那些在欧美接受教育的学者所写的文章，存在着很大的不同，不管这些学者已经回到中国，还是依然留在国外。不仅如此，在中国现代小说中，还有一个文类（genre），就是专门叙述那些在美国、加拿大和欧洲学习的年轻人的。

我从这期《现代语言季刊》所刊登的文章中，找出了六个不同于西方学者就西方文学所写的文章的方面，并把这些差异当成了管窥中国与美国在文学和文化研究方面之不同的便利之门。

第一，相对而言，中国学者似乎不喜欢提出新的看法。总体而言，他们更关注已经达成的共识，或者重申已经存在的观点。相反，在西方，我们是这样被教导的，我们必须提出新的看法，提出前人从来没有说过的话，以此证明自己的论文或书籍具有出版价值。例如，佛克马是这期文章中唯一的一位西方学者，他在自己详实的长篇论文——《中国后现代主义小说》——伊始，就提出：中国的后现代主义是存在的，它与美国和欧洲的后现代主义不同。这就意味着说，在他之前，就没有人把中国的现代与后现代之间的关系搞明白。目前在美国任教的顾明栋，按照我们前面的说法，应该会满足我们的一些设想，他在讨论鲁迅的时候，就提出了一些不同于以前的评论的看法。西方人倾向于认为，在文学研究中，如果一个观点已经有人说过了，那么，现在就不存在再说一遍的必要了。而中国人，至少是这一期《现代语言季刊》上的中国学者，则认为，如果一个观点是对的，那么，就应该一遍一遍地重复，从一代一代的学者和学生身上传下去。就像我所有的对比一样，这些仅仅是一些趋势，并非绝对的差异，而且，我非常想知道，你们（指我在南京的听众——米勒）对这期论文的看法。我在中国的年轻朋友所说的，中国人在研究和教学中重视创新的说法，难道不对吗？如果他的说法是对的，那么，难道是这期杂志中的文章不够典型？

第二，这期杂志上的中国学者非常关注文学分期或文学阶段的划分是否正确、命名是否准确、特征概括得是否到位这些问题。这可能是王宁给他们提出的一个重要指示。不管是中国人,还是西方人,如果我们能够很自信地说,"我正在读一部后现代作品",或者,"现代主义著作",或者其他,诸如此类,我们会觉得很踏实。文学分期,不管多么有问题,总能给读者一种安全感。但是,也可能它会使人满足于这种简单的归类(pigeonhole)以至于浅尝辄止,不再去认真阅读具体的作品。比如,说一句"啊哈!那是一种后现代特征"可能会阻止读者去进一步领会一段话在其具体的语境下,到底意味着什么,它究竟有什么特别之处,它又是如何与这种简单的分类相对抗的。不管在中国,还是在西方,文学分期都是文学研究中的重要内容,只是现在,相对来说,在西方,没那么重要了。对我们这些西方人来说,文学分期有些想当然的味道,甚至会被质疑为过度归纳,乃至于抹杀了一个时期或者一个地域的作家之间的重要差异。我们,至少我,更关注一个作家之作品的特殊性,他或她在哪些地方与人们对他们的分期或者定位不相称。比方说,我们很容易展示,后现代风格的所有特点——也就是最有影响力的理论家,比如弗雷德里克·詹姆逊,所列出来的,包括杜威·佛克马在其文章中所发现的那些特点——在早期的西方(也包括中国,这是我从这辑文章中得出的结论)小说中,就已经出现了,例如塞万提斯在17世纪早期创作的短篇小说《狗的对话录》(The Dog's Colloquy, 1613)和中国作家曹雪芹在18世纪中期创作的《红楼梦》。我就曾经写过一篇关于塞万提斯的文章。

顾明栋的《中国小说理论》一书,很令人钦佩。在其中,关于《红楼梦》的那一章,顾明栋写到,这部伟大的作品已经具备很多"后现代的"特征。[4]顾明栋发表在《现代语言季刊》上的这篇论文,也很有权威性。这篇论文的题目是《鲁迅与现代主义/后现代主义》,其中,他揭示了鲁迅(1881—1936)的创作是把现代与后现代主义的主题和风格结合了起来,尽管鲁迅在创作小说、散文诗和杂文的时候,还没有机会接触西方的现代主义作品,更不用说西方的后现代主义作品了(那时根本就不存在)。他总结说,鲁迅一方面吸收了传统中国文学中的后现代主义特色,另一方面,他也在小说形式方面,进行了独立的实验和创新。

尽管顾明栋的论文接受了既定的分期,而且,其目标也是把鲁迅的作品归入正确的分期中去,但是,他的论文却在无意中为文学分期带来了很大的挑战性。如果后现代主义的风格特征能够表现在几个世纪的中外作品中,那么,这似乎意味着:首先,文学时期的划分非常不可靠;其次,我们所谓的"后现代主义的"风格、概念和叙事特征等,实际上是我们所谓的文学所使用的语言所具备的一种反历史的可能性(ahistorical possibilities of language)。

杜威·佛克马在其文章中,首先对三种不同文化语境中的后现代主义形式,进行了辨析。他坚持认为,不管是他讨论的哪种后现代主义形式,"后现代主义"的特征都表现为,"传统/固有的能指和所指之间的关系不再适用/出现断裂"(the conventional relation between signifier and signified does no longer apply)。可能是这样吧,不过,这种断裂也是许多早期文学作品的特点,比方说,斯特恩的《特里斯特拉姆·山第》,[5] 塞万提斯的《堂·吉诃德》就更不用说了。不过,佛克马所使用的文学分期,不同于该期《现代语言季刊》所收入的其他某些文章的中国作者,在佛克马看来,一个时期的文学风格是五彩斑斓的,比中国学者的简单归类要复杂多了,而且,他还引用了大量的实例,来佐证他的观点。

第三,中国学者倾向于认为,历史语境几乎完全决定了一个作家的创作。这可能是一种残存的马克思主义思想的表现,不过,很多欧美文化研究者也会提出同样的观点。陈永国的论文就是这方面的一个例子。[6] 相对来说,他的历史决定论之模式很复杂,也很微妙,但是,他的观点却很坚定。读者可以注意一下,尽管陈永国用了一个含糊的、有机的或者说自然的隐喻(a shadowy organic or naturalist metaphor—"The modernist poetry as a form of New Poetry does not *rise* out of nothing"[7])来切入,但他的目的,就是界定现代主义诗歌的两种成因,其中,一种是中国当时的社会和历史状况,另一种是西方思想的大量涌入所带来的影响。而且,这两种原因的效果又是复杂的,因而,很难预测。但是,陈永国声称,这两种因素是决定性的,不管它们是以什么样的方式,结合起来,发挥作用。

关于后现代主义作家与其历史和社会语境的关系,佛克马的看法与众不同,这一点,我有点出乎意料。我说"出乎意料"是因为,当今西方大多数文化研究者的看法都与佛克马不同,反倒与陈永国的立场很接近。佛克马对作为文学风格的后现代主义和作为经济、社会和历史状况的后现代性,做了非常鲜明的区分,远比弗雷德里克·詹姆逊和让·弗朗索瓦·利奥塔要尖锐得多。佛克马说:"我认为,后现代主义是一种文学思潮,是作家、评论家与广大读者所使用的一种文学社会方言(literary sociolect),它与'后现代性'不同。后现代性作为一种概念,指的是利奥塔、哈维、贝尔腾斯和罗纳德·英格尔哈特(Harvey, Bertens and Ronald Inglehart)等人,在大量实证研究的基础上所分析的当代的社会和政治状况。"佛克马承认,历史条件会起一定的作用。他说,"我们必须考虑到地理、文化和历史的差异",但是,他认为,从现代主义到后现代主义的转变(他暗示,就像其他任何风格的转变一样),只是因为作家厌倦了一种风格,想转变为另一种风格:"任何风格或文学社会方言的效果,包括现代主义与后现代主义,都会在一定的时候被消耗殆尽,所以,人们会想听到不同的声音……新一代会觉得,既有的关于社会生活和经济状况的观点不够用了,过时了,应该被新的对社会的解读所代替。"叶芝以一种略微不同的笔触,写到:"人类看好的一切事情/都只能持续片刻或一日之久/爱的欢愉驱走了爱恋/画家的笔,消蚀了他的美梦。"[8]尽管佛克马把风格改变解释为人的生理需求:"同一个神经元的冲动连续不断地重复,会导致效果的递减",他的说法,在某种意义上,与哈罗德·布鲁姆在《影响的焦虑》(Harold Bloom's *The Anxiety of Influence*)一书中所表达的观点有点类似。在佛克马看来,风格传统的改变受制于内在的逻辑控制,与历史几乎没有任何关系。新一代只是渴望并需要变化。一种既定的社会方言,由于神经元的持续重复,而走向穷途末路。在某种程度上,佛克马所说的,一种新的文学社会方言的确是"空穴来风"(rise out of nothing)也是公平的,尽管有些夸张。就连佛克马那些比较折中的说法(相对于我上面引用的说法,更折中一些)也不乏惊人之语,比如,他说,"人们会想听到不同的声音"。不管怎么说,他的说法,至少会让我重新思考这个问题。

第四,《现代语言季刊》所收录的这辑来自中国学者的文章,在一个美国人看来,或者,至少是在我看来,就是对一个作家或者"流派"(比方说"九叶诗派")的高度概括性描述。当然,佛克马在总结中国后现代主义的特征时也使用了抽象的表达,比如,"丰富的虚构"(exuberant fabulation)、"元语言批评"(metalinguistic criticism)以及现代主义与后现代主义的并存,等等。但是,就像西方大多数文学研究一样,佛克马觉得他有义务,对这些抽象的说法进行例举,以证明它们是正确的。例如,他花了几页的篇幅,讨论王朔的《千万别把我当人》(1989),而且,还对其他一些具体的作品进行了详尽的分析,其中包括大量的引用。相比之下,陈永国的文章,尽管讨论的是整个二十世纪的中国诗歌,但是,引用的地方仅有两处,而且,都很短。

中国学者的论文常常体现出以下三种形式的抽象(triple process of abstraction)。第一种抽象:比方说,在某些关于中国小说的文章中,如果有具体的作品被提及,那么,除了名字之外,常常被引述的部分,也是最容易翻译的部分,那就是情节概括和人物描写。第二种抽象:具体作品的特殊性往往不被重视。一个流派或者创作团体的所有作品(比如"九叶诗派")会放在一起讨论,好像这些作品都是一样的,或者,至少就像是说,关于这个流派或者团体,最重要的特点就是他们共享的特点,或者他们共同拥有的时代特征。第三种抽象:那些共同特征也都体现为概念式的描述。比如,陈永国在说到朦胧诗的时候,先简短地引用了两位诗人的作品(一个是北岛,一个是舒婷),然后就写了下面的话:"这些年轻的诗人被挤压在强烈的欲望与贫瘠的现实之间,他们一方面要努力表达自己,另一方面又要刻意隐瞒自己的身份,因此,他们会有意地选取非传统的意象,以取得朦胧的效果,这种艺术策略与直观的描述和本能的强烈的情感表达,融合在一起。除了那些碎片似的、反传统的、不容易理解的意象之外,自我与社会、历史与现在、现实与幻想、理智与荒谬、短暂与永恒之间的二元对立,也在诗人奔放的激情宣泄中,达到了和谐的统一。"[9]

我一点都不怀疑陈永国这些话的真实性。他的论文让我非常想看看他提到的那些诗歌,即使是英文翻译,也没关系。这样,我就能够明白,那些诗歌是如何佐证他所谓的"现实与幻想、理智与荒谬、短暂与永恒"这些二元对立的含义,还有,它们是如何使用反传统的意象,以取得"朦胧"的效果。在读者心目中产生如此强烈的阅读这些作品的欲望,也算是这期《现代语言季刊》上的论文的最大贡献了。我很高兴在互联网上发现那么多中国现代文学的英语翻译,例如,鲁迅创作的那么多作品,都可以在网上找到。[10]

第五,来自中国学者的论文不仅引文很少,而且,对作品之风格和文体的分析也很少。也就是说,他们很少关注我们西方人所谓的"修辞"或者说"叙事特征"。不过,这方面的缺失,在当前的美国文化研究中,也越来越普遍了。但是,佛克马还是做了一些修辞分析。比如,他写到,"(在《千万别把我当人》这部作品中)很少有写作技巧是王朔没有用到的。他尝试了重复、没有标点的长句子、荒谬的推理、对政治口号之抽象意义的挖掘,如此一来,他的故事便成了一出闹剧,而他对'文革'或者'胖子'(fat man)的指涉,也成了政治上无伤大雅的笑料,至少在比较宽容的时代,没有什么问题"。如果佛克马再给出一些例证,那无疑就更完美了。不管怎么说,佛克马显然是默认了这一点,即"风格技巧"(stylistic devices)对意义的生成是至关重要的;而中国的文学研究者们尽管也都知道巴尔特(Roland Barthes)和德里达这些人,而且对他们推崇备至,但是,却很少做这些风格上的分析,至少在《现代语言季刊》这辑文章中,是这样子的。当然,我也知道,有些中国学者是会做文体分析的,比如,北京大学的申丹教授在她的"叙事学"研究中,就有文体风格方面的分析。对我们而言,新批评与随后的"解构"是决定性的,即使是那些对此抱有成见的文化批评者，也是如此。虽然"解构之死"被宣告了一次又一次，但是，从某种意义上来说，它却拒绝死亡。它可能已经死了，但是，它还会像幽灵一样，在光天化日之下，出没于我们的文化批评中。作为一个在美国工作的中国学者，顾明栋确实注意到了细微的语言细节的作用，比如，在他的《中国小说理论》中，他就花了很大的篇幅，讨论《金瓶梅》和《红楼梦》这两部伟大的中国小说中人物姓名的隐喻意义。

最后一点差异：本期《现代语言季刊》中的这些文章的中国学者，都很关注西方作品的汉译对中国现代文学发展的决定性作用。然而，他们却很少注意到，汉语与西方语言之间的差异，也可能会对某一特定语言的内容产生决定性的影响，从而限制了翻译。他们似乎认定，在中国文学翻译成英语和西方文学翻译成汉语的过程中，没有遭受重大的损失。但是，我对此深表怀疑，因为汉语和中国文化与西方的语言和文化的差异，实在是太大了。我对汉语一无所知，早就有人告诉过我，汉语写作以及相对的英语、德语和法语写作对文学之形式和意义的影响。这就需要我们把"同一个文本"的汉语和西方语言的译本并排放在一起，逐一比较，并具体讨论它们在语义、语法、句法、修辞以及文类方面的差异。顾明栋在其《中国小说理论》中就有这样的讨论，所以，我觉得他这部著作是很了不起的。尽管我在这方面很无知，但是，我也从他的对比中，了解到了一些互译中的遗憾和缺失。可以想象，在美国的中国文学学者，如苏源熙，[11]相对于中国学者来说，对汉语口语和书面语的特殊性以及它们对意义的影响，更感兴趣。

正如我在一开始就强调过的，了解中美文学教学和学术研究方面的异同，是非常重要的。不过，我上面所谈到的这些差异，也不是普遍存在的。不管怎么说，我认为，我们仍然有很多可以相互学习的地方。我不止一次在公开场合说过，如果我能够再活一次，我一定会学中文，我指的是真正的学习，这样一来，我就能直接阅读中国文学了，不论是古典的，还是现代的，为了我自己。

注释

[1] 关于这种"少数族裔"的说法,米勒的意思是,因为中国人给他的印象是,中国人是最好的,中国人优于其他民族,这一点让他感觉,自己就像美国的非裔美国人或者西班牙裔美国人一样,不仅在数量上无法抗衡,而且,在其他方面也微不足道,因为少数族裔的意见是不作数的。这与他自己的成长环境也有关系,因为他作为一名白人学者,从小受到的教育就是:"白种人是最好的。"他说,他在加拿大的魁北克,也会产生类似的感觉,因为魁北克是法语区,而他不会说流利的法语。我觉得,米勒的这点感触很值得大家思考,忍不住把它放在这里。——中译者注

[2] 这个书单来自"教育部高等学校英语专业英语教学大纲",鉴于篇幅的原因,这里不再一一列出,感兴趣的读者,可以到下面这个网站查询:http://www.docin.com/p-222141324.html,登录时间为 2015 年 2 月 6 日。

在此,米勒也把中国教育部的这个书单和美国所谓的 Common Core(通用核心)做了对比。他说,Common Core 在他 2008 年写这篇文章的时候,还不存在,或者,也许他还不知道。中国的书单是为英语专业的学生开列的,而美国的书单则是为美国所有的本科生制定的。他还说,不知道中国有没有相应的标准化测试,而美国则有专门针对 Common Core 的标准化考试,尽管这种考试也为很多人诟病。值得庆幸的是,不管是在美国,还是在中国,在教学和教材的选择上,都有一定的自由度可言,只要大致不出格就好。

[3] 这些话出自我的文章,《在全球化时代阅读中国现代文学》[Reading (about) Modern Chinese Literature in a Time of Globalization],见王宁编辑的《现代语言季刊》(*Modern Language Quarterly*)之特刊——《二十世纪的中国》(*China in the Twentieth Century*),第 69 卷,第 1 期(2008 年),第 187—194 页。

[4] 参阅顾明栋,《红楼梦的艺术:诗性小说与开放小说》(The Art of the *Hongloumeng*: Poetic Fiction and Open Fiction),见《中国小说理论:非西方的叙事系统》(*Chinese Theories of Fiction: A Non-Western Narrative System*)(Albany:纽约州立大学出版社,2006),第 153—180 页。

[5] 劳伦斯·斯特恩(Laurence Sterne,1713—1768),是盎格鲁-爱尔兰小说家和圣公会的牧师,他最出名的是他的小说,*Tristram Shandy*,其全称是 *The Life and Opinions of Tristram Shandy, Gentleman*,翻译成汉语,就是《特里

斯特拉姆·山第绅士的生活与观点》。这部小说共九卷,前两卷出版于1759年,后面的七卷在接下来的十年中,陆陆续续出版。关于这部小说,网上评价不一,有人觉得不忍卒读,也有人认为,它是英语文学中最伟大的喜剧小说,是现代叙事艺术的先驱。——中译者注

[6] 陈永国,"Becoming-Obscure: A Constant in the Development of Modern Chinese Poetry,"见王宁编辑的《现代语言季刊》之特刊,《二十世纪的中国》,第69卷,第1期(2008),第81—96页。

[7] 这句引语的汉语意思是:"现代主义诗歌,作为新诗的一种形式,不是凭空而'起'的。"这句诗中,"rise"的斜体是本文作者加上去的——中译者注

[8] 叶芝,《一个剧中的两支歌2》(Two Songs from a Play II),中译为本书译者翻译。——中译者注

[9] 这段话的英文原文是:Squeezed between the intensity of desire and the barrenness of reality, these young poets have to struggle hard to express themselves on the one hand and to conceal themselves on the other, and therefore, the artistic strategy of intended obscurity achieved in unconventional images is mingled with direct statements and instinctive expression of intensified emotions. Besides the fragmentary, unconventional and incomprehensible images, such binary oppositions as self and society, history and present, reality and illusion, reason and absurdity, fleetingness and eternity etc., achieve their unity in the unbridled dissemination of the poetic passion. 抄录在此,以飨好奇的读者。——中译者注

[10] 参阅 *Lu Xun* (*Lu Hsun*) *Reference Archive*,网址是:http://www.marxists.org/archive/lu-xun/index.htm。

[11] 苏源熙(Haun Saussy, 1960—),是芝加哥大学比较文学专业的教授,他曾经在加州大学洛杉矶分校、斯坦福、耶鲁、香港中文大学等多所学校任教,主要兴趣是中国古典诗歌、口头文学传统的比较研究、翻译以及二十世纪之前的传媒历史等。他的第一本书名为《中国美学问题》(The Problem of a Chinese Aesthetic)(斯坦福大学出版社,1993),是关于《诗经》的批注传统。感兴趣的读者可以查看他的相关网页:http://complit.uchicago.edu/faculty/saussy——中译者注

第十二篇　全球化与世界文学①

那个悬挂在一条金链子上的

世界,如同月球旁

那颗最不起眼的星,

在被诅咒的时刻,

他向那儿奔去,心中充满了复仇的恨意。

……

---

① 这篇演讲是 2010 年 8 月 11—15 日,我在上海交通大学参加"第五届中美比较文学双边讨论会"时的大会发言。讨论会的主题是"走向世界文学阶段的比较文学"(Comparative Literature in the Phase of World Literature: The Fifth Sino-American Symposium on Comparative Literature)。非常感谢王宁、陈静和生安峰在我逗留上海之际,所给予的热情款待。这篇讲稿后来经过修改、扩充,与其他参会稿件一起,被收录于王宁主编的一期《世界比较文学评论》(Neohelicon)特辑中。这里选用的就是扩充之后的稿件,增加的部分主要是我对托马斯·比比(Thomas Beebee)会议发言的回应。早在 2003 年,在清华大学和苏州大学演讲的时候,我就已经表达了我对"世界文学"的担心(见本书第 7 篇);2004 年,我在郑州大学和清华大学开会时,再一次表达了我对全球化和世界文学的关注(见本书第 8 篇)。现在这篇文章进一步拓展了原来的议题,并把它们呈现在了来自中国和美国的世界文学领域的杰出学者面前。——作者原注

这篇演讲的英文原稿曾经发表在《中国比较文学》2010 年第 4 期,第 1—9 页,题目是"Challenges to World Literature";部分内容由生安峰翻译,以《世界文学面临的三重挑战》为题,发表在《探索与争鸣》2010 年第 11 期,第 8—10 页。本书收录的中文全稿由国荣做了补充和修订。——中文译者

>……(撒旦)从黄道向下面的地球飞去，
>
>满怀成功的希冀，
>
>在空中上下翻腾，
>
>直至尼法提斯山顶才停了下来。
>
>——约翰·弥尔顿，《失乐园》，1674年；第二章1051—1055行；第三章739—742行

世界文学在近期的复兴，无疑是伴随着经济、金融和新兴的通讯全球化的产生而产生的。很早以前，马克思和恩格斯就曾经在《共产党宣言》(1848)中预言："物质的生产是如此，精神的生产也是如此。各民族的精神产品成了公共的财产。民族的片面性和局限性日益成为不可能，于是由许多民族的和地方的文学形成了一种世界的文学。"(Und wie in der materiellen, so auch in der geistigen Produktion. Die geistigen Erzeugnisse der einzelnen Nationen werden Gemeingut. Die nationale Einseitigkeit und Beschränktheit wird mehr und mehr unmöglich, und aus den vielen nationalen und lokalen Literaturen bildet sich eine Weltliteratur.)[1] 关于这一点，我在前面的篇目中已经做了引述。

在我们周围，铺天盖地的媒体每天都在呼吁我们，要着眼于全球进行思考，全球化的各种信息也无处不在。我们也在人类有史以来，第一次被赋予了从外空观看地球的能力，也就是，以局外人的眼光，来看待这里发生的一切。全球数以百万计的人，都曾经见过这样或那样令人不安的宇宙飞船，或者卫星照片，它们为人类提供了一个远距离地、超然地观察地球的视角。

然而，不管是真的，还是假装出来的，完全的超然和客观，也许并不是那么美好。如我在题记中所引用的弥尔顿的《失乐园》，撒旦是文学作品中第一个穿越时空的人。[2] 严格说来，撒旦也不完全是局外人，因为他的目标是造成人类的堕落；但是，他悬在空中，自然可以远距离地眺望整个地球，就像现在，所有的夏娃儿女都可以做到的那样。我们也

不是全然超脱,置身于外。

世界文学的时代(再次)来临了。新兴的世界文学是与当前的全球化相伴而生的。我坚决支持"世界文学"这项计划。[3]然而,在当前的语境下,发展世界文学这个蓬勃向上的学科,自然不同于两个世纪以前歌德倡议阅读世界文学的时候。我们今天要面对太多的全球化因素:全球范围内的经济与文化互动;史无前例的全球旅行和迁徙;银行与其他金融机构在全球范围内的联合所引发的世界范围内的经济危机;人为因素造成的气候变化,正在改变全世界人类和非人类的生活模式,甚至可能会导致"智人"(homo sapiens)的灭绝;新型通讯技术的发展,如计算机、手机、电子邮件、互联网,以及像 Facebook 和 Twitter 这样的社交网站等,这些形形色色的通讯工具,正在以一种前所未有的方式,将全世界的人们紧密联系起来。

新兴的"世界文学"在近些年的发展,令人瞩目。从表面上看来,它与气候的变化、万维网的发展以及金融危机毫无关系,但是,在我看来,它却可能是全球化过程中常见的、不经意的逆转模式的一种不同版本。对世界文学教学的重新强调,无疑是在回应多重形式的技术与经济全球化。而文学系被各种名目的"文化研究"、"后殖民主义研究"、"族裔研究"、"妇女研究"、"影视研究"所取代,则是另一种完全不同的回应。这些发展,在我看来,也是好事。在当前,孤立地研究在外人看来很可能是同质的国别文学,或者,把文学与其他文化形式分开来研究,越来越行不通了。在全球范围内的大规模的迁徙,使操不同语言的民族生活在同一个社区,如果我们还可以称之为社区的话。据我所知,在加拿大蒙特利尔的某一个区,竟然有 56 种语言在使用,真是匪夷所思。所以,现在,以着眼于全球的眼光来看待文学,也是自然而然、不可避免的事情了。

但是,这样做完全不同于文化研究的转向,或者诸如此类的事情。文化研究想当然地认为,纸质文学在大多数人的生活中所扮演的角色越来越小了,因为电影、电视、Facebook 以及计算机游戏等新媒体已经取代了纸质版的小说、戏剧和诗歌。

在世界范围内,越来越少的人通过阅读"文学"——即西方传统意义上的,阅读纸质版的小说、诗歌和戏剧——来真正地培养自己的思想和性格(ethos)。当然,这种现象的发生,在全球范围内,并不完全一样,但无疑,它已经波及了世界的各个角落。我真希望这不是真的,但事实证明,它是真的。统计数据表明,很多人每天花在网络或手机上的时间是惊人的。他们在网上游荡,在智能手机上聊天或者发短信,发电子邮件,打网络游戏,听数码音乐,去影院看电影,或者在网上看电影、电视,所有值得做的事情。他们什么都做,但是,不读莎士比亚和简·奥斯汀。传统意义上的文学正在向电子书籍或者阅读器迁徙,如亚马逊公司推出的 Kindle,还有苹果公司的 iPad 等。目前,亚马逊公司销售的电子书籍已经超过了纸质版精装书籍。

在文化研究中,传统意义上的文学往往被边缘化,这就如同文学在大多数"做文化研究"的青年学者—教师生活中被边缘化一样。也许,新兴的世界文学可以被看作挽救文学研究的最后一次努力。它的做法就是含蓄地声称,研究全球文学是理解全球化的一种方式。这种理解会让人成为世界公民,一个拥有世界意识的世界主义者,而不仅仅是属于当地的某个单语种社区。但是,在世界文学的发展过程中,如课程设计、课本出版、教师培训等,一些问题也会随之而来。最大的挑战有以下三个方面:

一、翻译的挑战。世界文学是由上百种文字写成的,没有哪个学生、教师或普通读者能够掌握如此众多的语言。任何文学作品都可以被翻译成任何语言,但是,翻译过程中,困难和问题总是存在的。那么,世界文学可以使用一种万能的语言(master language)吗?比如,中文或英文,然后,教科书把各种语言创作的文学作品都翻译成这种语言。如果是这样的话,那岂不成了一种文化帝国主义?怎样才能避免世界文学被某一种国家的学术文化所主宰呢?

二、再现(representation)的挑战。一个学者可能穷其一生只研究一种国别文学,却仍旧不能全然掌握它。而世界文学出于方便,会在课本编撰或者课程教学过程中,把许多国家和地区的文学片段汇总起来。这种选择的过程,在某种意义上,总是带有偏见,或者存在争议。怎样才能尽可能地避免这些偏见呢?谁能做主,决定一个特定的国别文学,或者一种特定的语言中,哪部作品能够进入世界文学的范畴呢?遴选的标准又是什么?比方说,弗朗茨·卡夫卡属不属于世界文学呢?吉尔·德勒兹和菲利克斯·瓜塔里评论卡夫卡的著作被冠以《走向小众的文学》这样的副标题。[4]这种描述正确吗?这里的"小众"是否意味着卡夫卡的作品不能进入世界文学的范畴呢?你怎么能确切地回答是或者不是?又何以见得呢?

大卫·达姆罗什在其著作《什么是世界文学?》中,写了一篇非常精彩的引言,[5]他以智慧和令人瞩目的学识,触及了我在此提到的所有问题。他说:"世界文学不是无限的、难以企及的经典总汇,而是一种流通和阅读的模式"[6],如此,他就避开了为世界文学建立一套经典(canon)的麻烦。尽管如此,教授世界文学课程的老师和编撰世界文学课本的编辑们,仍然需要决定,到底哪部作品值得流通和阅读。同样,这些专家们也需要决定,对一部来自不同文化的作品,他们应该告诉学生什么,以帮助他们理解。达姆罗什简练地表达了这方面的挑战。他说:"一位精通中国古典诗歌的专家,在经过长年研读之后,会逐渐领悟每一首唐诗背后所蕴含的宏大底蕴;然而,当这些诗歌旅行到国外的时候,大部分语境却已经丧失了。国外读者在缺乏专业知识的背景下,可能会把本国文学的价值观强加在外国文学作品上;而且,即使是细心的专业学者,在借助于西方的批评理论来阅读一部外国文学作品的时候,也可能会出现问题。"[7]

三、由界定"文学"的含义而带来的挑战。歌德在一次与埃克曼的著名对话中,谈到了世界文学,他冷静地指出,他相信"文学"是具有普世性的,任何一个地方的任何文化,不论在什么时候,都具有这个特性。当埃克曼——歌德的替罪羊或配角(Goethe's fall guy or straight man)[8]——拒绝阅读中国小说的时候,他反问歌德,他们正在讨论的那部小说是否是"中国小说中的上上品",歌德坚定地回答:

> "绝对不是,"他接着说,"中国人有成千上万本这样的小说。当我们的祖先还住在丛林中的时候,他们就已经有这样的小说了。"

> 歌德继续说道:"我越来越相信,诗歌是全天下的人所共有的……世界文学的时代已经指日可待,每一个人都应当尽心竭力地加速它的到来。"[9]

即使是在一个多语种,但是,相对来说,比较同质的文化体系中,比如西欧和美国,"文学"也不是那么容易界定的,更不要说全盘接受歌德的说法。不过,也许,人们可以借用美国最高法院的一位大法官在谈到色情问题时所说的一句非常著名的话,来描述文学,他说:"我无法定义,但是,我看到了,一定知道。"究其实,西方现代意义上的文学也不过三百年的历史。在全球推广那个狭隘的"文学"概念,合适吗?我们之所以说西方现代意义上的文学观念是狭隘的,是因为在一个特定的历史时间——即中产阶级出现,人们的文化程度普遍提高,印刷书籍也越来越多的时间段,它仅限于西方文化。在过去的这两三百年间,我们西方人所秉持的文学定义,恐怕不是放之四海而皆准的吧。那么,世界文学这个学科又怎么才能尊重世界各地在不同时期出现的大量不同的"文学"概念呢?达姆罗什承认,"文学"的概念随文化的不同而不同,但是,他也说了,我们可以遵从人们在不同时期、不同地域对文学的理解,来界定文学。尽管我们的文化背景各不相同,对文学的理解也存在分歧,但是,当我们看到了,我们都会知道,那就是文学。

将文学研究全球化的努力令人仰慕,但是,由于文学自身的特点,这一全球化的过程又势必会受其自身所固有的拒绝全球化的特征的阻挠。这些特征形态各异,它们会——或者说应该会——把文学研究引向一对一的我们引以为例的个别作品的研究,而不是自我封闭、各自为政的,局限于特定时间、地点和语言的国别文学的研究壁垒。国别文学研究的这种狭隘和区域性限制,正是新兴的世界文学所极力避免的。然而,全面研究哪怕是一个国家的文学,已经是一个庞大的、几乎不可能完成的任务了,而最终,可能没有一部文学作品完全吻合研究者们对它的时期和文类划分。譬如,"维多利亚小说"就是一个神秘化了的整体概念,实际上,归入其类的小说,可谓是千差万别,存在着大量不一致的地方。

所以,我认为,世界文学作为一门新兴的学科应该反思自己,或者说,它首先应该通过缜密地论证世界文学作为一门学科存在的前提以及它存在的价值,来反思自身所面临的问题和挑战(problematize itself)。这是否意味着,那些被译成英文,并附有专家评论的中国文学作品、肯尼亚文学作品或者捷克文学作品不值得一读呢?一点都不读那些作品是不是更好呢?当然不是。我上面提到的世界文学所面临的种种挑战,委实是在提醒我们,不应该夸大世界文学这个学科的意义,它只不过是学生了解全球各个角落的文学和文化知识的重要的第一步。

我在这里强调了,世界文学作为全球化的伴生物所面临的困难与挑战,但是,这并不意味着说,世界文学不应该发扬光大。莎士比亚在《皆大欢喜》(*As You Like It*, 1600)中有很多情节,言之凿凿,说明性欲之爱与精神之恋是截然不同、无法调和的。它们形成了一种悖论、一个僵局,即爱情和欲望是不能相提并论的。然而,该剧结尾却是四对新人喜结连理,彻底打破了这种僵局。我想说,让世界文学繁荣起来吧,正如莎士比亚剧中,疯狂的李尔王所说的话,"让 XX 泛滥去吧"[10]。

下面这部分是会后加上去的:

一如所料,我从与会者的发言中,学到了很多东西。那么多来自世界各地的、在新兴的世界文学领域研究的佼佼者,汇聚在上海,通过与他们交流,聆听他们的发言,我知道,世界文学正在全球蓬勃发展,关于世界文学是什么,做什么,它的传统与纲领,都已经开始形成一致的意见了。

我觉得,托马斯·比比的文章与我对世界文学的反思尤为相关。他在文章中提出,"尼采到底为什么要反对世界文学?"他的文章很发人深省,但是,这绝对不是因为他引述了尼采在《悲剧的诞生》以及《无关善恶》[11]中的话,并由此写下那篇文章。关于比比教授的文章以及他分发给大家的引文,我有太多的话想说,但是,在他讲完之后,我没有贸然发言,因为我担心自己占据的时间太多,对其他人不礼貌。下面这些话就算是我对比比教授那篇佳作所做的一个长长的注脚吧。

尼采到底为什么要反对世界文学呢?简洁起见,也为了避免冗长的诠释,我就只谈比比教授发给大家的引文。读过保罗·德·曼、安德烈·沃明斯基、卡罗尔·雅各布斯和托马斯·阿尔布莱希特写的关于《悲剧的诞生》的文章的人,[12]应该都知道,这部作品是多么复杂,歧义重重,也自然引起了很多争议。例如,沃明斯基在《寻例阅读》中,就举了一个我前面提到的翻译问题。他指出,瓦尔特·考夫曼在翻译《悲剧的诞生》时,把德语的 *Gleichnis* 译成了 symbol(意为"符号"或"象征"),也因此误导性地把整个的关于 symbol 的浪漫主义思想(Romantic ideology)引入了尼采的文本中;而 *Gleichnis* 实际上是"寓言"(parable)、"修辞"(figure)或者"形象"(image)的意思。[13]

我在前面已经总结了世界文学所面临的三大挑战,而比比教授在文章开头引述的,尼采在《悲剧的诞生》一书中所说的那段异乎寻常的话,等于是对世界文学这项事业提出了另一种挑战。读过 Vom Nutzen und Nachtheil der Historie für das Leben[14] 的人应该记得,尼采在其中提出了一个似是而非甚至会招致众议的观点——忘掉历史是明智的,只有这样,我们才能在当下活得更精彩。我们应该卸下历史的重负,重新开始。单单是文章题目就被翻译成了很多种,这也正好佐证了我前面提到的世界文学发展过程中的翻译问题,而在我的德语词典中,*Nutz* 和 *Nachtheil* 对应的英语单词是 advantage 和 disadvantage(意为

"有利"和"不利")。詹姆斯·乔伊斯把"历史"定义为"我在极力摆脱的梦魇",而这篇文章也是尼采对乔伊斯之历史定义的另一个版本。尼采和乔伊斯的历史观似乎有些荒谬,甚至会遭人非议,我的意思是,对我们这些毕生都在研究文学史——当然,现在也包括很多研究世界文学——的人文教授而言。尼采本人作为巴塞尔大学古典文献学的教席教授(Ordinarius Professor),也肩负着研究文学史的使命。当时,他只有 24 岁,是被任命担任此职务的最年轻的教授之一。尼采的观点与下面这个反论——忘却历史的人注定要重蹈历史的覆辙——截然不同,而这个反论却绝对不是不可理喻的。

在比比教授节选的《悲剧的诞生》和《无关善恶》这些段落中,尼采的基本观点是,我们现在陷入了亚历山大文化(Alexandrian culture)的困境之中,他的原话是:"我们现代整个世界都被笼罩在亚历山大的文化之网中(in dem Netz der alexandrinischen Cultur befangen),动弹不得。这种文化认为,理想的理论家应该具备知识(Erkenntnisskräften)所赋予的最伟大的力量,同时,服务于科学(Wissenschaft)的召唤,苏格拉底就是他们的楷模与先驱。"[15] 这两句话到底意味着什么呢?它们的意思是,生活在现代世界的我们,就像生活在古希腊没落时期的亚历山大公民一样,什么都知道,我们积累了所有的知识,就如同那些收藏在著名的亚历山大图书馆,或者尼采时期欧洲的各个大学图书馆,或者像今天的互联网所涵盖的那样。在现在这个世界,通讯已经全球化,不管你在世界的哪个角落,也不管你需要的是什么样的信息,只要用谷歌引擎搜索一下,便可获得你想要的任何信息。而且,就连我们的艺术,也像尼采一次次强调的那样,因为模仿,因为远离新鲜的灵感之源,而日渐衰萎。我们的诗人和艺术家对诗歌和艺术的历史了解得太多了。这也是尼采对哈罗德·布鲁姆在二十世纪晚期所谓的"影响之焦虑"[16] 的另一个版本。

尼采对此态度比较悲观。为什么?尼采为什么要把无所不知的力量界定为受困于一张网中呢?太阳之下的所有知识全部游走于我们的指缝之间,看起来是件多么了不起的事情啊!然而,尼采却认为,亚历山大时期的人们,恰恰因为知道得太多,而陷入瘫痪的境地,就像受困于网中的野兽、游鱼和飞鸟,丧失了自由生活的能力。在尼采看来,正常的人类生活应该是生活在当下一个特定的环境中,着眼未来,忘记过去。比比教授的引文之一,就是尼采跟埃克曼表扬拿破仑,说他是没有理论的人(nontheoretical man),在他身上体现了"行为的创造性"(a productiveness of deeds; eine Productivität der Thaten)。[17]正常的人类都会栖息在一个特定的文化之中。这种文化包括当地的文学和其他艺术形式。这种文化与其他文化隔离开来,却把自己的观念,连同语言,看作是普世性的。这就是为什么,希腊人会把不说希腊语的人称之为"barbarians"(即"蛮夷之人"),因为他们听起来就像在断断续续地说,"bar…bar…bar,"却没有说出任何有意义的话来。对希腊人来说,学习另一种语言似乎是不必要的,甚至是危险的,因为它会导致自我的对立、膨胀和消解(dissonance, multiplication and dissolution of the self)。

"dissonance"(可译为"对立"、"冲突"、"不和谐"或者"不和谐音")这个词出现在比比教授的第二段引文中。它出自《悲剧的诞生》最后一章,第二十五章。随着该书走向结尾,它出现的频率也越来越高。"我们不妨设想一下,不和谐化身为人(eine Menschwerdung der Dissonanz)——人不是它的化身,还能是什么呢?——那么,为了能够活下去,这种不和谐还需要一个华丽的幻觉(eine herrliche Illusion),为其蒙上一层美丽的面纱(einen Schönheitsschleier über ihr eignes Wesen)。"[18]如果是直译的话,应该说,"为其存在蒙上一层美丽的面纱"。这里的"Ihr(its)"(意为"它的")既可以指不和谐,也可以指人;但是,不管怎么说,尼采的观点就是,人在本质上是不和谐的。大家都一样,人活着就是不和谐的。[顺便说一句,今天的读者或许已经注意到了,尼采行文中那种泰然自若的性别歧视。他说,不和谐化身为man(男人),而不是man and woman(男人和女人)。德语中的Mensch是人类的意思,它显然包括男、女在内的每一个人。对尼采来说,性别差异并不重要,至少在这些引文里,是这样。书名中用到的"birth(Geburt)"(诞生),并没有刻意指涉只有女人才能生育这个事实。]

那么,尼采的"不和谐"到底意味着什么呢?托马斯·比比或许有所保留,或者是在思想上太单纯了(intellectually chaste),就我所知,他在发言中只字未提 dissonant 这个棘手的问题,即酒神狄奥尼索斯和日神阿波罗之间令人头疼的对立,而这种对立在某种程度上是贯穿《悲剧的诞生》的主线。这种对立,作为二十五章的主题,表现得尤为突出。如此,我就算冒冒失失地揭开了这个麻烦(can of worms)的盖子,我刚才说,那种对立"在某种程度上"是贯穿《悲剧的诞生》的主线,是因为在一开始,酒神狄奥尼索斯与日神阿波罗之间的对立非常清晰,但是,最后却发现,事情没有那么简单。从表面上看,酒神狄奥尼索斯指的是潜藏在普遍意志之下的杂音(underlying cacophony of the universal Will),"世界的酒神本质"(dionysischen Untergrund der Welt)[19]。音乐和古希腊悲剧(指索福克勒斯和埃斯库罗斯,但是,不包括欧里庇得斯)是对酒神特质这一"基础性存在"(Fundamente aller Existenz)[20]的直接表达:"音乐和悲剧性神话都是对人类这种酒神特质的表达(der dionysischen Befähigung eines Volkes),二者不可分割(untrennbar)。"[21]

其实,尼采这本书的全名是《诞生于音乐精神的悲剧》(Die Geburt der Tragödie aus dem Geiste der Musik)。至于说,尼采为什么用"音乐精神",而非单纯的"音乐",这个问题不太容易回答。显而易见,音乐精神先于具体的音乐创作,比如,瓦格纳的那些歌剧,它们是尼采谈论现代酒神精神的主要实例。这似乎意味着,音乐精神和音乐是两回事。不管怎么说,日神精神显然不同于酒神精神。"人"(Man)无法直视酒神特质而继续生活。它必须被蒙上一层美丽的幻觉的面纱:"这种不和谐[也就是说,不和谐在人之为人(Menschwerdung)的过程中,化身为人],为了能够活下去,需要一个华美的幻觉,为其自身的存在蒙上一层美丽的面纱。"正如 T·S·艾略特所表达的那样:"人类/无法承受现实之重。"[22]

这种对立看似很分明，就像日神的理性那样清晰明了。然而，随着阅读的逐步深入，人们就会发现，这个问题其实很复杂。关于酒神特质和日神特质的关系，尼采写了很多。早在《悲剧的诞生》之前，他就写过大量的笔记，他在那个年代写的书信，他为《悲剧的诞生》第三版（1886）所写的、后来又被撤销了的序言——《自我批判的尝试》(Attempt at a Self-Criticism)，以及他在《看哪这人》[23]一书中对《悲剧的诞生》的评论（写于 1888 年，发表于 1908 年），都曾经涉猎过这个问题。1886 年的版本甚至还用了一个不同的书名：《悲剧的诞生，或者：希腊文化与悲观主义》(*Die Geburt der Tragödie. Oder：Griechenthum und Pessimismus*)。细心的读者会逐渐认识到，即使是在《悲剧的诞生》第一版(1872)，酒神特质与日神特质也不是对立的。它们彼此之间，作为一个原本的不和谐的略有不同的"变体"(transfigurations)，或者是比喻性置换(figurative displacements)，"结结巴巴地"——借用雅各布斯的词语——变换着组合方式，而这种不和谐——对不起，我不同意叔本华的说法——永远都不可能被直接表达出来，而只能借用这样或那样的修辞手法，约略传达它的意思(figured by one or another catachresis)。不管怎么说，"不和谐"不是音乐，而是碰撞声中音乐的缺失，就像结巴属于不是语言的语言，它是由于语言障碍而产生的一系列重复的、不和谐的声音。即使是在第二十五章，"transfiguration"(*Verklärung*)这个词也一直被用来界定音乐、悲剧性神话和日神幻觉以不同方式所做的事情："音乐和悲剧性神话都是对人们这种酒神特质的表达，二者不可分割，都源于日神控制之外的艺术星球；二者都可以改变一个地区，在它们欢快的合唱声中，不和谐以及世界可怕的形象都将快乐地遁形(beide verklären eine Region, in deren Lustaccorden die Dissonanz eben so wie das schrecklicke Weltbild reizvoll verklingt)。"[24] "在普遍存在的——世界的酒神特质中——没有哪一点进入人类个体意识层面的酒神特质，最终没有被日神的美化力量(Apollonian power of transfiguration)所征服。"[25]

最终，读者会发现，他们所面临的对立，不是酒神特质和日神特质之间的对立，而是原始的、潜在的不和谐与同为一个变体（the same transfiguration）的酒神特质和日神特质（因为它们最终都将以比喻的方式出现）之间的对立，以不同形式、不同组合出现的酒神特质和日神特质互为表里，人类不能直面它们，然后，还继续生活下去。这些比喻尽管很清楚，但是，它们却以其自身结结巴巴的不和谐，背叛了它们的初衷。关于这一点，卡罗尔·雅各布斯在她的论文——《结结巴巴的文本：〈悲剧的诞生〉前的碎片研究》[26]中，做了详尽的展示。雅各布斯这篇论文写得非常好，她在论文中，对尼采创作《悲剧的诞生》之前的几本笔记（尤其是第9本）进行了完美的解读。[27]这篇文章的高潮就在于她对尼采在笔记和《悲剧的诞生》中所用的"结巴"一词，做了详尽的诠释。[28]雅各布斯的见解虽然不容易理解，但是，也可以从她摘自《悲剧的诞生》一书的题记中一见端倪："因此，日神特质和酒神特质之间错综复杂的关系，也许可以表现为这两个神祇像兄弟一样的联合：酒神狄奥尼索斯说着日神阿波罗的语言，而最终，日神阿波罗也开始说酒神狄奥尼索斯的语言"（So ware wirklich das schwierige Verhältniss des Apollinischen und des Dionysischen in der Tragödie durch einen Brunderbund beider Gottgeiten zu symbolisiren: Dionysus redet die Sprache des Apollo, Apollo aber schliesslich die Sprache des Dionysus.）[29]

实际上，正如阿尔布莱希特以及雅各布斯、德·曼、沃明斯基所说的那样，尼采已经看到，日神特质和酒神特质均从自己那结结巴巴的不和谐中，产生了原始的不和谐的幻觉，而不仅仅是原始的不和谐的比喻性变体。我用"catachresis"——赋予"无奈的，或者，随意的置换"这种修辞手法的名字——就是要表达这种可能性。[30]关于这个话题，我就此打住，不能再追下去了。这是一个很好的例子，说明像"dissonance"这样一个看似无辜的词语，就像叶芝《冰冷的苍穹》中的"quicken"（意为"加快"）一样，最终却可能引起读者对作者所写的一切东西，乃至其自相矛盾——也因而不能穷尽的——思想、文化和语言学语境,进行无休止的解读。

尼采对歌德之世界文学的评判,非常苛刻,这跟当时整个的大语境有关。世界文学的研究者们懂很多种语言、文化和文学。他们把这些文本放在一起,用来展示普世性的或者全球性的文学,而这种文学早在几千年前就开始了,今天依然繁荣在世界上任何一个有人类栖息的地方。正如我在文章开头就强调过的,世界文学在今天的再度繁荣,无疑是全球化的一种形式。具有讽刺意味的是,尼采在《无关善恶》(1886)中所看到的——作为"文明"、"人性化"、"进步",或者"欧洲的民主运动",也就是说,作为"一个巨大的生理过程……一个基本上是超民族的、游牧部落的缓慢崛起,从生理角度讲,他的显著特征就是,他拥有最多的艺术和适应能力"[31]——在今天,2010年,达到了一个空前的高度。在今天,这种新型的游牧部落表现为很多不同的形式,其中,像我这样,坐着飞机,到世界各地参加会议,宣读论文,就是其中的一种,台下的听众来自世界各地,好像整个地球被压缩成了一间会议厅。

正如尼采看到了它对生活的"弊端",考虑到世界文学这个大语境的建立时间并不长,现在,我要回到比比教授选自《悲剧的诞生》的第一段引文。尼采对世界文学的奚落发生在一个小的语境中,那就是我前面提到的,歌德在和埃克曼的对话中,把中国小说视为世界文学的代表,并对之大加赞叹。歌德对埃克曼说,当我们西方人还生活在丛林中的时候,中国人就已经有小说了。歌德以其惯有的略带调侃的欢快语气说,"世界文学的时代已经指日可待,每一个人都应当尽心竭力地加速它的到来。"既然它已经指日可待,那么,我们为什么不加速它的到来,或者说,我们应该加速它的到来。歌德没有看到任何世界文学的危险性,这一点不同于尼采。所以,他以平静的、居高临下的沉着,欢迎它的到来,也许是因为,他确信,他将是其中的一部分。

尽管如此,全盘知识(total knowledge)对歌德的浮士德所产生的影响,还是值得读者三思。在比比教授摘自《悲剧的诞生》的引文中,有一段就是针对歌德的浮士德的,他将浮士德视为无所不知的现代人,在持续的不满足中,转而跟自己做起对来:"作为一个现代的、有文化的人,浮士德本人肯定是理智的;但是,对于真正的希腊人而言,他又是多么不可理喻(*unverständlich*)啊!……我们只能把浮士德和苏格拉底放在一起,进行比较,目的是为了展示,现代人已经开始注意到像苏格拉底那样热爱知识(*Erkenntnislust*)的局限性,并渴望到达广袤的知识海洋(*aus dem weiten wüsten Wissenmeere*)的彼岸。"[32]

那么,尼采到底为什么反对世界文学呢?比比教授的引文中有一段话很关键,必须谨慎对待:

> 我们的艺术揭示了这种普遍的困境(*diese allgemeine Noth*):徒劳地(*umsonst*),人们(*dass mann*)依赖和模仿历史上所有伟大的富有创造性的时代和特征;徒劳地将整个"世界文学"搜罗到现代人的眼前,以供其享用;徒劳地徜徉于历代艺术风格和艺术家当中,并为他们命名,就像当初亚当给那些动物命名一样;人们依然处于永久性的饥饿之中,就像亚历山大时期的"批评家",既没有快乐,也没有活力,至多不过是个图书管理员或者资料矫正员的角色,在蒙尘的书籍(*Bücherstaub*)和印刷错误(*Druckfehlern*)中,垂垂老去,最后连眼睛都看不见了。[33]

(这一刻,我自己就是那个可怜巴巴的亚历山大人,埋头于落满灰尘的书籍里,为了把每一个德语单词拼写正确,为了确保文本和注释中的每一处标点及数字都用得正确,我的眼睛也快要看不见了。)那么,现代人所遭受的"普遍性困境"、永不满足的对"舒适"的追求和永久性的饥饿,到底是什么呢?这段摘自《悲剧的诞生》的话,连同尼采其他作品中的片段都表明,这种困境是苏格拉底、浮士德,甚至是康德,或者黑格尔这样的成功人士所特有的,他们追求的是在实践中证实了的,并在认识论中被证明是合理的整个的知识体系。然而,这种追求却因为成功而把矛头指向了自己。这种倒戈使现代人陷入了普遍的困境之中,表现在浮士德身上就是永不满足。刚才这段话摘自《悲剧的诞生》第十八章,尽管这一章在整体上比较复杂,需要花点笔墨才能说清楚,但是,紧挨着这段话的上下文却很清楚地说明了这一点。尼采的话可以被简明扼要地概括如下,那些热衷于"理论"、科学和学术之人,对包罗万象的知识所赋予的权力和平静的追求,最终却走到了不理性和不合逻辑的边缘,这实在是有悖于他的初衷,以至于他自己都开始在恐惧中退缩:

> 这当然是一种"断裂"(Bruches)的迹象,人们往往称之为现代文化的痼疾(Urleiden)。热衷于理论的人有些惊恐,对自己的结果不满意,再也不敢任由自己踏足那可怕的冰冷的存在之河(dem furchtbaren Eisstrome des Daseins):他只能小心翼翼地在岸上踟蹰。[34]他被自己的乐观纵容得如此彻底,[35]以至于他再也不想拥有任何完全的东西了(ganz haben),因为与之紧密相连的是大自然所有的残酷。此外,他还感到,建立于科学原则之上的文化(auf dem Princip der Wissenschaft),在开始变得不合逻辑之时,就必须销毁;也就是,逃离自己结出的恶果(zurück zu fliehen)。[36]

这就是尼采在接下来的句子中所说的"困境",即比比教授所谈论的第一段引文中的第一个问题:"我们的艺术揭示了这种普遍的困境"(Unsere Kunst offenbart diese allgemeine Noth)。

那么,这种当下——也就是欧洲十九世纪晚期——的艺术的揭示,又是如何发生的呢?尼采说,这种揭示,可以从当代艺术对亚历山大时代艺术的衍生和模仿中看出。现今的艺术家和诗人对文学史和艺术史的了解,实在是太多了,以至于他们除了无奈地模仿过去伟大的艺术家及诗人的作品之外,再也创造不出其他作品了。尼采的观点是通过一连串以"徒劳"开始的排比句表达的,其中的"徒劳"之一就是,世界文学不可能给处于困境的现代人提供安慰:"**徒劳地**,人们依赖和模仿历史上所有伟大的富有创造性的时代和特征;**徒劳地**将整个'世界文学'搜罗到现代人的眼前,以供其享用(zum Troste);**徒劳地**徜徉于历代艺术风格和艺术家当中,并为他们命名,就像当初亚当给那些动物命名一样:人们依然处于永久性的饥饿之中(der ewig Hungernde)……"[37]对所有国家、所有时代的艺术风格和阶段进行分类(如"巴洛克"、"浪漫主义"、"维多利亚时期"等)是我们文学史专家们的工作,这项工作就像当初亚当给所有的动物命名一样,是武断的,无端的(arbitrary and ungrounded)。

最重要的是,在尼采看来,世界文学不可能给处于困境中的现代人带来安慰,它根本就不可能做到那一点。实际上,求助于世界文学是困境现前、并且加剧的信号。对尼采而言,最好是不知道,最好是忘掉所有那些拥挤在地球各个角落的外来文学。尼采似乎在暗示大家,最好是像雅典的希腊人那样,快乐地享有自己狭隘的地方文学,忽略其他所有的文化与文学,把它们统统视为"未开化的蛮夷之作"。

然而,尼采对希腊文化的看法也不是那么简单。《悲剧的诞生》的结尾声称,雅典人所具有的日神之美是对酒神式癫狂的弥补:"眼见这种美源源不断地流入(diesem fortwährenden Einströmen der Schönheit),难道他(现代某一个把自己想像成古雅典城内的一个好奇的陌生人)会不举起双手,对着日神欢呼:'希腊人有福了! 你们的酒神一定非常伟大,如果日神认为有必要用这种魔法来对治你们的酒神式疯狂!'"[38]尼采想像着一位年长的雅典人回应到:"但是,这位好奇的陌生人也说:这个民族要遭受(leiden)多少苦难,才能变得如此美丽啊(so schön)!"[39]

尼采对世界文学的极力反对,以夸张的形式,表现了这种有违初衷的逆袭(reversal),而这也正是我在上海研讨会上发言的高潮。我说过,新兴的世界文学"应该反思自己,或者说,它首先应该通过缜密的论证世界文学作为一门学科存在的前提以及它存在的价值,来反思自身所面临的问题和挑战"。根据尼采的说法,世界文学作为一门学科的负面影响之一就是，它会把学者改造成古典文献学教授的样子，那也是尼采将要成为——或者害怕变成——的样子。尼采的描述充满了讥讽，令人难忘。它回忆了乔治·艾略特在《米德尔马契》中对爱德华·卡佐邦（Edward Casaubon）的描写，卡佐邦寻求能够破解一切神话之谜的钥匙，但是，无果而终。在这里，我再次引用尼采的原话："就像亚历山大时期的'批评家'，既没有快乐，也没有活力，至多不过是个图书管理员或者资料矫正员的角色，在蒙尘的书籍（Bücherstaub）和印刷错误（Druckfehlern）中，垂垂老去，最后连眼睛都看不见了。"或许，正是因为（至少部分地）害怕自己变成这样一位"批评家"，尼采最终辞去了他的教授职位。他主要的公开的理由是，他的视力有问题。艾略特笔下的卡佐邦是这样的："可怜的卡佐邦完全迷失在小书橱和旋转的楼梯间了，在令人不安的昏暗中，思考着卡波里（Cabeiri）那些神祇们，或者，面对其他神话学家因为思虑欠周而错置的对比（ill-considered parallels），甚至都忘了自己当初做这些工作的初衷。"[40]卡佐邦血管里流淌的既不是鲜血，也不是激情，而是那些标点符号，就像尼采笔下那些枯燥乏味的学者一样，终日埋头于那些没完没了的印刷错误中。正如卡佐邦那位伶牙俐齿的邻居——卡德瓦拉德尔太太（Mrs. Cadwallader）所说的："有人把（他的）一滴血放到放大镜下，他看到的全是分号和括号。"[41]在上述两个例子中，那些被铭记在文本中的文化被贬低成了字母和标点符号这样的物质性东西，而这些也正是我在修订这篇文章，并为之加注的过程中，最为关注的事情。作为一名杰出的、年轻而早慧的古典文献学教授，弗雷德里希·尼采也许正是为了避免成为这样一位古典文献学家，而写出了他人生第一部极具叛逆色彩的著作。

在本文行将结束的时候，我还想再加上一点。我原本只打算对比教授精彩的论文和他对尼采的引文做一些简短的评论，其结果亦如我所料，我的评论越写越长，甚至还可以再长下去。它与我另一篇在中国的演讲颇为相似，在那篇演讲中，我告诉学生，为了阅读叶芝的《冰冷的苍穹》，他们需要做哪些准备。在这两种情况下，评论都是无限制的，越写越长。托马斯·比比和我所谈论的尼采关于世界文学的理论表明,对复兴的世界文学这个学科的理论表述,就如世界文学作品本身一样,需要尽可能地将其置入具体的语境。这些论述必须读,而且,必须进行**语境化阅读**(contextualized)。

我想,我们现在已经不可能再回到原来那个自我封闭的、每个社会只固守着自己的本土文化的世界了。像尼采说的那样,希望我们像快乐的古雅典人那样,在我看来,只不过是一种徒劳的怀旧情结。我们必须努力适应我们现在所拥有的这个世界范围内的亚历山大文化。世界文学作为一门学科的复兴,正是这种文化的自然产物。它的伟大价值在于,即使它不能给予我们"安慰",它也委实能够帮助我们理解,并且卓有成效地生活在一个新的、令人不快的世界,也就是尼采所谓的"游牧部落",全球互通,全球漫游。

注释

[1] 卡尔·马克思、恩格斯,《共产党宣言》。中译采用《马克思恩格斯选集》第一卷,中共中央马克思恩格斯列宁斯大林著作编译局编译,1994年,第276页。

[2] 克莱尔·科勒布鲁克(Claire Colebrook)写过一篇论文,题目是《自己的星球:平面地球赞》(A Globe of One's Own: In Praise of the Flat Earth),最后发表在 Substance,41:1(2012),第30—39页。这篇论文使我想到了弥尔顿作品中撒旦的空中旅行。她的论文在其他方面对我的启发也很大,正如汤姆·科恩最近写的几篇关于"至关重要的气候变化"的论文。

[3] 当我把"世界文学"当作一门新兴的学科而非各种国别文学的汇集来强调时,我一般都会用大写形式,即"World Literature"。

[4] 吉尔·德勒兹和菲利克斯·瓜塔里(Gilles Deleuze and Félix Guattari),《卡夫卡:走向小众的文学》(Kafka: Toward a Minor Literature),达娜·波兰(Dana Polan)译(明尼阿波利斯:明尼苏达大学出版社,1986)。

[5] 大卫·达姆罗什(David Damrosch),《什么是世界文学?》(What is World Literature?)(普林斯顿:普林斯顿大学出版社,2003)。

[6] 达姆罗什,《什么是世界文学?》,第5页。

[7] 达姆罗什,《什么是世界文学?》,第 4—5 页。

[8] fall guy 是代人受过者,straight man 则是相声或者喜剧表演中的捧哏的角色。作者用这两个词来比喻歌德和埃克曼之间的关系,是因为埃克曼从来都不理解歌德对其问题的回应,而埃克曼这种不解也正好给歌德提供了一个恣意调侃的机会。比如,他说,"当我们的祖先还住在丛林中的时候",也就是说当德国人还处于没有书面文学的野蛮年代的时候。——中译者注

[9] 约翰·沃尔夫冈·冯·歌德(Johann Wolfgang von Goethe),《与埃克曼的谈话》(Conversations with Eckermann),莫尔黑德(J. K. Morehead)编辑,约翰·奥克森福德(John Oxenford)翻译(伦敦:Everyman,1930),第 132 页。

[10] 威廉·莎士比亚,《李尔王》(King Lear,1606),第 4 幕,第 6 场,第 116 行。——原注

在这句话中,有两个地方用到了"thrive"这个单词,但是中文采用了不同的译法。米勒的原话是:Let World Literature thrive;李尔王的原话是:Let copulation thrive;米勒显然是在套用李尔王的话。在《李尔王》剧中,李尔王说他曾经赦免了一个犯有通奸罪的人,他认为 adultery 不是什么大不了的事情,连"wren"(鹪鹩)和"small gilded fly"(蜻蜓)都会发生这种行为,接着他就说了下面这句话:Let copulation thrive; for Gloster's bastard son/Was kinder to his father than my daughters/Got'tween the lawful sheets(可译为:让XX泛滥去吧,因为连葛劳斯特的私生子都比我合法生育的女儿对父亲好)。——中译者注

[11] 参阅注释 15。Beyond Good and Evil 在国内被译为《超善恶:未来哲学序曲》,由张念东、凌素心翻译(北京:中央编译出版社,2000)。——中译者注

[12] 保罗·德·曼,《创世纪与家谱(尼采)》[Genesis and Genealogy (Nietzsche)],《阅读的寓言:卢梭、尼采、里尔克和普鲁斯特作品中的比喻性语言》(Allegories of Reading: Figural Language in Rousseau, Nietzsche, Rilke, and Proust)(纽黑文:耶鲁大学出版社,1979),第 79—101 页;安德烈·沃明斯基(Andrzej Warminski),《寻例阅读:尼采〈悲剧的诞生〉中的一个暗喻》(Reading for Example: A Metaphor in Nietzsche's Birth of Tragedy),《诠释中的解读:荷尔德林、黑格尔、海德格尔》(Readings in Interpretation: Hölderlin, Hegel, Heidegger)(明尼阿波利斯:明尼苏达大

学出版社,1987),第 xxxv—lxi 页;同上,《可怕的阅读("题记"之后)》[Terrible Reading (preceded by "Epigraphs")],《回应:保罗·德·曼的战争日记》(Responses: Paul de Man's Wartime Journalism)(林肯市:内布拉斯加大学出版社,1989),第 386—396 页;卡罗尔·雅各布斯(Carol Jacobs),《结结巴巴的文本:〈悲剧的诞生〉前的碎片研究》(The Stammering Text: The Fragmentary Studies Preliminary to The Birth of Tragedy),《隐藏的和谐:尼采、里尔克、阿尔托和本雅明作品中的诠释形象》(The Dissimulating Harmony: The Image of Interpretation in Nietzsche, Rilke, Artaud, and Benjamin)(巴尔的摩:约翰斯·霍普金斯大学出版社,1978),第 1—22 页;托马斯·阿尔布莱希特(Thomas Albrecht),《"魔鬼的对立":尼采〈悲剧的诞生〉中的双面酒神和双面日神》(A "Monstrous Opposition": The Double Dionysus and the Double Apollo in Nietzsche's Birth of Tragedy),《美杜莎效应:维多利亚美学中的再现和认识论》(The Medusa Effect: Representation and Epistemology in Victorian Aesthetics)(阿尔巴尼:纽约州立大学出版社,2009),第 51—70 页。

[13] 沃明斯基,《寻例阅读》,第 xliv—xlv 页。

[14] 弗雷德里希·尼采,《论历史对人生的利与弊》(Vom Nutzen und Nachtheil der Historie für das Leben),《批判性研究全集》(Sämtliche Werke: Kritische Studienausgabe)第 1 卷,乔治·柯利、马奇诺·蒙蒂纳里(Giorgio Colli and Mazzino Montinari)编辑(慕尼黑、柏林、纽约:Walter de Gruyter,1988),第 243—334 页;同上,英文版,"On the Utility and Liability of History for Life"(翻译成汉语应该是《论历史对人生的作用与责任》),理查德·格雷(Richard T. Gray)翻译,选自《全集》第 2 卷,《不合时宜的观察》(Unfashionable Observations)(加州斯坦福:斯坦福大学出版社,1995),第 83—167 页。这是目前最好的翻译。我引用的是比较早一些的翻译,题目是"On the Advantage and Disadvantage of History for Life"。

[15] 弗雷德里希·尼采,《〈悲剧的诞生〉和〈瓦格纳的例子〉》("The Birth of Tragedy" and "The Case of Wagner"),瓦尔特·考夫曼(Walter Kaufmann)翻译(纽约:Vintage,1967),第 110 页;德文版《悲剧的诞生》(Die Geburt der Tragödie),见《批判性研究全集》第 1 卷,1:9—156,乔治·柯利、

马奇诺·蒙蒂纳里编辑(慕尼黑、柏林、纽约:Walter de Gruyter,1988)。我的引文见116页。——原注

《悲剧的诞生》在中国有很多不同的版本,比如,赵登荣、范文芳和黄燎宇翻译的(桂林:漓江出版社,2007),杨恒达翻译的(南京:译林出版社,2009),周国平翻译的(南京:译林出版社,2012),孙周兴翻译的(北京:商务印书馆,2012),以及陈伟功和王常柱编译的(北京:北京出版社,2008)。关于文中节选段落的翻译,本文译者曾经参考诸译本,但是,每个人的行文风格和对原文的理解都不一样。如果没有特别注明,文中翻译均为本文译者根据英文原文翻译的。不懂之处,也一一征求了米勒教授的意见。——中译者注

[16] 哈罗德·布鲁姆(Harold Bloom),《影响的焦虑:一种诗歌理论》(*The Anxiety of Influence: A Theory of Poetry*)(纽约:牛津大学出版社,1973)。

[17] 尼采,《悲剧的诞生》(英文版),第111页;德文版,第116页。

[18] 尼采,《悲剧的诞生》(英文版),第143页;德文版,第155页。

[19] 同上。

[20] 同上。

[21] 尼采,《悲剧的诞生》(英文版),第143页;德文版,第155页。

[22] T·S·艾略特,《烧焦的诺顿》(Burnt Norton),见《四个四重奏:诗歌与戏剧选集:1909—1950》(*Four Quartets: The Collected Poems and Plays: 1909—1950*)(纽约:Harcourt,1952),第118页。

[23] *Ecce Homo*,在中国至少有两个译本,一个是张念东、凌素心翻译的《看哪这人:尼采自述》(插图本)(北京:中央编译出版社,2010),还有一本是黄敬甫、李柳明翻译的《瞧,这个人:尼采自传》(北京:团结出版社,2006)。——中译者注。

[24] 尼采,《悲剧的诞生》(英文版),第143页;德文版,第154页。

[25] 尼采,《悲剧的诞生》(英文版),第143页;德文版,第155页。

[26] 雅各布斯,《结结巴巴的文本》。

[27] 弗雷德里希·尼采,《1869—1874年间的部分遗作》(*Nachgelassene Fragmente 1869—1874*),选自《批判性研究全集》第7卷,乔治·柯利、马奇诺·蒙蒂纳里编辑(慕尼黑、柏林、纽约:Walter de Gruyter,1988)。

[28] 雅各布斯,《结结巴巴的文本》,第 20—22 页。

[29] 雅各布斯,《结结巴巴的文本》,第 1 页。

[30] 沃明斯基,《寻例阅读》,第 liii—lxi 页。讨论《悲剧的诞生》里一个暗喻的修辞手法。

[31] 我使用了比比先生的翻译,但是,没有经过他的认可;对应的德语见:弗雷德里希·尼采,《无关善恶/超越善恶》(*Jenseits von Gut und Böse*),《批判性研究全集》第 5 卷,乔治·柯利、马奇诺·蒙蒂纳里编辑(慕尼黑、柏林、纽约:Walter de Gruyter,1988),第 9—243 页。

[32] 尼采,《悲剧的诞生》(英文版),第 110—111 页;尼采,《悲剧的诞生》(德文版),第 116 页。

[33] 尼采,《悲剧的诞生》(英文版),第 113—114 页;尼采,《悲剧的诞生》(德文版),第 119—120 页。

[34] 在这里,再次出现了温驯的海岸形象,作为危险的普遍的知识海洋的对立面;或者,在这种情况下,用的是冰冷的存在之河,但是,"知识"与"存在"是截然不同的两回事。这个暗喻在第二个例子中就被逆转了过来,这种情况在《悲剧的诞生》中有很多。在第一段引文中,普遍的、苏格拉底式的知识被看成是不好的,正在走向衰竭,就像一个过于辽阔的海洋;在第二段引文中,人类却被看作是太过卑微,以至于无法任由自己涉足冰冷的存在之河,就像他应该的那样。

[35] 这句话的原文是:So thoroughly has he been pampered by his optimistic views that he no longer wants to have anything whole (*ganz haben*), with all of nature's cruelty attaching to it. 这句话听起来有点别扭,这里的"乐观"指的是相信大自然的一切都是美好,相信一切追求都会带来好的结果。pamper 的原意是悉心照顾,这里是反语,指纵容,乃至于打击。——中译者注

[36] 尼采,《悲剧的诞生》(英文版),第 113 页;尼采,《悲剧的诞生》(德文版),第 119 页。

[37] 尼采,《悲剧的诞生》(英文版),第 113—114 页;尼采,《悲剧的诞生》(德文版),第 119—120 页。——原注

"in vain"在英文原稿中是斜体,作者注明是自己加的,中文译文用的是黑

体。——中译者注

[38] 尼采,《悲剧的诞生》(英文版),第 144 页;尼采,《悲剧的诞生》(德文版),第 155—156 页。

[39] 尼采,《悲剧的诞生》(英文版),第 144 页;尼采,《悲剧的诞生》(德文版),第 156 页。

[40] 乔治·艾略特(George Eliot),《米德尔马契》(*Middlemarch*)(Harmondsworth:企鹅出版社,1974),第 229 页。企鹅版的《米德尔马契》中有注释,指出卡波里(Cabeiri)是(希腊)萨莫色雷斯岛(Samothracian)上的一组丰产之神,具有卡佐邦那样的学识。

[41] 艾略特,《米德尔马契》,第 96 页。

第十三篇　冰冷的苍穹与悲凉的心境①
——当下我们是否应该进行文学阅读与教学

> ……在特定的电信技术王国中,整个的所谓文学的时代——即使不是全部——将不复存在(从这个意义上说,政治的影响倒在其次)。哲学、精神分析学都在劫难逃,甚至连情书也不能幸免。
>
> ——雅克·德里达,《明信片·邮件》

2010年9月,我应邀参加在广州举办的"文学阅读与研究:跨文化视野"国际研讨会,并在会上作了这篇主题发言。会议地点是广东外语外贸大学。在这篇演讲中,我以叶芝的诗——《冰冷的苍穹》为切入点,表达了我们是否应该进行文学阅读和教学的两难选择。叶芝这首诗也充分说明了向学生讲解这样一首诗的难度有多大,不管这些学生是美

---

① 这篇演讲的英文题目是"Cold Heaven, Cold Comfort: Should we Read or Teach Literature Now?""Cold Heaven"显然是作者接下来要讲的叶芝的一首诗的题目,而"cold comfort"则是英文中的一个习语,意为"安慰或者慰藉作用有限,于事无补"。从字面上看,"Cold Heaven, Cold Comfort"对仗工整,足见作者在文字运用方面的娴熟和老到;可是,细究起来,作者这样别出心裁,匠心独运,又是为了表明什么呢?也许,米勒教授在这里流露出的是他——作为一个文学从业者——面对这个大时代所感受到的那种无语话凄凉的心境吧,因为文学的功利作用实在是太有限了。——中译者注

国本土的,还是国际的。这首诗选自叶芝1916年的诗集《责任》(*Responsibilities*)。

大家可能注意到了,我在题目中用的是"我们",这个"我们"不仅仅包括学校的老师和学生,也包括我们这个"地球村"中的每一位普通民众。无疑,把我们这个国际的文化大融合称为一个村庄还是很契合的。在这里,"阅读"指的是对捧在手中的文本的仔细关注,也就是我们通常所说的"精读或者细读"。这里的"文学",我指的是印刷在纸面上的小说、诗歌和戏剧。而"当下"则指的是2010年这个炎热的9月,也是有史以来最热的六个月中最热的时节。显然,这也是全球气候变暖最有利的证据,我们每个血肉之躯都应该可以感觉得到。"当下"在这里,也涵盖了现在尚未见好转的全球性的经济危机以及世界范围内的经济大萧条。当然,"当下"也指的是当前台式机、因特网、iPhones、iPads、DVD、MP3、Facebook、Twitter、谷歌、电脑游戏等等,以几何倍数剧增的时代,更不用说是全球化的电视和电影产业了。无疑,"当下"也是目前各个大学和大专院校的经济资助越来越少,大学越来越变得像企业的时代,至少在美国是这样的。这些变化的结果之一就是,大学里70%的教学是由"adjunct"[1]担任,也就是说,大部分教学工作是由那些不仅没有永久教职而且也不大可能获得永久教职的人员担任。他们根本就不属于"永久教职"这个系列。"当下"这一刻,也是美国上至奥巴马总统,下至各级政府,甚至包括左翼和右翼的媒体和公众人物,都在极力呼吁提高数学、科学、技术方面的教学,然而,却几乎没有任何人提议,我们要着力提高人文方面的教育水平。据报道,哈佛大学一名高管——劳伦斯·萨莫斯(Lawrence Summers,当时他可能还是校长)——说过这样的话,人文学科"就是一桩赔本的买卖"。

面临如此"当下",我们是应该,还是不应该,进行文学的阅读和教学呢?难道文学的阅读和教学是出于道德的要求吗?如果是这样,我们又应该阅读哪些作品呢?这些作品又应该如何阅读,由谁来教呢?

从1953年到1972年,我曾经在约翰斯·霍普金斯大学工作了十九年,那个时候,这些问题对我来说根本不是问题。关于人文科学的本质和使命,每个霍普金斯人的答案都是一样的,而且是毋庸置疑的。那些年,在霍普金斯大学,大家对文学研究,尤其是英国文学的研究,似乎都准备好了一套说辞,为之进行意识形态辩护(这一点有点奇怪)。我们英语系的人都问心无愧,相信自己是在做两件对我们的国家有用的事情:a) 教导年轻公民基本的美国情操(主要是通过外国文学,尤其是英国文学的教学,而且,英国还是我们在独立战争中打败的国家,这种做法的荒谬性,我也是后来才意识到的);b) 我们做文学研究就像我们学科学的同事做科学研究一样,我们在试图发现人文学科所涵盖的整个领域的"真理抑或真相"(truth):语言、文学、艺术、历史和哲学。*Veritas vos liberabit*,是霍普金斯大学的校训,意思是:真理将使你获得自由(顺便说一下,这句引语源于《圣经》,是耶稣说的,在《约翰福音》8章32节,但是,在这句话中,"真理"应该不是指科学的真理)。*Lux et veritas*,光与真理,是耶鲁的校训。而哈佛的口号就只是纯粹的 *Veritas*(真理)。我们霍普金斯人相信,真理包括各种各样客观的真理(对不起,这时候我们已经忘记了校训的出处[2]),比方说,关于阿尔弗雷德·丁尼生(Alfred Tennyson)的早期诗歌的真理,或者关于伯纳比·古格(Barnaby Googe)的诗歌的真理。这种真理就像宇宙黑洞和基因工程的真理一样,本身就具备无价的价值。[3]

众所周知,霍普金斯是美国第一个完全的"研究型大学"。它是以德国十九世纪伟大的研究型大学为蓝本建立起来的。体现在文学研究中,这种模式意味着它继承了罗曼语、日耳曼语(包括英语)、古希腊和古罗马的语言和文学研究这些伟大的德国传统,所有这些学科在霍普金斯发展得都很好。这些研究不需要为自己寻找任何说辞,追求真理本身就是它们的内在价值,即使我们暂且不论那个不完全令人信服的论断,即从事人文研究的学者,作为我们国家价值观的宝库,可以把文学教得更好。"研究"这个词就是我们所有人的生活重心。霍普金斯大学的所有老师都应该把 50% 的时间放在他自己(我们当时几乎是清一色的男性)的专业领域研究上,包括人文学科的教授。

更令人称奇的是,霍普金斯大学是典型的教授治校,或者,至少在我们看来,是这样。所有的聘用、升迁和新专业的开设都是教授说了算。这些决定是通过一个由教授组成的"学术委员会"(Academic Council)来完成的,而这个学术委员会则是由全体教职人员选举产生的。尽管没有固定的比例,但是,学术委员会总是包括人文科学、社会科学和自然科学的教授。也就是说,自然科学方面的教授,尽管可能比人文社科方面的教授人数多,但他们还是很高兴选举人文方面的教授到学术委员会中去。霍普金斯大学当时的研究经费并不源于企业,而主要是像国家科学基金会、国家健康研究院、国防教育议案和国家人文研究基金会这样的政府组织(National Science Foundation, the National Institutes of Health, the National Defence Education Act, and the National Endowment for the Humanities)。当时的冷战思维认为,美国在各方面都应该是最好的,包括人文学科,这种思维对我们的帮助非常大。那时候,没有任何教学工作是由编外人员承担的,研究生也只是教教写作,或者负责大班研讨课的讨论部分。大部分获得博士学位的学生都可以获得待遇丰厚的永久性职位。有些数据甚至还误导大家,说人文学科将面临博士毕业生的严重短缺,所以,霍普金斯大学英语系甚至还开设了一个三年就可以毕业的博士研究生班。我有两名学生就是从这个班上毕业的,并且都在重点大学获得了教职。这也意味着英语专业的博士学位其实并不需要像现在这样,平均花费十二年的时间,甚至更久。

对那些喜欢研究、又喜欢教学的人来说,当时的霍普金斯大学近乎是天堂。雅克·德里达在 2001 年曾经提出过"没有条件的大学"这样一个显然是过于理想化的愿景,也就是说,一个大学可以着眼于人文学科,而又鼓励大家去发现各个领域的真理,哪怕是不太有趣的领域,而不用顾虑什么。[4] 在我看来,当时的霍普金斯是最接近这种说法的大学。极具讽刺意味的是,德里达那本小书就是在斯坦福大学的校长讲座系列中讲的,而作为美国私立大学的佼佼者,斯坦福大学偏偏是和美国这个商业共同体(corporate America)密不可分的,通过设立在该校的胡佛学院,斯坦福大学与美国政治中最保守的团体紧密地联系在了一起。

好吧,霍普金斯大学在那个时期的做法有什么不妥吗?多了去了。最明显的是,教授中没有女性,即使是在非永久性职位中也没有——至少我在霍普金斯大学英语系任职的十九年间,一个也没有。英语系的研究生教育竞争非常激烈,淘汰率非常高,常常有一些学生因为被认定为表现不够好而被撤销了经济资助,有些被"劝退"的学生竟然从其他大学获得了博士学位,并且在英语系做教授做得很好。霍普金斯大学后来在应用物理实验室的军事研究方面忙得不可开交。霍普金斯大学的国际高级研究院(School of Advanced International Studies)不仅在那个时候,即使是现在,也算不上是自由思考的典范。[5]尽管如此,我还是觉得,在五十年代和六十年代,霍普金斯大学绝对是个很棒的地方(尤其是对我们这些男人来说)。

现在,五十多年过去了,美国大学的一切都发生了根本性的变化,跟我在霍普金斯的时候完全不一样了。这一点,每一个相关的研究人员都知道。即使是在五十年代和六十年代,霍普金斯也是个案,其他大学未必如此。正如我前面提到过的,现在,超过70%的教学工作由那些没有可能获得永久性教职的编外人员担任。而且,学校还常常有意地把他们的工作量控制在兼职这一档,以至于他们无法获得医疗保险、养老金以及其他一些福利。我的三个孩子,外加一个孙女,都拥有美国顶尖大学的博士学位,可是,他们四个人,没有一个属于永久职位系列,更不用说,获得永久性职位了。人文学科的永久性职位不仅少之又少,而且,每个职位都有上百人申请,以至于人文学科博士毕业生积压的库存越来越多。如今大学经费普遍削减,人文学科的研究自然也首当其冲,不管是公立大学,还是私立大学。马可·布斯克特、克里斯托夫·

纽菲尔德、弗兰克·多诺古耶，[6]还有其他很多人，都在他们的书中详细讲过，现在，美国大学的管理模式越来越像公司，一切都由金融底线——或者，如佩吉·坎姆夫所说的，"经济产出比"（bang for the buck）[7]——决定。显然，人文学科不可能产出那么多可以看得到的经济效益。

相应的，大学变得越来越像职业技术学校，只是为商业、工程、生物学、法律、药学和电脑科技等领域提供职业培训。伴随着美国公立大学的衰落，营利性大学和菲尼克斯（University of Phoenix）这样的半网络大学，却奇迹般地崛起了。这些大学公开承诺，你只要上他们的学校就可以找到一份工作。菲尼克斯大学是太阳神集团的领袖约翰·斯珀林（John Sperling）一手发展起来的，他说，菲尼克斯大学"就是一个公司……到这里来不是人生的里程碑。我们不会去发展（学生的）价值体系，更不会致力于'开拓他们的心智'，那些冠冕堂皇的话全是胡扯"[8]。耶鲁大学的校长理查德·列文是一位经济学家，他最近（2010年1月31日）在伦敦的皇家学会做了一次题为"亚洲大学之崛起"[9]的演讲，其中，他热情洋溢地赞扬中国把高等教育的规模扩大了一倍（从1022所到2263所），使大学在校生的人数从1997年的一百万增加到了2007年的550万，而且，中国政府还致力于建设一批可与哈佛、麻省理工、牛津和剑桥齐名的世界一流大学。无疑，列文提到的数字现在又增加了。但是，列文强调的重点却是，中国在数学、科学和工程教学方面的加强必将使她在全球经济中更加具有竞争力。尽管列文是作为耶鲁大学的校长，而耶鲁又一向以人文学科著称，但他却只字未提人文学科方面的教学，不管是中国的人文学科还是美国的人文学科。显然，人文学科根本就不属于他讲的故事范畴。

确实，我们很难说清楚人文学科是否会带来经济回报，或者学英语专业的人是否只能找到入门级的服务性工作，或者像教英语这样薪水低廉的工作。在耶鲁这样的名校，人们当然可以堂而皇之地注册人文学科了，因为他们毕业后一般会子承父业，或者再进入法学院和商学院，进行职业培训。实际上，在这些地方，最重要的是要与未来将要驰骋商界、政界和军界的重要人物建立终生的友谊，而不是什么职业教育。例如，2004年参与总统竞选的是乔治·W·布什和约翰·克里，两人在耶鲁的学业成绩都说不上好，但他们却都是耶鲁最负盛名的秘密组织骷髅会[10]的成员，这一点有点蹊跷，不过，不管他们谁最后获胜，耶鲁和骷髅会成员的政治力量都会得到加强。

无疑，这些年来，人文学科的专业就读人数和课程的注册人数都大幅减少了，尤其是那些不太出名的学校，本科生和研究生都是如此。[11]在人文学科中，只有写作和初级语言课程，外加一些必修的跨科类课程[12]还说得过去。立法委、校董会和大学行政人员利用最近这次经济不景气的机会，更是加大了对大学的控制，来压缩和干预被教授的课程。例如，加州破产了，其结果就是所有的职位冻结，缩减编外人员的预算，即使是正式的教职员工也会减少5％到10％的收入，视他们的级别而定。如此一来，那些特级教授（above scale professors）的教学负担就加重了，这些特级教授都是研究成果卓著，并因此被准许花费更多时间从事研究的人。人文学科受到的冲击尤其大。

好吧，这就是我们所面临的不太乐观的语境，那么，现在，我们还应该进行文学的阅读和教学吗？我们有道德义务必须这样做吗？文学研究的合法性是从什么时候开始消失的呢？在这里，我想提出三种看法：

1) 所谓的"每个人都应该阅读文学，因为它承载了我们公民的道德教育"这种说法，已经基本上完全失去了立足之地。在他们的心灵深处，已经很少有人相信，他们必须阅读《贝奥武甫》、莎士比亚、弥尔顿、塞缪尔·约翰逊、华兹华斯、爱默生、狄更斯、惠特曼、沃尔夫、史蒂文森和康拉德，才能成为美国的好公民。

2) 主流媒体从印刷书籍向各种形式的数字媒介的大规模嬗变——我所谓的"prestidigitalization"（数字化魔术）[13]——意味着，印在纸上的小说、诗歌和戏剧等所谓的传统意义上的文学已经过时，它们对公民道德的决定作用越来越不重要了。在维多利亚时代的英国，大部分中产阶层的读者是通过查尔斯·狄更斯、乔治·艾略特、安东尼·特罗洛普、伊丽莎白·伽斯凯尔（Elizabeth Gaskell）等人创作的虚拟的小说世界，来学习如何求婚，如何经营自己的婚姻。现在，人们通过电影、电视、DVD、电脑游戏和流行歌曲来满足自己对想象中的或者虚拟现实的需要。Amazon 网最近宣布（2010 年 7 月 19 日），他们销售的可以在 iPad 和 Kindle 上阅读的电子书籍第一次超过了纸质版的图书。我有一个同事兼朋友，是挪威非常杰出的人文学科教授，对他来说，今年夏天最高兴的事情竟然是他专门到鹿特丹（Rotterdam）去现场聆听斯蒂威·王德尔（Stevie Wonder）在北海爵士音乐节上举行的音乐会，不仅如此，他又专程赶到他的家乡贝尔根（Bergen）听了同样一场音乐会。然后，满怀激情地发邮件给我，讲述音乐会带给他的激情和震撼。显然，斯蒂威·王德尔在打造这位人文学者的"情操"方面，发挥了重要作用。不管什么时候，也不管在什么地方，每次当我在演讲中讲述一些文学作品的时候，听众中，尤其是一些年轻的听众，总会有人问我有关这部作品的电影版本，当然，如果这部作品已经被拍成了电影的话，而没有人关心该作品的印刷文本。

　　3）新媒介的崛起也意味着文化研究正在越来越取代传统文学研究的地位。年轻教师自然喜欢研究和教学他们感兴趣的东西，比如电影、流行文化、女性研究、非裔美国文学研究等等。现在，在美国，很多英语系——尽管不是绝大部分——已经演变成了文化研究系，不管他们今后如何称呼自己。现在，在美国大学的英语系，纯文学的课程非常少。也许，在不久的将来，在中国大学英语系学习英国文学、美国文学和其他国别文学的学生，会比美国本土的学生知道得更多。明尼苏达大学出版社最近出版的"文学与文化研究"书目中，竟然没有一本是真正与文学有关的。

　　在这里，我还可以给大家讲述三个与职业转向相关的例子，实际上这种例子有很多：爱德华·赛义德刚开始的时候是研究约瑟夫·康拉德小说的专家。他接下来写了一本以理论见长的书《开端》(Beginnings)，但是，他的盛名与巨大影响却源于他的政论性书籍——《东方主义》《巴勒斯坦问题》和《文化与帝国主义》。第二个例子稍显不同：琼·德吉恩(Joan DeJean)是宾夕法尼亚大学罗曼语系的杰出教授，但是，她并不以传统的方式研究拉辛的戏剧、马里沃(Marivaux)或者福楼拜的小说、鲍德里亚的诗歌，或者杜拉斯的小说(请注意，除了杜拉斯之外，其他全是男性)。她比较有影响的书籍却是《风格的实质：法国人是怎么引领时尚的》《美食、咖啡、风格与复杂化》《舒适时代：当巴黎发现了随意——现代家庭随之开始》(*The Essence of Style*：*How the French Invented High Fashion*；*Fine Food*，*Chic Cafes*，*Style*，*Sophistication*；*The Age of Comfort*：*When Paris Discovered Casual—and the Modern Home Began*)。简而言之，德吉恩教授是以女性的视角，做文化研究。第三个例子是弗兰克·多诺古耶，他是以英国18世纪文学起家的。1996年，他出版了一本书，《成名机器：书评与18世纪的文学生涯》(*The Fame Machine*：*Book Reviewing and Eighteenth-Century Literary Careers*)，真是非常得切题。大约在2000年，多诺古耶开始关注美国大学人文学科的现状，并于2008年出版了《最后的教授：大学公司化与人文学科的命运》。现在，他经常在美国各地演讲，俨然是美国大学公司化这一领域的专家。

简而言之，在美国当前这个语境下，文学对大众文化的实际影响越来越小，坚持以文学来对抗文化研究的教授越来越少，具有永久性职位的文学教授越来越少，文学批评类的书籍出版得越来越少；在综合性大学和大专院校中，注册文学课程的学生急遽减少，而且，在很多大学，英语系甚至降格成了讲授写作、基础外语和外国文化的服务性院系，凡此种种，不一而足。在这种情况下，当我们再问这个问题——"当下我们应该阅读和研究文学吗？"——的时候，态度似乎越来越明朗，"什么，我担心？不管怎么说，所有的人，在所有地方，都在说英语，或者说，应该

说英语"[14]。

面对这种四面楚歌的局面,人文学者通常都会扭绞双手,然后开始自卫,说文学应该教,因为我们需要了解我们过去的文化,或者,我们需要"开拓我们的心智",或者,我们需要从文学作品中获得伦理教育。马修·阿诺德在《文化与无政府》(1869)一书中,写了下面这句话,来表达我们需要了解的文学世界,"世界上被思考过,而且被说出来的最好的"(the best that has been thought and said in the world)。十几年来,美国现代语言学会的历届主席都会在他们的就职演说中回应阿诺德这句话,例如,2004年,罗伯特·舒尔斯(Robert Scholes)就在其演说中重申了这一点,"我们需要通过……开阔我们学生的视野,帮助我们的同胞更深入地解读那些在塑造我们的文化中至关重要的文本,来证明我们的研究是有价值的。我们所能奉献的,也只有理性之甜美与学识之光芒"[15]。当然,阿诺德在《文化与无政府》一书中,也多次重复"甜美与光芒"(sweetness and light)这个短语,以表达文化所能给我们提供的最高境界。《文化与无政府》这本书也是我在1944年入读奥伯林学院(Oberlin College)时新生英语课的必读书目。

阿诺德关于文学研究可以为我们带来好处的观点自然是高尚的,但是,我觉得,他这种观点现在过时了,早就被人遗忘了。原因之一就是,我们现在更清楚地意识到了,西方文学传统实际上是有很多问题的,它不是铁板一块,也根本教不了什么统一的道德观,很多伟大作品甚至都不能说是教人向善的,例如,莎士比亚的《李尔王》。关于《李尔王》,诗人约翰·济慈曾经在一首十四行诗中写过,"坐下来重读《李尔王》有感":"再一次体验 恶狠狠的诅咒/天谴与粘土捏造的人/我怎么可能不激动。"[16]而关于济慈,马修·阿诺德也曾经在给他的朋友克拉夫的信中写道,"你可真是混账,竟然让我读济慈的作品!不过,现在都过去了:理智再一次战胜了躁动的灵魂"[17]。对读者来说,没有一部作品是教化人的。美国文学也强不到哪儿去。《莫比·迪克》可以说是我们美国文学中的一部经典作品,但是,其作者赫尔曼·麦尔维尔却说,

"我写了一部邪恶的书"。

退一步说，连我自己都搞不清楚，阅读莎士比亚、济慈、狄更斯、惠特曼、叶芝，或者华莱士·史蒂文斯如何可以帮助学生处理我们目前在美国面临的棘手问题：气候变迁，也许不久的将来，*homo sapiens*这个种群[18]就会灭绝；由于政客和金融机构的愚蠢和贪婪而导致的全球经济的深度萧条以及灾难性的失业（3 千万人口没有工作）；像福克斯新闻（*Fox News*）这样的新闻媒体，简直就是我们的右翼党羽的宣传武器，充斥着各种谎言，却被许多无辜的民众当成真相；阿富汗的战争没完没了，而又看不到胜利的希望；还有灾难性增长的健康保险花费，不久将要花掉我们25%的GDP——这些问题我们都知道，不管我们对它们的态度是什么。生活在美国的年轻人需要职业培训来帮助他们找到工作，免得被饿死。不过，也许，他们可以修一下"修辞性阅读"这门课，这门课至少可以告诉他们如何辨别网上帖子的真伪。[19]

好吧，在这种令人窒息的环境下，为什么我们还要阅读和教授文学呢？为了避免这个问题太抽象，我将从W·B·叶芝的一首短诗入手，来回答这个问题。我非常喜欢这首诗，因为它深深地打动了我的心。也正因为它让我感动，所以，我不仅愿意朗读这首诗，而且还愿意跟任何想听的人分享这首诗。这首诗的题目是《冰冷的苍穹》，选自叶芝1916年的诗集《责任》。我们先看这首诗的原文：

The Cold Heaven

Suddenly I saw the cold and rook-delighting heaven
That seemed as though ice burned and was but the more ice,
And thereupon imagination and heart were driven
So wild that every casual thought of that and this
Vanished, and left but memories, that should be out of season
With the hot blood of youth, of love crossed long ago;

And I took all the blame out of all sense and reason,
Until I cried and trembled and rocked to and fro,
Riddled with light. Ah! when the ghost begins to quicken,
Confusion of the death-bed over, is it sent
Out naked on the roads, as the books say, and stricken
By the injustice of the skies for punishment?[20]

冰冷的苍穹

突然间,我看到了冰冷的令乌鸦喜悦的苍穹
似乎是冰在燃烧,却比冰更冷,
扶摇而上是被追逐的心灵与想象
如此疯狂,以至于每一缕散乱的思绪这样或那样
都消失了,留下的只有记忆,不合时宜的
混合着青春的热血,以及很久以前那错失的爱恋;
所有的情感与理智都化成了我的责备,
直到我呼喊着,战栗着,捶胸顿足,
周身被光照透。啊!当鬼魂开始复活,
灵床上的困惑结束,是否它会被
赤裸着抛到路上,然后,如书中所言,
被上天的不义击打,以示惩罚?[21]

很久以前,我就这首诗曾经写过一篇文章。[22]最近,我在上海交通大学召开的世界文学研讨会上,又简短地讨论了这首诗。在上海交大的会上,我是用这首诗作为例子,来说明把一首诗从一种文化移植到另一种文化是多么不容易。而今天,我是把这首诗作为一个经典案例,来说明回答我们是否应该阅读和教授文学这一问题是多么艰难。现在,我应该阅读和教授这首诗吗?我的回答是,没有"应该不应该"的问题,也没有不可抗拒的义务或者责任。如果我喜欢,我可以读,也可以教,但是,这种决定不受任何理由的制约,除非是这首诗向我发出呼唤,使

我想读它,教它。我绝对不可能板着面孔告诉我的学生和上司,读这首诗或者听我讲解这首诗将会帮助他们找到工作,或者帮助他们对付气候的变迁,或者帮助他们抵制媒体中的谎言,尽管我相信掌握一些阅读技巧可能会大大有助于他们抵制谎言。读诗或者教诗,本身就是有价值的,仅此而已,正如康德论述所有艺术时说过的。

玄学诗人安捷列斯·塞勒西斯(Angelus Silesius,1624—1677)在《天使漫游记》一书中,早就说过,"玫瑰没有为什么;她开放只是因为她要开放。"[23] 就像那朵玫瑰,《冰冷的苍穹》也没有为什么。就像玫瑰一样,诗没必要承载诗之外的东西。你可以读,也可以不读,只要你喜欢。那是它的宿命。现在的年轻人看电影、玩游戏,或者听流行音乐,多数时候都不会试图为自己辩解。他们做那些事情,只是因为他们喜欢,因为那些事情可以带给他们快乐。我那位来自贝尔根的学界朋友就没有解释他为什么花那么多钱,听两次同样的斯蒂威·王德尔音乐会,一次在罗特丹姆,一次在伯艮。他只是发邮件,告诉我他的激情和经历。对他来说,那是件大事,就如同阅读、谈论或者撰写关于《冰冷的苍穹》的论文对我来说很重要一样。但是,这种重要性,是我甚至都不应该试图用世俗的实用性去辩解的。如果我试图去辩护,那么,我就注定了要失败。

当我看到我喜欢的电影,或者听到打动我的音乐会,我很自然地想要去跟别人分享,就如同我贝尔根那位朋友一样,他想告诉所有的人他的斯蒂威·王德尔音乐会。这种分享常常是这样开头的:"哇!我昨天晚上看了场好电影,我给你讲讲……"我估计,我教叶芝《冰冷的苍穹》的冲动也是这样的:"哇!我刚刚读了一首叶芝的诗,他写得实在太好了,我给你读读……"显然,这种分享实际上是把我的想法传递给其他读者,也许,我的感受会激起他们阅读这首诗的热情。

我在这首诗后面列出了一系列需要解释的东西,这不仅仅是针对中国读者,也是针对西方这一代玩着电脑游戏长大的年轻人,无疑,他们对欧洲诗歌也同样是知之甚少。大卫·达姆罗什曾经很冷静地说过,当一部文学作品流传到另一个不同的文化中时,比如通过翻译,误读可能就会发生。我也这样认为。

但是，在这里，我不想做深层的文化解读，只是想帮助大家理解叶芝这首诗。这种理解，可能需要，比如说，怎么把这个词或短语翻译成中文。要想深入理解《冰冷的苍穹》，最好具备下面这些知识：1）关于叶芝的生平和著作。2）格律的应用需要解释一下：这首诗由三节抑扬格六音步四行诗组成，押韵的方式是 abab，相比五音步诗，这种六音步的十四行诗是不是有点怪啊？而且，还没有结尾的对句？3）叶芝诗歌中，"sudden"或者"suddenly"的反复出现，就如同《丽达和天鹅》一诗的开头："A sudden blow"（突然一击）。4）rook 是一种什么样的鸟，为什么它们会喜欢冰冷的天空呢？5）"heaven"的双关含义，一方面指"skies"（天空），另一方面又指天空之上的超自然的领域，正如千千万万的基督徒每天祷告时所说的第一句话，"Our Father who art in heaven"（我们在天上的父）；比较结尾处的"skies"："the injustice of the skies for punishment"。6）矛盾修辞法（oxymoron，如 burning ice）及其在西方诗歌中的历史。7）试图解释"imagination"和"heart"两个词语的语义之不同，及其两个词的细微差别。8）解释"crossed"在"memories...of love crossed long ago"中的含义，它既源于莎士比亚之罗密欧与朱丽叶的比喻——"star-crossed lovers"（像寒星一样失之交臂的情人，也即命中注定，会像星星一样，因为爱的交叉而堕入灾难的深渊），又指涉现实中叶芝对沫德冈（Maud Gonne）的无果之爱。她一再地拒绝他，所以，从某种程度上说，他没必要为他们之间失败的爱情负什么责任。他已经尽了最大努力，向她表白。9）在"I took the blame out of all sense and reason"这一句中，"sense"和"reason"这两个词有什么区别，还是诗人出于形式考虑而采用的同义反复（tautological）？A·诺曼·杰夫莱斯引用 T·R·海恩（T. R. Henn）的解释，说"'out of all sense'是爱尔兰人的一种（含糊的）表达，意为'在一定程度上，既超出了常识所能解释的，也超出了感知可以表达的范畴'"。[24] 10）"riddle"作为动词在"riddled with light"这个绝妙的短语中的双关含义:"riddle"被打上洞,就像一个筛子,而"riddle"又可以作为一个人面对的可能没有答案的谜或者难题;"being riddled with light"有点词不达意,因为光应该是富于启发意义的,而不应该是隐晦的,费解的。11)在"When the ghost(意为离体的灵魂)begins to quicken,/Confusion of the death bed over"这一句中,"quicken"这个词通常指的是子宫中的受精卵开始苏醒,所以,有点色情味道的婚床的场景被叠映在灵床上面。12)在"as the books say"这一句中,书指的是什么书?叶芝读过的只有内行才懂的哲学或者民间传说?13)把"injustice of the skies for punishment"这句话和我们通常的说法——上天的惩罚只是出于正义,在我们死后给我们应得的奖赏。为什么上天会是不义的,它怎么可能是不义的?通过责备上苍,来指涉不是上苍的错误的事情?我们可以把这种说法和希腊及其后来的悲剧相比较。弑父娶母并不是俄狄浦斯的错误,是他的错吗?14)为什么最后一句话是个问句?它是真的在发问,还是纯粹是修辞上的反诘?如果在这个不完美的十二行诗的后面再补上两句,使之成为真正的十四行诗,那么这个问题能得到解答吗?这首诗的每一行似乎长了点,而总行数又嫌少了点。15)最后,读者,尤其是中国读者,可能想知道,甚至已经觉察到了,叶芝就像其他同代的欧洲诗人一样,他在这首诗及其他诗作中,受到了他所知道的被翻译的中国诗歌和中国式思维的影响。我们知道,收录《冰冷的苍穹》这首诗的诗集是《责任》,这本诗集的题记出自叶芝可能有意称之为"Khoung-Fou-Tseu"的人,应该就是孔夫子:"How am I fallen from myself, for a long time now / I have not seen the Prince of Chang in my dreams."[25]关于这首诗和中国的渊源,以及这首诗是怎么跻身于世界文学之林,中国读者可能有很多话要说。

在此,我把这些信息透露给听众或者读者,并非要"开拓他们的心智",而是希望帮助他们赏析这首诗,希望他们也被这首诗打动,就像我被它打动一样。我们很难说叶芝的诗是"催人奋进的"(uplifting),因为它的主题高潮在于他的断言,断言上天不公正,世人并没有做错什么,却要受到惩罚。这种睿智让人不寒而栗。跟他人分享这首诗不是**我应该**做的,而是我忍不住做的,是这首诗呼唤我去做的。

我认为未来美国大学或者学术刊物或者大学出版社会对这种阅读感兴趣吗? 不会,我觉得不会。我认为,文学研究这种不确定的未来,部分原因是我们的大专院校向职业培训转化,导致人文学科的发展空间越来越小,更重要的原因是我们目前迅速发展的数码科技,日新月异的高科技使得文学落伍了,成了大家眼中的明日黄花(a thing of the past)。甚至有很多被聘用的、可以教文学的人,也都选择了文化研究:比如,时尚设计、西方帝国主义历史、电影,或者其他各种可以取代文学的兴趣和爱好。

但是,最后,我还想加上一句,小心翼翼的,而且,是尝试性的,也许,在眼下,学习文学和文学理论还有——或者是应该有——一个好处。不管什么专业的学生,都可以从"修辞阅读"这门课上受益,这门课会教他们如何辨别网上信息的真伪。[26]大家每天都要面对海量的虚假新闻和扭曲不实的报道,至少在美国是这样,这些来自政客、新闻媒体、电视和收音机的广告冲击着人们的头脑,让大家防不胜防。即使我们本地的原本应该客观的公共电视台,也每天都重复播放一个关于石油巨头的广告,这个石油公司就是雪佛龙(Chevron),它鼓吹自己是"The Power of Human Energy"(人类力量/能源的强国/力量)。[27]但是,细想一下,就会明白,雪佛龙的兴趣在于石油中的能源(energy from oil),而不是人类的力量(human energy)。它的目的就是挣钱,越多越好(每年都是几十亿、上百亿的利润),而它从地层深处抽取能源的后果之一就是全球气候变暖。所以,这个广告本身就是一个谎言。

所以,从某种程度上说,学习"修辞性"文学阅读首先就是训练人们如何辨别类似的谎言与虚假言论。"修辞性"文学阅读之所以会有如此效果,部分原因是因为,在很多文学作品中,那些虚拟的主人公都在误读他人,比方说,在简·奥斯汀的《傲慢与偏见》中,伊丽莎白·贝奈特对达西的误解;在乔治·艾略特的《米德尔马契》中,多萝西·布鲁克对爱德华·卡佐邦的误读；或者，在亨利·詹姆斯的《贵夫人的画像》中，伊萨贝勒·阿切尔对吉尔伯特·奥斯芒德的误读。（我选这些女主人公作为例子，并不是说，在维多利亚小说中，只有女人会发生这种错误。想想《伟大前程》中的匹普，《米德尔马契》中的里德吉特，或者康拉德的吉姆爷！）

"修辞性"文学阅读通过训练大家对修辞手法及其劝解艺术的把握，也可以帮助大家抵制谎言和歪曲不实的报道。这种从文学研究中习得的技巧也可以运用在现实生活中，比如抵制政客或者脱口秀节目所兜售的谎言或者被扭曲的意识形态，比如，那些否认气候变化的谎言，或者声称巴拉克·奥巴马是一个社会主义分子、穆斯林，因为他不出生在美国，所以，不具备当选总统的权利等等，这种言论在美国很有市场。我们可以借用保罗·德·曼在《抵制理论》一文中所说的话，来作为我们为这种文学研究辩护的宣言。"我们所谓的意识形态，"德·曼说，"其实就是语言与自然现实的混淆，是所指与现象的混淆。因此，相较于其他任何方式的探究，包括经济，语言的文学性是揭示意识形态之反常面纱的有力的、不可或缺的工具，也是解释其之所以发生的决定性因素。"[28]

问题是：让很多人获得文学研究这种正面效益的机会微乎其微。我们只能寄望于那些已经学习文学和文学理论的人能够形成一种习惯，及时揭露那些从四面八方向我们袭来的意识形态异常现象。我刚才说，让大部分人从文学研究中受益的机会微乎其微，也是因为要把你从细读一部作品——比如，《贵夫人的画像》——中学到的技巧运用到对主流意识形态的揭露，是很难的，比如，现在的主流意识形态是：如果你的收入水平在所有美国人中属于最高的2%，而且，你的目标是在短期内使你的财富最大化，那么，作为一个有思想的人，你就应该只投共和党的票。另一个最大的困难是目前美国大学的现实环境，这些我在前面大都说过了。德里达提出了"没有条件的大学"这一观点，但是，他在斯坦福大学演讲时，这一观点并没有获得一片热烈的欢呼。尽管大家嘴上口口声声地要培养所谓的"批判性思维",但实际上,那些政客和有权利决定大学之生杀大权的高管们并不愿意这样做,不管是在公立大学,还是私立大学,因为具有"批判性思维"的人会质疑他们的做法,而他们决定着谁应该教什么。他们需要大学——如果还需要的话——教授数学、科学、技术、工程、计算机科学、基础英语写作,以及其他有助于学生在技术化的资本主义经济体系中工作的技巧。能够对《傲慢与偏见》进行修辞性阅读,并把这种技巧转化为对政客和广告商的谎言的批判的能力,不在他们的需求之列。众所周知,巴拉克·奥巴马总统很善于演讲,但是,我从来没在他的雄辩中听到过文学研究这些字眼,也没有听他说过美国教育亟待提高的话语。

注释

[1] 无正式教职的人员,被大家戏谑为"freeway Flyers"——"高速公路上的飞行员",因为要赶到另一个学校上课,抑或"免费公路上的狂奔者",好像他们开车不花钱似的。——作者语 & 中译者注

[2] 显而易见,在《圣经》中,"truth"指的是上帝创造天地,又让自己的儿子耶稣降世为人,以拯救人类的罪过;而霍普金斯大学的校训,尤其是作者所提到的那个年代,显然是把"truth"的含义延伸为一切事物的真理或者真相了。——中译者注

[3] 这句话的英文原文是,"Such truth was a good in itself",据作者所言,这句话典出于柏拉图,在本文中,旨在强调人文研究本身就是有价值的,是无价的,不同于世俗意义上的价值。——中译者注

[4] 雅克·德里达,《没有条件的大学》(L'Université sans condition),巴黎:Galilée,2001;英译,《没有条件的大学》,佩吉·坎姆夫(Peggy Kamuf)翻译,见佩吉·坎姆夫编译的《没有借口》(Without Alibi)一书,第202—237页(加州斯坦福:斯坦福大学出版社,2002)。

[5] 众所周知,霍普斯金国际高级研究院是一个新保守主义(neo-conservative)的堡垒,其中,有几位学者加入到了乔治·W·布什的政府,并向美国民众贩卖一个理念,即入侵伊拉克是一个好事情;不仅如此,这些人还帮助政府散布萨

达姆·侯赛因拥有大规模杀伤武器这一谣言,以其为美国入侵伊拉克正名。——作者语 & 中译者注

[6] 过去十多年来,出版了很多这方面的书籍,追踪这种模式的变化。最近出版的文章和书有马可·布斯克特(Marc Bousquet)的《大学是怎么运作的:高等教育和低收入国家》(*How the University Works: Higher Education and the Low-Wage Nation*)(纽约和伦敦:纽约大学出版社,2008);克里斯托夫·纽菲尔德(Christopher Newfield)的《揭秘公立大学:四十年对中产阶级的豪夺》(*Unmaking the Public University: The Forty-Year Assault on the Middle Class*)(马州剑桥:哈佛大学出版社,2008);弗兰克·多诺古耶(Frank Donoghue),《最后的教授:大学公司化与人文学科的命运》(*The Last Professors: The Corporate University and the Fate of the Humanities*)(纽约:Fordham 大学出版社,2008);杰弗瑞·J·威廉姆斯(Jeffrey J. Williams)发表在《美国文学史》(*American Literary History*)上的文章,《后福利时代的州立大学》(The Post-Welfare State University),18:1(2006),第 190—216 页。所有这些书和文章后面都有大量的参考文献。

[7] 佩吉·坎姆夫,《细数疯狂》(Counting Madness),见《牛津文学评论》(*The Oxford Literary Review*)特辑,《人文学科的未来:美国主宰及其他议题》(*The Future of the Humanities: U. S. Domination and Other Issues*),提莫泰·克拉克和尼格拉斯·罗耶尔(Timothy Clark and Nicholas Royle)编辑,卷 28(2006),第 67—77 页。

[8] 引自弗兰克·多诺古耶的文章,《声望》(Prestige),见《职业 2006》(*Profession 2006*)(纽约:美国现代语言学会,2006),第 156 页。

[9] 理查德·列文,《亚洲大学之崛起》(*The Rise of Asia's Universities*),2010 年 1 月 31 日,网址见 http://communications.yale.edu/president/speeches/2010/10/01/rise-asia-s-universities。

[10] 骷髅会(Skull and Bones)创立于 1832 年,是耶鲁大学的一个秘密社团,每年从耶鲁大学三年级学生中招收 15 名学生入会。能够入会者基本上都是美国的名门望族,而他们日后也往往会成为美国政界、财界、学界等各界精英,布什家族就是一个很好的例子。2004 年,当美国总统布什与民主党总统候选人约翰·克里激烈竞争美国总统宝座时,美国人惊讶地发现,尽管这两位

总统竞选人来自不同党派,拥有迥异的政见和纲领,但却不约而同地保守着一个惊人的秘密,他们都是骷髅会的成员,克里于1965年入会,布什则在两年后进入了骷髅会。——中译者注

[11] 多诺古耶在其书中写道,"从1970到2001年,英语专业本科毕业生的人数从7.6%下降到了4%;而外语专业毕业生的人数则下降得更厉害(从2.4%降到了1%)",见《最后的教授》,第91页。

[12] 在美国,大学本科生必须在他们的专业之外,选修一些课程,例如,学经济的人必须选修一门或多门人文学科、自然科学和数学课程,而英语专业的学生则必须选修社会科学、自然科学和数学方面的课程,这些可供其他专业选修的课程,就是所谓的 required distribution courses,这种培养模式也就是我们所谓的"liberal education"(通才教育?)——中译者注

[13] "prestidigitalization"这个词是作者杜撰的,意思是说,数码革命就像魔术师的 sleight of hand(敏捷手法),不经意间已经是遍地开花。——中译者注

[14] 这里的英文原文是:"What, me worry? Everybody everywhere speaks English anyhow, or ought to.""What, me worry?"是 Alfred E. Neuman 在 *Mad Magazine* 封面上,常常说的一句话,意为"我为什么要担心呢? 没必要嘛!"作者在这里显然是反其意而用之,"我们为什么要担心呢? 因为文学研究显然已经处于危急关头"。——中译者注

[15] 罗伯特·舒尔斯;引自多诺古耶《最后的教授》,第20页。

[16] 约翰·济慈,"On Sitting Down to Read King Lear Once Again,"见网页 http://www.poemhunter.com/poem/on-sitting-down-to-read-king-lear-once-again/(最后一次登录是2013年12月18日)。

[17] 见《马修·阿诺德致亚瑟·休·克拉夫的书信集》(*The Letters of Matthew Arnold to Arthur Hugh Clough*),豪沃尔德·弗斯特·娄利(Howard Foster Lowry)编辑(伦敦和纽约:牛津大学出版社,1932),第96页。

[18] homo sapiens,是科学家用以指涉全世界范围内的所有人类,也就是 wise man(智人)的意思。

[19] 关于这门课的提议,请参考大卫·宝格(David Pogue)对哈佛大学法学院教授兼哈佛伯克曼网络与社会中心主任约翰·鲍尔弗雷(John Palfrey)的采访,David Pogue,"Q&A: Rumors, Cyberbullying and Anonymity,"《纽约时报》

2010 年 7 月 22 日，网址见 http://www.nytimes.com/2010/07/22/technology/personaltech/22pogue— email.html?pagewanted=all。

[20] W·B·叶芝，《诗歌集注版》(*The Variorum Edition of the Poems of W. B. Yeats*)，彼得·奥尔特和鲁塞尔·K·阿尔斯帕奇(Peter Allt & Russell K. Alspach)编辑(纽约：Macmillan, 1957)，第 316 页。

[21] 这首诗的中文是本文译者所做，参考了网上的翻译，http://www.douban.com/group/topic/7981266/（最后登录时间是 2014 年 8 月 5 日）。——中译者注

[22] J·希利斯·米勒，《W·B·叶芝：〈冰冷的苍穹〉》，见《他者》(*Others*)(普林斯顿：普林斯顿大学出版社，2001)，第 170—182 页。

[23] 这句谚语(Die Rose ist ohne warum; sie blühet weil sie blühet)引自 Jorge Luis Borges 的文章，"La cábala," *Siete Noches* (Mexico City: Fondo de Cultura Económica, 1980)，第 120—121 页；英文版，"The Kabbalah," *Seven Nights*，Eliot Weinberger 翻译(纽约：New Directions, 1984)，第 94 页。同时，也可参阅 Angelus Silesius, *The Cherubinic Wanderer*, Maria Shrady 翻译(纽约：Paulist Press, 1986)。

[24] A·诺尔曼·杰夫莱斯(A. Norman Jeffares)，《叶芝诗歌评论集》(*A Commentary on the Collected Poems of W. B. Yeats*)(加州斯坦福：斯坦福大学出版社，1968)，第 146 页。

[25] 叶芝，《诗歌集注版》，第 269 页。——作者原注

试图找了一下原文，应该是出自《论语·述而篇》第五章："子曰：甚矣吾衰也！久矣吾不复梦见周公。"意思是：我衰老得很严重，我也很久不再梦见周公了。孔子崇尚周公，并把他作为自己的理想典范，所以，经常在梦中见到他。叶芝在此显然是自比孔子，要肩负起复兴凯尔特文化的重任。——中译者注

[26] 参考注释 19。

[27] 这种宣传口号，往往包含多层含义，所以，翻译成"人类力量的强国"未必合适，因为"power"一词可以指权威、能力、影响，也可指国家、能量；同样，"energy"既可以译为"精力"，也可以译为"能源"。——中译者注

[28] 保罗·德·曼：《抵制理论》，见《抵制理论》(明尼阿波利斯：明尼苏达大学出版社，1986)，第 11 页。

第十四篇　媒介从来都不曾分开过：
无所不在的互联网,抑或说,文学研究的数字化变革[1]

> 与其说文学不属于美学范畴,毋宁说它缺乏美感。因此,即便是我们已经习惯了像欣赏视觉艺术和音乐一样阅读文学,我们现在也必须承认,在欣赏绘画和音乐时,必然伴随着一种不自觉地运用语言进行思维的过程,所以,我们应该学着**阅读**图片,而非**想象**意义。
>
> ——德·曼《抵制理论》

这篇讲稿最早是在拉斯维加斯的一个会议上发表的,会议的主题是"现代性与景观"(Modernism and Spectacle)。正如大会的主题词,"spectacle"这个词,在我的大脑信息库中唤起了三个名字:居伊·德

---

[1] 这篇演讲是 2012 年 9 月 12 日,米勒教授在北京语言大学所做的。它的英文题目是"Mixed Media Forever: The Internet as Spectacle; or, The Digital Transformation of Literary Studies",通读全稿之后,我意识到,mixed media 是指作为语言媒介的书和作为声像媒介的多媒体从来都不曾截然分开过,阅读书籍和欣赏视觉艺术有很多共通之处,这种共通之处正是米勒教授在这篇演讲中通过图片解读所展示的。而 spectacle 这个词是一个专有名词,它典出于居伊·德波的《景观社会》(见篇后注 1),译者对这个词语的翻译做了灵活处理,以求尽可能地展示其确切含义。——中译者注

波、让·鲍德里亚和莫里斯·布朗肖。想起居伊·德波自然是因为他的《景观社会》;[1]想起鲍德里亚是因为他的《拟像与仿真》;[2]而想起布朗肖,则是因为他在《想象的两种版本》和《塞壬之歌》中所论述的有关"意象"的理论。[3]这三位作者的理论建构自然是各有千秋,但是,他们在某种程度上似乎又形成了一种共鸣。三个人都在不同程度上受到了马克思的影响。德波和鲍德里亚多多少少都可以称为社会主义者,他们都认为,自己所看到的这个高度发达的资本主义社会是不好的,大众媒体和广告所制作的各种图像已经把它淹没了。当时的符号学对德波和鲍德里亚的影响很深。两个人还都是摄影家,德波甚至还可以说是一位专业的电影制作人,他把自己的著作拍成了电影《景观社会》。[4]德波的"spectacle"是指"人们之间的一种社会关系,这种关系受到了大众媒体、广告和大众文化构成的图像的影响(甚至可以说是侵扰,英文原词是 mediated——中译者注)"[5]。鲍德里亚则认为,我们今天的社会已经发展到了他所谓的拟像(simulacra)的"第四个阶段",也就是说,仿真已经把现实完全架空了。第四个阶段是"纯粹的仿真",跟任何"现实"都没有任何关系的拟像之间的互动(interplay of simulacra)。在这个阶段,社会已经被电视、电影、印刷业和互联网彻底变成了一个没有深度的 spectacle(权且译为"景观社会")。[6]今天,我们还可以在这个名单上加上 Netflix,Facebook,Twitter 和 video 游戏。德波的"景观社会"和鲍德里亚"纯粹仿真"的社会非常相像,尽管我们必须牢记,他们在措辞和论述方式上有很大的区别。鲍德里亚是一位职业哲学家,而德波则是一位受到超现实主义影响的电影制作人。

参观拉斯维加斯可以帮助我们更好地理解德波所谓的景观社会和鲍德里亚所谓的拟像展(display of simulacra)。拉斯维加斯或许是世界上最能证明德波和鲍德里亚对我们所处的现代社会的描述是正确的地方,四周是一片沙漠,而在沙漠的中央则是美轮美奂的绝妙仿真。以二分之一比例仿建的拉斐尔铁塔,甚至连一根钉子都不少,[7]仿造威尼斯的人工湖,甚至还配有平底舟,还有惟妙惟肖的法国餐馆等等,不一而足。赌场就更不用说了,它是我们全球金融系统的模拟,这一系统本身就是我们身处的这个景观社会的超现实版本,无可限量的信用体系在金碧辉煌的大厅里汇成了巨额财富。顺便提一句,所有这些没完没了的交易都是靠因特网和软件系统完成的,这些软件的计算程序可以在几分之一秒的时间内自动完成股票交易,或者操纵赌场的投币机,使赌场获得其法律准许的"百分比"提成。

布朗肖的"意象"理论完全不同于德波的景观概念,与鲍德里亚的拟像理论也大相径庭。我之所以把布朗肖也拿来一起讨论,旨在说明二十世纪所有关于意象的理论家并非铁板一块,如出一辙。布朗肖敏锐地指出,"意象"就是蕴含在文学语言背后的想象的精髓。譬如,过去与现在两种感知在一个特定的时间不期而遇,才使得普鲁斯特有可能成为作家,这种说法有些似是而非,但又不无道理。布朗肖写到,"是的,在这个时候,所有的东西都成了意象,而意象在本质上则完全是外在的、难以企及的,甚至比内心深处的思想更难以琢磨,更有神秘色彩;没有意义,却能唤起任何可能的深层含义;没有明示,但是,又流露了出来,正是这种介于在与不在之间的特点(presence-absence)成就了塞壬的吸引力和无穷魅力。"[8] 由此,大家可以看出,尽管布朗肖和德波、鲍德里亚的不同非常显著,但是,他们也并非完全没有交集。在布朗肖看来,想象是一个消逝的点,而且,这个点还很危险,因为在这里,人们可能会被吞没,然后消失。这种危险在塞壬之歌对尤利西斯造成的威胁中曾经出现过。布朗肖倾向于把想象和死亡或者一个无休止的死亡过程等同起来。同样,想象也以"叙述"的方式存在,这一点不同于小说的逃避和推脱。布朗肖在我上面提到的文章中所用的例子,一个是尤利西斯,他试图接近——或者说,拒绝接近——隐含在塞壬的靡靡之音背后的真正的歌,一个是普鲁斯特作品中的马塞尔对逝去之时光的追忆(*recherche de*),还有一个是小说《莫比·迪克》中的阿哈伯(Ahab)对白鲸的寻求。[9]

近年的批评理论有时候会对语言媒介和视觉媒介做出鲜明的区

分，而且，这种区分还常常被冠以历史的名目。德波和鲍德里亚所说的也可以被置于一种历史的理论框架中，根据马克思主义关于生产和分配方式的理论，它们是由特定时期处于主导地位的媒介所决定的一系列特色鲜明的时代。在印刷文学处于决定地位的时候，也就是说，在十八、十九和二十世纪早期，主流的文化载体——书、杂志等等——都是语言媒介：印刷在纸质媒介上的文字。但是，随着二十世纪的逐渐演进，新型的、主要是视觉媒介逐渐占领了文化阵地：摄影、电影、电视、录像，还有现在的因特网，以及它所有的伴生物，比如，录像游戏。现在，即使网上的流行歌曲也常常伴有录像，好像我们没有影像的帮助就不能欣赏音乐一样。以前我们需要阅读印刷文字的能力，而现在，我们则需要具备专业知识来解读电影和录像节目中的视觉图像，甚至连阅读印刷文学的水平要求都降低了。

尽管很少有人分得那么清楚，但是，我们大部分人都或多或少地知道，语言媒介和视觉媒介很不一样，需要分成不同的专业领域（比方说，相对于"文学研究"，我们有"电影研究"），不同的诠释方法。在你开始思考这两种媒介的真实历史之前，这种想法绝对是站得住脚的。

而事实上，语言媒介和视觉媒介从来就没有截然分开过，只不过在不同的时期，它们融合的方式不一样而已。这才是我这篇演讲的主要论点。我们不知道西方的字母文字当初是什么样子，反正现在这些文字体系的象形性大部分早就消失了，这一点不同于汉字这样的象形文字。在汉语中，"出"（exit）这个字现在看起来仍然像一个张开的嘴巴或者一个门口，至少在我看来是这样的。在过去，中国人必须掌握一门书法艺术才可能走上仕途，上至皇帝，下至七品知县，皆是如此。现在，也有学者开始研究纯粹的西方语言之视觉效果，我们可以在一定程度上通过变换字体来改变我们赋予文字的含义，比方说文字的字体和大小，与正体或者罗马字体相对的斜体和黑体，除了变化颜色，还可以使用大写，或者调整行与行之间的距离，还有边距、装订线，以及无声胜有声的破折号和惊叹号这样的标点，等等。我的电脑上就有一个长长的字体菜单，我可以选用不同的字体和字号。只有高水平的视觉艺术家才可能创造出这些不同的字体。我在电脑上敲打这篇文章的时候就有意无意地用到了一系列变化的字号和字体，以使我的文章在纸面上能够形成我满意的视觉效果。一家报纸的标题用了很大的字号，好像在喊着我最重要：ROMNEY CHOOSES RYAN AS RUNNING MATE（罗姆尼选择拉耶恩做竞选伙伴）。另一方面，即使是最单纯的视觉符号也会吸引人的视线，就好像它也是一种书写文字，就如我在题记中引用的德·曼的话所宣称的："我们现在也必须承认，在欣赏绘画和音乐时，必然伴随着一种不自觉地运用语言进行思维的过程，所以，我们应该学着**阅读**图片，而非**想象**意义。"

我想，德·曼所谓的"想象意义"是指，把纸面上的文字转化成头脑中的视觉形象，正如我们根据小说提供的语言线索来具体地想象小说中人物的脸、身体以及周围环境。例如，在我们读弗吉尼亚·沃尔夫的《海浪》序曲时，我们的脑海中会涌现出海浪冲击堤岸的景象，或者，在朗读华莱士·史蒂文斯的《坛子的轶事》一诗时，我们忍不住会想，这个放在田纳西的坛子到底是什么样子的："圆圆的，在一个小山顶上……""（它）巍然耸立，气度非凡。"[10] 尽管德·曼对想象意义多有贬抑，但是，我认为，大多数人在阅读文本的时候，都会不由自主地在脑海中产生一种连续的画面。对那些擅长阅读纯粹的视觉符号系统的人，他们在阅读图片的同时肯定会产生德·曼所谓的"在欣赏绘画和音乐时，必然伴随着一种不自觉地运用语言进行思维的过程"，所以，我们应该"学着**阅读**图片"。德·曼的阅读到底意味着什么，读过他的文章《抵制理论》的人如果留意一下，一定会知道。他指的是，要注意"文学性的语言"，也就是说，修辞性语言的隐含意义。[11] 蒙太奇就是大家熟悉的使用修辞性语言来阅读画面的典型例子，电影中的蒙太奇就是根据主题思想，把一些鲜明的场景并置在一起，使之形成一种隐喻、借喻或者借代。爱森斯坦（Eisenstein）在其电影《战舰波特金》(*Battleship Potemkin*)中，有一个著名的场景，就是把拥挤的民众和对蠕动着的蛆虫扫射的镜头放在了一起，但是，这种**可读性**的修辞手法（readable tropes）正是电影和其他视觉媒介的纯粹视觉方面的主要成分，即使在它们没有配有字幕和对白的时候。

这里有两个具体的例子，体现了这种**可读性**的视觉意象。一个是用作《纽约客》(New Yorker)封面(2012年7月23日)的图，另一个是《连线》(Wired)杂志上的一个广告(2012年8月)。两个图片都以不同的方式展示了德波所谓的景观社会以及鲍德里亚的互动拟像世界的最后一个阶段，拟像的背后没有现实，也没有任何现实的指涉。

我要"阅读"的这期《纽约客》杂志的封面照片展示的是一个核心家庭(父亲、母亲和两个未成年孩子，一个男孩，一个女孩)，他们身着充满热带风情的夏装，手挽着手，站在海边的沙滩上，背景是棕榈树。在人物前面的空地上，还可以看到正在为他们拍照的人的影子。亲爱的读者，他就站在你站的地方，好像你就是那个拍封面照片的人。所有家庭成员的手里都拿着iPhone，或者类似的数码产品。所有的人都在发信息、聊天或者登录Facebook，没有人注意身边的人，也没有人注意身边美丽的风景，而这风景恰恰是他们远道而来的目标，也是他们这个核心家庭团聚的目的！他们的面部表情凝重，尤其是父亲和母亲，甚至是痛苦的，因为过于专注，他们都牙关紧闭。他们都是在线状态，是他们手中的数码产品的俘虏。这就是我们现在的生存状态，这些人可能就是我们这些处于末世时期的所有人的样子。这就是那个封面：

没有使用一个单词，但是，这些可以读出的意义都在这里了。真的是"一张图片承载了万语千言"。在这里，意义的产生依赖于两个讽刺性的不和谐的并置，一边是美丽的热带海滨风光，一边是手挽着手却又咫尺天涯的一家人，他们的身体亲密无间，但是，他们的心却全都沉浸在自己的智能手机所营造的网络世界里。帮着拍照的人也通过空地上的影子被纳入了画面之中，而这个拍照的人无疑也是用的智能手机。这种带有讽刺意味的不和谐的并置所表达的这种可读/或者无法读出的寓意，也可以完全用语言，或者通过语言和图片的结合来表达。

我的第二个例子来自于2012年8月的《连线》杂志,[12]它的意义是借助于借喻和明喻之间的转换产生的。在这个glacéau牌"智能水"的广告中,视觉意象和文字一起表达了一个清晰却又难以用语言描述的意义。一个美丽、着装性感的年轻女性,侧身斜倚在一个价值不菲的跑车的真皮座椅上,左手握着一大瓶智能水(这个模特是Jennifer Aniston,詹妮弗·安妮斯顿)。这个广告又一次套用了传统中俗不可耐的那一套:摩登的性感女郎与昂贵的跑车。年轻女郎的右手让人不由自主地去注意其敞开的没有系扣子的上装和她几乎是裸露的左胸,以及她下垂的手指所暗示的下面隐藏的部分。她的目光越过观察者的左肩,似乎一直望到你的心里头。她的右手腕上戴着一个手链,与她的项链配在一起,一切都显得很优雅。图片下面的文字也带着一种意味深长的暗示,"good taste travels well"(意即"好的味道行得更远")。文字传达的信息很清楚,喝智能水你会更聪明,因为它可以从两方面带给你好的品位:水的味道(它富含电解质,确实很好喝),以及喝智能水与年轻女郎一起旅行的惬意,当然,这种惬意也包含两种含义。喝智能水可以增强你的男性魅力,这种几近诱惑的承诺似乎可以从装水的大瓶子中彰显出来。这种效果有点像Cialis[13]。大家可能注意到了,我是从一个正常男性的角度来说出这番话的。我估计一大部分《连线》杂志的读者都属于这一类别。尽管杂志编委会列出的名字大部分都是女性,而且,有关女性软件企业家的故事也都刊登在上面。

大部分人对这些在杂志、电视和网络上看到和"读到"的广告已经习以为常了,他们常常放任自己的大脑"潜意识"对这些信息进行加工,而这也正是广告设计者所梦寐以求的结果。正如马歇尔·麦克卢汉很早之前就在他的《古登堡星系》、《理解媒介》[14]和其他书中所指出的:"媒介即信息"[或者,如他调侃时的文字游戏,把message说成"massage"(大的时代)、"mess age"(混乱的时代)或者"massage"(按摩)]。[15]麦克卢汉没必要借鉴德波和鲍德里亚,因为他已经"明白了",完完全全,彻彻底底,他认识到了,视觉意象的"神奇"并置可以像语言修辞学一样发挥作用。所有这些意义的双关性都是通过视觉的双关性和变成比喻的借代（metonymies that become metaphors）获得的：水的味道就像年轻女性令人神往的诱惑，而性的诱惑就像一部跑车，等等。再深入解读下去，你甚至可以把前面的皮盒子，看成是进一步解开扣子的邀请。在这个广告里，所有的东西都可以变成意象，成为一个充满诱惑力的塞壬之歌，用布朗肖的话说，就是"向着那个点靠近——那个点不仅是未知的、被忽略的、外在的，而且，在靠近这个过程之前和之外，它和现实没有任何关系"。我当然知道，喝智能水不可能拥有昂贵跑车中的性感女郎，但是，广告本身却诱惑着我向这个不可能实现的诱惑靠近。我知道，我只是在看着詹妮弗·安妮斯顿的照片，而她可能平时只喝胡萝卜汁，她不过是按照摄影师的要求摆出这种姿势。这件事情本身就是一个骗局，一种拟像，一种特制的景象，就如同"fashion model, late-model car, model train"（时装模特儿、最新款式的车、火车模型）和"model pupil"（模范生）中的"model"（模式）一样，是为别人打造的范式。该广告因为和《连线》的其他广告放在一起，而聚集了更多的人气和力量，也因为它们的终端都是各种高端人群，所以，它们的魅力会有一种叠加效应。

《连线》杂志出现的时间并不长（1993 年 1 月），刚开始的时候，它只是一个针对电脑发烧友的小册子，上面常常会刊登一些有趣的（至少在我看来）有关高科技的最新进展：电脑、软件、互动游戏和网络。[16]该杂志的创办者公开声称麦克卢汉是他们的"教父"，并在创刊号的刊头上封他为"先师圣贤"（patron saint）。令人惊奇的是，《连线》杂志迅速成为一个多面向的、长达 124 页的广告传奇（advertising spectacle）（按照德波的说法），其中夹杂着一些新闻片段，再加上几篇光鲜的文章。例如，刊登智能水广告的这一期上，就有这样一些题目，《电脑高手的间谍秘籍》（Spycraft for Nerds）、《僵尸》（Undead）和《你**真**的想成为斯蒂文·乔布斯那样的人吗？》（Do you really want to be like Steve Jobs?）最后这个题目是封面标题，以白色字体镶嵌在斯蒂文·乔布斯头像照片的前额上,而 really 这个词则是黄色的。如果不使用这些复杂的文字设计和不同的字体变化,《连线》杂志也就没什么奇特之处了。它因为内容和设计而获得过很多奖项。《僵尸》有点长,是关于狂犬病的最新治疗方法。封面上称之为"治愈僵尸和狼人后面的疾病",[17]自然是带着一点戏谑的味道。整本杂志里的短文和整页广告甚至都分不清楚,连目录中列出的内容也不容易找到,因为所有的广告页都没有页码。在我看来,这种做法也许是诱使读者看很多广告的办法,因为在你试图寻找关于僵尸和狼人那篇文章时,自然要不停地往后翻。显然,《连线》杂志也从广告中挣了很多钱,所以,它全年的征订费只有 14.99 美元。

《连线》杂志的变化真的非常可观。刚开始的时候,它只是像麦克卢汉一样,是对媒体的阐释,以 MIT 媒体中心的尼格拉斯·乃格邦特(Nicholas Negroponte)这样的作者为主。现在,它把自己定位为"深度报道现代和未来的科技新潮流"。[18]征订《连线》,就可以免费登录《连线》所有数字化的网络媒体。不要再说什么知识共享(Creative Commons)、开放性的资源和令人望而却步的版权局限了,《连线》已经成为一大景观,需要去神秘化的拟像的大观园(a panorama of simulacra itself in need of demystification),一种融资工具。这种变革跟因特网的迅速扩张和商业化息息相关,因为它已经变成了一个全面盛开的德波之奇观,或者说鲍德里亚所谓的拟像的集大成者。因特网这种令人叹为观止的变化尤其体现在 Facebook、Twitter 等网络媒体被用于政治竞选这一点上,2012 年 8 月,在我撰写这篇演讲稿的时候,总统竞选正进行得如火如荼。正如德波和鲍德里亚以不同的方式讨论和诠释过的,"真相"和"谎言"这两个术语与媒体的众声喧哗所编织的复杂网络已经没有关系了。如果你一直说,巴拉克·奥巴马是肯尼亚具有社会主义意识的穆斯林,旨在破坏资本主义制度,或者说他是一个反基督人士,很多人就会相信(10%的美国人支持奥巴马是反基督人士这个谎言!),就如同很多人首先会把米特·罗姆尼和那个把狗绑在车顶上,开车去加拿大度假的人联系在一起一样。在现实中,罗姆尼确实曾经带狗去加拿大度假,但是,当媒体在竞选中一而再,再而三地宣扬这件事时,这一事件就成了一个媒体拟像的范例(a mediatic simulacrum)。

现在,再回到我的论题:语言文本从一开始就具有多媒体的特征,只不过是以不同的形式和形态出现。这就意味着说,那种认为——二十世纪从印刷媒介向图形媒介、从印刷小说向电影的变革是巨大的,而且,每一种媒介都需要不同的方法论和阐释方法——的观点是错误的。而我们所需要的就是在特定的时间,根据特定的媒介混合物,选取灵活的"阅读"策略。在我题记中提到的那篇文章中,保罗·德·曼就把这种过程定义为对"文学性语言之特征"的运用,也就是说,运用各种修辞策略去阅读各种文化现象。在一个同样具有挑战性的方法中,他说,"相较于其他任何方式的探究,包括经济,语言的文学性是揭示意识形态之反常面纱的有力的、不可或缺的工具,也是解释其之所以发生的决定性因素。"[19]

大部分学者在经过一番思考之后会同意这种说法,但是,近些年从印刷向数码的所谓的转化却是一个很有影响力的意识形态假设。从希腊和罗马时期混合了文字和图画的墓碑和纪念碑,到中世纪带有插图的手稿,再到印刷书籍刚出现时装帧精美的封面和其他插图(现在的扉页也仍然常常带有图画因素)、17世纪绘画本的寓意书(emblem book)和18世纪霍迦斯(Hogarth)开创的混合了多种媒介的伟大的蚀刻作品(mixed media etchings),乃至于早期的印刷小说也往往是有插图的。例如,克鲁依克山客和费兹(Cruikshank and Phiz)为狄更斯的小说所配的插图就很令人赞赏,而但丁·加百利·罗塞蒂(Dante Gabriel Rossetti)的作品也常常是诗画并置,例如他的同名诗画《阿斯白克塔·美杜莎》(Aspecta Medusa)。还有奥博雷·比尔德斯雷(Aubrey Beardsley)为蒲柏的长诗《夺发记》(The Rape of the Lock)和王尔德的

《莎乐美》(*Salomé*)所配的插图,尽管看起来有点吓人。到了二十世纪初期,有些英国作者的多卷本著作,比方,哈代和詹姆斯,甚至都开始收入照片了。库克和韦德伯恩出版的三十九卷本的拉斯金的著作也包含大量的插图。[20]到了二十世纪后期,竟然出现了纸质版小说和根据小说改编的电影或者电视剧打包出售的情况,及至后来发展到极致的连环漫画,比如《花生》或者《波哥》(*Peanuts or Pogo*),还有根据传统的漫画手法创作的动漫小说(graphic novels),例如,阿特·斯皮格尔曼的《老鼠》,[21]或者日本的动漫小说("manga" graphic novels),有很多甚至被"翻译"成英语了,尽管把那些与"pow!"或者"bang!"对应的日文翻译成英语之后都很难说是词了,因为原文在很大程度上取决于日语汉字在动漫插图上的写法。

现在,如果我想撰写关于伊姆雷·凯尔泰斯的《无形的命运》[22]或者伊安·麦克文的《赎罪》[23]的论文,我都不得不考虑这些作品的电影版本或者BBC上的电视剧版本。不仅如此,甚至是那些老牌作家,比如,奥斯汀、狄更斯、哈代、詹姆斯、康拉德,等等,也都一样。我说"不得不"或者"应该",是因为以我的经验看,世界各地越来越多的学生和教师可能看过电影,而未必读过那本书。如果你想抓住他们的注意力,或者帮助他们更好地理解你的演讲,那么,你最好讲一些与电影相关的内容。

我想,在某些人的脑海中,之所以对语言和图画文本做出截然的区分,部分原因是我们所处的这个高度现代化时期,这个时期出版的小说没有插图,实际上,相对来说,这个时期并不长。例如,邓特版的康拉德小说和霍加斯出版社出版的弗吉尼亚·沃尔夫的小说,或者福克纳的平装版小说(尽管那些书的封面也很花哨)。霍加斯版的弗吉尼亚·沃尔夫的小说《海浪》除了梵尼萨·贝尔(Vanessa Bell)设计的优雅的封面之外,没有任何插图。而另一方面,网上又可以找到免费的从某种程度上已经被转换成图像模式的电子版本,也就是说,以图像的方式出现在屏幕上。[24]再比如,在高度现代化时期出版的狄更斯、特罗洛普或者哈代这些人的小说,已经没有原本的插图了。这种现象使老师和学生(比方说我)倾向于忘掉或者说忽略那些最初的插图在意义阐释中所发挥的作用。我上学的时候,以及后来教学的时候,所用的维多利亚小说都是那种比较廉价的平装版,比方说企鹅系列,或者更老一点的"人人"和"现代图书馆"系列,这些书在重印的时候,几乎全部删去了原本的插图,也因此掩盖了维多利亚时期的小说实际上是混合媒介(mixed-media creations)这一事实,实际上,在阅读小说的过程中,语言文本和插图文本之间的互动是非常复杂的。

在我这样说的时候,我还忘记了儿童读物,这些儿童读物对我早期智力的开发起到了很大的作用,我对双关语和一般的文字游戏的喜欢,以及我天生的"阅读"图画的能力,都跟那些儿童读物有莫大的关系。我小时候尤其喜欢由泰尼尔(Tenniel)插图的路易斯·卡洛尔的《艾丽丝漫游奇境记》和《艾丽丝镜中漫游记》,[25] 由恩斯特·H·谢帕尔德配图的肯尼思·格雷厄姆的《柳林风声》(1933 年版),[26] 以及 A·A·米尔纳的维尼熊系列。[27] 我现在都还记得《艾丽丝漫游奇境记》中那个矮胖子蛋人哈姆提·达姆提(Humpty Dumpty)的绝妙画面以及睡鼠(dormouse)掉进茶杯里的茶话会;还有,《柳林风声》中老鼠"上蹿下跳奋力划桨的样子",蟾蜍坐在敞篷车里风驰电掣,一边还高喊着"加速!再加速!"以及《维尼熊》中,小猪看到维尼熊的头因为跌倒,被死死卡在蜜罐子中的情景,它吓坏了,因为小熊看起来就像一个"可怕的长鼻怪"(horrible heffalump)。但是,我必须在此打住了。亨利·詹姆斯在《一个小男孩及其他》一书中,指出了这种混合了不同媒介的创作在小孩子眼中的真相。在说到克鲁依克山客为《雾都孤儿》所配的插图时,詹姆斯非常尖锐地指出,"在我看来,这本书或许更像是克鲁依克山客的著作,而非狄更斯的;这些画面既形象又可怕,每一个细节似乎都带有独特的克鲁依克山客的特征,以至于那些原本是善良和友善的,旨在安慰和让大家开心的场景和人物形象,都在他的手下活了起来,甚至比那些真正的坏人和令人恐怖的人,更可怕,或者说更怪异"。[28] 詹姆斯的意思是说,跟他画的布朗洛先生或者说奥利弗相比,克鲁依克山客的塞克斯看起来更明智,更有德行,这一点似乎有悖常理。[29]

现在,让我们再回到主题:因特网对文学研究的改变。

今天,印刷文化已经日渐式微。它正在迅速地被各种各样的数码文化所取代。大部分美国人再也不读莎士比亚、狄更斯或者艾米莉·迪金森了,除非是在学校里被迫阅读。他们看有线电视上的Fox新闻,或者(再好一点)美国公共电视网(PBS)的晚间新闻,或者英国广播公司的情景喜剧(BBC sitcoms),还有一些人会看从经典的英语小说改编的电视剧。今天,很多人一起在线打游戏。他们每天都要花很多时间在手机上、IPods、智能手机、平板电脑、电子邮件、Facebook、Twitter和带有无线网络装置的手提电脑上。甚至在开车的时候,他们还在使用各种笑脸图标(smileys)发短信,或者醉心于手机网络上的"微信互动",这是多么危险的事情啊!他们用Skype与屏幕上朋友的头像聊天,这些所谓的后现代感受力,正如这方面的专家弗雷德里克·詹姆逊所说,自然是主观肤浅的,缺乏完整的自我,没有影响,也没有任何历史感。这就是我们这个景观社会的后果。但是,人们一定要小心,不要堕入那种天真的、无法抗拒的科技决定论的陷阱。这些新产品可以满足各种需求,但它们还是有局限的,并不可能完全决定人们对那些被设计好的功能的使用。

我们现在所面临的数码革命只用了20年的时间,随之而来的是它带给人文学科的巨大的困惑和不确定感。我们这些人文学者应该研究什么,教什么?如果我们还按照原来的老教案教,我们所教的东西与我们的学生的现实生活就会越来越不相关。在维多利亚时代的英国(这是我的研究领域),中产阶级的思想意识、对性别角色的理解、求婚和结婚、阶级划分,诸如此类,在很大程度都是通过简·奥斯汀、乔治·艾略特、查尔斯·狄更斯、伊丽莎白·盖斯凯尔、安东尼·特罗洛普以及其他一大群流行小说家的作品而获得传播,甚至是由此而生的。现在,这些思想的传播——或者，在某种程度上它的形成——则需要电影、收音机、电视和互动游戏，也包括电视和收音机里的脱口秀。脱口秀在政治角逐中的作用越来越强大了，以至于某些人说，美国共和党的真正领袖是拉什·林巴夫、格兰恩·贝克(Rush Limbaugh, Glenn Beck)及其他一些媒体明星，比如，效忠于 Fox 新闻的萨拉·帕林(Sarah Palin)。现在，大部分人都不会去读简·奥斯汀，如果他们知道她的作品，也大都是通过英国广播公司最新改编的电视剧。明尼苏达大学出版社在网上发出的一条相对来说还比较新的广告，列出了 2010 年"文学与文化研究"领域的新书，竟然没有一本是跟文学有关的。图书出版商，包括大学出版社，似乎都认为传统的文学研究价值不大，甚至没有任何市场价值，相对的，关于伯特尼湾(Botany Bay)的文化史却可能有一定的市场价值。

这种巨变的结果之一就是，人文研究几乎在一夜之间就完成了从文学研究向文化研究的转变，我把它称之为"数字化魔术"(prestidigitalization)。可以理解，年轻一点的教师或者学者喜欢研究或者教一些他们和他们的学生真正关心的事情。这都很好。但是，文化研究作为一个学科，还不太完善，它不像过去的英国文学或者说中世纪欧洲历史或者德国文学那样，已经发展得非常完备。文化研究介于人文和社会科学之间，就像社会学、人类学和"媒介研究"一样。至于说，学者要做"文化研究"应该接受什么样的训练才是最好，什么样的教学大纲比较合适，对这些问题，大家还没有形成一个比较一致的看法。比较而言，如果你想成为一个文艺复兴时期的文学研究者，或者说维多利亚文学研究者，我可以准确地告诉你，你应该上哪些课程，我们过去知道，或者说，我们认为我们知道，你应该知道哪些东西。

但是，数码革命也给文学研究带来了一些非常好的东西，比方说，在电脑上写文章和改文章的方便，便是其一。另外，没必要再待在一个拥有丰富图书资源的顶尖大学里，来做认真的研究和文学批评。这是民主化的一个很强大的形式。现在，大部分文学作品都可以在网上找到,如果你正好喜欢在网上阅读的话。例如,我在今天的演讲中提到的所有的作者及其作品,以及大量的关于这些作品的研究资料都可以在网上找到。不久前,我在写一个关于弗兰茨·卡夫卡和伊姆雷·凯尔泰斯的东西。几乎所有的卡夫卡德语原作都可以在网上找到。[30]在我试图寻找与"naturally"对应的匈牙利词语以及它出现的频率,我几乎可以在一分钟之内找到匈牙利语的原作。只是,不久之后,那个网站就神奇地消失了。几天之后,我就从亚马逊网上预订了《无形的命运》的电影光盘,而且,很快这个电影的 DVD 就出现在我的电脑光驱上了。最近,我想不起来莎士比亚一句话的出处,"the beast with two backs",在两分钟之内,我就通过网上索引把它找出来了。这是亚高(Iago)在《奥赛罗》第一幕第一场,第 126 行说过的话。即使是最传统的人文研究也会发现因特网、互联网和维基百科的无穷魅力。我常常使用维基百科,如同使用其他的百科全书,当然,我们也应该带着一种质疑的态度,并且通过其他渠道进行求证。但是,我也发现,维基百科的准确率真是令人叹为观止。一个"神奇"(spectacular)的结果就是,我很少再从加州大学复杂的图书馆系统中借书了,即使在缅因州的塞支威克或者鹿岛,[31]我也可以像在厄湾、纽黑文或者巴尔的摩一样,做我的文学研究和批评了。为了强调这一点,我把我在准备这篇演讲稿时用过的网址都在注释中列出来了。电子邮件也改变了我的生活,我每天要花很多时间回复电子邮件。通过电子邮件,我可以和世界各地的学生和学者迅速联系上。通过电子邮件,我也建立起了我自己的虚拟社区(virtual community)。我强调"虚拟的"是因为论文和书稿可以放在附件里,寄过来,尽管我在电脑屏幕上或者我的苹果电脑阅读软件上,阅读书和论文还是有点困难。[但是,这种困难正在迅速减小(米勒 2013 年 12 月 31 日)]

我坚信,使用电子邮件、因特网和电脑改变了我的个性以及我撰写论文和书稿的方式。但是,我还没有发现,通过印刷出来的书籍写论文和通过上网查资料做研究的准确区别是什么。我想,也许德波和鲍德里亚可以帮助我们理解这种区别。如果我阅读纸质出版物,它会把我束缚在印刷时代,在那个时代,语言和绘画创作被认为是具有代表性的,它们和它们所代表的那个超语言和超绘画的世界被紧密联系在一起的,不管是以哪种方式代表,也不管是以哪种方式再现。当然,这种说法可能会有人质疑。当出版物转换成电子文本,比如,沃尔夫的《海浪》,它从某种程度上就被变成了图像,自觉不自觉地变成了我们这个景观社会中成千上万个网络世界中的一个拟像。那是非常不一样的。我是否能够驾驭这些资料,就像《连线》杂志早期的编辑们一样,仍然忠诚于麦克卢汉的使命,或者说,我是否会最终臣服于我正在做的事情,正如《连线》杂志现在的编辑们一样,不由自主地沾染上了染缸的颜色,就不得而知了。[32] 不管怎么说,放弃印刷资料,启用数码资料本身就是臣服于一个不同的科技或者景观王国,尽管印刷和数码同为不同形式的混合介质。

注释

[1] 居伊·德波(Guy Debord),《景观社会》(*La société du spectacle*)(巴黎:Gallimard,1992);英文版 *The Society of the Spectacle* 由 Donald Nicholson-Smith 翻译(纽约:Zone Books,1994),在网上可以找到。中文有两个版本,一个是《景观社会》,王昭凤翻译(南京:南京大学出版社,2006);另一个是《奇观社会》,出自吴琼编的《视觉文化的奇观》(北京:中国人民大学出版社,2005)。——中译者注

[2] 让·鲍德里亚(Jean Baudrillard),《拟像与仿真》(*Simulacra et Simulation*),(巴黎:Galiée,1981);英文版 *Simulacra and Simulation* 由 Sheila Glaser 翻译(安娜堡:密歇根大学出版社,1994)。

[3] 莫里斯·布朗肖(Maurice Blanchot),《想象的两种版本》(Les deux versions de l'imaginaire),选自《文学空间》(*L'espace littéraire*)(巴黎:Gallimard,1955),第266—277页;英文版 "Two Versions of the Imaginary"选自《俄尔浦斯的回望及其他文章》(*The Gaze of Orpheus and Other Literary Essays*),Lydia Davis 翻译(纽约 Barrytown:Station Hill 出版社,1981),第79—89页;

《塞壬之歌》(Le chant des Sirènes),选自《未来之书》(Le livre à venir)(巴黎:Gallimard,1959),第 7—34 页;英文版 "The Song of the Sirens" 选自《未来之书》(The Book to Come),Charlotte Mandell 翻译(加州斯坦福:斯坦福大学出版社),第 1—24 页。

[4] 网址是 http://www.ubu.com/film/debord_spectacle.html(登录时间 2013 年 12 月 28 日)。在这篇文章中,我给出了很多网址链接,旨在说明,我们今天所处的社会就是这样一个由无所不在的多媒体主宰的社会景观和拟像的一个版本。

[5] 网址:http://en.wikipedia.org/wiki/Guy_Debord(登录时间是 2013 年 12 月 28 日)。

[6] 网址 http://en.wikipedia.org/wiki/Simulacra_and_Simulation(登录日期是 2013 年 12 月 28 日)。

[7] http://www.vegas.com/attractions/on_the_strip/eiffeltower.html(登录时间是 2013 年 12 月 28 日)。

[8] 布朗肖,英文版《塞壬之歌》,第 14 页;法文版,第 22 页。

[9] 在这里,我让布朗肖——现在只能是一个来自坟墓的声音了——为他自己,或者说,"它自己",辩护:叙述(récit)始于小说(le roman)尚未走远,但是已经开始用它的拒绝和丰富的否定来引导我们。叙述只是单个一个章节的叙述,是关于尤利西斯的会晤和塞壬不多然而却富有磁性的歌声的叙述,这种叙述本身就是一种英雄行为,而且,显然是有意为之。(正如我在上文已经提到过的,布朗肖在这些文章的其他地方,也提到了普鲁斯特那部伟大小说之富含歧义性的结尾,以及阿哈伯与莫比·迪克的致命的极具戏剧性的重逢,并以此作为叙述的例子,来诠释作为"点"的意象。——米勒)叙述不是跟事件相关,而是事件本身,是对事件的介入,是事件被恳请展开的地方,通过叙述自身希望它变成事实的魔力,来使一个事件发生(par la puissance attirante duquel le récit peut espérer, lui aussi, se réaliser)……叙述就是向一个点靠近——那个点不仅是未知的、被忽略的、外在的,而且,在靠近这个过程之前和之外,它和现实没有任何关系;然而,这个点又那么不通情理,因为正是从这个点开始,叙述开始具有吸引力,以一种到达之前,甚至都不能"开始"的方式;但是,只有叙述以及它不可预料的靠近过程本身才能提供一种空间,使得

这个点成为真实的、有力的，而且是充满诱惑的。(布朗肖，英文版《塞壬之歌》，第6—7页，翻译略有改动；法文版，第12—13页)

[10] 华莱士·史蒂文斯，《坛子的轶事》(Anecdote of the Jar)，第2、8行，《诗集》(*Collected Poems*)（纽约：Knopf，1954，后来又重印），第76页。网址：http://www.poemhunter.com/poem/anecdote-of-the-jar/（最后登录日期是2013年12月28日）

[11] 保罗·德·曼，《抵制理论》，见《抵制理论》（明尼阿波利斯：明尼苏达大学出版社，1986），第11页。

[12] 《连线》杂志上的广告非常多，但是，不知道出于什么考虑，这些广告都没有页码。我在这里讨论的这个广告比较靠前，介于两页长长的编者和出版商信息介绍。glacéau牌智能水肯定付了《连线》杂志一笔可观的广告费，但是，据我所知，后面的《连线》杂志没有再刊登过，而他们也拒绝了我在这篇文章中复制这个广告的请求。

[13] Cialis，是一种治疗阳痿的药物。——中译者注

[14] 马歇尔·麦克卢汉（Marshall McLuhan），《古登堡星系：印刷人的形成》(*The Gutenberg Galaxy*: *The Making of Typographic Man*)（多伦多：多伦多大学出版社，1962）；同上，《理解媒介：人的延伸》(*Understanding Media*: *The Extensions of Man*)（纽约：McGraw-Hill，1964）。

[15] 参见http://en.wikipedia.org/wiki/Marshall_McLuhan（登录时间是2013年12月29日）；http://en.wikipedia.org/wiki/The_medium_is_the_message（登录时间是2013年12月29日）。

[16] 关于《连线》杂志的历史，在维基百科上有详细的介绍：http://en.wikipedia.org/wiki/Wired_(magazine)（不知道什么原因，我点击这个链接的时候，打不开，但是，如果我输入"Wired"，在维基百科上搜索，就会到达这个界面。互联网真是神奇啊！）——原注

奇怪的是，我刚才试了试，这个链接是可以打开的（登录时间2014年8月12日）。也许，互联网在那一天跟作者开了个玩笑吧。不过，网络之神奇，确实不容置疑。——中译者注

[17] 封面上的英语原句是："curing the disease behind zombies and werewolves"，这句话有点费解。米勒教授告诉我，这里有个典故。传言狂犬病毒能把人

和动物变成僵尸或者狼人一样的魔兽,所以,这种最新的狂犬病治疗方法才会大言不惭地说,他们可以"治愈僵尸和狼人后面的疾病"。——中译者注

[18] 参见网页:http://www.wired.com (登录时间是 2013 年 12 月 29 日)。

[19] 德·曼,《抵制理论》,第 11 页。

[20] 约翰·拉斯金(John Ruskin),《著作》(The Works),库克(E. T. Cook)和亚历山大·韦德伯恩(Alexander Wedderburn)编辑,39 卷(伦敦:G. Allen;纽约:Longmans, Green and Co., 1903—1912)。这个版本混合了不同的媒介,非常难得,现在全部可以在网上看到,http://www.lancaster.ac.uk/users/ruskinlib/Pages/Works.html (登录时间是 2013 年 12 月 28 日)。这个事例本身也说明,网络为文学研究提供的方便实在是太惊人了。库克和韦德伯恩编辑的这个版本因为当时印刷的数量比较少,所以,现在价值不菲,至少需要几千美元才能买到。现在,任何人都可以从网络上下载,而且还是免费的。啊,神奇的互联网!

[21] 阿特·斯皮格尔曼(Art Spiegelman),《老鼠:一位幸存者的故事》(Maus: A Survivor's Tale)(纽约:Pantheon Books, 1986)。

[22] 伊姆雷·凯尔泰斯(Imre Kertész),《无形的命运》(Fatelessness: A Novel),英译:提姆·威尔金森(Tim Wilkinson)(纽约:Vintage International, 2004)。

[23] 伊安·麦克文(Ian McEwan),《赎罪》(Atonement)(纽约:N. A. Talese/Doubleday, 2002)。

[24] 弗吉尼亚·沃尔夫,《海浪》,见 http://gutenberg.net.au/ebooks02/0201091h.html (登录时间 2013 年 12 月 30 日)。

[25] 路易斯·卡洛尔(Lewis Carroll),《艾丽丝漫游奇境记》(Alice's Adventures in Wonderland)和《艾丽丝镜中漫游记》(Through the Looking-Glass)(纽约:A. L. Burt 出版公司,没有出版时间)。

我现在还有那本书,虽然已经破烂不堪,连书脊都找不见了。在书的封里还有我弟弟的签名,可想而知,肯定是在我稍大点之后,这本书归他了。

[26] 肯尼思·格雷厄姆(Kenneth Grahame),《柳林风声》(The Wind in the Willows),插图:恩斯特·H·谢帕尔德(Ernest H. Shepard)(纽约:Scribner, 1933)。参见网页 http://en.wikipedia.org/wiki/The_Wind_in_

the_Willows 和 http://www.online-literature.com/grahame/windwillows（登录时间都是2013年12月30日，但是这个电子版是1908年那一版，插图是保罗·布兰索姆，不是谢帕尔德。我在网上没有找到1933版的）。

[27] 米尔纳(A. A. Milne)，《维尼熊》(Winnie-the-Pooh)，插图：恩斯特·H·谢帕尔德(伦敦：Methuen，1926)；同上，《维尼熊的小屋》(The House at Pooh Corner)，插图：恩斯特·H·谢帕尔德(伦敦：Methuen，1928)。我不知道在20世纪30年代早期，我看的是哪一个版本，不过，有一点可以确定，那就是，它们都有谢帕尔德的插图。

[28] 亨利·詹姆斯，《一个小男孩及其他》(A Small Boy & Others)(纽约：Scribner，1962)，第120页。

[29] 在《雾都孤儿》这部小说中，布朗洛先生(Mr. Brownlow)显然是一个仁慈的正面形象，而塞克斯(Sikes)则是生活在底层的恶棍，如果塞克斯看起来比布朗洛先生更明智，更有德行，那肯定是有悖常理的。——中译者注

[30] 参考 Mauro Nervi，The Kafka Project，网址：http://www.kafka.org/index.php?project（登录时间2013年12月31日）。

[31] 塞支威克(Sedgwick)和鹿岛(Deer Isle)是米勒教授退休之后在缅因州的两个住处，塞支威克的房子在小镇上，而鹿岛的房子则紧靠着海湾。每年10月15号左右，他会搬回塞支威克的家，第二年4月15号左右，再返回鹿岛消夏。——中译者注

[32] 这句话很长，英文原文是："Whether I can work with such materials and remain true to the McLuhanesque commitments I share with the early editors of Wired, or whether I, like the dyer's hand, will inevitably become subdued to what I work in as rapidly as were those in charge of Wired, is another question."麦克卢汉的使命自然是指他的经典观点——媒介即信息，意即媒介不仅仅是媒介，它肯定会对它所承载的信息产生影响；后半句话是作者借用莎士比亚的话——"subdued to what I work in, like the dyer's hand"(十四行诗，第111首)，旨在说明一个人往往会受到自己研究领域的影响而不自知，作者自己肯定也很难幸免，就像身处染缸的手一样，在不经意之间，已经受到了周边环境的影响。——中译者注

第十五篇　文学之前世今生[①]

这篇演讲是 2012 年 9 月 10—12 号我去北京访问时，在清华大学和北京大学做的。在清华大学演讲的题目是"今日世界文学语境下的国别文学"。这篇演讲源于一篇比较长的论文，发表在拉耶恩·郜施（Ranjan Ghosh）主编的 *SubStance* 杂志的一期特辑上，特辑的题目是 *Does Literature Matter?*（可译为《文学有用吗？》）[1]我非常感谢郜施教授允许我将这篇文章翻译成中文，并以较短的形式出现在这本书中。

作为一个动词，"matters"这个词非常奇怪。当然，我们都知道它是什么意思。"matter"用作动词，意味着"有关系"、"很重要"、"在现实世界中有用"、"值得认真考虑"，等等。但是，用作名词，比如，当人们说"literature matters"（文学这种事情）的时候，它指的是跟文学有关的整个领域。阿巴拉契亚登山俱乐部有关缅因州的简讯被称为 *Wilderness Matters*，这里"Matters"是个双关语，既可看作名词，又可以看作动词。[2]同样的，我们也可以说"Literature Matters"，就像我在题目中用的那样。在中世纪的欧洲，当那些博学的人说起"the matter of Rome"时，他们指的是伊尼阿斯（Aeneas）故事背后的所有故事；当他们说起

[①] 这篇演讲的英文题目是"Literature Matters Today"，正如作者在演讲开头所解释的那样，"matters"可以用作动词，也可以用作名词，经与作者商议，在这里被意译为"文学之前世今生"。——中译者注

"the matter of Arthur"时,他们指的是亚瑟传奇;而当他们说"the matter of Greece"的时候,他们则指的是跟奥德修斯、阿基里斯和俄狄浦斯有关的所有故事。用作动词的"matter"和用作名词的"matter"可以说是一脉相通。后者指的是纯粹的、杂乱的实质性存在。例如,亚里士多德推崇形式或者说规则,抵制任何没有定形的东西。这一点说明,如果某种东西的存在 matters(有关系),那么,它的重要性就不是抽象意义上的。如果某种东西的存在"有关系",那么,这种关系就不仅仅是语言和精神层面的,或者只是形式上的。它对实体物质(materiality)的作用是具体的,比方说,对人体或者人的行为产生作用。从这个意义上说,文学的存在在今天还有意义吗?

在我们质疑文学在当下是否还有意义的时候,我们应该首先弄清楚我们所说的"文学"到底意味着什么,这一点非常重要。我认为,"文学"指的是印有人们现在一般认为是"文学"——诗歌、戏剧和小说——的出版物。至于说,诗歌、戏剧和小说的"文学特质"是什么,则是另外一回事,关于这一点,我后面还会提到。人们常常想当然地认为,对文学来说,最重要的是——如果它还重要——文学反应现实世界的准确性,或者说文学作为一个向导,对生活在那个世界的读者的引导功能。这种把文学当作对现实世界的模拟的做法,已经存在了 2500 年,它的历史可以追溯到古希腊时期,尽管表述形式不完全一样,但是,这种说法不管是在过去,还是现在,都具有强大的生命力,至少在西方是这样的。但是,稍加思索,就会发现,这种镜像说其实是有很大问题的。我们很容易质疑它,或者把它变得更加复杂,这一点我在后面还会进一步说明。

细心的读者可能会发现,我在"文学还有意义吗"之前,加上了"今天",这一点才是问题的关键。文学的重要性在不同时期、不同地点和不同社会是不一样的。而我关心的是,文学在现在、今天——2012 年这个秋日——重要吗?今天,不仅仅是在美国,还有地球上的各个角落,大家都越来越生活在当下这一刻。我从一开始就注意到,如果不是因为文学的作用在今天受到质疑的话,那么,那么多杂志和书专门讨论文学是否重要这个话题就没有意义了。所有热爱文学的人今天都处于一种集体的焦虑之中,那就是文学到底有没有意义。而在维多利亚时期的英国(我最早的研究领域),没有一个杂志会讨论这样的问题。对于那些有文化的属于中上层阶级的维多利亚人来说,文学当然是有意义的,这一点几乎从来没有人质疑过。

"literate"(有读写能力的/有文化的)和"literature"(文学/文献)的词根相同,都跟写在纸面上的"letters"(字母)有关。如果你能理解写在纸面上的字母的含义,你就是有文化的,可以算作"文化人"了。文学也是由字母组成,是通过一定的书写技术呈现在纸面上的符号。从17世纪到现在,印刷是最重要的技术。那才是我们西方人一般所谓的"literature"的时代。维多利亚时代的读者想当然地认为,印刷文学,尤其是小说,给他们反馈了他们所处的那个世界的日常生活。我们甚至可以说,小说教会了他们如何求婚,如何经营婚后的生活,以及如何处理日常的各种事务。这种认定文学是有意义的观点也从另一个角度诠释了为什么"现实主义的"镜像说具有持久的生命力。

从另一个方面来看,文学也是维多利亚时期的读者踏入另一个想象的世界并乐在其中的主要途径,而这个想象的世界往往是由那些比他们自己更擅长驾驭语言的人创造的。只是,阅读的快感常常被看作是罪恶的、危险的,尤其是对年轻女性来说,当然也包括年轻男性。大家可以回想一下简·奥斯汀的小说《诺桑觉寺》中的女主角凯瑟琳·莫兰德,或者康拉德的吉姆爷。福楼拜的爱玛·包法利也是小说人物被文学阅读腐蚀的一个经典例子。

实际上,这两种关于文学为什么重要的观点一直处于对立状态,不仅仅是在维多利亚时代,包括英国在内的整个欧洲文化体系,都是这样。这种对立也界定了属于维多利亚时期中上层读书人认为的文学应该具有的社会角色。想想吧!他们那个时代的人没有电影、收音机、电视、录像、影碟,也没有网络和iPhoto。从科技的角度看,他们是如此贫痒！他们只能依靠印刷出来的书籍、报纸和杂志来满足自己对现实世界的反思和对想象世界的猎奇。

现在，我可以简单谈谈为什么文学对我是重要的了。尽管我不是维多利亚时代的人，但是，我确实曾经经历过一个时期，那时候除了书之外，其他的电信工具就是收音机、电话、留声机和电影，但是，电影是非常少的。当时，我还是个小孩子，住在纽约北部的一个小村子里，对文学非常痴迷，所以，读得也很多，当然，我读书主要是因为想象世界给我带来的快乐，而不是因为什么所谓的文学可以教给我如何更好地在日常生活中规范自己。我可能没有在意那么多！我也非常喜欢路易斯·卡洛尔在《艾丽丝漫游奇境记》中的文字游戏，还有 A·A·米尔纳的维尼熊系列，这一点我在其他地方已经详细论述过。[3] 尽管我母亲是一家中学的英语老师，我父亲拥有哥伦比亚大学的心理学博士学位——约翰·杜威是他们的系主任——并在一家小规模的大学当校长，但是，在我进入奥伯林学院[4]读物理专业的时候，我的文学知识是非常欠缺的。

我从物理专业转入文学主要是因为我"热爱文学"，也因为我觉得文学非常费解。对我来说，文学就是一个挑战，如同来自另一个星系的奇特数据，或者像一个宇宙黑洞一样，需要人们做出解释。在我入读奥伯林学院的时候，我发现很多学生的文学知识都比我多得多。我从来没听说过 T·S·艾略特。我在读中学的时候，有一个很好的文学老师，他教美国文学，但是，大部分时候，他只教美国文学中那些大家的名字和他们的主要作品的名字。所以，我知道十八世纪有一个叫作 St. Jean de Crèvecœur 的人，他写了一本书，名字叫作《一个美国农民的信》(*Letters from an American Farmer*)；但是，我从来没读过这本书。我们在那个班上从来不读任何原作，而且，我确信，我们家的图书收藏中也没有这本书。而在奥伯林学院，文学教学必须真正地阅读各个"时期"的原作。这一点是我转入英语系之后发现的。学校开设了各种各样的英国文学课程,即使是现在被边缘化了的专题教学,比方说,关于诗歌教学,就有介于德莱顿、蒲柏和华兹华斯之间的18世纪诗歌。我不知道,在美国,还有多少这样的专业课程,现在看来,它们当真是太过时了。

尽管有这些专业的训练,但是,直到今天,我依然对文学作品感到困惑。我还记得那首让我不解的诗,而且,即使现在也依然如此。这就是丁尼生的短诗——《泪,无端的泪》,选自他的《王子》。这是一首非常好的诗。我读这首诗的时候,还是物理专业的学生,那时,我觉得他使用语言的方式非常特别。在自然科学课上,老师告诉我们,在描述真相时,要直截了当,即使是解释异常现象,也要尽可能地使用简单的语言。丁尼生似乎完全不是这样。这首诗是这样开头的:

> Tears, idle tears, I know not what they mean,
> Tears from the depth of some divine despair
> Rise in the heart, and gather to the eyes,
> In looking on the happy Autumn-fields,
> And thinking of the days that are no more. [5]

> 泪,无端的泪,我不知它们何意,
> 深埋在某种神圣的绝望里,
> 从心中涌起,在眼睛汇集,
> 望着欢乐的秋之田野,
> 回忆一去不返的往昔。[6]

我问自己,"这到底是什么意思啊?"丁尼生称自己的眼泪是无端的意味着什么?为什么说这些眼泪是无端的呢?他为什么写,"我不知道它们何意"?**我**也不知道它们是什么意思啊!这首诗很美,这一点毋庸置疑,可是,又能怎么样?而且,在"tears from the depth of some divine despair"这一句中,"divine despair"是什么意思?它肯定是指某种神灵的绝望,而神灵是不应该绝望的。那么,这个神灵又因为什么而绝望呢? 为什么秋天的原野会是欢乐的呢? 在我看来,他们都是没有生命力的物质。简而言之,短短几行诗,竟然引发了我这么多问题。反正我觉得,像老师们经常做的那样,仅仅是把诗读给学生听,然后说这首诗是多么美,是不够的。是的,我也认为它很美,可是,怎么个美法呢? 所以,我认为,我们应该深入挖掘文学作品的"可读性"(explicability),而且,我们老师也应该帮助学生做这种诠释性的工作。

可是,接下来,我依然困惑,是否阅读和理解这首诗为什么跟我是有关系的呢? 我想找出这些问题的答案,并以此诠释这首诗歌,就像天体物理学家解释来自宇宙空间的数据一样。在我从物理转行到文学几十年之后,我终于完成了一篇迟到很久的文章,来解答我对《泪,无端的泪》这首诗的困惑。[7]天知道,我竟然用了那么多年才发现当初令我执迷不悟的问题的答案。不过,我依然在发现,我是说,我依然在试图化解诗学和诠释学、意义与意义之表达之间不可调和的矛盾。[8]我也意识到了自己的错误,那就是,来自星星的数据和构成诗歌的语言"材料"需要完全不同"解释"方法。可以说,我这一辈子都在试图解释各种可以被称为"文学"的东西。那就是我的工作:阅读、教学、演讲、撰写有关印刷文学的论文。文学对我来说实在是太重要了。

※

好了,我们推而广之,文学在今天这个世界又有多大作用呢? 显而易见,从印刷的诗歌、戏剧和小说这个意义上来说,文学的作用是越来越小了。我们现在正处于印刷文学时代的末期,只是这个末期不会消失得那么快。印刷文学时代始于四个世纪之前,这个时代的结束并不意味着文明的终结。尽管世界各地还有很多人在阅读文学作品,地方不同,程度也不同,但是,对包括高知人群在内的很多人来说,文学确实越来越不重要了。它的双重角色——使人们得享想象世界的快乐以及了解现实世界并学会如何应对——正在日渐被新的科技产品所取代:电影、录像游戏、电视节目、流行音乐、Facebook,等等。我把电视新闻广播也当作想象的一种形式。在大多数人的日常生活中,用文字在纸面上创造一个想象世界的能力和需要已经越来越不重要了。也许,人们已经越来越不擅长做这件事了。如果能够轻轻松松地欣赏 BBC 精心制作的电视节目,你又何必费心巴力地去阅读那些难懂的原著小说呢?比如,亨利·詹姆斯的《金碗》。

  新的电子通讯工具给世界范围内的人类文化带来了急遽的变化,而且,这种变化以迅雷不及掩耳之势,迅速地横扫一切。文学也从根本上发生了不可逆转的变革。显而易见,从网络上下载乔治·艾略特的《米德尔马契》——或者其他任何可以在网络空间上找到的成千上万个文学文本——并在电脑屏幕或者 Kindle 软件或者平板电脑上阅读,肯定和阅读纸质版的出版物不一样,尽管这种不同不是那么显著。部分原因是电子版本可以搜索,而且,还可以剪切和粘贴;部分原因当然也是因为它的物质基础,它的"材质"、它所依赖的介质,是很不同的;部分原因是数码文本周围的语境是很不一样的(网络空间上所有的令人难以想象的异质性,与图书馆里按照字母顺序整齐排列着的一摞摞图书,是多么不同啊!);还有部分原因是它的不同形式的便携性以及它所处的不同位置(或者根本就没位置),网络空间的非空间性以及电脑屏幕上像幽灵般闪烁的字母,与个人或者公共图书馆里可以实实在在拿在手中的图书,是多么不一样啊。

  文学作品的创作过程也发生了根本性的改变。文学的潜在基础,即它的物质基础,已经发生了革命性的变革。作家再也不需要一遍一遍地用铅笔或者钢笔在纸上打草稿,然后,再千辛万苦地把最后的定稿用打字机敲出来。在早期印刷时代,这些版面都是一个字母一个字母排出来的。后来,才有了莱诺铸排机,然后,再一次次校稿,一次次重排。在电脑上创作就完全不需要这些工序了。可是,在电脑上改稿子的方便,也意味着一部新作品永远不可能真正地完成,因为总是可以再修改,就如我此刻还在修改这篇论文一样。而且,作为草稿的电子文本大部分都永远消失了。这也使得一个行业逐渐淡出了人们的视线:对一部作品的早期草稿的研究。这种新形式的文学从一开始就是以一种若即若离的方式（a quasi-disembodied form）存在，就如同硬盘上的二进制，或者某些"云记忆"（cloud memory）。尽管"文档"最后可能以打印稿的方式出现，而且，电脑文档常常被存成"PDF"文件，这样打印出来的文档和屏幕上显示的就会一模一样。越来越多的文学作品开始同时出版印刷本和电子文本。还在读文学的人越来越多地选择"在线"阅读。我称之为文学的"数码魔术"（prestidigitalization）。

"媒介即生产者（maker）。"[9]一部文学作品的物化模式（mode of materialization）基本上决定了它的意义及其践行性/述行力量（performative force）。所以说，文学的物质形式至关重要（The matter of literature matters）。新的电脑"媒介"使文学与以前的文学完全不一样了，从头到脚，完全不一样。这里的"媒介"不仅仅是指新型的物质基础，也是指这种传播方式带有一点怪异的、通灵和心灵感应的特色。某种东西通过媒介向我说话。

想想都觉得奇怪，人们在写作的时候，竟然可以用手指进行思考。我不是"作家"，只是一个在文学中绕行，并对之进行批评的人，没完没了，迂回曲折。即使如此，我也经历了从一开始习惯于用手握笔在纸上写字到现在用手指在键盘上敲字的转换之痛苦。就像现在这一刻，一个个单词通过我的指尖神奇地跳跃到电脑屏幕上，天知道，它们是从哪里来的，我的神经系统的某个角落？在它们被键入的瞬间，似乎有一个来自内部的冷静的声音在告诉我这样做。它们的形成是通过一个富有创造性的身体过程，而这个过程比有意的"制造"更具有"发现性"，回顾一下"创造"这个词语所隐含的发散性特征，这一点就会看得更清楚。

雅克·德里达很早以前就从延绵几个世纪的印刷文化以及与之伴生的科学技术、现代民主和现代资本主义制度的出现，以及与之俱来的有文化的中层阶级被赋予在文学作品中自由表达思想而不必为之负责的**名义上的**（nominal，我强调"名义上的"）自由中，发现了我们现代意义上的文学。[10]不管是小说中的叙事者还是诗歌中的抒情主人公，作者总是可以说，"那不是我在说话，而是一个用语言创造出来的想象中的人在说话"。德里达也是很早以前就在其《明信片·邮件》中高瞻远瞩地指出，电脑技术将会导致文学及其他一些重要文化产品的终结。德里达假借一位明信片作者的身份写道，"在特定的电信技术王国中，整个的所谓文学的时代——即使不是全部——将不复存在（从这个意义上说，政治的影响倒在其次）。哲学、精神分析学都在劫难逃，甚至连情书也不能幸免"[11]。科技的影响甚至可以超过任何政体的统治，一个典型的例子就是，北非专制政权的政变在很大程度上是因为手机促成的。德里达在其他地方也写过，如果弗洛伊德和他的伙伴们能够通过电子邮件，而不仅仅是邮政服务和电话，那么，心理分析作为一门准科学和社会机构，将会是多么不一样。同样，文学也是如此。假设莎士比亚或者菲尔丁，华兹华斯或者狄更斯，能够在电脑上写作，然后在自己的网页或者 Facebook 上发表，那会是什么情景？想想都觉得不可思议！

　　德里达是对的，印刷文学作为一种文化力量，确实正在慢慢地淡出人们的视野，这些征象随处可见，只不过在每个国家表现的程度不一样，方式也不一样罢了。正如我在书中多次提到过的，这种征象在美国的表现就是，大学里伴随着外语专业的缩减（1%），英语专业的学生数量也从近年的 8% 下降到了 4%；再就是，文学专业博士毕业生未就业或者失业的人数很多，而我们的政客在他们关于教育（只涉及自然科学、数学和工程）的慷慨陈词中却对此只字不提；相应的，我们很多原本应该教授文学的英语专业也演变成了"义化研究"的主战场，文学文本只不过是他们关注的众多文化形式中的边角料。我就从来没听到奥巴马在谈到教育的时候提到文学。他的重点，连同大学校长（例如耶鲁的理查德·列文）关注的重点，都是如何提高自然科学、数学和工程的教学，以使美国在"全球经济竞争中更加具有竞争力"。几年前，当理查德·阿特金森成为加州大学校长的时候，他就说过类似的话，加州大学九个分校的共同目标就是要提高 STEM 的教学。在过去，综合的人文教育被看成是人生和职业教育的必要准备,现如今,这一旧模式已经被取而代之了,高等教育成了培养自然科学、数学和工程方面的技术人员和商场精英的职业教育,例如计算机程序开发。你根本不用读莎士比亚就可以做这些工作。

进一步说,在当前全球化和电子通讯占主导地位的世界形势下,担心文学是否还重要的话题似乎有点不合时宜。眼下,在美国,金融危机尚未缓解,经济面临二次探底,失业率高达9%(现在已经降到7%,但是,如果把兼职、未充分就业和那些放弃就业尝试的人都算上,那么,这个数字将会更高——米勒2013年12月20日),15.1%的人口处于贫困线之下,基础设施更是每况愈下;而放眼世界,许多国家正在上演政治骚乱,人类自己制造的灾难性气候变迁也愈演愈烈,史无前例的森林大火、澳大利亚和德克萨斯州挥之不去的滚滚热浪,以及北极冰川的加速融化和迫在眉睫的食物之争,大面积的物种消失,很可能包括那些聪明(却自我摧残,然后自体免疫)的 homo sapiens(智人)在内。美国是西方国家中唯一一个没有全民医保的国家,随之而来的后果就是,全民医疗花费占GDP的17.6%,也就是说,人均每年8 000美元——高于任何其他国家,而且,还在逐年攀升。在美国,将近五千万人没有任何医疗保险,这个数字也是逐年上升,如果共和党人成功撤销新的所谓的"奥巴马医保法案"的话,估计这个数字会升得更快。所以,今天,如果有人说,我们没有时间去担心文学是否重要这个话题,也完全可以理解。谁管啊?我们怎么能证明自己花时间讨论这么微不足道的、这么无关紧要的事情是应该的呢?

那么,接下来我就讲讲,在当前这个严峻的形势下,我们进行文学阅读和研究的必要性吧。我提倡对过去的文学作品,进行anachronistic reading(可译为错时性阅读,或者当下性阅读),这一点我在其他地方也谈到过。我说的"anachronistic reading",是把文学作品放在当下这个环境中来读,而不是说,在阅读莎士比亚时,把我们自己

置身于文艺复兴时期的男人或者女人的思维框架,而在阅读狄更斯和乔治·艾略特的时候,又把自己幻化成维多利亚时期的中产阶层。[12]不管怎么说,像《维多利亚时期的思维框架》[13]和《伊丽莎白时期的世界图景》[14]那样,提倡大家用统一的时代思维(a uniform period mindset)去理解问题是非常有问题的。我们有足够的证据显示,维多利亚时期或者伊丽莎白时期的思维框架并不是完全一样的,而是非常不一样的,就像我们原来提到的那些经典作品所呈现出来的。即使存在这样一个统一的时代思维框架,我们又何必认同它呢?除非是那些公认的没有个性的、客观的文学史家,抑或这样做很有魅力。否则,我们为什么要假装我们仍然是维多利亚时期或者伊丽莎白时期的人呢?我想,答案可能只有一个,那就是,这样做可以帮助我们更好地理解《米德尔马契》和丁尼生的《公主》,但是,我依然坚持,文学作品本身会在它们的读者心目中创造一个合适的思维框架,每个作品都不一样,不管有多少解释性的历史注脚都没用。抛开那些所谓的"历史想象"所宣称的诸多益处,我还是认为,如果我们能够把文学作品放入当下这个环境,来进行"修辞性阅读",那么,它一定会对我们产生最重要的作用,训练我们辨别谎言、意识形态之扭曲,以及那些从四面八方向我们迎面扑来的媒体中所隐含的政治企图。

这里,我给大家举个例子:美国 NBC 的晚间电视新闻几乎每天结束的时候都有一段爱心故事——"Making a Difference"(可译为"让爱带来不同")。这些故事都是典型的感人至深的"煽情故事"(moving "human interest"),关于某些人、某些家庭或者团体如何帮助他们的邻居。最近一个故事是关于德克萨斯州的一家人,他们每个月都寄 2000 美元给住在阿拉巴马州的一个家庭,因为阿拉巴马州那家人中挣钱养家的人都失业了,没有钱付房屋按揭。因为他们付不起每月的按揭,他们马上就要失去自己的家了。而且,德克萨斯州的那家人还努力帮爸爸寻找工作机会。面对德州这家人的善举和他们的人道主义同情心,谁会无动于衷呢?但是,这里却可能隐含着一条政治信息,而且,这种信息还通过这种每天不断翻新的故事，日复一日地灌输给我们，那就是，我们没必要对富人和大型企业征收更多的税负，我们不需要更好的教育，我们也不需要对银行、金融机构和信用卡公司进行规范，联邦政府也不用刺激消费以创造更多的工作机会，我们不需要全民医保，也不用对二氧化碳的排放量进行控制，诸如此类。这一切我们都不需要，因为总会有德克萨斯州或者其他州的人会去帮助这些穷人。

教导人们如何对过去那些诗歌、戏剧和小说进行"修辞性"阅读，可以帮助他们获得阅读媒介信息的能力。我说的"修辞性"阅读，指的是在阐释学和诗学之间、意义与意义被表达的方式之间做一个区分。"修辞性"阅读是我从德·曼那儿借来的概念，而他又是从瓦尔特·本雅明以及在康斯坦茨大学举办的关于"阐释学与诗学"的系列研讨会和会议出版物上学来的。[15]德·曼指出，阐释学与诗学是不兼容的（incompatible），我认为他很正确。当然，这种不兼容性也可以通过新媒体中的信息来教授，例如，在有关石油、天然气和煤炭的电视广告中，代言人总是由女性这一"少数族裔"和长着络腮胡子的知识分子充当，而不是那些多少有些无情和贪婪的白人男性，他们才是真正驾驭雪佛龙和哈利伯顿这些大公司的掌门人，我们就可以通过解释这种不一致，来揭示其中隐含的信息。但是，许多最好的"修辞性阅读"肯定是对文学文本或者哲学和理论著作的修辞性解读，例如德·曼和雅克·德里达的文学解读。而且，文学作品也可以为我们提供矛盾更集中、更复杂的例子。

我们可以说，从阐释学和诗学的区别/对应这一角度来教导大家如何阅读文学，正是文学仍然可以继续为我们效忠的方式。但是，哎呀，这种教授文学的方式不太可能为大众所接受。它只是一个带有乌托邦性质的梦想。只有在一些特别的个案中，这种梦才有可能变为现实，但是，今天大部分教文学的老师都没有受过这种训练。正如我在前面说的，对文学的教学越来越少，不管是以什么样的方式，至少在美国是这样。文学越来越边缘化，对很多美国人来说，文学根本就不重要。

或许有人会说，人类对文学性、想象性的难以满足的欲望，即对语言或者其他符号的比喻性或者虚构性的欲望，已经转移到其他媒体上了，比如电影，包括动画片，或者电子游戏，甚至是使用双关语的报纸头条，或者电视广告。把"文学性"界定为"对语言或其他符号的某种比喻性或虚构性运用"，绝对是有问题的，而且，还要做大量的解释工作。我相信，德里达是对的，他在《文学行为》一书中，与德里克·阿特里基有一个访谈，其中，他声称，"**就其自身而言**，没有任何文本是文学性的。文学性不是文本与生俱来的、固有的特性。它是有意加诸文本之上的一种共生关系，这种共生关系或者把自己作为一个构成部分，或者把自己作为一个有意附加上去的意义层，它包含着对规则的一种多多少少有些含蓄的认可，而这些规则是传统的，或者制度化的，但是，不管在什么情况下，它们都是社会性的"[16]。在这里，"有意的"是胡塞尔或者现象学的一个术语，意为对某种事物之观念的取向（the orientation of consciousness toward something or other）。报纸标题和电视广告常常是非常机智，而且富有想象力，目的就是惹人瞩目。如果德里达是正确的，那么，我们完全可以"有意地"把它们当作"文学性"的表达。电视广告常常能把观众/听众立刻带入一个简单而滑稽的想象世界，当然，这种简单滑稽肯定是为了博人眼球，例如，一条小狗跑来跑去，企图为它的骨头找个安全的地方。这里使用的就是类比的手法，表达人们想为他们的钱财找个安全的所在。这是一家投资公司的广告。

像这样的广告实际上运用的是一套非常复杂的习惯系统。他们常常使用动画及其他高级的电影拍摄技术。顺便说一句，大部分商业节目都包含了大量的彻头彻尾的谎言，或者至少是意识形态的歪曲，比方说，我前面提到的"让爱带来不同"的系列。而在石油、天然气和"干净的"燃煤公司推出的大量广告中，他们都绝口不提这些化石燃料的使用给整个地球带来了不可逆转的、灾难性的气候变迁。所以，谎言也是想象最有力的一个表现形式。今天，如果莎士比亚能够复活，他可能会去制作电子游戏，或者拍广告片，而不会去写剧本。数码世界才是挣大钱的地方。

  "文学性"的迁移现象笃定正在发生，但是，这种迁移却是以我们通常意义上的文学作为代价的，这里的"文学"如同我前面提到的问题——"文学有用吗？"——中的"文学"。即使印刷文学正在逐渐成为明日黄花，某种类似于文学的东西也会借着其他媒介的载体继续存在。而且，印刷文学仍然会有人读（越来越多的是以电子文本的形式），大学和中小学也依然会教授文学。例如，我发现，英国文学研究在中国正日趋繁荣，这是我多次到中国访问的经历告诉我的。今天，我给大家介绍了，为什么研究文学是一个好事情，以及文学在当下为什么依然重要。我希望，今天，文学作为一个至关重要的学科，依然在世界范围内被大家讲述。

注释

[1] *SubStance*，全称是 *SubStance：A Review of Theory and Literary Criticism*. 网址：http://sub.uwpress.org/（登录时间 2014 年 8 月 15 日）。——中译者注

[2] 如果把"matters"看作名词，那么，*Wilderness Matters* 就是"与荒野有关的事务"；如果把它看作动词，那么，*Wilderness Matters* 就是"荒野至关重要"的意思。——中译者注

[3] J·希利斯·米勒：《论文学》（*On Literature*）（伦敦：Routledge, 2002），第 156—159 页。

[4] Oberlin College，是一所私立大学，始建于 1833 年，虽然学校规模不大，但是，根据 US News，该学院在美国文理学院中排名第二十位。它是美国第一所实行黑人与妇女平等教育、让二者拥有与白人男性同等的大学教育机会以及获得大学学位的高等学府，也是自由主义的先驱。参见网页 http://baike.baidu.com/view/3597647.htm。——中译者注

[5] 阿尔弗雷德·丁尼生男爵（Alfred, Lord Tennyson），《泪，无端的泪》（见网址 http://www.poemhunter.com/poem/tears-idle-tears/ 登录时间 2013 年 12 月 20 日）。

[6] 中译参阅了网上的版本，略有改动。http://blog.sina.com.cn/s/blog_75ee970b0100p6zk.html（登录时间 2014 年 8 月 16 日）。——中译者注

[7] J·希利斯·米勒:《时间的地志:丁尼生的眼泪》(Temporal Topographies: Tennyson's Tears)，见 *EurAmerica*，21 卷，第 3 期(1991 年)，第 29—45 页。

[8] 德·曼:《结语:瓦尔特·本雅明的〈译者的任务〉》("Conclusions": Walter Benjamin's "The Task of the Translator")，见《抵制理论》(明尼阿波利斯:明尼苏达大学出版社，1986)，第 87—88 页。

[9] J·希利斯·米勒:《媒介即生产者:布朗宁、弗洛伊德、德里达和新型心灵感应的生态技术》(*The Medium is the Maker: Browning, Freud, Derrida, and the New Telepathic Ecotechnologies*) (Brighton: Sussex Academic Press, 2009)。

[10] 雅克·德里达:《激情》(巴黎:Galilée, 1993)，第 64—68 页;同上，《激情:一种间接的奉献》(Passions: "An Oblique Offering")，大卫·伍德翻译(David Wood)，见《论名字》(*On the Name*)，托马斯·杜托伊特(Thomas Dutoit)编(加州斯坦福:斯坦福大学出版社，1995)，第 28—30 页。

[11] 雅克·德里达:《邮件》(Envois)，见《明信片:从苏格拉底到弗洛伊德及其他》(*La carte postale: De Socrate à Freud et au-delà*) (巴黎:Aubier-Flammarion, 1980)，第 114—115 页;同上，英文版《邮件》见《明信片》(*The Post Card: From Socrates to Freud and Beyond*)，阿兰·巴斯(Alan Bass)翻译(芝加哥:芝加哥大学出版社，1987)，第 104 页。

[12] J·希利斯·米勒:《当下性阅读》(Anachronistic Reading)，见《今日德里达》(*Derrida Today*)，第 3 期(2010 年)，第 75—91 页。

[13] 瓦尔特·胡顿(Walter E. Houghton),《维多利亚时期的思维框架》(*The Victorian Frame of Mind, 1830—1870*) (纽黑文:耶鲁大学出版社，1957)。

[14] 蒂里亚德(E. M. W. Tillyard),《伊丽莎白时期的世界图景》(*The Elizabethan World Picture*) (伦敦:Chatto and Windus, 1943)。

[15] 德·曼:《结语》，第 87—88 页;瓦尔特·本雅明:《译者的任务》(Die Aufgabe des Übersetzers), 第 65 页，见《启迪》(*Illuminationen: Ausgewählte Schriften*)，西格弗雷德·翁赛尔德(Siegfried Unseld)编(法兰克福:Suhrkamp, 1955)，第 56—69 页;同上，英译《译者的任务》(The Task of the

Translator),第 78 页,见《启迪》(*Illuminations*),翻译及简介汉娜·阿伦德特(Hannah Arendt)(纽约:Schocken Books,1969),第 69—82 页。

[16] 雅克·德里达:《这种被称为文学的奇怪的东西》(This Strange Institution Called Literature),见《文学行为》(*Acts of Literature*),德里克·阿特里基(Derek Attridge)编(伦敦:Routledge,1992),第 33—75 页。

附录一 J·希利斯·米勒在中国(1988—2012)

郭艳娟 整理

时间	地点	会议/学术活动	演讲及发表信息
1988年5月	中国社会科学院与北京大学	随美国文理科学院代表团来华,参加与中国社会科学院共同举办的学术讨论会	
		演讲	《理论在美国文学研究和发展中的作用》(本书第一篇)《亨利·詹姆斯的〈瓦莱利家最后一个成员〉的音容形象化、实体性及其叙述的伦理》
	上海社会科学院	与中国学者讨论美国文学研究现状和解构理论	
1994年12月	北京大学	接受北京大学授予的名誉教授称号	
		演讲	《大学人文研究的全球一体化倾向》,陈冬梅译,《国外文学》1995年第3期,第3—8页。

（续表）

时间	地点	会议/学术活动	演讲及发表信息
	中国社会科学院	在中国社会科学院外国文学研究所演讲	《美国的文学研究新动向——兼为纪念威廉·李珂斯而作》（本书第二篇），盛宁译，《外国文学评论》1995年第2期，第108—117页。
1997年4月	北京大学	演讲	《全球化对文学研究的影响》（本书第三篇），王逢振编译，《文学评论》1997年第4期，第72—78页。
	中国社会科学院	演讲	
1999年8月	中国社会科学院	演讲	"Will Literary Study Survive?"
2000年7月	北京语言大学	"文学理论的未来：中国与世界"国际研讨会	
		演讲	《全球化时代文学研究还会继续存在吗？》（本书第四篇），国荣译，《文学评论》2001年第1期，第131—139页。
	桂林	"马克思主义美学的现状与未来"国际学术研讨会	
		演讲	《许诺、许诺：马克思和德·曼的关于言语行为、文学和政治经济学诸理论之异同》（本书第五篇），陆小虹译，收入会议论文集《马克思主义美学研究》第4辑，《马克思主义美学的现状与未来国际学术研讨会论文集》，刘纲纪编，桂林：广西师范大学出版社，2001年4月，第24—34页。

(续表)

时间	地点	会议/学术活动	演讲及发表信息
2001年8月	辽宁大学	"21世纪中国文论建设"国际学术研讨会	
		演讲	《论文学的权威性》
	清华大学	"第三届中美比较文学双边讨论会"	
		演讲	《论文学的权威性》(本书第六篇),《文化研究》第4辑(2003),第65—83页。
	北京语言大学	演讲	
	北京师范大学	"全球化语境中的文化、文学与人"国际研讨会	
		演讲	《作为全球区域化的文学研究》
2003年9月	清华大学	"全球化与文学研究论坛"	
		演讲	《比较文学的(语言)危机》(本书第七篇),李元译,《中华读书报》2003年10月22日。
		清华大学外语系	
		演讲	《土著与数码冲浪者》(本书第八篇)
	苏州大学	演讲	《比较文学的(语言)危机》(本书第七篇)*
2004年6月	郑州大学	"全球化与本土文化"国际会议	
		演讲	《物质利益:现代英国文学对全球资本主义的批评》(本书第九篇),张一凡、郭英剑编译,《郑州大学学报》2004年第5期,第127—130页。

(续表)

时间	地点	会议/学术活动	演讲及发表信息
	中国人民大学	"多元对话语境中的文学理论建构国际研讨会暨中国中外文艺理论学会第三届代表大会"	
		出席"詹姆逊与中国"国际学术研讨会	
		演讲	《为什么我要选择文学?》,邱国红译,《社会科学报》2004年7月1日。
	清华大学	"批评的探索:理论的终结?"国际学术研讨会	
		演讲	《"物质利益":现代主义英语文学对全球资本主义的批判》(本书第九篇),生安锋译,《中华读书报》2004年8月18日。
2005年6月	华中师范大学	"文学批评与文化批判"国际学术研讨会	
		演讲	《文学中的后现代伦理:后期的德里达、莫里森和他者》,王逢振译,《外国文学》2006年第1期,第63—71页。
2005年8月	深圳大学	"中国比较文学第八届年会暨国际学术研讨会"	
		演讲	《论比较文学中理论的地位》
	山东大学（威海分校）	"21世纪文学理论走向"国际学术研讨会	
		演讲	《文学理论的未来》,刘蓓等译,《东方丛刊》2006年第1期,第15—29页。

(续表)

时间	地点	会议/学术活动	演讲及发表信息
2006 年 6 月	武汉大学	"文化研究与现代性国际高层学术论坛"	
		演讲	《谁害怕全球化?》(本书第十篇)
	清华大学	"德里达与解构批评"高层论坛	
		演讲	"Derrida's Remains"
2006 年 8 月	清华大学	"翻译全球文化:走向跨学科的理论建构"国际研讨会	
		演讲	"全球化与新的电信时代文学与文学研究的地位"
2008 年 11 月	南京邮电大学	演讲	《中美文学研究之比较》(本书第十一篇)
	南京师范大学	演讲	"The Function of Literary Theory: Ethical Criticism as Example" "The Future of Literature and Literary theory: The University with Conditions"
2010 年 8 月	上海交通大学	第五届中美比较文学双边讨论会	
		演讲	《全球化与世界文学》(本书第十二篇)
2010 年 9 月	广东外语外贸大学	"文学阅读与研究:跨文化视野"国际研讨会	
		演讲	《冰冷的苍穹与悲凉的心境——当下我们是否应该进行文学阅读与教学?》(本书第十三篇)

(续表)

时间	地点	会议/学术活动	演讲及发表信息
2011年5月	扬州大学	"历史文本·文学理论"国际高峰论坛	
		演讲	"Can Novels Work as Testimony?"(《小说能否作为见证行为的证词?》)
2011年6月	南京大学	演讲	"Can Novels Work as Testimony?"
2012年9月	北京语言大学	演讲	"Romance, Realism, Trauma: Ian McEwan's *Atonement*" 《媒介从来都不曾分开过:无所不在的互联网,抑或说,文学研究的数字化变革》(本书第十四篇)
	北京大学	演讲	《文学之前世今生》(本书第十五篇)
	清华大学	演讲	"National Literature in the Context of World Literature Today"(《文学之前世今生》的另一个版本)

附录二　中国学者张江与希利斯·米勒教授的通信[①]

确定的文本与确定的主题[②]
——致希利斯·米勒

尊敬的米勒先生：

　　作为美国著名文学批评理论家，您的理论和批评著作在中国影响广泛。特别是您的重要著作《小说与重复》，以解构主义的立场对英国七部经典文本所做的透彻研究和评论，为我们提供了当代文学理论和评论的优秀范本。这部著作在中国翻译出版后，多年来经久不衰，为中国学者所称赞。近些年，我多次反复研读这部著作，印象深刻，收获颇丰，学到了许多东西。但是，也经常生出同样多的疑惑和思考。盘桓多年，我还是冒昧地把这些困惑和问题写给您，希望得到您的指教。

---

　　① 米勒教授非常重视与中国学者张江的通信，他说："我希望，我和张江的部分通信内容能够以英文或中文的形式在中美两个国家出版。对我来说，阅读及回复他的邮件，至关重要。我相信，中国和西方的读者应该也能从中感受到同样的乐趣。"
　　② 原载于《文艺研究》2015年第7期。

在我心里反复纠结的问题是，一个确定的文本究竟有没有一个相对确定的主旨，这个主旨能够为多数人所基本认同？我们从各种教科书中得到的信息，知道您的理论创造从新批评开始，经过意识批评，到20世纪60年代后期，在德里达的影响下，转向解构主义，并成为这个"主义"的重要代表。解构主义，在中国学者的认识里，是一种否定理性、怀疑真理、颠覆秩序的强大思潮。表现在文学理论和批评上，就是否定以往所有的批评方式，去中心化，反本质化，对文本作意义、结构、语言的解构，用您的语言来表达，就是把统一的东西重新拆成分散的碎片或部分，就好像小孩将父亲的手表拆成一堆无法照原样再装配起来的零件。您也公开提出："阐释预设所用的'逻各斯中心主义'应该彻底摒除，因为德里达、尼采等人已揭示出文本绝无单一的意义，而总是多重模糊不确定意义的交会。"[1]在《作为寄主的批评家》中，您强调任何阅读都会被文本自身的证据证明为误读，文本就像克里特迷宫和蜘蛛网一样，每一个文本中都"隐居着一条寄生性存在的长长的链锁——先前文本的摹仿、借喻、来客、幽灵"，而文本自身因为吸食前文本而破坏了自身[2]。因此，企图在文本中寻找确当的单一意义是不可能的，文本已经在连续运动的寄主与寄生物的关系中形成无限联想的结构，从而导致文本话语表现为语义的模糊和矛盾。您的这些观点，成为当代文学理论，特别是阐释学理论的主流观点，影响可谓深广。

但是，在具体的文本阐释过程中，您的阐释结果似乎不是这样，起码不是一贯这样。在《小说与重复》中您对哈代《德伯家的苔丝》（以下简称《苔丝》）的讨论就背离了解构主义的原则，让我们深感不解。在《苔丝》的阐释里，您反复强调，哈代的文本包含多重因素，这些因素"构成了一个相互解释的系列，每个主题存在于它与其他主题的联系之中"。我们"永远无法找到一个最重要的、原初（或）首创的段落，将它作为解释至高无上的本原"。但是，阐释的结果呢？尽管复杂缠绕，扑朔迷离，您的各种启示和解释，最终还是落在要读者去"探索苔丝为何不得不重蹈自己和其他人的覆辙、在那些重复中备受折磨这一问题的答案"[3]。这是不是哈代这部小说的主旨呢?这个主旨就是苔丝难逃宿命,终究要蹈自己和他人的覆辙,无论怎样挣扎都无法改变。如果这是误解,那么再看您开篇的表白:"我们说苔丝的故事发人深省,为什么苔丝的一生'命中注定'要这样度过:其本身的存在既重复着以不同形式存在的相同的事件,同时又重复着历史上、传说中其他人曾有过的经历?是什么逼她成为被现代其他人重复的楷模?"[4]您还说:"我将苔丝遭遇的一切称作'侵害',将它称作'强奸'或'诱奸'将引出这部作品提出的根本性的问题,引出有关苔丝经历的意义和它的原因等问题。"您还引用了哈代的一首诗——《苔丝的悲哀》——继续揭示:"和序言、副标题一样,这首诗以另一种方式再次道出了这部小说的主旨。"而这首诗的第一句就是:"我难以忍受宿命的幽灵。"[5]这就把哈代文本的主题或主旨揭示得更清楚了,尽管这只是您的认识,准确与否我们不去讨论。我的问题是,如此清晰的揭示,哪里还有找不到主题或主旨的问题?您不是说"文本语言永远是多义的或意义不确定的",因此,这些意义"彼此矛盾,无法相容"[6]。阐释的结果怎么会有了一个宿命难以摆脱的主旨?显然是自相矛盾的。这个矛盾暴露了您的批评实践背离了批评准则,给解构主义的理论立场一个有力的冲击。

这样的矛盾在其他学者那里,也常常会见到,对解构主义理论的有效性以致命伤害。比如,海德格尔认为,文本意义的完整的、总体性理解永远不可能达到,因而文本意义不可能是确定不变的。但就是这个海德格尔,在分析、解读、评价特拉克的诗歌时却说,"在他看来,特拉克所有优秀诗作中都回响着一个未曾明言但却贯穿始终的声音:离去"[7]。既然在解释学的总体原则上已经确定,文本意义的完整性、总体性理解是永远不可能达到的,那么具体作品的分析又如何有了"贯穿始终"的声音呢?这个贯穿始终是不是一个总体性的理解,或者说就是一个主旨?

在对《吉姆爷》的解读中,您更加清楚地告诉我们,一部小说文本是有主题的。尽管这个主题的表现形式不同。比如,"一个故事的意义并不像核桃肉那样藏在壳里,而是在外层把故事包裹起来,而故事将意义凸显出来。就像一股灼热的光环,散射出一抹烟雾一样,这情景就好像那迷蒙的月晕光环,有时只是靠了月亮光怪陆离的辉映,才使我们能看清它"。但是,您还是认定康拉德的《吉姆爷》有主题,并且可以抓住它,"《吉姆爷》的主题在第五章结尾处表现得最为明显",这个主题是什么?就是"对一切正直行为的神圣原动力产生了疑问",对这种动力背后的原则、本源、法规产生了怀疑[8]。如此明确的判断和立论,让我们如何理解解构主义在这个问题上的立场,或者说您在这个问题上的立场?因为它们是矛盾的———非常明显的不能调和的矛盾。

与这个问题相联系的是,如果说一个文本有自己相对确定的主旨或主题,那么,这个主旨是否会为多数人所认同,或者说多数人是否会对文本主旨有相对一致的认同?按照解构主义的立场,一部小说文本是丰富多义的,且多种意义都能成立又互不相容,因此,从来就不会存在唯一的、统一的意义中心和本原。您认为解构主义的批评:"最能清晰地说明文本的多样性———这种多样性表现为文本中明显地存在着多种潜在的意义,它们相互有序地联系在一起,受文本的制约,但在逻辑上又各不相容。"按照这个规定,很明显,对于批评家和读者而言,对一个文本的分析和解读,绝无可能有相同的认识和结论。但是在分析《德伯家的苔丝》时,您这样写道:"由于《苔丝》所有有教养的读者一致认为:苔丝备受痛苦的折磨,甚至倾向于一致认为那痛苦完全不是她理应遭受的;同时又由于《苔丝》,所有有教养的读者都会分担叙述者对那痛苦的同情和怜悯,因而我们便关注起这一问题:苔丝为何蒙受如此的苦难。"[9]"有教养的读者一致认为","有教养的读者都会分担",而且是"所有",我们先不讨论"有教养"的含义,单就数量上说,有基本文化素养准备而能够阅读《苔丝》的人,一定不会是一个或几个,而会是一个有相当数量的群体,占整个阅读人群的大部。

读者反应批评强烈主张文本没有自身确当含义,文本意义是由读者创造而非文本所有的。这与解构主义的立场一致。假定这个理论是正确的,那么,这个学派中也有一种声音在鼓吹文本的确定性,当然是从接受美学的角度。读者反应批评的代表人物斯坦利·费什提出"解释群体"的概念,以这个概念统领,他认为"从事解释活动的并不是单独意义上的人,而是集体意义上的人","无论是作为客体的作品文本,还是作为主体的读者意识,都不具备独立性,它们归根到底都是'社会思想模式的产物'"。正是这些"集体的人",这个"解释群体"制约着我们的阅读活动,也制约着意义的生成[10]。我们可以认为,这和您的"有教养的读者"是同一方向的定义,进而可以证明,有一种事实难以否定,即尽管文本意义可以多元理解,但终究还是有相对确定的含义自在于文本,应该为多数读者共同认定?作为一个旁证,我们发现在对《亨利·艾斯芒德》的阐释中,为了说明重复的作用,您这样说:"这种阐释在一部长篇小说中是作为确证意义、确证作者权威性的手段而内在于重复的使用之中。"在表述逻辑上含有作品中有"确证"的意义;"作者权威性的手段"决定了这个意义。这样的例子还有一些。在对完全现代主义的《达罗卫太太》的阐释中,您明确地说:"一部特定小说的最重要的主题很可能不在于它直截了当明确表述的东西之中,而在于讲述这个故事的方式所衍生的种种意义之中。""小说中对叙述语态的处理与人类时间和人类历史的主题紧密联系在一起。""作为主题的人与人之间的关系……"[11]

米勒先生,我要请教,这和解构主义的立场和取向是一致的吗?

信已经很长了。就此打住。

顺致问候。

张　江
中国社会科学院

注释

[1] J·希利斯·米勒:《传统与差异》,转引自朱立元《当代西方文艺理论》,华东师范大学出版社 2005 年版,第 318 页。

［2］J·希利斯·米勒:《重申解构主义》,郭英剑等译,中国社会科学出版社 1998 年版,第 104 页。

［3］［4］［5］［8］［9］［11］J·希利斯·米勒:《小说与重复》,王宏图译,天津人民出版社 2008 年版,第 145 页,第 132 页,第 135 页,第 30—31 页,第 136 页,第 200—201 页。

［6］朱立元:《耶鲁学派结构主义译丛总序》,《小说与重复》,第 5 页。

［7］转引自朱立元《当代西方文艺理论》,第 148 页。

［10］杨冬:《文学理论》,北京大学出版社 2012 年版,第 557 页。

"解构性阅读"与"修辞性阅读"[①]
——致张江

亲爱的张江：

　　谢谢您对我所写文本的评价，知道您对它感兴趣，我深感荣幸。我会尽我所能，回应您所提出的所有评价。

　　我不知道《小说与重复》在中国有着特殊的重要性。毕竟，该书出版于很久以前的1982年。之后我又出版了大量书籍，发表了多篇论文，我希望，我所做的这些事情至少可以适度地发展我的观点。我还希望中国读者也会读到我最近所写的一些著作，比如《论文学》。就我所知，该书已经被翻译成中文，而且篇幅也不长。或者读者可以读一读1988年到2012年间，我在中国所做的多次讲座（超过30场之多）的内容。几乎所有这些讲座内容在中国都已经以英文或中文的方式出版了。目前，这些讲座中的15篇将被集结成册出版。英文版由美国西北大学出版社出版；中文版也将由国荣翻译，在南京大学出版社出版。

　　我会尽我所能，坦诚地对您在信中所提出的观点做出回应。您提出的议题是非常重要的，我可能需要用很长的篇幅来回应，我也期望您能对我的回信做出进一步的回应。

　　您说："一个确定的文本究竟有没有一个相对确定的主旨，这个主旨能够为多数人所基本认同？"请解释一下，为什么这对于您来说是一个如此重要的问题？您解释之后，我就可以更好地理解其中的利害关系。我的猜测是，你认为，如果"多数人"能在一个特定的"确定文本"中找到"相对确定的主题"，那么，大多数读者就会对如何阅读作品的问题达成一致性意见。这将创造一个读者群体，在这个群体中，各读者成员

[①] 本文由清华大学外语系王敬慧教授译。

之间相互协调。另外,我猜测,您认为,"主题"对于整个文本从开头到结尾或多或少都具有高度的掌控。你可能假设,文本中的所有内容都在证明那一个主题。

但是,我原本认为,确定一个主题只是一个对于特定文本深思熟虑的教学、阅读以及相关创作的开端。此外,为什么一个文本只能有一个主题?我头脑中想到了一个包含多个主题的文本案例,那就是乔治·艾略特的《米德尔马契》(Middlemarch)。如您所知,这是维多利亚时期最伟大的小说之一。它包含多个可以识别且互相交织的主题,并将叙事与情节结合起来,但这中间也产生了一些不和谐的地方。人们会很难从中选择出来一个占主导地位的主题。在《米德尔马契》中,我能够想到五个可以确定的主题(其他读者可能还可以添加更多的主题):1)"过往的死亡之手";2) 错误的婚姻选择,原因及其后果;3) 19 世纪生物科学的发展;4) 隐喻在破坏清晰思维与行动方面具有的力量——小说叙述者在评价一起重要事件时说:"我们每个人,不论他天性严肃或随便,都喜欢把自己的思想跟隐喻连在一起,让它们牵着自己的鼻子走"(第 10 章);5) 在一个想象的、维多利亚中期英国乡村空间里,复杂的社会、性别以及阶级关系。对于《米德尔马契》的全面阅读可以从上述五种主题中的任何一个角度进行,而每一种阅读都可以说既与众不同,同时又是正确的。关于《米德尔马契》的许多书籍与文章都是如此——或是就上述中的一种主题,或是就另一种主题进行探讨。我自己最近也出版了一本小书,是从其中一个重要主题阅读《米德尔马契》,即:隐喻在破坏清晰思维与行动方面所起的力量,书名为:《修辞性阅读:重读〈亚当·贝德〉与〈米德尔马契〉》(Rhetorical Reading: Adam Bede and Middlemarch Revisited)(爱丁堡大学出版社,2012)。顺便说一句,这本书中有两篇文章是《小说与重复》篇章的原始版,当年,因为稿子太长,哈佛大学出版社要求我把它们缩短了。另外一个具有说服力的、有关不同学者进行不同方式阅读的范例是艾米莉·勃朗特研究者对《呼啸山庄》所进行的阅读。我在《小说与重复》英文版的第 50

页还举了很多例子。这些阅读《呼啸山庄》的多样方法可能显示了在人文研究方面,西方和中国学界学术传统之间的细微差别。我们倾向于认为,只有具有原创性的解读值得出版,而中国学者可能认为,通过在新的文章与书籍中进行重复来保持那些被普遍接受的解读,这是很重要的。

您在接下来的段落里给出了在中国各种教科书,以及"中国学者认识里"有关"解构"的定义。您所说的关于解构的内容让我觉得有很多要说的,但是我会尽量做到简洁些。"在中国有关我观点的各种教材"过于强调了所谓"解构"的消极面。您那些关于解构的句子,差不多就是美国和欧洲的大众媒体对所谓的"解构"的理解,所谓的"解构"是一个很复杂且绝不存在统一的概念。德里达、德·曼、我本人,或任何其他数百名学者,例如安德烈·沃明斯基、斯皮瓦克或芭芭拉·约翰逊的小引文都有助于解释"解构"。也许,您提到的中国教科书也确实做了很丰富的引用。如果说我是,或曾经是一个"解构主义者"(但我从来都不是您说到的中国教科书中所指的那种解构主义者)的话,我可从来不拒绝理性,也不怀疑真理(虽然,在一个特定文学文本中关于真理的问题经常是复杂、甚至自相矛盾的),我认为,我也不否定所有先前的批评(那些批评往往是一流的,给我的帮助也很大)。我希望以开放的心态进行我自己的文本阅读(但是,毫无疑问,这需要先前出现过的文学批评发挥辅助作用),比如,(我)不会因为《米德尔马契》显然是一部很好的作品,就觉得它一定要保持"统一"。也许它是统一的,也许它不是。这还有待于通过严谨的"阅读"来观察与展现。如果我自己没有仔细阅读文本,或没有引文来支持我的话,我是不能进行判断的。我认为,其他学者也应该这样做。

与您所提到的"去中心化,反本质化,对文本作意义、结构和语言的解构"相反,我认为,关于"中心"与"本质"的讨论应该是敞开的,在此之前可以仔细阅读相关文字,将相关文学与思想史考虑在内。例如,弥尔顿是相信基督教的,而乔治·艾略特在早期就失去了对福音派基督教的信仰。这就意味着,《米德尔马契》的世界不会预设超自然的或形而上的立场(我想,这也是"本质主义"的一个意思),而弥尔顿的《失乐园》则一定会预设这样的立场。这表明,他们的文本应该被带着不同的期望来阅读。我的方法是"科学化的",或者说,这是我在奥伯林学院本科学习物理专业的两年中所学到方法的移植。我希望,对一个特定文本的评论有据可依,在文本研究中,这意味着我要从文本中引用。这些引用,至少在我读到它们的时候(我希望是正确的),能够支持我对该文本的判断。我的座右铭就是,"总是回到文本"。

回过头来,我还想要强调,要特别注意文本中隐喻以及讽刺等修辞手法的运用。您所讨论的《作为寄主的批评家》一文,就是一个对于隐喻的兴趣隐藏于概念术语之下的例子。迈耶·艾布拉姆斯曾声称,"解构性的阅读""寄居"在每个人的日常自然阅读之中。我用了"寄居"这个常见词,因为我感受到了其中隐喻的含义,希望可以幽默地、具有建设性地,甚至是带着些许反讽地使用它一下,还加上了关于"客人"与"主人"的隐喻。从词源的角度讲,"寄生的(parasitical)"是指坐在饭桌边的客人,希腊语中的字面意思是"在食品旁边","Para"的意思是"在……旁",而"sitos"的意思是"粮食"或"食品"。我的本意是进行一个轻松点的讨论,与我的老朋友艾布拉姆斯开个严肃的玩笑。而令我真正惊讶的是,《作为寄主的批评家》是我所有文章中被最广泛翻译和讲授的一篇文章。我希望人们注意到其中要轻松讨论的真正内容,尽管事实上,文字游戏是很难翻译的,所以,它在从一种语言翻译到另一种语言的转换中将遇到的困难是大家有目共睹的。我常常会发现,我本来的意思是讽刺的,但有时,我的读者却只理解其"直意"(当然,我不是指您),仿佛其中完全没有反讽似的。再一个例子是,您所引用的《作为寄主的批评家》中关于"拆开父亲手表"的例子。很显然,您是从《小说与重复》中文版的前言中读到的。王敬慧教授已经发给我了完整的英文全文参考。这里面,两个句子放在一起的表述是:"解构"这个词暗示,这种批评把某种统一完整的东西还原成支离破碎的片段或部件。它让人联想到的一个比喻是"一个孩子把父亲的手表拆开,把它拆成毫无用处的零件,根本无法重新安装回去"。如果将这段话放回到我原来整篇文章的背景下,它绝不是说,解构就像孩子为了反叛父亲、反叛父权制度,而将其手表拆开。与此相反,这句话想说的是,"解构"这一词汇误导性地暗示(misleadingly suggest)了这样的一个意象。德里达是在海德格尔的德语词汇"Destruktion"的基础上创造了"解构"(deconstruction)这一词汇,不过,他又在海德格尔的词汇"Destruktion"中加入了"con",这样一来,这一词汇既是"否定的"(de),又是"肯定的"(con)。不过,正如我在《作为寄主的批评家》中所说的,这一词汇往往被当作一个仅具有否定含义的词汇,只是在讲"破坏"(destruct)。这样一来,它在英文中就成了一个常用词汇,比如当一位杰出的建筑师要翻新一栋房子,他会说"首先,我们'拆掉'(deconstructed)了房子"。甚至,有一个拆屋公司的名字就是"拆解公司(Deconstruction,Inc.)"。

另外再说明一点:我近来更愿意将自己所做的事情称为"修辞性阅读",而不是"解构性阅读"(因为对"deconstruction"这一词汇的解读通常是你们的教科书中,或者美国大众媒体所假设的那个含义)。而我所称的"修辞性阅读"的含义是,注重我所阅读、讲授与书写的文本中修辞性语言(包括反讽)的内在含义。这其中的一个例子就是关于我对于"parasitical"的开玩笑式的使用,以及在我看来比较有趣的关于该词汇的极度延展。请记住,《作为寄主的批评家》一文最初只是现代语言协会年会小组讨论上与艾布拉姆斯和韦恩·布思交流的一部分。为了保持听众的注意力,MLA小组的这种讨论绝对不能太严肃。

您将"解构主义"、"阐释学批评"与"读者反应批评"放置到一起,我想说一点我的意见。要想解释清楚它们彼此是如何不同的,可能真需要很长的篇章,但是我尽量简短。至少是在西方,尽管"阐释学批评"是从希腊开始,起源于对圣经与塔木德经的注释,但其现代形式起源于施莱尔马赫、胡塞尔、本雅明、海德格尔、伽达默尔,也就是说,从总体上的"现象学"发展到利科与列维纳斯。(如果可能的话,请参见维基百科,那上面有关于"阐释学"很好的入门解释。)现在,阐释学在德国仍然尤为活跃，在法国同样也曾很重要。在寻找一个特定文本的单一的广泛被人们接受的文本意义时，"阐释学"或多或少地就会出现。在德里达职业生涯的初期，胡塞尔曾给了他极大的影响。德里达写了一本关于胡塞尔作品《几何的起源》的书籍，并筹划写一篇关于胡塞尔的名为《文学作为理想对象》的论文（尽管最终他也没写成）。因此，至少对于德里达来说，在某种程度上，"解构"是他对阐释学所做出的一种回应。

  读者反应批评理论（例如斯坦利·费什的作品）的观点与解构性或修辞性阅读的不同在于，它认为一个文本本身没有任何意义，意义是从文本之外，通过"读者群体"强加给文本的。斯坦利·费什对解构是充满敌意的。所谓的"解构主义者"或"修辞性阅读者"从来不会说任何文本本身没有任何意义，只会说很多文学作品都具有多个可以确定的含义，但不一定总是要相互不兼容。必须仔细阅读特定文本才能够找出这些含义。我写《小说与重复》的目的，是通过阅读七部英文小说（这些小说中的片段总会以一种或另一种方式存在一些相似之处）来测试两种重复理论。每部小说中都有隐喻意义上相似的片段。我的观点在每一篇阅读中可能是这一种，也可能是另一种，但是可以被用来解释每一部小说中所发生事情的两种重复理论既是在场的，又在逻辑上没有丝毫调和性。在哈代的《德伯家的苔丝》中，苔丝的一生可能是，也可能不是被某种万能的"命运"掌控着。关于我对"主题"这一术语的运用，您所说的所有内容都没错（您也通过详细引用，有效证明了您的观点），但是，我认为，如果把这些段落放回到它们所在的原本上下文中，它们会表明，阅读中经常会夹杂各种不相调和的解释方式。比如，以您所引用的"苔丝的悲哀"中的一句为例——"我难以忍受宿命的幽灵"（"I cannot bear my fate as writ"）。这句话可以有两种互不兼容的阅读方式。一方面，这意味着，苔丝认为她生活中所发生的事情根源在于一个形而上的或超自然的力量，她的命运（Fate）里面有一个大写的字母"F"。她的一辈子已经由"命运之书"事先写好。另一方面，该句也可以被看作是作者哈代本人，而不是苔丝所说的话。毕竟他是小说的创造者,可以让小说按照他自己喜好的方式发展。得出这两种解读就是一种修辞性阅读,将"writ(文书,命令)"这一词汇可能的双重含义找出来。

关于这种不兼容性的另一种解释,可以通过阐释学阅读(主题阅读)与修辞性阅读(隐喻性阅读)之间的矛盾来管窥。保罗·德·曼的最后一篇文章——《结论:本雅明的〈译者的任务〉》将这一点表述得如此清楚,着实令我望尘莫及。通过对他狡猾地称之为"文体"的关注,及对比喻性语言的"修辞"的复杂性的关注,德·曼对主题阅读或曰"阐释学"阅读提出了质疑。这也是保罗·德·曼所说的"修辞性阅读"的意思,正如他在关于本雅明的文章中那段著名的反讽性段落所显明的那样:

> 要更好地理解这种断裂(将其带到一个更为人所熟悉的理论问题层面),就要研究一下阐释学与文学诗学之间的紧张关系。当你做阐释学研究时,你所关心的是文本的意义;当你做诗学研究时,你所关心的是文体或一个文本产生意义的方式。现在的问题是,这两者之间是不是相辅相成的? 你是否可以同时运用阐释学与诗学来涵盖整个文本? 尝试着这样做的经验表明,此事不可行。当一个人试图实现这种互补性时,诗学的一面就会被漏掉,做出来的总是阐释学研究。一个人会因为过于关注意义的问题,而无法同时做到阐释学与诗学两者兼顾。从你开始讨论意义的时候(我不幸就倾向于这么做),就会忘记了诗学。这两者并不互补,在某些方面还可能是相互排斥的,那就是本雅明指出的问题的一部分——一个纯粹语言学的问题。①

---

① Paul de Man. "Conclusions: Walter Benjamin's 'The Task of the Translator.'" *The Resistance to Theory*. Minneapolis: The University of Minnesota Press, 1986, pp. 87—88.

在《小说与重复》中，我试图把重点放在本雅明所说的"*Art des Meinens*"（意义的阐述方式），但是我却一直不可避免地回到了阐释性阅读，专注于找出文本的意义，即本雅明所说的"*Das Gemeinte*"。因此，关于《小说与重复》中存在的理论与实践之间的不同这个问题，您的观点是非常正确的。

我再次感谢您仔细阅读了我多年前写就的那本书，以及您提出的有关不一致性这一尖锐的问题。我希望这封信对您的问题做出了回应，也希望您对此继续做出回应，或者提出一些完全不同的问题，让我们之间的讨论继续下去。在已经进行的讨论中，我已经学到了许多东西，这不仅是从您所发来的信件本身，还有就是，该信件促使我重新在现有观念基础上进行思考。毕竟，我现在的观念是从我在创作《小说与重复》时所持有的观念那里逐渐演变过来的。我的根本承诺与使命仍然是尽我所能对文本做出最好的阅读，而不是"做理论"。我将继续依照文本阅读的具体需求而使用必要的理论。

诚挚的问候，

J·希利斯·米勒
UCI 杰出研究教授
比较文学和英文系
加州大学厄湾分校

普遍意义的批评方法[①]
——致希利斯·米勒先生

尊敬的米勒先生：

很高兴收到您的长篇回信。您已高龄，研究工作繁忙，却还是认真回复我，并认真解答我所疑惑的问题，从中我看到一位真诚的学者的治学态度，感受到您对中国学术界的友好情感，对此，我深表谢意。我反复研读您的来信，对您提出的几个问题我做个说明，然后向您提出对《小说与重复》的新疑问，以推进对这部重要著作的讨论。疑问还有几个，希望能全部提交以后，我们再回头仔细论辩。

第一，您在回信中说，《小说与重复》已是30年前的著作，您的许多观点有了适度的发展。这一点在我们的几封通信中已有说明。我理解您的意思，但是，就中国的情况而言，您的这部著作直至2008年才在中国出版，此后产生了广泛影响。关于"重复"理论及方法，一些重要的教科书都有深入介绍。我个人感觉，您的这部著作在中国的影响大于您以后的许多著作。从出版背景看，《小说与重复》是作为"耶鲁四君子"的代表作，同其他三位的代表作同时出版的，它在中国仍未过时。更重要的是，任何可以称为经典的著作，不会因为时间的流逝而被忘记。柏拉图的著作已经两千多年了，不是历久而弥新？因此，讨论这部著作对认识和了解美国的解构主义思想及实践是很重要的。在这个基点上，我们可以进一步介绍和讨论您的新著作。我认为这是必要的。

第二，我多次看到您关于孩子拆手表的中文表述。我在您的著作中找到原文，亲自到清华大学送给王敬慧教授，并请她进一步验证后呈送给您。您的这段话在中国流传甚广，被看作解构主义阐释文本的

[①] 原载于《文学评论》2015年第4期。

基本策略、深刻体现解构主义基本主旨的经典语言。收到您的信,我又认真推敲了您的原文,从生成这段话的具体语境看,单独使用它会造成误解。因为在这段话之后,您立即解释了解构同时也是建构的本意。这可以再一次证明,我们的对话有益于大家更准确地了解您的学术立场。

第三,关于文本有没有一个确定的主旨的问题,您问我"为什么这对您来说是一个如此重要的问题?"这是一个误解。我提出这个问题的本意是,作为解构主义大师,您为什么在对具体小说文本的阐释上执着地寻找主旨。这也是我第一封信的核心问题。您的回信作了一些回答,但其中还是存有疑问。我想以后有机会再与您讨论。

第四,两种语言的交流一定会产生误解,特别是学术上的交流更是歧义丛生。但是,期望一种思想在另一种文化语境中被广泛接受,必须通过优秀的翻译,转化为本土语言才有可能。当年德里达的著作被译为英文才能在美国风行就是证明。不可能要求使用其他语言的学者都从原文了解、掌握您的学术观点和思想。但是,再好的译文也会出现对原意的误读误传。您为《小说与重复》的中文版专门写了一篇序言,表达的正是这个意思。您乐观地指出:"我想象并且希望这本书将会经历创造性的改造——不仅通过翻译成中文这一行动,而且也通过阅读其中文译本的那些人对它的种种新鲜而不可预期的使用。"[1]正因为您的启发,我坚信,通过中英两种语言的互文互动,我们的讨论会取得有价值的成果。

今天要请教您的问题是,从解构主义的立场来说,到底有没有系统完整的批评方法,可以为一般的文学批评提供具有普遍意义的指导?进一步说,从文学理论的意义上总结,小说的创作有没有规律可循?

这首先要回答一个关于解构主义立场的基本问题:阐释是不是可能。您坚持认为"解读的不可能性"是个真理,认为"批评家无法解开那缠结在一起的意义的丝丝缕缕,把它梳理顺当,使其清晰醒目。他能做的充其量只是追溯文本,使它的各种成分再一次生动起来,而在此过程中,他感受到确切解读的失败"[2]。但是,反复阅读您的《小说与重复》,令我疑窦丛生:既然解读是不可能的,解读问题是失败的,您为什么没有放弃解读的冲动,而是以新的立场,深入地解读了七部经典著作,并且提出了具有独创性意义的"重复"理论?

长期以来,您的著作都立足于解读,以深入的解读见长,通过解读和阐释系统地表现您的理论立场和取向。这是为什么?更深一层,您的解读和阐释是为了找到系统的、具有"规律"意义的普遍方法吗?如果是,那么解构主义坚决反对"逻各斯中心主义"的立场——不仅认为文本之中没有确切的可以供整一阐释的意义,而且认为没有整一的、具有一般指导意义的系统批评方法存在——该如何解释?您说阐释这些小说的目的是要"设计一整套方法,有效地观察文学语言的奇妙之处,并力图加以阐释说明"[3],这方法上的"一整套"是什么意思?是系统的意思吗?从您自己的多处表述看,应该是这个意思。我们认为,从"重复"入手解析文本,这本身就是一个大的方法的构想,绝不会以阐释七个文本为终结。您的理论追求是,在千变万化的文本叙事中,在无穷变幻的故事线索中,找出具有普遍规律的一般方法。我们体会到,对"重复"理论的意义,您的估价和期望很高,相信"重复"这个范畴具有普遍意义,无论是早期的现代主义还是纯粹的现代主义,重复是反复出现的技巧和方法,可以将之作为规律性认识来概括和总结。

您在阐释对象的选择上就贯彻了这个意图。您告诉我们:"为了研究牵涉到同一作者两部小说间关系这类重复现象,我经过考虑分别选取了托马斯·哈代和弗吉尼亚·沃尔夫的两部小说。尽管从我的论题来看,每一章节自身本来都可以成为那部特定作品的阐释。将它们汇集在一起,这些章节在某种程度上表明了维多利亚时期和现代英国小说中重复结构发生影响的领域有多大。"[4]——这是从时间上做出的判断。在对萨克雷《亨利·艾斯芒德》的选取上,您认为这个文本"是这样一个重复和重复中套重复的错综复杂的组织系统,以至于它能说明现实主义小说中的大多数重复样式"[5]。——这是从类型上做出的判断。在对《达罗卫太太》的阐释中，您甚至直接表达，一些维多利亚式小说形式中最为重要的因素，"依这种或那种尺度看，或许可适用于任何时代的小说"[6]。米勒先生，我们是不是可以认为，您企求追寻并发现规律的端倪越见清晰？

现在，我们回头再读第一章中的一段话，这段话是您发现和掌握小说创作和批评规律的雄心最明白的表达："这里对作为例证的小说的解读方式，对分析同一作家的其他小说，或是同一时期其他作家的其他小说，甚至是不同时代、不同国家的众多的作家来说能否同样奏效呢？"[7]这给了我们很大的鼓舞。其一，这是一种"解读方式"，用这种方式解读某些作品是"奏效"的。事实也证明，这些解读具有强大的说服力，《小说与重复》在国际上的影响力证明了这一点。其二，要把这个方式应用于更广大的范围，您对七部著作的选取已经证明，至少您个人认为是有效的。其三，要扩大的四个方向，给文学批评一般规律的有效性划定了切实的范围，这包括：同一作家的其他作品，同一时期其他作家的其他小说，不同时代的众多作家，不同国家的作家。所谓"不同时代、不同国家的众多作家"的组合，已经是普适的终极范围。这是不是在作终极性的规律总结呢？如果这还不足以说明问题，那么再看下一句，"我的解读能成为'样板'吗？"[8]好像不应有任何疑问了。您是自谦的，尽管"这七篇读解论文已将19世纪、20世纪的英国小说或一般的现实主义小说中重复现象的种类包罗无遗了"[9]，但是，您仍然认为，"重复"作为一种假设，"要想明白无误地确定这一点，只有通过更多的读解"[10]。当然，您对您的解读能够成为样板的雄心和自信，我们已经明白无误地感受到了。可以肯定地说，文学创作和文学批评是有规律存在的。文学理论的任务就是找到和揭示这些规律。作为解构主义的重要代表人物，您的文本解读实践、您的理论追求和某种程度上的成功，已经证明了这一点。"重复"的理论创造就是范例、样板。对此，您有一个理论上的说明。您认为，"认识到人和自然的王国比我们原先想象的更为奇妙，并且在持续不懈的努力中力图发现这种奇妙之处所蕴含的规律，从而使陌生的外界变得亲切可近：这成了 20 世纪语言学、心理学、生物学、文化人类学、社会学、原子物理学和天体物理学各领域思想的一个显著特征"[11]，这话只是一种铺垫，关键的判断是，"被证明为具有这一特性的事物中便有文学"[12]。如此，在这个意义上，文学同其他一些方面的学科，包括自然科学，就有了共同的方法论上的努力："依照连贯、统一的传统标准，为数不少的文学作品中的许多成分似乎是无法解释的，本书试图识别这难以解释的因素的一种形式，并予以说明。"[13] 米勒先生，您能做出这样的判断着实让我们震惊。这是不是说，在某种程度上，文学同自然科学一样，是有内在规律可循的，可以用固定的、可预见、可重复的规律，揭示、说明创作的一般程序和方法，比如，像弗莱的春夏秋冬说那样，甚至像格雷马斯的符号矩阵那样，试图一劳永逸地找到解决文学创作和批评的固定程式？

　　问题应该是很尖锐了。解构主义直接反对的就是"逻各斯中心主义"。瓦解这个主义是解构主义的根本出发点。逻各斯中心主义集中体现为对本质、本原的追求，对现象背后的所谓规律、法则的探寻。抛开 20 世纪以前的各种学说不谈，曾经时髦无比的结构主义就是逻各斯中心主义的变种。罗兰·巴尔特从结构主义转向解构主义以后，不无嘲讽地清算自己，从一粒蚕豆里见出一个国家，在单一的结构里见出全世界的作品，"从每个故事里抽出它的模型，然后从这些模型里得出一个宏大的叙事结构"[14]。您自己也说："阐释预设所用的'逻各斯中心主义'应该彻底摒除。"[15] 您还指出："文学的特征和它的奇妙之处在于，每部作品所具有的震撼读者心灵的魅力（只要他对此有着心理上的准备），这些都意味着文学能连续不断地打破批评家预备套在它头上的种种程式和理论。"[16] 但是，如果一心要建立一个以重复论为核心的批评体系，并用这个方法去解释所有文本，这是不是理论批评方法上的"逻各斯中心主义"，是不是偏离了解构主义无中心、无意义的根本取向？您用"重复"这个程式甚至已然是范式，来阐释天下的全部作品，这不是重走了结构主义一类其他主义的老路吗？为什么您在立场上是解构主义，而在具体实在的文本批评和阐释中却走向了另一个方向？您似乎并不担心"文学能连续不断地打破批评家预备套在它头上的种种程式和理论"，从而也打破您的"重复"的模式，因为您期望七本经典的解读能够成为"样板"？在我看来，所有这一切，从解构主义者的立场衡定，似乎不应该是您的作为。原因到底在哪里？是理论与实践的必然本质距离吗？由此，我想起 19 世纪的一位学者对巴尔扎克的经典评语："巴尔扎克在政治上是一个正统派；他的伟大作品是对上流社会无可阻挡的衰落的一曲无尽的挽歌"，"巴尔扎克就不得不违背自己的阶级同情和政治偏见；他看到了他心爱的贵族们灭亡的必然性"。[17] 从批评方法上说，这里没有阶级和政治倾向问题，但是，作为解构主义的重要批评家，在具体文本的批评上背离了本来的主义，与巴尔扎克背叛他自己贵族的偏见，是不是有异曲同工之妙？

顺致

大安

张　江

中国社会科学院

2015 年 4 月北京

注释

[1][3][4][5][6][7][8][9][10][11][12][13][16] J·希利斯·米勒:《小说与重复：七部英国小说》，王宏图译，"中文译本序言"，第 23—24 页，第 4 页，第 82 页，第 201—202 页，第 5 页，第 5 页，第 5 页，第 5 页，第 21 页，第 22 页，第 22 页，第 5 页，天津人民出版社 2008 年版。

[2] J·希利斯·米勒:《作为寄主的批评家》，转引自《重申解构主义》，郭英剑等译，第 127 页，中国社会科学出版社 1998 年版。

[14] Roland Barthes, *S/Z*, trans. by Richard Miller, New York: Hill and Wang, 1974: 12.

[15] J·希利斯·米勒:《传统与差异》，转引自朱立元主编《当代西方文艺理论》，

第 318 页,华东师范大学出版社 2005 年版。

[17]《马克思恩格斯选集》,第 4 卷,第 591 页,人民出版社 2012 年版。

J·希利斯·米勒答张江第二封信①

亲爱的张江教授：

关于您对我上一封信的回复，以及您对我作品的兴趣，我感到非常荣幸。我会尽我所能回应您在第二封信中提出的问题。您所提出的问题是非常重要的，至少对我来说，是这样的。这个问题可能会需要我用很长的篇幅来进行回应。您根据我书中所陈述的内容得出结论，认为我为所有文学作品寻求一种普遍规律所做的解读，是中肯且有说服力的。不过，我认为自己的目标要比您所认为的稍微复杂一些。我会尽量做到长话短说，同时也期望您对我的回信做出进一步的回应。

首先，我要从最重要的一点开始：那就是您所指出的，在中国普遍存在的，关于我所说的一个句子的断章取义的误解。您在第二封信中说：

> 您的这段话在中国流传甚广，被看作是解构主义阐释文本的基本策略，且深刻体现解构主义基本主旨的经典语言。收到您的信，我又认真推敲了您的原文，从生成这段话的具体语境看，单独使用它会造成误解。因为在这段话之后，您立即解释了解构同时也是建构的本意。这可以再一次证明，我们的对话有益于大家更准确地了解您的学术立场。

既然这种误解对于在中国正确地理解解构主义是如此重要，请允许我再一次重复我在给您的第一封信中所说的内容：

> "解构"这个词暗示，这种批评把某种统一完整的东西还原成支离破碎的片段或部件。它让人联想到的一个比喻是：

---

① 本文由清华大学外语系王敬慧教授译。

"一个孩子把父亲的手表拆开,把它拆成毫无用处的零件,根本无法重新安装回去。"如果将这段话放回到我原来整篇文章的背景下,它绝不是说,解构就像孩子为了反叛父亲、反叛父权制度,而将其手表拆开。与此相反,这句话想说的是,"解构"这一词汇误导性地暗示(misleadingly suggest)了这样的一个意象。德里达是在海德格尔的德语词汇"Destruktion"的基础上创造了"解构"(deconstruction)这一词汇,不过,他又在词汇"Destruktion"中加入了"con",这样一来,这一词汇既是"否定的"(de),又是"肯定的"(con)。不过,正如我在《作为寄主的批评家》中所说的,这一词汇往往被当作一个仅具有否定含义的词汇,只是在讲"破坏"(destruct)。这样一来,它在英文中就成了一个常用词汇,比如,当一位杰出的建筑师要翻新一栋房子,他会说:"首先,我们'拆掉了'(deconstructed)房子。"甚至,有一个拆屋公司的名字就是:"拆解公司(Deconstruction, Inc.)"

我对"解构主义"这一词条给出的更确切表述见英文维基百科关于"解构主义"的条目:"米勒是这样描述解构主义的:'解构不是要拆解文本的结构,而是要表明文本已经进行了自我拆解。它看似坚实的根基并非岩石,而是虚无缥缈。'"这句话摘自J·希利斯·米勒在《格鲁吉亚评论》第 30 期(1976 年)第 34 页上名为《史蒂文斯的岩石以及批评作为一种治疗》的文章。将根基比做岩石的出处来源于华莱士·史蒂文斯的一首诗。我不知道您是否可以访问英文的维基百科,维基百科上关于解构主义的词条比较客观和详细地解释了"解构主义"的历史与意义。任何对解构主义感兴趣的人都可以通过阅读该词条而有所受益。

我高度相信中国学者与学生的智慧、学识以及客观性,但是,我也知道,放弃一种根深蒂固的观念是如何困难,即便这种观念是错误的,比如,关于解构主义就像拆解父亲留下的手表这样的观念。因此我认为,有必要在这封信中进一步阐释我在第一封信中所讲的关于解构主义的内容,并再一次强调,如果要搞清楚西方文艺理论,正确理解解构主义是很重要的。

当我说文本已经进行了"自我拆解",这其中的含义究竟是什么呢?也许最简洁的答案是,语言的比喻性总会干扰大多数人们所希望获得的直白的字面含义。这种内在特点不仅仅存在于诗歌之中,也存在于其他所有的语言之中。我刚刚用过的"内在"(intrinsic)这一词汇的含义,或者史蒂文斯诗歌中关于岩石的比喻等,都是此种类型的一些具体示例。虽然诗歌是研究比喻性语言特别恰当的文本,但是,那些明显比较直白的文本——比如哲学方面的、科学方面的,或其他的客观描述类的文本,都富含比喻性的表述。我们看看现代核物理中所使用的语言吧,其中有很多相当明显的"诗意"表述,像"夸克"(quark)和"玻色子"(boson)[1]。我在给您的第一封信中所引用的保罗·德·曼所说的关于文体学干扰阐释学的事例,也是有关此种干扰的另一个表述。

所有的语言都包含这种内在比喻性维度特征。语言的这种特征使其区别于科学计算公式所使用的语言。即使是最日常化的语言中所包含的比喻性维度也是令翻译出现困难的原因之一。不仅仅是在汉语与英语这两种截然不同的语言之间存在翻译的困难,甚至就在德语与英语这两种属于同一语系的语言之间也存在翻译困难。德语里面概念性的或抽象词汇的前缀所具有的比喻性效果,与其相对应的英语词汇所使用的前缀效果是不同的,因此,即便翻译是准确的,在翻译过程中也会出现大量的损失,比如说,特定词汇在特定语言中所引起的习惯性共鸣。尼采的文字就是一个很好的例子。人们可以把尼采的文字准确地翻译成英语。人们可以用一种方式或另一种方式将任何文本从一种语言翻译为另一种语言,但是,在翻译的过程中,总有一些内容出现损失。顺便说一句,我相信王敬慧教授会非常成功地将该信件翻译成中文。我想借此机会向她表示衷心的感谢。

现在,我将回答您第二封信中的核心问题。您问:"从解构主义的立场说,到底有没有系统完整的批评方法,可以为一般的文学批评提供具有普遍意义的指导？"要我来猜测，您认为这一点是重要的，是因为如果有一套系统完整的批评方法为文学批评提供具有普遍指导意义的指导，那么，我们就可以有据可依，以同样的方式教授与创作文学。所有的学生都可以被期望了解这一套"完整体系"。所有人都将能够运用这一套体系——只用这唯一的一套体系来进行文学阅读的实践。考试也可以基于这套被普遍接受的"批评系统"进行设计。可以创建与保持一种由所有知晓、接受和使用这一批评体系的人们所组成的普适的社群。如果这样的一个社群能够被创建，那么，它将带来巨大的社会与教育优势。

我个人认为，当然会有此类体系存在，但是目前，至少是在西方，各种不同的理论立场产生的是各自不同的理论，其中也包括"解构主义"。文学理论总是倾向于表达说自身是一种具有普遍适用价值的构想，解构主义也不例外。正如亚里士多德在《诗学》中说悲剧必须是整一的，"整一就包括开头、中间和结尾"（1450b）；或者罗兰·巴尔特在 S/Z 中（也是您所引用的段落）说结构主义是一套通用的批评体系；保罗·德·曼在"寓言（Julie）"中强调"所有文本范式都包含着一种比喻以及比喻性的解构"[2]。德·曼在该段接下来的经典陈述中指出什么是解构式阅读，这部分内容可能要更复杂一些，本信件的篇幅不允许我更详尽全面地阐释德·曼所说的内容。现在，问题的关键是，德·曼所说的正是您所呼吁的"一种能够为一般的文学批评提供具有普遍意义指导的系统完整的批评方法"。然而，从严格意义上说，这样的一套体系并不需要是"逻各斯中心主义"的，解构主义也不是逻各斯中心主义的。从亚里士多德到德·曼，再到其他后来者，他们所做的具有普遍意义的陈述同时都伴有一整套相关的说明或示例，来解释如何进行亚里士多德式阅读、结构主义式阅读、解构主义式阅读、后现代主义式阅读或者其他任何一种流派的阅读。

进行任何一种流派的阅读都令人难以置信的容易，而且经常被完成。仅仅是因为自己认为阅读可能具有不确定性，或者说没有被文本明确地证实,这并不会妨碍阅读的进行。关于这一点,您说我在《小说与重复》中的阅读是基于重复的理论,您是正确的。我同意您所说的所有关于我的不一致和我的"逻各斯中心主义"[如果您所说的这个逻各斯中心主义——"以理性为中心"(centered on reason)的意思是"有理性的"]。当然,德里达所说的以"逻各斯"为中心,内涵不止如此。他所说的"逻各斯"在亚里士多德那里是一种"普遍存在";在基督教那里是"救世主"。他的"逻各斯中心主义"相信无间性的存在。如果是后者的含义,这种"逻各斯中心主义"是我所反对的。我说,以这样一种批评方式,或那一种批评方式进行阅读"令人难以置信的容易"是因为,这其中当然有一种危险,那就是,你将发现,任何文本中都有一些内容可以让你以一种令人不安的迂回方式,确认你所采用的范式。"寻找,然后你会发现"所有这些批评范式,包括解构主义的,都能够有点过于相当灵巧地"发生作用"。

请允许我在此处提一下您谈到的我在《小说与重复》中所说的一句话:"文学的特征和它的奇妙之处在于,每部作品所具有的震撼读者心灵的魅力(只要他对此有着心理上的准备),这些都意味着文学能连续不断地打破批评家套在它头上的种种程式和理论。"[3]对我来说,这句话是我本人批评范式的一个重要内容。理论与实际阅读结果(也就是密切关注文本页面上文字本身)最终是不兼容的。你总会发现,你开始所使用的理论既没有帮助你获得、也不能为你提供一套可以依托的指令。任何理论或假设的"普遍规律"在面对着一个特定文本"连续不断地打破批评家套在它头上的种种程式和理论"的时候,都是无法发生效力的。这就是说,每部作品都是独一无二的作品。在相当程度上讲,文学作品超越理论的主要原因是,诗歌或小说并不是一个可以解决的数学公式,也不是可以判断正确与否的哲学论证。

大多数人通过阅读小说进入人物及其行动的想象世界,并从中获得快感。一个例子就是我最近重新阅读和评论的安东尼·特罗洛普(Anthony Trollope)的《弗莱姆利教区》(*Framley Parsonage*)。书页上的文字让我进入特罗洛普小说的想象世界，比如说露西·罗伯兹的感受、经历、话语与行动。我阅读小说，是因为我非常喜欢那种进入小说想象世界的过程。大多数人阅读抒情诗是为了享受词汇所带来的想象景象的快感，或者是欣赏诗词在其头脑中生成的有关言说者的思想和情感，例如，当威廉·华兹华斯开始他诗的第一句："我独自漫步，像一朵云……"我立刻想像到那个说此句的"我"，我也看到一片云在天空孤独地飘荡。我并不需要任何理论或一系列指导来做到这一点。然而，很自然的，我也可能在教学或写作中，希望将我阅读特罗洛普小说或华兹华斯诗歌时，我的头脑、感情和身体所发生的反应传达给其他人。教学是自己单个人的事情。当我自己走进教室，面对自己的一群学生，别人的教学方式不会起太多的帮助。

我最近在忙于为一本书撰写一个篇章。该书是我与北孟加拉大学拉耶恩·部施（Ranjan Ghosh）教授合作。我写的这一篇章是尽我所能、尽可能准确全面地分析华莱士·史蒂文斯的一首小诗："隐喻的动机"（The Motive for Metaphor）。（顺便说一句，我不是很清楚中国人关于"隐喻"的概念是什么。请不吝赐教，我会很高兴搞清楚这一点。）我发现，当我读这首诗的时候，我的头脑、感情和身体所发生的反应是非常奇怪和不可预知的。这种反应抗拒着理论阐释。我发现，在尝试读取史蒂文斯的诗歌的时候，不论是亚里士多德的《诗学》，还是雅克·德里达权威的"白色神话"（White Mythology），抑或史蒂文斯本人在他自己作品中关于隐喻的声明，都不能对我阅读"隐喻的动机"产生多大的帮助作用。这首诗本身通过隐喻告诉读者，史蒂文斯的"隐喻的动机"是什么（至少在那首诗中是怎样的）。他所说的关于隐喻的动机，不属于任何传统的关于隐喻使用的定义，既不是亚里士多德所说的"捕捉相似性的慧眼（eye for resemblances）"，也不是德里达的隐喻性的、或者说用词不当的（catachrestic）"日落西山（solar ellipses）"。"solar ellipses"即表示太阳运行的椭圆形轨迹，也表示傍晚落在地平线下、清晨再一次从地平线上升起。"Ellipses"的意思是省略，在这里的含义是太阳落在地平线下,书写中的表示符号是省略号。"catachrestic(词语误用)"是一个希腊词,指既不是字面的,也不是比喻含义的名称。"山面(face of the mountain)"就是一个例子。这不是一张真正的"脸(面)",但在"山面"中关于"面"的习惯性使用,在比喻意义上的表示,不能与任何一个"可见的山坡"的字面含义词汇互换。汉语中可能会有一个关于"山面"的对应字面含义词汇。对此,我很感兴趣,很想进一步了解。

下面这部分是我在阅读史蒂文斯的"隐喻的动机"的文章中的重要段落:

> 在这一点上,我(你)开始发现,不论是亚里士多德关于隐喻的定义("捕捉相似性的慧眼"),还是本雅明/保罗·德·曼给出的关于阐释学与文体学之间清晰的理论区分,都起不到多大的作用。当真正开始阅读"隐喻的动机"时,这些理论准则都被抛到了脑外。
>
> 当亚里士多德说,隐喻的一个好处是,它意味着有一只眼睛在寻找相似之处,很显然,他的意思是说,隐喻性词汇或者说"喻体"(vehicle)有助于我们生动地看到"本体"(tenor),因为它们之间很相似。他给出的示例是,"船犁浪(The ship plows the waves)"。一艘船就像一副犁。一副犁就像一艘船。显然,在亚里士多德所用的这个例子中,隐喻是传递"一艘船"的手段。"Metaphor"(隐喻)这一词汇在希腊语中的意思就有"运输"与"传递"的意思。该示例本身又回到了它所描述的内容。当你说它犁浪时,在你的脑海里,你更清楚地看到了船。但是,在"隐喻的动机"中,隐喻并没有真正发挥作用。比如,当读到史蒂文斯炫耀且怪诞的明喻:"风动像一个跛子在树叶间穿行",我可以在我的脑海里看到一个跛子在秋叶中穿行,但是,说那跛子相似于在"叶间跛行"的秋风,这真是很牵强。与其说两者之间有任何相似之处,倒不如说两者间有着惊人的不相似。我猜想,史蒂文斯这样比较是基于前一句

他说的喜欢秋天的树下,"因为一切半生半死"。你可以说,一个跛子是"半死不活的"。在任何情况下,"像跛子一样"与亚里士多德的基于相似之处的更常规的隐喻——"船犁浪"是不一样的。此外,史蒂文斯的"像跛子一样"是一种拟人化或拟人法的表述,而亚里士多德的犁并不是,除了间接地说,犁可以意味着操作犁的农夫。史蒂文斯很明显地将微风、也可能是断断续续的秋风拟人化,将其比做"像跛子一样",在叶子间苦苦挣扎着穿过。

此外,当我尝试运用本雅明/保罗·德·曼特的区分理论,分析"隐喻的动机"这首诗时,我发现,他们的理论与亚里士多德对隐喻的定义一样,不是一个有效的理论工具。在表达自己必须要表达的关于诗歌的评论时,我发现自己根本分不清阐释学与文体学的区别。那些如此有力地展现我的心目中的景象是阐释学的意义,还是文体学的工具?我认为,自己很难做出公允的判断。"像跛子一样"这个明喻是风在秋天树林中吹动的字面意思吗?难道那一幕不已经是一个比喻了吗?因此"像跛子一样"是不是一种隐喻中的隐喻(或更确切地说,是隐喻中的明喻)?史蒂文斯曾在一本《箴言录》(*Adagia*)中说,"没有隐喻中的隐喻。……当我说人是上帝的时候,人们很容易地看到,如果我也说上帝是什么别的东西,上帝已经成为一种现实。"[4]第一个比喻成了字面意义的词汇,而第二个词汇是第一个词汇的隐喻的相似体或载体。史蒂文斯所选择的例子令人惊讶而绝非无意。它显示出,隐喻始终出自于一种神学方案,是其神学意义上的逻各斯中心主义。

该诗在我身上所起的反应与保罗·德·曼所说的发生在他身上的反应是颠倒的。他开始似乎试图运用文体学进行研究,结果最后可悲地(根据他对此的判断)发现自己在做阐释学。我试着做阐释学,也就是说,用其直截了当地分析"隐喻的动机"的涵义,但是,我几乎立刻就陷入文体学之中,例如,我在试图建立"像跛子一样"的语言学状态,或在读这首诗的过程中,在我头脑中想象空间出现的三个场景的语言学状态。

正如你所看到的,我在试着运用我的两个理论准则(一个来自于亚里士多德,另一个来自于保罗·德·曼)的时候,我却变得更加纠结不清。我最好放弃他们两人的理论,也放弃史蒂文斯在其他场合给出的关于隐喻的出色讲解,然后,尽我自己所能,在没有他们辅助的状态下,独立阅读"隐喻的动机"。我这样做的目的,是为了报告在我一行又一行阅读诗文时,实际发生在我的头脑、身体和感情上的反应。

您问我是否相信有一套"系统完整的批评方法,可以为一般的文学批评提供具有普遍意义的指导"?我的回答是,在西方,有很多套此类的批评方法存在,其中也包括解构主义,但是,没有任何一套方法能提供"普遍意义的指导"。不存在任何的理论范式可以保证帮助你在你竭力尽可能好地阅读特定文本的时候,做到有心理准备地接受你所找到的内容。因此,我的结论是,理论与阅读之间是不相容的。我认为,人们实际的文学作品阅读,以及将其转变为日常生活的一部分的过程,比任何关于文学的理论都更加重要。理论辅助阅读。它的作用正如 ancillary 这一个词汇从词源角度(在拉丁语中,"ancilla"的意思是"女仆")所暗示的一样,相当于一个处于从属地位(ancillary)的侍女。

我希望这些话能够有助于回应您给我提出的具有挑战性的问题。我很荣幸,能够获邀与您进行对话。从您对我所写的书籍的犀利评判中,我已经获得了很多收获,并在其引导之下,尽我所能,阐明我对于理论与阅读(或者您所说的"实践")之关系所持有的立场——其中包括我在《小说与重复》中对七部小说的阅读实践,以及我近来对特罗洛普的《弗莱姆利教区》和史蒂文斯的"隐喻的动机"这首诗歌的阅读。在作为文学课程的教师以及文学评论者的职业生涯中,我一直致力于这种阅读实践,正如我在上一段所说的,"理论"只不过是一种辅助阅读的方式。

  诚挚的问候

J·希利斯·米勒

UCI 杰出研究教授

比较文学和英文系

加州大学厄湾分校

2015 年 5 月 10 日

注释

[1] 译者注:"夸克"一词由夸克之父莫里·盖尔曼取材自詹姆斯·乔伊斯(James Joyce)的小说《芬尼根守灵夜》(*Finnegans Wake*)。"玻色子"又被称为"上帝粒子"。

[2] Paul de Man, *Allegories of Reading*: *Figural Language in Rousseau, Nietzsche, Rilke, and Proust*, Yale University Press, 1982, p. 205.

[3] 中译本见 J·希利斯·米勒《小说与重复:七部英国小说》,王宏图译,天津人民出版社 2008 年版,第 5 页。

[4] Wallace Stevens, *Opus Posthumous Poems*, *Plays*, *Proses*, Edited by Milton J. Bates, New York: Vintage Books, 1990, p. 204.

《当代学术棱镜译丛》
已出书目

媒介文化系列

第二媒介时代 [美]马克·波斯特
电视与社会 [英]尼古拉斯·阿伯克龙比
思想无羁 [美]保罗·莱文森
媒介建构:流行文化中的大众媒介 [美]格罗斯伯格 等
揣测与媒介:媒介现象学 [德]鲍里斯·格罗伊斯
媒介学宣言 [法]雷吉斯·德布雷

全球文化系列

认同的空间——全球媒介、电子世界景观与文化边界 [英]戴维·莫利
全球化的文化 [美]弗雷德里克·杰姆逊 三好将夫
全球化与文化 [英]约翰·汤姆林森
后现代转向 [美]斯蒂芬·贝斯特 道格拉斯·科尔纳
文化地理学 [英]迈克·克朗
文化的观念 [英]特瑞·伊格尔顿
主体的退隐 [德]彼得·毕尔格
反"日语论" [日]莲实重彦
酷的征服——商业文化、反主流文化与嬉皮消费主义的兴起 [美]托马斯·弗兰克
超越文化转向 [美]理查德·比尔纳其 等
全球现代性:全球资本主义时代的现代性 [美]阿里夫·德里克
文化政策 [澳]托比·米勒 [美]乔治·尤迪思

通俗文化系列

解读大众文化 [美]约翰·菲斯克

文化理论与通俗文化导论(第二版) [英]约翰·斯道雷

通俗文化、媒介和日常生活中的叙事 [美]阿瑟·阿萨·伯格

文化民粹主义 [英]吉姆·麦克盖根

消费文化系列

消费社会 [法]让·鲍德里亚

消费文化——20世纪后期英国男性气质和社会空间 [英]弗兰克·莫特

消费文化 [英]西莉娅·卢瑞

大师精粹系列

麦克卢汉精粹 [加]埃里克·麦克卢汉 弗兰克·秦格龙

卡尔·曼海姆精粹 [德]卡尔·曼海姆

沃勒斯坦精粹 [美]伊曼纽尔·沃勒斯坦

哈贝马斯精粹 [德]尤尔根·哈贝马斯

赫斯精粹 [德]莫泽斯·赫斯

社会学系列

孤独的人群 [美]大卫·理斯曼

世界风险社会 [德]乌尔里希·贝克

权力精英 [美]查尔斯·赖特·米尔斯

科学的社会用途——写给科学场的临床社会学 [法]皮埃尔·布尔迪厄

文化社会学——浮现中的理论视野 [美]戴安娜·克兰

白领:美国的中产阶级 [美]C.莱特·米尔斯

论文明、权力与知识 [德]诺贝特·埃利亚斯

解析社会：分析社会学原理 [瑞典]彼得·赫斯特洛姆

局外人：越轨的社会学研究 [美]霍华德·S.贝克尔

社会的构建 [美]爱德华·希尔斯

新学科系列

后殖民理论——语境 实践 政治 [英]巴特·穆尔-吉尔伯特

趣味社会学 [芬]尤卡·格罗瑙

跨越边界——知识学科 学科互涉 [美]朱丽·汤普森·克莱恩

人文地理学导论：21世纪的议题 [英]彼得·丹尼尔斯 等

世纪学术论争系列

"索卡尔事件"与科学大战 [美]艾伦·索卡尔 [法]雅克·德里达 等

沙滩上的房子 [美]诺里塔·克瑞杰

被困的普罗米修斯 [美]诺曼·列维特

科学知识：一种社会学的分析 [英]巴里·巴恩斯 大卫·布鲁尔 约翰·亨利

实践的冲撞——时间、力量与科学 [美]安德鲁·皮克林

爱因斯坦、历史与其他激情——20世纪末对科学的反叛 [美]杰拉尔德·霍尔顿

广松哲学系列

物象化论的构图 [日]广松涉

事的世界观的前哨 [日]广松涉

文献学语境中的《德意志意识形态》[日]广松涉

存在与意义（第一卷）[日]广松涉

存在与意义（第二卷）[日]广松涉

唯物史观的原像 [日]广松涉

哲学家广松涉的自白式回忆录 [日]广松涉

资本论的哲学 [日]广松涉

国外马克思主义与后马克思思潮系列

图绘意识形态 [斯洛文尼亚]斯拉沃热·齐泽克 等

自然的理由——生态学马克思主义研究 [美]詹姆斯·奥康纳

希望的空间 [美]大卫·哈维

甜蜜的暴力——悲剧的观念 [英]特里·伊格尔顿

晚期马克思主义 [美]弗雷德里克·杰姆逊

符号政治经济学批判 [法]让·鲍德里亚

世纪 [法]阿兰·巴迪欧

列宁、黑格尔和西方马克思主义：一种批判性研究 [美]凯文·安德森

列宁主义 [英]尼尔·哈丁

福柯、马克思主义与历史：生产方式与信息方式 [美]马克·波斯特

战后法国的存在主义马克思主义：从萨特到阿尔都塞 [美]马克·波斯特

景观社会 [法]居伊·德波

经典补遗系列

卢卡奇早期文选 [匈]格奥尔格·卢卡奇

胡塞尔《几何学的起源》引论 [法]雅克·德里达

科学、信仰与社会 [英]迈克尔·波兰尼

黑格尔的幽灵——政治哲学论文集[Ⅰ] [法]路易·阿尔都塞

语言与生命 [法]沙尔·巴依

意识的奥秘 [美]约翰·塞尔

论现象学流派 [法]保罗·利科

脑力劳动与体力劳动：西方历史的认识论 [德]阿尔弗雷德·索恩-雷特尔

先锋派系列

先锋派散论——现代主义、表现主义和后现代性问题 [英]理查德·墨菲

诗歌的先锋派：博尔赫斯、奥登和布列东团体 [美]贝雷泰·E. 斯特朗

情境主义国际系列

日常生活实践 1. 实践的艺术 [法]米歇尔·德·塞托

日常生活实践 2. 居住与烹饪

[法]米歇尔·德·塞托　吕斯·贾尔　皮埃尔·梅约尔

日常生活的革命 [法]鲁尔·瓦纳格姆

居伊·德波——诗歌革命 [法]樊尚·考夫曼

当代文学理论系列

怎样做理论 [德]沃尔夫冈·伊瑟尔

21 世纪批评述介 [英]朱利安·沃尔弗雷斯

后现代主义诗学：历史·理论·小说 [加]琳达·哈琴

大分野之后：现代主义、大众文化、后现代主义 [美]安德列亚斯·胡伊森

理论的幽灵——文学与常识 [法]安托万·孔帕尼翁

反抗的文化：拒绝表征 [美]贝尔·胡克斯

戏仿：古代、现代与后现代 [英]玛格丽特·A. 罗斯

理论入门 [英]彼得·巴里

现代主义 [英]蒂姆·阿姆斯特朗

叙事的本质 [美]罗伯特·斯科尔斯　詹姆斯·费伦　罗伯特·凯洛格

文学制度 [美]杰弗里·J. 威廉斯

新批评之后 [美]弗兰克·伦特里奇亚

文学批评史：从柏拉图到现在 [美]M. A. R. 哈比布

德国浪漫主义文学理论 [美]恩斯特·贝勒尔

萌在他乡:米勒中国演讲集 [美]J·希利斯·米勒

核心概念系列

文化 [英]弗雷德·英格利斯

风险 [澳大利亚]狄波拉·勒普顿

学术研究指南系列

美学指南 [美]彼得·基维

文化研究指南 [美]托比·米勒

文化社会学指南 [美]马克·D.雅各布斯　南希·韦斯·汉拉恩

《德意志意识形态》与文献学系列

梁赞诺夫版《德意志意识形态·费尔巴哈》
[苏]大卫·鲍里索维奇·梁赞诺夫

《德意志意识形态》与MEGA文献研究 [韩]郑文吉

巴加图利亚版《德意志意识形态·费尔巴哈》[俄]巴加图利亚

MEGA:陶伯特版《德意志意识形态·费尔巴哈》[德]英格·陶伯特

当代美学理论系列

今日艺术理论 [美]诺埃尔·卡罗尔

艺术与社会理论——美学中的社会学论争 [英]奥斯汀·哈灵顿

艺术哲学:当代分析美学导论 [美]诺埃尔·卡罗尔

现代日本学术系列

带你踏上知识之旅 [日]中村雄二郎　山口昌男

反·哲学入门 [日]高桥哲哉

作为事件的阅读 [日]小森阳一

超越民族与历史 [日]小森阳一　高桥哲哉

现代思想史系列

现代化的先驱——20世纪思潮里的群英谱 [美]威廉·R.埃弗德尔
现代哲学简史 [英]罗杰·斯克拉顿
美国人对哲学的逃避：实用主义的谱系 [美]康乃尔·韦斯特

视觉文化与艺术史系列

可见的签名 [美]弗雷德里克·詹姆逊

当代逻辑理论与应用研究系列

重塑实在论：关于因果、目的和心智的精密理论 [美]罗伯特·C.孔斯
情境与态度 [美]乔恩·巴威斯　约翰·佩里
逻辑与社会：矛盾与可能世界 [美]乔恩·埃尔斯特
指称与意向性 [挪威]奥拉夫·阿斯海姆

图书在版编目(CIP)数据

萌在他乡：米勒中国演讲集／(美)J·希利斯·米勒著；国荣译. — 南京：南京大学出版社，2016.10
(当代学术棱镜译丛／张一兵主编)
书名原文：An Innocent Abroad: Lectures in China
ISBN 978-7-305-17405-6

Ⅰ. ①萌… Ⅱ. ①J… ②国… Ⅲ. ①米勒,J.H.—演讲—文集 Ⅳ. ①K837.125.6-53

中国版本图书馆 CIP 数据核字(2016)第 188394 号

An Innocent Abroad: Lectures in China
By J. Hillis Miller
Copyright © 2015 by J. Hillis Miller
First published 2015 by Northwestern University Press
Simplified Chinese translation copyright © 2016
By Nanjing University Press
All rights reserved

江苏省版权局著作权合同登记 图字：10-2016-091 号

出版发行	南京大学出版社
社　　址	南京市汉口路 22 号　　邮　编　210093
出 版 人	金鑫荣
丛 书 名	当代学术棱镜译丛
书　　名	萌在他乡：米勒中国演讲集
著　者	[美]J·希利斯·米勒
译　者	国　荣
责任编辑	郭艳娟
照　排	南京南琳图文制作有限公司
印　刷	南京爱德印刷有限公司
开　本	635×965　1/16　印张 26.25　字数 353 千
版　次	2016 年 10 月第 1 版　2016 年 10 月第 1 次印刷
ISBN 978-7-305-17405-6	
定　价	65.00 元

网址：http://www.njupco.com
官方微博：http://weibo.com/njupco
官方微信号：njupress
销售咨询热线：(025) 83594756

* 版权所有，侵权必究
* 凡购买南大版图书，如有印装质量问题，请与所购
　图书销售部门联系调换